한수아래 신부

교회인가 | 2022년 3월 31일
초판 1쇄 | 2022년 4월 25일

지 은 이 | 주상배
펴 낸 이 | 전갑수
펴 낸 곳 | 기쁜소식
등 록 일 | 1989년 12월 8일
등록번호 | 제1-983호
02880 서울 성북구 성북로5길 44(성북동1가)
☎ 02·762·1194-5   FAX 02·741·7673
E-mail : goodnews1989@kakao.com

디 자 인 | 김채림

가격 22,000원

ⓒ 주상배, 2022
    ISBN 978-89-6661-257-4 03230

성경 ⓒ 한국천주교중앙협의회, 2022.

이 책은 저작권법에 의해 한국 내에서 독점적인 권리를 갖는
저작물이므로 무단전재와 무단복제를 금합니다.

이 잘난 저를 사제로 살아오는 동안 항상 감싸 주신 성모님과
그 사랑을 어렴풋이나마 느끼게 해 주신 우리 어머님,
그리고 언제나 한결같은 환대와 사랑으로 저를 아껴 주신
제가 거쳐 온 본당들의 모든 교우분들과
저의 글이 빛을 보게 해 주신 사랑하는 우리 수녀님들께도
감사드리며 이 책을 바칩니다.

●차례●

한수아래 신부 ·· 13

한국 축구 4강을 축하하면서… ·· 18
"하느님도 배고파하신대요" ·· 22
고해성사와 섞어찌개 ·· 25
"난 기도할 줄도 모르고 그럴 시간도 없단 말이에요" ········ 27
깽깽이와 성호 긋기 ·· 29
다섯 명의 아내 ··· 32
군종신부 시절 하느님께 삿대질한 얘기 ····························· 39
고양이와 비둘기 ··· 48
누나의 손등 ·· 52
예수님은 어떻게 느끼실까? ··· 55
영적 장애자 ·· 58
담배꽁초와 전교 ··· 61
교통경찰관 마르티노 형제 ··· 65
김수환 추기경님의 전화 ·· 68
나의 수호천사는 바쁘실까? ··· 72
"울 엄만 뻥쟁이" ·· 76

쉬는 교우에게 보내는 편지	80
부잣집 새아씨	84
예수님의 어머님, 싸움꾼 나의 어머님	88
고해성사 1	93
씀바귀와 사순절	95
사순절	99
사순절과 어느 도둑	101
강아지와 도야지	103
나의 18번 빨간 구두 아가씨	106
꿀단지	109
나의 배우자는 하느님	112
질투하시는 하느님	115
승리와 패배	117
"그리스도 우리의 평화"	120
하느님의 사랑의 편지	123
"자기야, 전화 받아"	127
"난 한 번도 못 봤는데…"	132
"구령하였습니다"	134
섭섭해하시는 하느님	138
연옥 영혼과 위령미사의 은혜	140
'문다꼬' 성인	144
다리 밑에서 주워 온 아이	146
"네 말을 들을걸…"	150
"그를 풀어 주어 가게 하여라"	152
"옵~빠"	155
요한 바오로 2세 교황님과 아버지 하느님	158
성소 주일에	162

진짜 어리석은 사람 ··· 167
착한 애 ··· 171
샤워할 때마다 ·· 174
토실토실하신 나의 하느님 ······························ 177
"제발 없었던 일로 해 주세요" ························ 180
"뭐, 그까짓 거 몇 푼 되나요?" ······················· 184
"콱 와 닿질 않네요" ····································· 188
귀여운 여우 ··· 191
시원한 여름 ··· 195
"대머리요" ··· 198
송 대리 ··· 202
거부당하는 아픔 ··· 205
고해성사 2 ·· 208
성찰 안내 ·· 211
"이젠 나 같은 건" ·· 215
"주님께서 쓰시겠답니다" ······························· 218
"나다. 두려워하지 마라" ······························· 222
"주님, 당신을 사랑해요! 암사슴이 시냇물을 그리워하듯" ········ 224
처음 느껴 본 심정 ·· 227
"하느님! 나 잘했지요?" ································ 231
물개 신부 ·· 235
신부가 먹어야 할 밥 ···································· 240
봉사자의 묵상 ·· 245
즐거운 추석날의 기도 ··································· 248
여성 꾸리아 연차 친목회 ······························· 250
레지오 단원은 나의 거울 ······························· 253
절대 명의 ·· 256

"우리 교우들은요" ····································· 258
"축하합니다" ······································· 261
미사 수건 ··· 263
요한 보스코 성인과 어머님 말씀 ···················· 266
한 폭의 성스러운 그림 ····························· 268
은총을 가득히 입으신 분 ··························· 270
말만 하고 실천하지 않는 사람 ······················ 274
하늘나라 ·· 277
백배의 열매 ······································· 280
오늘, 하루의 의미 ································· 282
살짝 간 사람들 ···································· 285
하느님이 사람이 되시다 ···························· 290
한마을 ·· 292
헐크 신부 ··· 295
찰고 ·· 299
겨우 합격 ··· 306
교무금 ·· 309
"신부님도 잠꾸러기!" ······························ 313
"하느님, 깨워 주셔서 감사합니다!!" ················ 317
"이게 진짜 예수님의 몸일까?" ····················· 322
"나는 성소가 있는 건가요?" ······················· 325
아버지 신부 ······································· 330
사제 서품과 하느님의 위로 ························· 337
난 이런 놈(가면) ·································· 341
"팔짱을 낍시다!" ································· 344
반장 ·· 348
성체조배 ·· 351

하느님의 사람 ·· 355
사제의 유혹 ·· 358
축 임마누엘님의 성탄 ······································ 363
눈사람 ··· 365
성탄 ··· 371
친구와 완덕 ·· 374
알아들을 귀가 있는 사람 ································· 378
광고 "성체조배 하는 날" ································· 382
나의 십자가, 주님의 반찬 ································ 385
무서운 하느님? 자비의 하느님 ······················· 389
할머님, 나의 배우자 하느님 ··························· 393
쇠뿔도 단김에 ··· 396
낮푼 노무스키~ 쪼다 ······································ 400
"오늘은 밥 먹고 또 뭘 하지?" ······················· 405
강론대 사건 ·· 409
하루살이 따끔 수도원 ···································· 411
나이롱 신자, 나이롱 신부 ······························ 416
"나는 너를 내 손바닥에 새겼다" ··················· 419
재수 없고 더러운 팔자 ··································· 422
하느님은 산 ·· 427
벌 받아 싼, 나쁜 놈 ·· 430
기도 ··· 434
슬픈 성인과 뽑힌 사람(기왕에 겪는 것) ········ 438
할아버지 신부와 사탕 ···································· 441
"사는 게 다 죄, 사는 게 다 기적" ·················· 444
공감과 위로, 사랑 ··· 449
마음의 평온 되찾기 ·· 454

"하느님, 당신 맘대로 하슈!" ·· 470
파스칼의 내기 ·· 478
나는 지금 어디로 가고 있는가? ······································ 480

감사합니다 ·· 485

후기 ·· 489

자녀 여러분, 내가 여러분에게 이 글을 쓰는 까닭은 여러분이 그분의 이름 덕분에 죄를 용서받았기 때문입니다. …
세상에 있는 모든 것, 곧 육의 욕망과 눈의 욕망과 살림살이에 대한 자만은 아버지에게서 온 것이 아니라 세상에서 온 것입니다. 세상은 지나가고 세상의 욕망도 지나갑니다. 그러나 하느님의 뜻을 실천하는 사람은 영원히 남습니다(1요한 2, 12. 16~17).

한수아래 신부

"신부님, 저는 신부님 성함이 주자 상자 배자이신 줄로 알고 있는데 한수아래는 호이십니까? 아니면 필명이십니까?
제 생각에는 한수아래보다 천수아상(天守我上)이 좋을 것 같아요. '하느님을 지키고 나를 봉헌한다.' 신부님께 딱 어울리는데요."
"고맙긴 한데…. 아유, 내가 뭐, 그렇게 대단한 인물도 아니고 더구나 작가도 아닌데 호나 필명이란 게 따로 있겠습니까?"
사연은 이렇습니다.

아시겠지만 초원에서 하는 운동 있잖아요, 왜? 그, 조그만 공 가지고 노는 것….
적신호가 벌써 찾아온 건강 때문에 어떻게 관리해야 하나 하고 은근히 걱정하던 차에 마침 부임해 간 성당의 총회장님이 당신 사용하던 걸 주시면서 신부님 건강으로 보아 과격하지도 않고, 맑은 공기도 마시고, 동반자(비신자, 때론 쉬는 신자)와 함께 자연에서 오래 걸으며 대화를 나누기에 친밀해져 선교 차원에서도 좋고 복잡

한 스트레스 풀어 주는 데도 아주 그만이니 건강관리 차원에서 한 번 해 보라고 권하셨어요. 처음엔 딱 잘라 거절하는 게 예의가 아닌 것 같아 주저주저하며 마지못해 했는데, 막상 가서 한두 번(?^^*) 해 보니 거부감이 사라지면서 흥미까지 생기더군요. 이젠 한 달에 한 번 정도 시간의 여유가 있을 때 먼저 나서진 않지만 누가 가자고 하면 거절하지 않고 함께 그 운동을 재밌게 즐겁게 하곤 한답니다.

그런데 프로들은 스코어를 중요하게 여기지만 일반 아마추어들은 그보다는 이상하게도 거리에 신경을 더 많이 쓰는 것 같아요. 동반자보다 거리가 뒤떨어질 땐, 특히 초보자나 나보다 나이가 많은 사람 혹은 약한 여성보다 뒤떨어질 땐 알량한 자존심이지만 상하고 아무래도 기분이 좀 그렇더라고요.

그래서 뒤떨어지지 않으려고 집 안에서 연습하다 등이나 거울을 박살내 언니의 궁시렁대는 소리를 들으면서까지 그렇게 열심히 연습해서 오늘은 혹시 잘되겠지 하고 기대를 걸어 봅니다만 혹시나가 역시나가 되기 일쑤였어요.

가끔은 '내 일찍이 공부에 맛을 들여 이렇게 열심히 했더라면 박사가 되든 무엇이 되든 벌써 됐을 텐데….' 그런 생각이 들기도 한답니다. 나도 처음엔 그렇게 긴 거리는 아니었지만 그런대로 괜찮았는데 나이 먹고 병원 출입이 잦으면서부터 거리가 부쩍 줄어들었어요. 마음만큼은 저긴데 가 보면 맨날 요기고요.^^*

"내 몸의 별(수술 자국)을 봐라. 이럴 수밖에 없지." 하면서도 막상 처지는 실력을 인정하기가 싫고 속상하더라고요.

어느 날 난 운동하다가 내가 지기 싫어했던 라이벌이 떠오르며 몹시 실망스러워 "에휴~, 이젠 난 별수 없이 한 수 아래야, 한 수 아래!"라며 땅이 꺼져라 한숨을 길게 내뱉었지요. 그런데 옆에서 그 말을 들은 일행 중의 한 사람이 이러는 겁니다.

"신부님, 땅 꺼지겠습니다. 의욕을 갖는 것도 중요하지만 자기 분수를 아는 것도 못지않게 중요하답니다. 자꾸 옛날 생각만 하시고 가는 세월은 생각 안 하시는가 본데 그러시면 안 되지요. 더구나 젊은 저희들 앞에서 그러시면 우리보고 어떻게 하라는 겁니까?

물론 예전 같지 않아 맘에 안 드실지 모르겠지만 그래도 신부님 연세에, 그만큼 나가는 사람 있으면 어디 나와 보라고 그래요! 신부님이 거리만 좀 그렇지 여러 가지로 보아 저희들보다 한 수 위세요. '우리가 신부님 연세가 된다면 지금의 신부님을 따라갈 수가 있을까?' 그런 생각이 든답니다.

사실 신부님 연세에 이 운동 접은 사람들이 얼마나 많은데, 아니 그걸 몰라서 그러슈? 그렇게 세월이 지나면 지금보다 한 수가 아니라 두 수, 세 수 아래, 아니 그 이하가 되고 나중엔 운동이고 뭐고 접게 되고 그게 자연의 순리잖아요. 왜, 그걸 안 따라가려고 그러세요?

그런데도 신부님은 아직 운동을 할 뿐 아니라 그것도 한 수 아래라고만 말할 수 있으니 그게 얼마나 다행이고 좋아요. 괜히 복에 겨워, 거리가 나니 안 나니 그러지 마시고 **지금** 이렇게 저희들과 즐겁게 운동할 수 있도록 해 주시는 하느님께 감사하시고 늘 건강만 하세요. 현재를 주신 하느님께요. 그리고 신부님과 함께하는 저희들의 즐거움도 오래갈 수 있도록 말이에요. 알아들으셨지요!
자, 그러니 이제부터 쓸데없는 데 신경일랑 끄시고 힘내세요!"

나는 한숨 한번 잘못 내쉬었다가 잔소리 듣고….^^* 그러나 사랑의 격려와 함께 현재(그렇지, hic et nunc, 지금, 여기렷다.)의 소중함을 일깨워 준 그분이 얼마나 고마웠는지요. 그리고 찾아오는 평화스러움!

자기 분수를 모르고 의욕만 넘쳐, '한 수 위여야 한다.'는 마음엔 늘 불만족이 따르고, 처지를 알고 몇 수가 아니라 그나마 아직도 한 수만 아래라고 생각하는 넉넉한 마음엔 오히려 겸허와 만족과 평화가 따르고, 그리고 그것이 바로 하느님의 은총인 줄 아는 이야말로 진정 지혜롭고 복된 이로구나…!

"하느님께 감사!"가 절로 나왔어요. '음, 한 수 아래가 이렇게 좋은 것인데 왜, 내가 그걸 진작 몰랐을까?' 난 그때부터 한 수 아래가 맘에 쏙 들고 사랑스러웠어요.^^*

그런데 오래전에, 본당 게시판에 주임신부님 글이 올라와야 활성화되겠다는 홍보분과장의 권유로 몇 줄 써 올린 일이 있는데 나중에 보니 부끄럽더라고요. 자꾸만 고치고 싶고… 글에 대한 나의 분수를 늦게나마 깨닫게 된 거예요. 부끄러움이 나의 몫이라고 생각은 하면서도 이미 나간 건 어쩔 수 없잖아요. 그래서 숨어 버릴 수 있는 피난처를 찾다가 떠오른 것이 바로 한수아래였어요. 영세하고 구원을 확신하는 사람이라면 그 누구든 복음 선포 사명에서 제외된 사람은 없지요. '그렇다면 내 이름이야 뭐, 그게 그리 대수인가…?

하느님과 그분의 자비가 알려지기만 하면 되는 거지.' 하는 생각에… 그래서 그런 거예요.

하긴 예수님도 한 수 아래를 권장하셨지요.
"윗자리에 앉지 말고, 끝자리에 가서 앉아라"(루카 14, 8. 10).
한수 아래, 이래저래 좋은 거지요.^^*

그래서 저는 성은 한씨로 하고 이름은 세례명 같은 수아래… 그렇게 지었지요. 어때요? 퍽 괜찮지요. 수수할 수, 하하하….

여기 있는 글들은 짐바리 짐승의 새끼, 어린 나귀(마태 21, 5)가 영광스럽게도 예수님을 태워 드리고 더 많은 군중이 그분의 진심을 알아보고 친구가 되어 찬양받을 수 있게 등을 더 높이 올리지 못하는 걸 안타까워하며 읊은, 어설프고 서투른 노래들이랍니다.
이제 아시겠지요?

韓守我來 神父

한국 축구 4강을 축하하면서…

짜잔자, 짠짜, 대~한민국!!
엉덩이가 들썩여 도저히 점잖게 가만히 있을 수가 없는 날들이었다.

우리 선수들을 향해 십자성호를 그으며 강복하고 "하느님, 예수님, 성모님, 이번 한 번만 봐 주세요." 하고 애원하고, 그것도 모자라 미사 중에도 복사 녀석에게 어느 선수가 골을 넣었는지 살짝 알아보고 오라고 눈짓으로 자꾸만 성화를 해 대는 본당신부인 나도…,

망토를 걸치듯 온몸을 대형 태극기로 감싸고 어린이 미사를 지내러 가는 보좌신부님도…,

그런가 하면 주일학교 어린이들과 함께 응원하느라 미사에 성작과 주수상 차려 놓는 것도 그만 까맣게 잊어버린 작은 수녀님도,

또 밤늦게 마당에서 액정 비전을 통해 경기를 보던 젊은 엄마들이 역전골이 들어가니까 너무 기뻐 고래고래 함성을 질러 대며, 평소 근엄하고 어렵게만 느껴진다던 본당신부인 나를 와락 얼싸안고 펄쩍펄쩍 뛰어 손목이 끊어지는 것 같고 숨이 막혀 죽겠으니 이젠 그만 놓아 달라고 통사정을 했는데도 아랑곳하지 않고 계속 뛰어 대는 신자들도 모두 모두 제정신이 아니었다.

(부인에게 맞고 사는 남편이 있다는데 원, 그런 바보가 있겠나, 했는데 막상 내가 당하고 보니 그럴 수도 있겠구나 하는 생각이 그런 와중에도 스쳐 지나갔다. 마치 유도의 안아 누르기 때처럼 너무나 쎄게 끌어 안김을 당했기에….^^* 이럴 땐 눈 딱, 감고 '제 뜻이 아니라 주님 뜻대로 하소서!' 해야 할 텐데 그걸 잊어버렸네, 그만. ㅋㅋ)

아 또 그리고 엉뚱하게도! 저렇게나 많은 군중이 내 강론을 듣고 함성을 지른다고 상상하니 너무나 행복한 거 있지 왜!! ㅋㅋ
우리 신앙 여정에서도 자신의 악습이나 유혹들을 힘겹게나마 하나하나 이겨 낼 때마다 하느님 나라에서도 모든 천사와 성인 성녀들이 엄청나게 환호하며 이렇게 뜨겁게 응원해 주시겠지!

우리 대한민국 국민 너나 할 것 없이 한마디로 모두 미쳤다. 열광(熱狂)의 도가니라… 광(狂)이 미쳤다는 뜻 아닌가? 그렇다, 우리 모두는 미쳤다. 하나가 됐다!
한마음으로 하나가 되어 모두 미쳤기에 꿈을 현실로 일구어 냈다. 실로 엄청난 일을 해냈다. 축구의 승리도 대단하지만 세계 사람들이 우리를 부러워하고, 세계 곳곳에 흩어져 사는 우리 민족 모두가 대한민국 국민임을 자랑스럽게 여기고 있다는 이것이 무엇보다도 소중하다.

그리고 무엇보다도 즐겁고 기쁜 것은 우리가 한마음으로 뭉치면 무엇이든지 해낼 수 있는 우수한 민족임을 확인하고 자신감을 갖게 되었다는 것이다.

정말로 짜릿하고 즐거운 한 주간이었다. 생각할수록 그야말로 "We are so happy. Oh, God is good. Thanks God!"이 절로 나온다.

그런데 한 가지 마음에 걸리고 안타까운 것은 이렇게 재능이 넘쳐흐르고 무엇이든 해낼 수 있는 우리의 또 다른 형제자매들이 북녘 땅에서 가난과 고통과 억압에 짓눌려 신음하고 있다는 사실이다.

미국 ABC 방송이 최근 세 차례에 걸쳐서 중국 내 탈북자들의 실상을 담은 기록영화를 방영하였는데 그 기록영화에는 토굴 생활하는 탈북자, 아이를 중국 가정에 보내고 여러 차례 자살을 기도한 여성, 인간 밀매꾼들에게 쫓기는 탈북 여성들, 가족 부양을 위해 중국에서 구걸을 마다 않는 북한 어린이들의 참상이 들어 있었고, 지난 13일에도 망명을 위해 북경 주재 한국영사관을 찾았다가 아버지는 중국 경찰에 강제 연행되고 혼자 남아 우리 영사관의 보호를 받고 있는 15세의 원 모 군이 하는 말을 우리는 신문에서 보았는데, "엄마는 북한에서 굶어 죽었고 누나는 연변에서 인신매매범에게 팔려 갔다."는 것이었다.

오늘과 같이 인권과 자유가 존중되는 세상에 이런 비극이 우리의 동족에게 우리의 땅에서 일어나고 있다는 것이 엄연한 사실이기에 서글프기 짝이 없다.

북에 있는 우리 형제자매들을 잊어서는 결코 안 되겠다.

우리와 같은 긍지를 느끼고 행복하게 살아갈 수 있도록 오늘과 같은 한마음으로 따뜻한 사랑의 정을 나누고 기도하자. 그러면 또 한 번의 커다란 감격을 반드시 맛볼 수 있을 것이다.

(2002. 6. 23.)

"하느님도 배고파하신대요"

까짓 식사 한 끼쯤이야 뭘, 했는데 막상 거르고 나니 기운도 빠지고 힘들고 짜증스러워 더 이상 일이 손에 잡히질 않는다.

늙어서 자식의 부양을 받는 경우를 상상해 보았다.
자식 내외가 자기네끼리는 여기저기 맛집을 찾아다니며 맛있는 거 다 찾아 사 먹고 놀러 다니면서도 늙어 집에 누워 계신, 지 부모님에게는 제때 끼니를 챙겨 주지 않아 배고파하시는데 거기다 대고, 그저, "바빠서요, 어머님. 아 참, 그만 깜빡했네요, 아버님, 죄송해요."라고 한다면 기분이 어떨까?
이렇게 얘기해도 많은 분들은, 내 자식만큼은 절대 그럴 리가 없다고 생각할 거다. 그만큼 내 자식을 믿는 게 우리 부모님들의 마음이다.
그런데 위의 말들이 내게 닥친 사실이라면 어떨까?

아니, 도대체 어떻게 낳고, 키운 자식인데 내게 그럴 수 있나 하는 섭섭함을 넘어, 기가 막히고 너무나 슬플 것이다.
 아무리 좋은 부모라 할지라도 괘씸한 마음에 그런 자식에게는 '유산은커녕, 에라이, 국물도 없다.' 그런 맘이 들 수도 있겠다.

 더구나 자식 내외가 한다는 말이, "아, 그야 생각나면 드리고, 안 나면 안 드릴 수도 있는 것이지, 아니 정말 매일같이 그렇게 꼬박꼬박 드려야만 되는 겁니까? 아니, 그리고 또 한두 끼 안 드신다고 뭐, 금방 굶어 돌아가시는 것도 아니잖아요? 애들 과외다 뭐다 한두 푼 드는 것도 아니고 또 먹고살기 위해 돈 버느라 얼마나 바쁜데…. 전혀 안 드리는 것도 아니고 몇 번 안 드렸다고 그게 무슨 그리 큰 죄인가요? 아니잖아요! 헌데 뭐, 그걸 가지고 그렇게 꾀까다롭게 굴어요? 우리 집안(천주교)은 아무리 생각해도 참 이상도 해요! 다른 집들은 그런 게 없이 쉽게, 쉽게 살아가는데…. 왜 우리 집안은 그렇게 번거롭게 하라는 게 많은지!" 이렇게 불평하면서 귀찮다는 듯이 짜증을 부리며 나와 우리 집안의 전통을 업신여기는 말을 하는 걸 듣게 된다면… 아마, 기가 막히고 참담하겠지!

 그러기에 지금 이런 말을 듣는 이들은 그런 일이 내게만큼은 꿈에도 일어나지 않기를 모두 바랄 것이다. 그래서 내 자식만큼은 그런 일이 없도록 그들이 비록 내가 말하는 것을 듣기 싫어해도 교육을 철저히 시켜야겠다. 그런 마음이 들 거다.

* * *

 여러분 그렇죠? 대답이 없으신 걸 보니 나만 그런가…?
 그런데 생각나면 하고 안 나면 안 하는 자기 맘대로 기도하는

24 하느님, 당신 맘대로 하슈

다른 종교와는 달리 천주교에서 드리는 여러 기도 중에 아침기도, 저녁기도, 삼종기도는 한마디로 하느님 아버지와 성모 마리아께 바쳐 드려야 하는 끼니요, 식사랍니다. 우리 천주교 신자 모두는 나를 세상에 내시고 기르시고 늘 보호하여 주시는 하느님을 아버지로 알고, 자랑스러운 그분의 집안에 자녀로서 태어난 것을 긍지로 알고 사는 사람들이지요.

옛날 교우분들은 그 기도문을 매일 철저히 하며 하느님 자녀로서의 본분을 다하며 지냈답니다. 그때 분들은 해야 됐고, 지금 분들은 안 해도 될 수 있는 이유를 아무리 찾아봐도 눈에 띄질 않네요. 내 눈이 나빠서 그런가…?

자, 그렇다면, 지금까지 그분의 덕택에 살아왔고 앞으로 혹 아쉬운 일이 생길 때 그래도 하느님 아버지께, 성모님께 매달려 아직도 도움을 받아야만 하는 그런 입장에 있다는 생각이 든다면, 지금 나 밥 먹고, 배부를 때마다 나의 아버지이신 하느님과 어머니이신 성모님께 그분들의 끼니를 제때에 차려 드리며 살아가고 있는지, 그렇지 않은지? 아무렇게나 해도 괜찮은 건지 한 번쯤 깊이 생각해 봐야 하겠습니다. 안 그렇습니까?

내, 그대에게만 살짝 가르쳐 드리는 건데 소문에 의하면, 그분은 아주 많은 유산을 가진 분이시래요. 자, 이제 그런 줄 아셨으면 지금부터라도 잘해 두셔야겠지요? ^^*

사랑하는 교우 여러분, 좋은 한 주간 보내세요!

(2002. 7. 7.)

고해성사와 섞어찌개

　퇴근 무렵에 전철을 탔다.
　마침 노약자 석에 한 자리가 비어 있어 얼른 그곳에 가 앉았다. 옆을 보니 웬 아저씨가 술이 잔뜩 취해 자다가 정신을 차리려는 듯이 가끔 머리를 좌우로 흔들어 대곤 하였다. 그런데 얼마 안 가 그 친구, 아예 내 어깨와 가슴팍에 편히 기대어 마음 놓고 코를 골고 자는 게 아닌가? 몇 번 어깨로 쓰윽 밀어도 소용없다.
　드르렁 카아, 드르렁 삐~카악, 푸~욱 하고 한 번은 베이스로 한 번은 소프라노로 마치 오케스트라 연주처럼… 그리고 정차, 발차 때마다 바로 내 코앞에다 입을 헤벌리고 카악 푸~욱 하고 숨을 한 번에 내몰아 쉴 때면 썩은 악취가….
　캬! 지독한 담배 냄새와 함께 어우러진, 이건 한마디로 완전 섞어찌개다. 아마 푹 시어 빠진 김치찌개와 깍두기를 안주 삼아 막걸리를 두어 되가량 마신 게 틀림없다. 야, 이거 잘못하다간 그의 오장육부 저 끝에 있는 콩나물 찌꺼기까지 다 받아 내는 날벼락을 맞는 게 아닌가? 그야말로 좌불안석이다. 괜히 나까지 속이 느물거리기 시작한다. 아무리 갈 길이 멀고 앉아 가는 게 편해도 도저히 더 이상 그 자리에 버티고 앉아 있을 수가 없어 결국 자리를 떴다.

그때 문득 이런 생각이 떠올랐다.

이런 친구에게도 부인이 있을까? 그렇다면 오늘밤은 어떨까? 글쎄? "카이고 마! 내사 말도 마이소." 하고 손사래 치며 베개 주워 들고 딴 방으로 갈까? 아니면 그래도 지아비라고 좋아라 하며 함께 잠자리에 들까? 자못 궁금하다. 도대체 부인에 대한 사랑이 눈곱만큼이라도 있다면 그렇게 고주망태가 될 수 있겠는가? 지는 악취를 못 느껴 괜찮겠지만 하고한 날 그렇다면 부인은 한마디로 매일이 고문이요 바로 거기가 지옥이리라.

그런데 이렇게 생각하는 내 영혼은 주님 앞에 어떨까?

그분은 늘 나와 함께 계시겠노라고 다짐해 주셨다(마태 28, 20). 그런데 이기적이고 세속적인 욕심을 안주 삼아 벌컥벌컥 마음 놓고 지은, 크고 작은 죄에 잔뜩 취해, 뿜어내는 그 악취에도 '비록 나 자신은 모르지만' 아랑곳하지 않으시고 오늘도 그분은 우리를 사랑으로 꼬~옥 안아 주고 계신다. 그러니 그분의 사랑을 조금이라도 느낀다면 빨리 내 영혼의 때를 씻어 버리자. 영혼의 목욕 그것이 바로 고해성사다.

나 샤워하고 목욕하여 기분이 상쾌할 때마다 하느님 품 안에 있는 내 영혼은 과연 깨끗한지 한번 되돌아보자!

깨끗한 걸 좋아하는 사랑하는 형제자매들이여,
자, 이래도 성사, 정말~ 안 볼 껴?

(2002. 7. 16.)

"난 기도할 줄도 모르고 그럴 시간도 없단 말이에요"

오래전 TV 광고의 장면이다.
아기가 기어 다니며 놀다가 처음으로 "아빠"라는 소리를 하자, 엄마가 너무 좋아하며 직장에 있는 아빠에게 전화로 그 사실을 알리고 아빠는 그날 회식도 사양할 만큼 흥분되어 아들의 장난감을 사 들고 일찍 귀가한다. 이제나저제나 기다리는데 드디어 아기가 "아빠"라고 하자 아빠가 감격하여 귀여운 아들을 가슴에 꼬옥 안아 주는 장면을 본 일이 있다.
아빠는 그때 '그래, 내가 네 아빠다. 내 너를 위해 모든 걸 아낌없이 다 바치련다.' 그렇게 결심했을 거다. 그 아기는 아빠라는 단어가 의미하는 것이 무엇인지도 모르고 단지 엄마의 반복된 가르침에 그저 아빠라고 흥얼거렸을 뿐인데도 그 아빠는 그렇게 좋아하고 감격했다.

그걸 보면서 아! 우리 하느님도 당신을 아버지라고 불러 드릴 때 저렇게 좋아하시면서 우리를 가슴에 꼬옥 품고 '오냐, 내 너를 위해 모든 걸 아낌없이 다해 주리라.'고 하실 게 틀림없겠구나 하는 생각이 들었다. "아버지!" 하고 부르면 되니 어렵지 않고, 시간도 안 걸리니 이 이상 더 좋은 기도가 또 어디 있겠는가? 하느님을 **아버지라고 부르는 것**은 가장 훌륭한 기도이며 모든 기도의 시작이요 완성이다.

자, 이래도 "기도를 어떻게 바쳐야 할지 모르겠다.", 또는 "바빠서 기도할 시간이 없다."라고 말할 수 있겠는가? 이렇게 쉬운데도? 글쎄…? 우리의 사정을 속속들이 다 아시는 하느님께서도 아, 참 너는 그렇겠구나 하고 받아 주고 이해해 주실까?

이제부터는 언제, 어디서건 바쁘면 바쁜 대로 조용히 "하느님, 나의 아버지!"라고 부르며 기도하자. 그러면 그분만이 주시는 평화와 기쁨과 포근함을 느끼게 될 것이다.

(2002. 7. 26.)

깽깽이와 성호 긋기

초등학교 1학년 때인 어느 봄날 콧노래를 부르며 어머님의 손을 잡고 아줌마 댁에 나들이를 가고 있었다. 그런데 마침 길 건너 저편에 영구차 한 대가 지나가고 있는 게 아닌가? 나는 그만 질겁해 어머님의 손을 얼른 놓고, 그 자리에서 왼쪽 발로 깽깽이를 세 번 뛰고 땅에 침을 퉤퉤 세 번 뱉고 그리고 엎드려 세 번 절을 했는데 그 짓을 여러 번 하느라 어머님을 따라가지 못했다.

이렇게 힐끗 보니 지나가시던 어른들 가운데 멈춰 서서 무슨 짓인가 하여 눈이 휘둥그레 가지고 나를 바라다보시고는 이상하다는 듯이 고개를 갸우뚱하시는 분이 있는가 하면 어떤 이는 빙그레 웃으시는 분도 계셨다.

한참 앞서가시던 어머님께서 되돌아오셔서 내가 정신없이 그 짓을 하는 것을 보시고는 얼마나 놀라셨겠는가?

"얘! 이게 무슨 짓이야?" 하시며 내 머리를 쥐어박으셔서 그제야 제정신이 든 나를 잡아끌고 길모퉁이로 데려가시더니 "너 도대체 그게 뭐 하는 짓이냐? 길거리에서 창피하지도 않니? 너, 미쳤어?" 하시면서 내 작은 몸을 흔들어 대며 화를 몹시 내셨다.

　나는 눈물이 났다. 그러니까 이번엔 또 사내 녀석이 그렇게 운다고 또 쥐어박으신다.

　"난 엄마 죽는 거 정말 싫단 말이야, 씨!" 하며 섧게 울었다.

　"아니 난데없이 그게 무슨 소리냐? 내가 죽긴 왜 죽어, 이 녀석아!"

　그래서 나는 자초지종을 말했다.

　언젠가 학교 친구들이 말하기를 영구차를 보면 반드시 깽깽이를 세 번 하고 침을 세 번 뱉어야 엄마가 죽지 않는데, 어떤 애가 그렇게 하지 않아 그 애 엄마가 죽었다는 소리를 들은 생각이 나서, 물론 나도 길거리에서 창피하지만 그것도 한 번 가지고는 마음을 놓을 수 없어 엄마가 절대 죽지 않게 하려고 여러 번 그 짓을 했노라고 말했다.

　그때 어머님이 와락 껴안고 내 얼굴을 비벼 대며 한참을 놓아주시지 않아 가슴이 답답했던 걸로 기억된다.

　지나가는 사람들이 자꾸만 우리를 쳐다보아도 엄만 창피하지도 않은가 보다. 세월이 많이 흘렀건만 아직도 또렷한 어머님의 그 콩닥거리는 가슴과 따뜻한 체온에서 "오, 그랬구나! 난 그것도 모르고, 미안해…. 암, 나 절대 죽지 않고 항상 네 곁에 있어 주련다. 사랑해, 내 아들아…."라고 하시는 말씀을 느낀다.

천주교 신자라면 성호 긋고 식사하는 것이 지극히 당연하건만 비신자들 앞에선 쑥스러워하며 그냥 넘어가는 분들이 꽤 많다. 그런가 하면 킥킥거리며 놀려 대는 친구들 앞에서도 정중히 성호를 긋고 식사하시는 교우분들을 볼 때마다 깽깽이 하던 그때 생각이 떠오른다.

그들의 용기 있고 성스러운 행위에 주님께서도 틀림없이 우리 엄마처럼 당신의 따뜻한 가슴으로 그렇게 꼬옥 안아 주시겠지!

(2002. 8. 3.)

다섯 명의 아내

(좀 길고 듣기가 그런 부분들도 있더라도 인내심을 갖고 들어 보시기 바랍니다.^^*)

서로 좋아하는 연인들끼리 결혼하여 일평생을 함께 살아가는 것이 얼마나 좋을까? 그러나 그걸 포기하고 사제는 독신 생활을 하기에 혼인 생활을 하는 이들보다 더 어렵고 거룩한 길을 가고 있어 존경받는 게 지극히 당연하다고 여기고 있었습니다. 그런데 그런 생각들이 보좌신부를 마치고 식복사와 함께 사는 군종신부 생활을 하게 되면서 바뀌게 되었습니다.

부대에서 퇴근해 집에 들어가면 불 꺼진 써늘한 방이 나를 맞아 주고 혼자 적당히 알아서, 라면으로 끼니를 때우는 나와는 달리 인접 부대 신부님 댁엔 퍽 상냥하고 예쁜 식복사 아가씨가 있어, 가끔 이런저런 구실로 그 집에 자주 놀러 가 밥도 얻어먹고 쑥덕거리며 머물다 오곤 했었지요. 그런 아가씨의 도움을 받고 있는 친구 신부가 부럽기도 했습니다. '오라, 내 기회가 닿기만 해 봐라. 나도 꼭 그런 상냥하고 예쁜 식복사 아가씨를 채용하리라.' 생각했습니다.

　얼마 후 부대가 이동되면서 드디어 나에게도 그런 기회가 왔습니다. 마음이 다 설렜습니다. 아, 그런데 다 된 밥에 재 뿌린다고, 글쎄 내가 보좌신부로 있던 성당 주일학교 자모회원들이 어떻게 냄새를 맡았는지 신부님 모실 식복사 언니만큼은 꼭 자기네들이 구해 주겠노라고 하지 않겠어요? 극성맞은 우리 젊은 어머니들의 두터운 신심(?) 때문에, 즉 젊고 미남인 우리 신부님을…(그땐 그랬었지^^*) 우리가 지키고 보호해야 한다고 하는 게 그 이유였습니다. 약속된 날짜에 드디어 아가씨가 왔는데 그야말로 누가 봐도 마음을 푸욱 놓을 수 있는 아가씨를 데려왔습니다.
　놀러 왔던 친구 신부님들이 내 눈치를 보며 "어이, 자네 친척이야, 아니야?" 하고 한마디씩 했습니다. 그런데 이 아가씨, 다른 건 다 그렇다 쳐도 간호장교나 사관후보생 등 특히 젊은 여자 손님들만 오면 무척 싫어해 차 한 잔 끓여 내는 데도 몇 시간(?)씩 걸리고 부엌에서 달가닥거리는 소리를 요란하게 내며 토라져 입시울을 씰룩거릴 땐 참 볼 만했습니다. 그렇다고 손님들한테 이유를 설명할 수도 없고 조바심도 나고 내가 괜히 미안하고 입장이 곤란했습니다. 저만 모른다고 생각했지 아마 다들 눈치는 챘겠지요? ^^*
　갑자기 그녀의 어머님이 돌아가시자 이제 홀로 되신 아버님을 돌봐 드리게 되었다며 내 곁을 떠났습니다. 그래서 벼르고 별러서 이번엔 용모 단정한 아가씨를 수소문 끝에 드디어 구했습니다. 기분이 참 좋았습니다. 그런데 그 기분도 불과 며칠뿐 외모와는 달리 음식 솜씨가 영 형편없었어요. 찬값이 모자라서 그런가 해서 돈을 아무리 많이 줘도 소용이 없었습니다.

이거, 예쁘긴 하나 외모가 반찬은 아니니 식사 때가 기다려지는 게 아니라 오히려 아주 큰 고역이었습니다. 그녀도 걱정하는 눈치였습니다. 그래서 이래선 안 되겠다 싶어 사기진작을 위해 어느 날 된장찌개가 올라왔기에 "어휴, 맛있어! 참, 맛있다."고 해 줬는데 아, 글쎄 몇 날 며칠을 매 끼니 계속 올려놔 나중엔 퇴근길에 남의 집 부엌 근처에서 흘러나오는 찌개 냄새조차도 아주 지겨웠습니다. 그래서 밖에 나가 자주 사 먹으면서, 오늘 누구한테 대접받았다고 말하곤 했지요. 그러나 사 먹는 것도 어디 한두 번이지 나중엔 물려 너무도 힘들었습니다. 얼마 후 선본다며 고향에 갔는데 온다던 날에 오지 않은 걸 보니 아마 일이 잘됐나 봐요. 그 옛날, 어머니께서 해 주시던 음식이 그리웠습니다.

이번엔 예쁘고 뭐고 다 접어 두고 음식 잘하는 아주머니를 수소문 끝에 모셔 왔습니다. 그런데 이 아주머니, 과연 음식을 잘하신다 싶었는데… 한번은, 팽 소리가 나 가서 보니 손으로 코를 풀곤 앞치마에 슬쩍 닦는 거였어요. 그러니 그 후 버무린 나물 반찬들이 오를 때마다 아휴 그 생각이….

그리고 또 나는 밥에 돌 들어가는 것은 좀 참을 수 있는데 머리카락 들어가는 것은 영 질색이었습니다. 마치 머릿기름이 녹아 밥에 스며들었을 것 같은 느낌이 들어 느물거리며 속이 메스꺼웠지요. 거짓말이 아니라 일주일 내내 머리카락을 집어낸 적도 있었습니다. 이렇게 좀, 지저분하고 그랬습니다. 물론 일부러 그런 것은 아니었겠지만 여하튼 나로선 미칠 지경이었습니다. 어디 그뿐이겠습니까? 거기다 생각이 좀 모자라 아주 힘들었습니다.

당시엔 흔하지 않은, 귀엽고 예쁜 푸들 강아지를 선물로 받아 혹시나 잃어버릴까 봐 아침 출근 때마다 그 녀석이 밖에 나가지 못하도록 문단속 잘하라고 그렇게도 신신당부했건만….
 어느 날 퇴근해서 보니 대문이 활짝 열려 있어 '이게 어떻게 된 일인가?' 순간 가슴이 철렁 내려앉았습니다. 아무래도 직감이…. 용수철 튀듯 그길로 나는 밖으로 뛰어나갔습니다.
 "똘만아, 똘만아(개 이름), 너, 어디 있니?"
 점잖아야 할 육군 소령님이 휘파람을 휘익, 휘익 불어 대면서 정신없이 똘만이를 부르며 동네 골목을 뒤졌습니다. 지나가는 사람들이 힐끔힐끔 쳐다보며 고개를 갸웃거리는 게 보였습니다. 찾다, 찾다 못 찾아 결국 집에 돌아와 "아주머니!" 하며 큰 소리로 불렀습니다. 대답이 없어 이 방 저 방 열어 보니 골방에서 말없이 뜨개질을 하고 있었습니다.
 "왜, 그렇게 불러도 대답을 안 해요? 안 들려요? 강아지 어디 갔어요? 그리고 문은 왜 열렸고?" 하고 신경질적으로 소리쳤습니다. 그래도 아무 말이 없기에, 나는 더 속상해서 "제발, 말 좀 해 봐요, 말. 아이고, 답답해라." 원망과 애원이 섞인 슬픈 목소리로 다그쳤습니다. "아니, 글쎄, 강아지가 어떻게 해서 나갔느냐구요~오~!"
 그랬더니 그 말이 채 끝나기가 무섭게 "아유 신부님, 그것도 몰라유~?" 하며 되레 눈을 치켜뜨고 소리를 버럭 질렀습니다. 나는 깜짝 놀라 멈칫하며 "그래, 내가 뭘 모르는 건데요?" 하자 "아, 그야, 대문이 열렸으니까 개가 나갔지유~." 하면서 오히려 그것도 모르냐는 듯 홱 일어서 나가 버렸습니다. 얼마 후 아주머니도 개인 사정으로 내 곁을 떠나셨습니다.

그때, 난 이런 생각이 들었습니다. 이거 헤어질 수 있어 다행이지 이런 줄도 모르고 결혼했다가 이런 이들과 함께 평생토록 살아가야만 한다면 얼마나 고생길이었을까 하고 생각하니 정말 아찔했습니다. 지독한 훈련 대열에서 나만 운 좋게 쏙 빠져나온 듯한 느낌이었습니다. 그러니 마음대로 내보내지도 못하고, 헤어질 수도 없는 이들은 얼마나 불쌍(?)한가…. 아이고 죄송, 죄송…. 용서해 주세요!
생각의 차이를 느끼는 그런 사람과 일생을 살아가는 게 바로 지옥이 아닐까 하는 생각이 들기도 했습니다. 한 사람만 사랑한다는 게 쉬운 것 같으면서도 정말 어렵다는 것을, 그리고 사제의 길만이 거룩한 가시밭길이 아님을 그때 절실히 느꼈지요.

만일 내가 결혼한다면 부인은 첫째, 얼굴도 예뻐야 하고 둘째, 반찬도 잘하고 셋째, 또 성격도 상냥해서 코드가 잘 맞아야 하고 넷째, 건강해야 하고 다섯째, 만일의 경우를 생각해서 거기다 예비로 한 명 더…. 이러다 보니 적어도 다섯 명의 부인과는 살아야 될 것 같았습니다. 아이고, 아무래도 내가 욕심이 너무 과한 건가?^^*
아, 이래서 아마 하느님께서, 나는 혼자 살게 해 주셨나 봐요.^^*

그러니 하느님께서 맺어 주고(마르 10, 9) 맡겨 주신 자기 배우자를 1인 5역을 해서 그가 바라고 원하는 바를 채워 주며 일생을 행복하게 살아가려고 노력하는 게 얼마나 어렵고, 그렇기에 또 얼마나 성스러운 일인가!

그래서 예수님께서는 사제의 신품성사와 같이 혼인도 하나의 거룩한 성사로 규정해 놓으시고 거기에 합당한 은총을 주시는 거로구나! 옳거니! 사제가 사제 생활을 통해 교우들과 서로 사랑하고 거기서 행복을 느끼고 하느님의 사랑을 보여 줌으로써 사제직을 완성하고 성인이 될 수 있듯, 부부들도 가정생활을 통해 서로 사랑하고 행복을 느끼고 하느님의 사랑을 드러냄으로써 혼인성사를 완성하고 훌륭한 성인이 될 수 있는 것이지…. 그래서 사제나 부부나 다 하느님의 그 거룩한 소명을 깨닫고 행복하게 살도록 노력해야겠지!

우리 부부님들! 정말 사랑하고 존경합니다.^^*

(강의 끝에 부인님들한테 저 맞지 않을까 걱정되네요. 안 때리시겠지요? 그런데 방금 하늘에서 들려오는 긴급 뉴스에 의하면 예수님이, 하늘선 5명씩 데리고 살… 그딴 일이 절대 없으니께, 남편님들 꿈 깨라시네유. ㅋㅋㅋ - 루카 20, 35)

아 참! 그리고 사랑하는 우리 부부님들!
옛날 연애할 때 로맨스 시절, 얼마나 좋고 아름답고 행복했어요. 그 시절로 다시 돌아가고 싶지요? 방법이 있습니다. 이건 좀 비싼 건데 여러분께만 공짜로 가르쳐 드릴게요.^^*

위의 일들은 결혼 후 내가 원하는 것들을 우선으로 두는 맘에서 생긴 것들이라면 이제부턴 그러지 말고 매일 아침 일어나면서 나를 선택한 것을 참 잘했다고 자랑하고 행복해하며, 큰 기대를 가졌던 나의 배우자를 먼저 생각해 보세요. 그리고 그다음에는, 내가 잘 선택했다가 아니라, '나는 참 잘 선택된 사람이다. 그러니 어떻게 하면 그의 기대를 오늘도 충족시켜 줄 수 있을까?'를 늘 기억하고 노력하시면 된답니다. 아주 쉽지요? ㅋㅋ

(2002. 8. 17.)

군종신부 시절 하느님께 삿대질한 얘기

고된 훈련을 마치고 군종신부로 임관돼 부임해 간 곳이 강원도 중부 전선 최전방 부대였다. 물론 그곳 이름은 따로 있지만, 워낙 산골짜기라 땅에서 하늘을 쳐다보면 3천 평 정도 된다 하여 3천 평 동네라고 부르고들 있었다. 어떤 신부는 여관이나 하숙집을 거처로 삼았다는데 미사 때 시끄러워 불편해했다. 나는 마침 이사 가는 집이 있어 그걸 매입하면 어떻겠냐고 했다. 방 셋, 부엌과 커다란 광이 딸린 집이란다. 난 집 살 만한 돈이 없지만, "가격이나 알아봅시다." 했다. 그랬더니 만 오천 원이라 했다. 처음엔 농담인 줄 알았다. 고스톱 칠 때 천 원을 십 원이라고 하듯….

추진해 보시라 했더니 그나마 깎아서 만 이천 원에 합의가 됐단다. 그날 저녁 엎드려 아버님께 신나게 편지를 썼다. "나이 30, 이제야 나는 어른이 됐습니다. 내 집을 갖게 됐어요. 한번 모시겠습니다."라고.

밤엔 천장에선 쥐들이 전쟁을 하다가 뚫어진 구멍으로 내가 잘 자고 있는지 내려다보고, 방이지만 너무 춥고 그놈의 쥐벼룩 때문에 긁느라 밤잠을 설치기도 하고 새벽 미사 땐 방에 준비해 둔 제단에 주수 물이 얼은 줄도 모르고 한참 지내다가 겨우 녹여 미사를 지내곤 했다.

내가 군종신부로 근무할 당시 적지 않은 선배들이 크고 작은 훈장을 한두 개씩 달고 있었는데, 훈장이란 다른 게 아니라 오토바이 사고로 입은 상처다. 자기 부대는 물론 군종신부가 없는 몇십 리씩 떨어진 인접 부대까지 울퉁불퉁한 길을 내달리며 미사 등 사목을 하다 보니 그런 사고가 잦았다. 나도 교통사고로 숨진 선배의 고물 오토바이를 타고 그분 몫까지 뛴다는 마음으로 다녔다. 가다가 꼭 언덕이나, 내리막길 중간에 시도 때도 없이 고장이 나 애를 먹고 고치느라 손이 기름으로 새카맣게 된 상태에서 미사를 지내기도 했다.

미사는 주일 하루 3대가 기본이지만 어떤 땐 그 이상 드리기도 해, 집에 돌아오면 파김치가 되곤 했다.

언젠가 눈보라가 휘몰아치는 날 몇십 리 비포장 시골길을 오토바이를 타고 덜커덩거리며 달려가다 다리 위에서 갑자기 눈에 눈이 들어가 앞이 안 보였고, 손이 곱아 그만 핸들을 놓치는 바람에 오토바이와 함께 냇가로 나가떨어졌다. 오토바이는 앵앵거리고 안경은 어디론가 날아갔고 입에선 피비린내가 났다. 팔다리도 까지고 뻑적지근했지만, 다행히 부러지진 않았다. 겨우 오토바이를 건졌는데 바퀴가 찌그러져 주인이 자기를 알아주지 않는다고 화가 난 망아지처럼 지그재그로 굴러갔다.

한참 만에 도착해 미사 가방을 풀어 보니 서품 때 받은 새 성작이 박살나고 대, 소 제병이 가루가 되어 있어 애써 간 보람도 없이 안타깝게도 미사를 지내지 못한 적도 있었다. 미사 참석 인원이 20명만 돼도 신나겠는데 대부분 그렇질 못했다.

한번은 전방 부대 간이식당에 임시로 마련된 제대에서 주일미사를 지내는데 근무하다 왔기에 총을 든 병사가 '몇 명이나 올까?' 문소리만 나도 '급한 일이 있어 나간 걸까? 아니면 혹 더 온 걸까?' 속으로 셈해 보니 나갔으면 여섯 명, 더 왔으면 여덟 명일 텐데 더 왔으면 좋겠다며, 돌아서 보니 여덟 명이었다. 난 너무 반가워 "주님께서 여덟 명과 함께." 한 적도 있었다. 정말… 얼마나 간절했으면 그랬을까?

애써 가 봐야 몇 명 안 돼 어떤 땐 가지 말까 하는 유혹도 들었지만, 그들이 나를 기다리는 예수님이라고 생각하면 안 갈 수가 없었다. 내가 열심해서가 아니라 나의 선임 선배 신부님들이 그렇게 하셨기에 나도 그럴 수밖에 없었다.

부대 출근해 봐야 내 사무실은 없고 경리과에 책상 하나 놓여 있었는데 거기가 내 집무실이란다. 출근을 안 해도 누가 뭐랄 사람 없지만, 정시 출퇴근을 하고, 병역의무를 다하기 위해 있는 군인과 달리 신부는, 예수님처럼 누구든 찾아 나서고 만나고, 복음을 전하는 기회를 만들고, 찾는 게 본분이고 그래서 이곳에 파견된 것이라는 소명감 때문에, 국회의원 후보자처럼 수시로 여기저기 부대 방문을 하여 장교나 병사들과 함께하곤 했다.

밥 먹는 걸 누가 보는 걸 싫어했던 나지만 신부가 있다는 것을 알리기 위해, 점심은 꼭 부대에서 하고, 장교들이 로만 칼라를 한 나를 많이 볼 수 있는 위치에서 천천히 시간을 끌며 했다. 군에선 위관 장교와 영관장교가 출입하는 식당이 구별되어 있기에 계급은 중위지만 때론 영관장교들과 가까워지기 위해 일부러 식사 때쯤 영관장교 사무실에 가서 환담하다가 그분들과 함께 가곤 하기도 했다.

한 달에 한 번 정도 병사들 교육을 하게 되어 있는데 너무 피곤해 대부분 졸고 교육 자체를 힘들어하기에 지루하지 않게 어떻게 할 수 없을까 고심하다 그때 떠오른 게, 내가 5분 말하고 인기 가수 남진, 정훈희 등의 노래를 틀어 주고 또 내가 말하고 그런 식으로 하면 좋을 것 같은, 기발한 아이디어였다.

응, 바로 그거야! 나는 무릎을 탁 치며 얼른 유행가를 녹음하기 위해 몇십 킬로 떨어진 읍내, 어느 술집에 부리나케 달려가 양해를 구하고 아가씨들 옷가지들이 여기저기 걸려 있는 방에서 전축을 틀어 놓고 애써 녹음하여, 다음 날 교육 때 급히 써먹었는데, 물론 상태가 썩 좋진 않을 거라고 자초지종은 사전에 말해 줬지만, 갑자기 노래 중간 중간에 "어서 오세요.", "오빠, 요즘 뜸하더라. 삐졌나 봐?" 혹은 부엌에서 도마 소리가 튀어나오는 게 아닌가! 병사들이

킥킥대다 제대를 앞둔 어떤 걸쭉한 말년 병장이 겁도 없이, "신부님이 아마, 거기 자주 가시나 봐요."라고 떠들어, 와~ 하고 폭소를 터뜨리는 바람에 교육이라고 긴장됐던 분위기는 자연스레 풀어졌다. 기왕 그렇게 된 것 담배도 자유롭게 피우게 하며 화기애애한 가운데 이어 갔는데, 막사에서 연기가 한꺼번에 새어 나가자 화재가 났나 하여 대대장이 놀라 달려왔다가 병사들과 함께하기도 했다.

그런대로 병사들과는 더 가까워지는 아주 좋은 시간이 되었다. 그 후 제대로 하기 위해 야외 전축과 음반을 월부로 구입했지만 그대로 처박아 두고 오히려 웃음을 주는 그 녹음기를 계속 갖고 다녔다. 따분한 교육이 아니라 노래를 따라 부르기도 하고 그 말이 나올 때마다 웃어 조는 병사가 하나도 없기에 교육은 그야말로 대성공이었기 때문이다. 진작에 그럴걸….

내가 볼 땐 실수지만, 그것은 좋은 결과를 이끌어 내고자 하신 하느님의 오묘한 계획이신데 그것도 모르고 당장 안 도와주심으로 여기고 잠시나마 투덜거린 게 미안했다.

소문이 나니 이곳저곳 대대장들이 우리 부대에도 와서 교육 좀 해 달라고 했다. 재밌는 강의를 준비하는 게 나에겐 엄청난 스트레스였지만….

대부분 비신자들이라 신부에 대한 호기심이 많았다. "신부님들은 결혼 안 하고 일생 혼자 어떻게 살아요? 여자 생각 같은 건 자동적으로 안 나 봐요?" 듣기 싫고 거북하고 때론 무시하는 것 같아 기분 나쁘지만, 생각해 보면 오히려 그런 것들이 대화와 만남의 실

마리요, 또 어떤 의미에선 나하고 가까워질 수도 있고, 또 가까워졌다는 뜻이기도 하기에 싫은 내색을 안 하고 "자넨 생각도 소총처럼 자동, 반자동이 있는가 보군. 커 참 희한하군." 해 주거나 "궁금하면 나하고 자꾸 만나면 알게 될 거예요. 미사에 와 보면 알 거예요." 했다. 좀 가깝다 여겨지는 친구에게는 "그렇게 걱정해 줘 고마워요. 왜 시집 못 간, 참한 누이동생이라도 있수?"라며 웃어 넘어가 주곤 했다.

나는 군에 가기 전에는 술도 그렇지만 바둑, 더구나 화투는 전혀 할 줄 몰랐는데 친교, 사목상 배웠다.

어느 날 퇴근 후 잠시 쉬고 있는데 "우리 오늘, 신부님 집으로 갑니다."라며 높은 분들이 우 몰려와 우리 집에서 한편은 바둑, 다른 한편은 고스톱을 치며 전우애(^^*)를 돈독히 한 적도 있고, 또 한 번은 역시 높은 분들이 "신부님들은 아마 술은 잡숫는대지요?" 하면서 술 예찬론을 펼치며 은근히 술 한잔 내라는 뜻을 비쳤다. 계급으로 접근하긴 어렵지만, 술이 주는 relax, 부드러움이 계급, 권위의 벽을 허물어 주기 때문에 오히려 내가 사목상(아무렴!) 아주 좋은 기회라고 여기면서 나도 성질이 급하지만, 물이 오를 때까지 뜸을 들였다.

좀 더 친숙해진 어느 날 드디어 "아, 신부님, 그러지 말고 우리 술 시합 한번 합시다." 하는 것이었다. 나도 기다렸다는 듯이, 겁 없이 "오, 그거 좋지요." 그랬다. 최전방에서 나라 지키느라 고생하시는 분들 위로도 해 드리고 스트레스도 풀어 드릴 겸 또 신부는

어떤 일이 닥쳐도 꽁무니를 빼지 않는다는 것을 보여 주고 싶기도 했다. 만용이지.^^*

그때만 해도 양주가 퍽 귀했는데 어렵사리 중국 음식과 함께 준비해 초대했다. "오늘 목표는 앉은자리에서 쉬할 때 상황 끝입니다. 옆에 걸레도 준비했고요."라고 하자 모두들 "좋아요, 좋아!" 하며 즐거워했다. 평소 천주교에 대해 궁금해했던 이런저런 재밌는 얘기와 함께 서로 주거니 받거니 하며 한참을 정신없이 마셔 댔다.

물론 나는 미리 계란과 버터를 먹어 위에 기름을 발라 취하지 않도록 나름대로 사전에 철저히 대비했는데도, 오래 군 생활하신 노련한 그분들을 내 비록 젊지만, 도저히 나 같은 애송이, 군 신참이 당해 내기 어려웠다. 속이 울렁거려 배길 수가 없었다. 얼핏 보니 시곗바늘이 어느새 자정을 향해 가고 있었다. 밖으로 나와 그동안 하얗게 내린 눈 위에 엎드려 시원하게 토했다. (더러운 소리를 해 미안 쏘리^^*)

보좌신부 시절, 하느님 아빠가 주신 음식을 누가 과하게 먹고 토했다면 대죄라고 여겨 학교에서 배운 대로 큰 보속을 줬던 기억이 떠올랐다.

그런데 내가 그 짓을 하다니…. 갑자기 눈물이 핑 돌면서 서글픔이 몰려왔다. 신학생 때 그리던 사제상은 이게 아니었는데….

정신없이 술을 마셔 잔뜩 취한 오기에, 하늘을 쳐다보며 오만방자하게도, 반말로 "여보, 하느님 아빠, 이거 내가 하고 싶어 하는 줄 알아! 이거 왜 이래? 전지전능하신 하느님쯤 돼 가지고 그것도 몰라! 그래 가지고 어떻게 아빠 노릇을 하고 앉아 있는 거요? 내

똑바로 말하노니 잘 알아 두슈! 내가 술 잘 못 먹는 것 당신이 잘 알지 않소. 그런 내가 나를 위해서가 아니고 삭막한 이곳에서 국토방위에 여념이 없는 저 친구들과 특히 교우 병사들을 위해, 아니, 천주교 복음 전파를 위해 당신 대신 내가 하는 거란 말이오. 저 친구들 하는 말이 신부가 역시 최고라고 하지 않소?

그건 바로 당신이 최고란 말이지~. 내일부터 신부님 차편 봐주고, 신자 병사들 많이 모아 주일미사에 보내 주겠다고 하고, 어떤 이는 자기가 냉담자라고 고백하기도 하고, 또 어떤 이는 앞으로 성당에 나갈 테니 책 좀 빌려 달라고 하는 걸 분명히 듣지 않았소!

내 비록 토해 내는 큰 죄를 지었지만, 저들은 당신 찾는 말을 내게 토해 줬는데 그래도, 안 돼? 그래도 아빠, 내가 나빠?"라며 하늘에다 대고 삿대질을 마구 해 대며 으름장을 놨다.

그런데 갑자기 발밑에서 쩝쩝하는 소리가 들려왔다.

울타리 틈새로 아랫집 염소가 글쎄 그걸 먹고 있는 게 아닌가? (더럽게 굴어 미안, 미안.^^*) 나는 냉소를 지으며 "흠, 이봐요, 하느님 아빠! 당신 아들, 사제가 어디 쓸데없는 짓 한답디까? 염소 밤참을 주고 있잖아요? 그러니 우리끼리 그러지 말고 제발 한 번만 너그럽게 봐주슈. 으~응, 딸꾹!" 그랬다.

그런데 옆에서 누가 부축해 줬는지 공중에 뜬 것 같은 느낌이 들었다.

그러곤 물을 찾으며 깬 것은 그날 오전 10시였다. 같이 술 마셨던 분들도 늦게 귀가했지만 워낙 군인 정신이 투철한 분들인지라 어김

없이 제시간에 출근들을 했단다. 비록 소규모의 아침 브리핑이었지만, 그 어느 때보다도 군인 정신이 투철히 빛난 때였으리라 믿어 의심치 않는다. 그~러~나 보나마나 무척 힘들 들었겠지. 이 몹쓸 놈이 죄인이지, 글쎄!

출근 때마다 군화 끈을 매면서 늘 "제대해야지."라고 뇌까렸는데 어느 날 책임 군 선배 신부님께 그 말을 꺼냈더니 "당신이 지금 제대하면 우리 후배 중 누군가가 여기까지 오기 위해 또 고생해야 되는데…."란 말에 꽂혀 그 길로 김수환 추기경께 장기 지원서를 써 우체통에 확 넣고, 성당으로 정신없이 막 달려간 게 엊그제 같은 데….

내 경험으로 봐 군종신부 생활은 육신이 고달파도 힘들고 편안해 쉬어도 하느님의 일을 하지 않는 것 같아 괴롭고 편치 않았다. 그러기에 누가 장기 군종신부 하랬나? ㅋㅋ

어떻게 하다 보니 내 넋두리만 늘어놓아 낯이 뜨거워진다. 얼마 안 된 것 같은데 벌써 50여 년 전 일이다. 모두가 고생했지만 그 시절, 참으로 열악한 상황에서도 나라와 국민을 지켜 준 그들이 장하고 고맙다. 그리고 이 시간에도 전후방 각 곳에서 군 장병들을 위해 그야말로 헌신하고 고군분투하고 계신 후배 군종신부님들께 감사와 뜨거운 격려의 박수를 아낌없이 보내 드린다.

고양이와 비둘기

　아침에 조깅 겸 산책하다가 유치원 운동장을 지나가게 되었는데 젊은 자매님들이 두세 명씩 짝지어 마치 군인 아저씨들 행군 때처럼 팔을 힘차게 휘두르며 열심히 걷고 있는가 하면 어떤 이들은 화단에 걸터앉아 뭐가 그리 재미있는지 큰 소리로 웃으며 얘기꽃을 피우고들 있었다.
　그런가 하면 운동장 한쪽 편에서는 아랫도리를 여 보란 듯이 다 내어 놓은 한 사내아이가, 엄마가 말리는데도 아랑곳하지 않고 저 먹으라는 과자 봉지를 이리 뿌리고 저리 흔들어 대, 그 부스러기들을 꾹꾹꾸~ 소리를 내며 정신없이 쪼아 먹는 비둘기들을 발로 차면 옆으로 비켰다가 다시 오곤 하는 것을 보며 깔깔거리고 있었다.
　참으로 평화스러우면서도 활기찬 아침이었다.

　그런데 이렇게 보니 고양이 한 마리가 자동차 밑에 납작 엎드려 가까이 다가오고 있는 비둘기를 덮치려고 노려보고 있지 않은가!

아이코, 저 비둘기 큰일 났구나! 나도 덩달아 긴장하여 그 광경을 지켜보고 있었다. 걱정스러우면서도 한편, '저놈이 과연 비둘기를 잡을 수 있겠나?' 하는 호기심도 생겼다.

흠~, 고양이 녀석, 네깐 놈이 아무리 폼 잡고 엎드려 있어 봤자 무슨 소용이 있겠니? 달려갔다가 휙 날아가 버리면 괜히 잡지도 못하고 허탕만 치고 말 텐데….

그래도 고양이는 비둘기가 마음 놓고 더 다가올 때까지 "있어도, 정말 없는 것"처럼 그렇게 숨을 죽이고 끝까지 기다리고 있었다. 정말 주도면밀하고 인내력 또한 대단한 놈이로구나!

사도 바오로의 말씀처럼 마귀란 녀석들도 영혼들을 죄악에 빠뜨릴 기회를 저런 식으로 호시탐탐 이 순간에도 노리고 있겠지. **"있어도, 정말 없는 것"**처럼 말이다.

그런데 주위를 살펴보지 않고 저렇게 먹는 데만 정신 팔렸다간 아무래도 큰일 날 텐데 하는 바로 그 순간, 아니나 다를까 고양이란 놈이 잽싸게 달려들어 용서 없이 그야말로 눈 깜짝할 사이에 낚아채 펄럭이는 놈을 물고 잽싸게 달아나고 있는 게 아닌가?

나도 모르게 큰 소리로 "안 돼! 안 돼! 야, 이 나쁜 고양이놈아!" 하면서 땅을 발로 차며 달려갔다. 사람들이 모두 다 쳐다보는 게 느껴졌다.

갑작스러운 내 큰 목소리에 고양이도 놀랐는지 물었던 비둘기를 얼떨결에 그만 놓아주고 얼른 달아나 버렸다.

비둘기는 하늘 저쪽으로 날갯짓을 하며 훨훨 멀리 날아갔다.

"야! 비둘기야, 너는 죽은 목숨인데 나 때문에 살았어. 넌, 그걸 알아야 해, 이놈아!" 하고 중얼거렸다.

비둘기도 '휴~, 신부님, 고마워요!' 하는 것 같았다.

예수님처럼 한 생명을 구해 줬다는 뿌듯한 느낌이 들었다.

비둘기야, 너 얼마나 놀랐니? 죽을 뻔했지! 비록 짧은 한세상이지만 삶을 되찾은 것이 정말 너무너무 기쁘고 고맙지? 이젠 네가 알았을 게다. 살았다는 것이 얼마나 소중한 것인지 말이야. 그렇지?

네가 제비는 아니니 박 씨를 물어다 줄 수는 없겠고 단 한 번의 삶이기에 정말 소중히 여기고 이제부터라도 정신 차려 그저 잘 살아가면 그것을 나에 대한 감사로 알겠다.

그러니 사랑하는 비둘기야, 이번 불행을 교훈 삼아 다신 그런 일이 없도록 조심해라. 알겠니? 그리고 오늘 일을 명심하여 네 안에 끊임없이 솟구치는 욕심을 스스로 제어하거라. 그러면 아무리 무서운 고양이가 호시탐탐 노린다 해도 하나도 두려워할 필요가 없는 것 아니겠니?

비둘기야! 너는 한낱 미물에 지나지 않지만, 글쎄, 영특하다는 사람들도, 영원히 죽을 목숨에서 주님의 피로 구원을 받았음을 감사드리며, 세례를 받고 다시 태어났음에도 불구하고 오늘도 세상이 주는 즐거움과 재미에 얽매여 또 정신없이 살아가고들 있구나!

우리로 하여금 영원한 생명을 잃게 하려고 으르렁거리며 노리고 있는 마귀의 그 날카로운 발톱에 찍힐 위험에 처한 줄도 모르고, 아니 이미 발톱에 찍혀 끌려가고 있으면서도 거기서 헤어날 생각은 않고 어리석고 안타깝게도 그냥 그럭저럭 살아가는 사람들이 참으로 많단다.

　사랑하는 비둘기야! 너는 오늘 이 일을 통해 생명의 소중함이 무엇인지 깨닫게 해 주신 너의 창조주 하느님을 마음껏 찬미하며, 이젠 더 높고 힘차게 푸른 창공을 향해 새로운 삶을 위해 마음껏 훨훨 날아가거라.

"정신을 바짝 차리고 깨어 있으십시오.
여러분의 원수인 악마가 으르렁대는 사자처럼
먹이를 찾아 돌아다닙니다. 굳건한 믿음을 가지고
악마를 대적하십시오"(1베드 5, 8~9).

(2002. 8. 24.)

누나의 손등

잘났다는 사람, 이 사람 저 사람 다 소개해 줘도 그저 이 핑계 저 핑계 대며 한결같이 싫다고 하던 누나. 그러니 속절없는 과년한 딸을 보는 어머님도 어지간히 속상하고 초조하셨을 게다.

그런데 그렇게 책밖에 모르던 그 누나가 어느 날부턴가 갑자기 달라졌다. 아마 자기 마음에 쏘옥 드는 연인이 드디어 나타났나 보다. 어린 내 생각에도 우리 누나는 살결도 하얗고 예뻐서 누구나 다 좋아할 것만 같은데도 누나의 마음은 그렇지 않은가 보다. 거울 앞에 앉아 있는 누나를 자주 보게 되었고, 누나는 옷도 이것을 입어 봤다 저것을 입어 봤다 하곤 했다.

한번은 무심코 누나 방을 열어 봤다가 누나가 화들짝 놀라 꺄~악 하고 지르는 비명 소리에 내가 되레 더 깜짝 놀라 마치 도둑질하다 들킨 놈처럼 혼비백산한 적도 있었다. 그 아까운 계란 노른자를 얼굴에 온통 덮어쓰고 누워 있는 것을 내가 보았기 때문이다.

데이트가 없는 날에도 누나는, 그야말로 군인 차량 수송부 아저씨들처럼 끊임없이 갈고 닦고 조이는 것이었다.

에지간하면 됐을 법도 한데 눈치가, 아직도 만족스럽지 않은가 보다. 손이 하얗고 뽀얀데도 더 하얗고 깨끗하게 보이려고 저녁때 따끈한 물에 손을 불려 계속 손등을 밀어 대더니 급기야 그만 까져서 연고를 바르고 있는 게 아닌가!

어린 나이에도 누나의 집념이 참 대단하다는 생각이 들기도 했다. 그래도 더 예뻐지려고 최선을 다하고 애쓰는 그런 누나가 난 좋았다. 하긴 결혼이라는 게 자기만 좋아해서 되는 게 아니고 상대도 자기를 좋아할 때 이루어지는 것이기에 그래서 더 어려운 것이리라….

생각해 보면, 내가 좋아하고 또 나를 좋아하는 그 임과 일생을 함께 살아가는 것이 얼마나 소중하고 행복한 것인지 **참으로 아는 사람만이** 임의 마음에 들고 임 보시기에 아름다운 것이라면 그것이 무엇이든, 비록 지금 당장은 아픔과 희생이 따를지라도 그를 기꺼이 선택한다. 그는 그 아픔과 시련이 무엇과 연결되어 있는지 잘 아는 지혜로운 사람이기 때문이다.

그러기에 오히려 고난을 통해 자신의 아름다움과 다시없는 행복을 이루어 가는 성취의 기쁨을 미리 맛보며 그 어려운 길을 오늘도 즐겁게 간다. 임을 진정 사랑하는 그이는, 아름다움이 넘쳐흘러도 임 앞에서는 늘 부족함을 느낀다.

멋지신 예수님!
그분은 십자가를 통해, 아니 나보다 나를 더 사랑하고 계심을 보여 주셨고, 세례성사를 통해 행복하게도 예수님은 나의 영원한 임이 되어 주셨다.

그런데 나는 과연 이 엄청난 영광과 행복을 얼마나 깊이 깨닫고 살아가고 있는지! 당장 눈앞의 욕심 때문에 안타깝게도 혹시 그런 임을 가끔은 떠나, 한눈을 팔고 그분을 슬프게 해 드리는 어리석음을 저지르고 있지나 않은지?

성체를 영하며 그분을 만나 뵐 때마다 나를 보시고 "애야, 너 참으로 예쁘구나! 오늘도, 내 너와 함께 있는 것이 얼마나 행복한지!" 이렇게 하시는 말씀을 듣게 된다면 얼마나 좋을까!

그래, 손등이 까진 누나처럼, 오늘은 또 어떤 아픔을 통해 내 영혼을 아름답게 가꾸어 볼까? 생각해 보자.

오래 살려고 열심히 맨손체조 중인 韓守我來神父 ㅎㅎㅎ

(2002. 8. 31.)

예수님은 어떻게 느끼실까?

구두를 막 신으면서 현관에 걸린 거울을 힐끗 쳐다봤다.

그 속엔 두 개의 눈과 한 개의 입을 가진 전날과 다를 바 없는 나였으나, 새벽까지 꾸물대며 무얼 준비하느라 부족했던 잠과 피곤이 양 볼에 더덕더덕 붙어 싱그러워야 할 아침이 그만 울상을 짓고 있었다.

"이래 가지고서야 어떻게 교우들을 만나겠나? 얼굴을 펴자." 하면서 밖으로 나왔다.

그때, 평상시 명랑하고 하는 일이 모두 다 참 예쁘다는 인상을 주던 주일학교 주부 교사 가타리나 자매가 저쪽 성모상에 목례를 하고 지나다 문 닫는 소리에 나를 보곤 환하게 미소 지으며 반갑게 인사한다.

"안녕하세용! 신부님?"
"오, 가타리나 자매, 좋은 아침!"
"예! 신부님도 좋은 아침, 좋은 하루 되세요."

"땡큐, 가타리나 자매도요."

난 겉치레가 아니라 정말 그녀가 그렇게 되기를 바라는 마음으로 답했다. 그녀의 맑은 음성에 나도 모르게 주름이 확 펴지고 절로 밝아지는 아침이 느껴졌기 때문이리라.

'자매가 좋은 인상을 주었던 이유가 평소 저 미소와 밝음이 쌓여 만들어진 것이로구나. 밝은 모습으로 대하는 저 사람에게 누가 함부로 할 수 있겠는가?'라는 생각도 들었다.

그렇구나, 밝은 미소로 인사를 건네고 또 기쁘게 응답해 주고 하는 거기서 비록 짧은 순간이지만 이렇게 살맛과 의욕을 느끼게 해 주는구나! 그렇지만 내가 시큰둥하고 응답을 하지 않았다면 그녀의 기분은 어땠을까? 아마 머쓱하고 씁쓸했으리라.

영성체 때 생각이 났다. "그리스도의 몸!" 하면 우리 교우들은 "아멘." 하고 응답한다. 사제의 입을 통해 하시는 예수님의 사랑과 축복에 대한 믿음과 감사의 응답이 바로 아멘인 것이다.

예수님 앞에선 늘 부끄러운 우리들이지만, 기쁜 마음으로 밝게 응답한다면 예수님도 살며시 미소 지음으로 덮어 주시리라.

어디 그뿐이랴! 우리의 예쁜 응답에 신나셔서 더 많이 축복해 주시리라. 그렇지만 그분이 건네주시는 반가운 인사에 우리는 늘 어둡고 기운 없는 볼멘소리로 대답하고 있는 것은 아닌지?

사제의 음성을 통해 들었으니 사제가 들을 수 있을 정도로 크게 아멘이라고 응답해야 도리겠지!

그런데 그렇게 크게 응답하시라고 해도 막무가내인 분들이 종종 있다. 그렇게 목소리를 아꼈다가 도대체 어디다 쓰려고 그러시는 건지…? 큰 목소리의 "아멘"에 인색하여 예수님이 듣지 못하신다면 그분의 기분은 또 어떠실까? 축복의 인사를 해 주시면서도 신명이 안 나시겠지…. 아마 그분도 씁쓸해하실 것 같다.

밝은 가타리나의 아침 인사로 나의 하루가 변하였듯이 기쁨 가득한 '아멘'으로 주님의 거룩한 하루로 변할 것이다.
얼굴 가득 함박웃음 띠고 나를 바라보고 계실 예수님을 생각하며 오늘도 큰 목소리로 '아멘' 해 보자.

(2002. 9. 28.)

영적 장애자

새로 부임해 간 어느 성당에서였다.
매일 새벽 미사는 물론 자주 성체조배 하며 열심히 기도하는 한 부인이 특히 눈에 띄었다. 여덟팔자로 꺾인 새카만 눈썹 아래 유독 커다란 눈망울에선 금세라도 눈물이 뚝뚝 떨어질 것만 같았다. 게다가 밤잠을 잘 못 자서 그런지 누렇게 뜨고, 병색이 완연한 그녀의 얼굴엔 늘 수심이 가득해 보였다.
도대체 무슨 사연이 그녀의 얼굴을 그렇게 만들었을까? 아마 지독한 속병이나 아니면 무슨 말 못할 고통이 있는 게 아닐까? 궁금히 여기던 차에 마침 구역 방문을 하며 집 축복을 하게 되었다.

어느 집 앞에 이르러 "참 예쁘고 아담한 집이구나." 하는데 바로 그 부인이 현관문을 열고 나오는 것이 아닌가! 평수도 크고 가재도구를 보니 생활은 꽤 여유 있는 집 같았다. 이 방 저 방 성수를 뿌리며 기도하는 가운데 무심코 건넌방 문을 열어 보곤 그만 흠칫 놀랐다.

한 여자아이는 앉혀 놨고, 한 남자아이는 뉘어져 있는데 얼굴은 중학생쯤 돼 보이고 몸과 팔다리는 대여섯 살짜리 어린아이 그대로였다. 그런 아이는 난생 처음 보았다. 그러나 곧 마음을 가다듬고, 미소를 띠며 친구처럼 이런저런 얘기를 다정히 해 주고 방을 나오는데 마음이 몹시 무거웠다.

부인은 결혼 후 아주 오랫동안 아기 소식이 없어 고민했는데, 손주 안은 친구를 부러워하시면서도 며느리 앞에선 전혀 내색을 하지 않는 시부모님이 고마우면서도 그럴수록 자신이 자꾸 죄인 같은 느낌이 들어 몹시 괴로웠단다. 그러던 어느 날 그렇게도 고대하던 "임신입니다. 축하합니다."라는 의사 선생님의 말에 부부가 너무 기뻐, 얼싸안고 얼마나 울었는지 모른단다…. 축하 턱도 여러 번 내며 그 기쁨을 여러 친지들과 나누고 만끽했단다. 아기가 태어나면 잔치를 더 성대하게 할 계획도 다 해 놨었단다.

얼마 후 산고 끝에 아들과 딸 쌍둥이를 낳아 병원이 떠나갈 정도로 박수들을 치며 좋아했는데…. 자세히 보니 아기의 팔 다리가 가늘고 짧아 기쁨이 일순 사라지고 곧 근심과 고통으로 변한 것이 오늘에 이르고 있다며 깊이 한숨을 내쉬었다.

아이들 자신의 불편과 불행은 이루 말할 수도 없겠거니와 그런 자녀를 지켜보는 그 부모의 심적 고통을 어떻게 말로 다 표현할 수 있겠는가? 당사자가 아니면 결코 모르리라….

난 그제야 그 부인의 눈썹이 왜 그렇게 여덟팔자가 됐는지 알 것 같았다. 밖에서 아무리 즐거운 일이 있어도 집에만 오면, 다시 우울해지지 않을 수 없는, 평생을 그렇게 지내야만 하는 가족들…. 잠깐 그 댁에 머물렀는데도 탄광 맨 밑바닥에 아주 오래 갇혀 있는 것 같은 답답함을 느꼈다.

그 성당을 떠나온 지 이미 오래되었건만 그 부인과 아이들 생각만 하면 지금도 가슴이 저며 온다.

어머니 배 속에서 10개월을 지내는 동안 세상에 나와서 살아가는 데 필요한 모든 것을 미리 준비하고 완성된 상태에서 태어나야 되는데, 그만 장애자로 태어났기에 자신은 물론 부모님까지도 함께 고통스러운 나날을 살아가고 있는 게 아닌가?

생각해 보면 우리가 세례 받고 주님의 자녀로 잉태되었을 때 하느님께서도 얼마나 기뻐하셨겠는가? 천상에 있는 많은 성인 성녀, 천사들과 함께 축배를 드시고 잔치도 벌이셨을 것이다.

그런데 세월이 흐르면서 천상 것보다는 세상일에 더 얽매여, 정신없이 사느라, 성경, 기도, 피정, 봉사, 나눔 등 영적 자양분 섭취를 게을리하여 하느님 나라에서 **꼭 필요한 것들을 제대로** 갖추지 **못한 자기 탓**에 영적 장애자로 하느님 나라에 태어난다면 본인은 물론 우리를 그토록 사랑하시는 하느님께서 얼마나 안타까워하시며 가슴 아파하실까!

(2002. 10. 6.)

담배꽁초와 전교

점심을 막 끝내고 자동차로 명동성당에 가는 길에 서울역 앞에서 사고가 났는지 길이 막혀 가질 못하고 기다릴 때였다. 저만치 앞, 옆줄에 서 있는 벤츠 승용차 뒷좌석에 탄 녀석이 창문을 반쯤 열고 크윽~ 캬악 하더니 허연 어리굴젓을 '퉷' 하고 내뱉고는 담배꽁초를 탁 던져 버려 모락모락 연기가 나고 있는 게 아닌가?

그 순간 미간이 찌푸려지고 갑자기 속이 느글느글한 게 목구멍으로 신물과 함께 열이 확 받쳐 오는 것을 느꼈다. 좋은 차 뒷좌석에 탄 걸 보면 그래도 웬만한 교양쯤은 갖고 있을 것 같은데….

'원 저런 썩을 놈이 다 있나?'

생각 같아선 당장 뛰쳐나가 담배꽁초를 어리굴젓에 비벼 그 녀석 면전에 확 집어던져 버리고 싶었다…. 그렇지만 어쩌랴, 로만 칼라를 목에 두른 점잖은 신부가 아닌가? 하긴 힘도 없고 마음만 그렇지 막상 그럴 용기도 없다.

빌어먹을… 10년만 젊었어도 저걸 그냥…. 아서라, 늙은이가 무슨 큰 봉변을 당하려고. 남들도 가만히 있는데, 에라, 그냥 고개 돌리고 못 본 체 한번 넘어가자.

그런데 마음 한편에서 들려오는 소리….
'아냐, 이 사람아. 오히려 자네가 신부이기 때문에 더더욱 가만히 있으면 안 되지. 신부가 어디 미사만 지내라는 것인가? 사회를 밝게 비추어 줄 등불인데 한 지도자로서 이럴 때 가만히 있으면 자기 소임을 다하는 게 아니지. 그러니 어서 가서 바로잡아 주게. 그렇다고 누가 나가서 성질대로 싸우래? 그게 아니고 그냥 가서 조용히 집어만 오면 자네 할 일은 다하는 거야. 게다가 로만 칼라도 했겠다. 마침 사람들도 다 보고 있으니 전교에는 아주 좋은 기회일세.'
"오, 그래? 그렇다면 분명히 집어 오기만 하면 되는 거지…?"
그런데도 용기가 쉬이 나지 않았다.
그렇잖아도 며칠 후 교우들과 가두 선교를 나가는 일이 걱정스러웠는데, 그건 로만 칼라에 정장을 하고 길가에 서 있는 게 왠지 쑥스럽고 부끄럽기 때문이었다. 예수님은 우리 구원을 위해 옷 벗기심을 당하고 십자가에 달리심도 마다하지 않으셨는데, 넌 "예수 믿으시오."라고 외치는 것도 아니고 단지 열심한 교우들 격려 차원에서 옆에 서 있기만 할 뿐인데, 그래 그것조차도 부끄럽다고? 이런, 쯧쯧.
하느님 나라에 갈 때 심판의 기준 중 하나가 뭔지 아니?
"너 세상 살면서 몇 사람에게나 나를 알려 주고 믿으라고 했니?" (마태 10, 32)라고 물어보실 텐데 일부러 기회를 만들지는 못할망정 아니, 이건 너에게 주어진 절호의 기회인데도 그걸 주워 먹지도 못하고, 뭐? 부끄러워 외면한다고? 그건 말도 안 되지! 야, 너 그러고도 신부야? 그러시는 것 같았다.

그때 또 퍼뜩 프란치스코 성인의 일화가 스쳐 지나갔다. 성인께서는 어느 날 제자들에게 전교하러 가자고 하셨다. 제자들은 잔뜩 기대에 부풀어 스승을 따라나섰다. 한데 하루 종일 마을 주변만을 돌아다니다 해가 저물자 그냥 수도원으로 향하는 게 아닌가! 이제나저제나 하던 제자들이 의아해하며 물었다.

"스승님이시여, 어찌하여 멀리 전교 여행을 떠나지 않으시고, 또 어찌하여 오늘 주님과 하느님 나라에 대한 말씀을 한마디도 안 하셨습니까?"

그때 스승이 이렇게 대답하셨다.

"그대가 어디 있든 그곳에서 만나는 이에게 전교하라. 오늘 우리가 물도 얻어먹고 옷값도 물어보고 길도 가르쳐 주고 했지만 그들이 우리의 대화와 행동 속에서 주님과 하느님 나라를 발견하지 못했다면 말로만 믿으라고 전교하는 게 무슨 소용이 있겠는가?"

'그래, 백번 옳고 지당한 말씀이야. 자, 이젠 그만 갈등의 불을 끄자.'

연기가 모락모락 나고 있는 담배꽁초를 점잖게 집어 들고 차 안의 그 친구를 힐끗 보니 고개를 숙이고 시선을 마주치려고 하지 않았다.

'죄송하다는 뜻이겠지. 암… 사람이라면 저도 나름대로 느꼈겠지….'

꽁초를 들고 오는데 대열 저 끝에까지 많은 이들이 로만 칼라를 한 나를 보고 고개를 끄덕이는 이도 있었고 어떤 이는 옆에 탄 사람과 웃으며 무언가 이야기를 나누며 나를 쳐다보고 있는 게 시야에 들어왔다. 아마 그 광경을 본 많은 이들이 그날 저녁 가족들과 식사하면서 오늘 낮 서울역 앞에서 신부님이 그렇게 하는 것을 보았노라고 말할 것이고 그때 그 가족들도 머리를 끄덕이며 자연스럽게 천주교 얘기도 나올 테니, 이 얼마나 전교가 잘된 것인가!

'으~음, 그래, 꽁초 줍기를 참 잘했구나! 이번 일도 내게 내려 주신 하느님의 선물이시겠지?'

차가 막혀 그저 짜증스럽게 흘려버릴 수도 있는 무미건조한 순간들을 오히려 전교라는 좋은 열매로 맺어 주신 하느님께 감사드렸고 감히 프란치스코 성인을 닮은 하루를 보낸 것 같아 가슴 뿌듯했다.

(2002. 10. 13.)

교통경찰관 마르티노 형제

 오래전 일이었다.
 춘천엘 다녀오는데 저쪽에서 사이드카 교통경찰관 아저씨가 차를 길옆에 세우라고 신호를 하고 있는 게 아닌가?
 '아차, 걸렸구나!'
 파~아란 하늘, 이제 막 붉고 노란 옷으로 갈아입기 시작한 가을 산, 굽이쳐 흐르는 강물과 어우러져 잔잔히 흘러나오는 아름다운 피아노, 바이올린 선율에 매료돼 넋을 놓고 달리다 그만 나도 모르게 과속을 한 모양이다. 가슴이 철렁 내려앉는다. 죄를 지어 그런지 검은 안경이 더욱 무서워 보인다.
 그는 내게 다가와 거수경례를 하면서 "선생님, 과속하셨습니다. 면허증 좀 보여 주세요." 한다.
 나는 기어 들어가는 목소리로 "아저씨, 한 번만 봐 주세요." 했다.
 그는 면허증의 사진을 가만히 들여다보더니, "아, 신부님이시군요?" 한다.
 "예." 하고 답하면서 부끄러웠다.

그는 검은 안경을 벗으면서 "저도 천주교 신자입니다. 마르티노입니다."라고 말하는데 무척 반가웠고 마음이 놓였다. 왜 반가웠을까? 아무래도 교우니까 한 번 봐주겠지 하는 마음 아니겠어?^^*

"성당엔 잘 나가시나요?"

"직업이 이렇다 보니까 바빠서 성당에 못 나간 지 꽤 오래됩니다."

"아, 그러세요? 앞으로는 잘 나가시도록 노력하시고요. 간혹 사정이 생겨 못 나가시고 근무하게 될 때는 주모경이라든지 간단한 기도라도 바치면서 주님의 자녀임을 늘 잊지 말고 고백하세요." 라고 일러 줬다.

그 상황에서도 그런 말을 한 걸 보면 천생 나는 신부는 신부인가 보다. 그래, 이만하면 나도 꽤 괜찮은 신부겠지?

"신부님, 여긴 위험하니 과속하지 마시고 천천히 가십시오. 오늘 제가 한 번 봐 드렸으니 그 대신 저를 위해서 보속으로 묵주기도 한 번 꼭 해 주세요."

그 아저씨는 고맙다고 하면서 크게 웃는다.

"아, 그렇게 하지요."

나도 신앙 안에 한 가족으로서 즐겁게 웃었다.

지금까지 나는 평신도들에게 보속을 준 일은 있지만 평신도에게서 보속을 받아 보기는 난생 처음이다. 용서받는 게 이렇게 시원하고 즐거운지 미처 몰랐다. 다음엔 그러지 말고 잘해야지! 마치 장 속에 갇혔다 풀린 새처럼 홀가분한 느낌이 들어 신나게 콧노래를 부르며 차 속에서 그와 그 가정을 위해서 주님의 기도와 성모송을 큰 소리로 바치면서 돌아왔다.

　우리는 영세와 동시에 "하느님의 자녀"라는 뜻의 인호가 영혼에 새겨짐을 믿는다. 그러나 독실한 신자로서 생활을 하지 않으면 그 인호는 어느새 세속의 먼지로 가려져 알아보기도 힘들게 되겠지…?
　마치 교통경찰관 아저씨가 내 목에 두른, 신부 표지인 로만 칼라를 보고 나를 봐주었듯이 우리가 이다음에 하느님 나라에 갈 때도 주님께서 나를 당신의 자녀로 쉽게 알아보고 받아 주실 수 있도록 인호가 반짝반짝 빛나게끔 신자로서 열심히 갈고 닦으며 살아가야 되지 않겠는가?

　지금도 간혹 그 길을 지나노라면 그때 생각이 나 혼자 빙그레 웃으며 오늘도 어느 곳에선가 안전을 위해 수고하며 서 있을 교통경찰관 마르티노 형제와 그의 가정을 위해 기도드린다.

(2002. 10. 25.)

김수환 추기경님의 전화

사도 성 안드레아 축일은 나의 영명축일이다.

축하 전화와 꽃다발… 바쁜 가운데서도 즐겁게 지내는 하루였다.

잠깐 쉬고 있는데 전화벨이 울려 받아 보니, 약간 쉰 목소리의 어떤 아저씨가 "주 신부, 날세. 잘 있는가? 축하하네. 그래, 요즘 자네 건강은 좀 어떤가?"라고 하는 게 아닌가!

도대체 누굴까? 이젠 나도 나이도 먹고 머리에 그래도 서리가 몇 개는 내렸는데…. 그리고 또 본당신부쯤 됐는데 누가 감히 날보고 "자네"라고 말하는가 하여 "거, 댁은 뉘슈?" 하고 당장 묻고 싶었지만 꾸~욱 참고 조금 더 들어 보니 아니 글쎄, 김수환 추기경님이 아니신가!

나는 팔베개를 하고 비스듬히 누워 있다가 그만 질겁하여 벌떡 일어나 곧추 앉았다.

"아이쿠, 추기경님, 아… 안… 안녕하십니까? 즉시 알아뵙지 못해 죄… 죄송합니다. 바쁘실 텐데도 이렇게 친히 전화해 주셔서 감사합니다."

얼떨결에 황급히 인사드렸다.

그러나 그날 걸려 온 다른 어떤 축하 전화나 여느 인사말보다도 훨씬 더 기뻤다.

손님들과 이야기를 나눌 때면, 지나가는 말처럼 "추기경님께서도 축하 전화를 주셨어!!"라고 가볍게 내비쳤지만… 속마음은, 그렇게 높으신 어르신께 나도 사랑받고 있는 사제임을 은근히 자랑하고 싶은 어린애 같은 마음이었다. 손님들 역시 "아, 그러시군요." 하면서 함께 축하해 주어 더욱 기분이 좋았다.

그런데 즐거운 그날, 해가 저물어 가면서는 왠지 마음 한구석 어딘가 텅 빈 것 같은 아쉬운 느낌이 자꾸 들었다. 그것은 내가 아끼고 정을 흠뻑 쏟아 주며 각별히 잘 대해 주었던… 그래서 그 누구보다도 먼저 나에게 축하 인사를 해 주리라 믿고 있던 어느 손아래 형제의 축하 인사가 끝내 오지 않았기 때문이었다.

여태껏 난 그의 축일을 한 번도 잊지 않고 매년 꼬박꼬박 축하를 해 주곤 했는데… 이렇게 아무 소식이 없다니 아니, 그럴 수가….

서운했다. 아니 서운하다 못해 꽁했다.^^*

"오냐, 삼 일 후 네 축일에 어디 두고 보자. 내가 하나…."

그런데 그날 잠자기 전 늦은 시간에 이메일을 열어 보니, 노인복지 기관의 어떤 수녀님으로부터 영명 축하 카드가 와 있었다.

"존경하는 신부님, 축하드려요…. 작년에 성탄을 앞두고 저희 집에 오셔서 어느 분의 글을 읽어 주시며 하신 신부님의 강론 말씀 아직도 잊지 않고 있어요…."

'성탄 날 눈이 오면 얼마나 멋있을까요?
그러나 눈을 기다리는 사람은 많아도 자신이 스스로 눈이 되어 다른 사람들에게 기쁨을 주는 사람은 많지 않습니다.
사랑을 기다리는 사람은 많아도 스스로 사랑으로 먼저 다른 사람에게 다가가 행복을 주는 사람은 많지 않습니다.
예수님만 태어나는 것이 아니라, 하느님 안에서 사랑으로 우리가 다시 태어남을 기뻐하고 축하하는 것이 곧 진정한 성탄의 의미입니다.
그때, 우리 모두는 새날, 새 땅에 들어갈 수 있습니다…'

글을 읽고 난 순간, 나는 긴 겨울잠에서 퍼뜩 깬 느낌이었다. 그리고 하느님께 부끄러웠다. 마치 애인 앞에서 갑자기 가발이 벗겨졌을 때처럼….
'아니, 내가 왜 이렇게 옹졸할까…?'

아!
이제까지 난 정녕 기도와 말만 그럴듯하게 했지 정작 행동으로 실천해야 할 때엔 외면하고 사랑받는 데에만 익숙해 있었던 사람이었구나!
생각해 보면, 추기경님께서는 내가 한 번도 먼저 당신께 인사를 드린 일이 없는데도 매년 축하와 격려의 말씀을 꼬박꼬박 내게 해 주지 않으셨던가! 되돌아올 것을 전혀 바라지 않고, 그냥 주는 것으로만 기쁨을 삼으시는 추기경님이 그날따라 더욱 존경스럽게 느껴졌다.

'아! 성스러운 분과 보통 사람의 차이가 바로 이런 것이로구나!'

영명축일에 하느님께서 추기경님을 통해 내게 주신 커다란 깨달음의 선물에 깊이 감사드리며, 잠시나마 가졌던 그 형제에 대한 서운한 마음을 그래서 지울 수 있었다.

3일 후, 그에게 전화를 걸어, 추기경님처럼 영명 일을 축하해 주는 내 마음은 한결 가볍고 평화로웠다.

(2002. 12. 20.)

나의 수호천사는 바쁘실까?

봉성체 하는 날이었다.
초겨울 비가 와서 그런지 날씨가 유난히 차갑고 쌀쌀했다. 몸이 움츠러들고 걸을 때는 물론이고 앉았다 일어날 때마다 고관절이 아프다. 나이를 먹어서 그런지 이젠 몸이 예전 같지가 않다.

이런 내 속사정을 잘 아시는 보좌신부님께선 당신이 다해 주시겠노라고 하시면서 나를 아껴 주시지만 본당신부가 양을 돌보는 것은 당연한 일이라고 우겨, 비록 배정된 환자는 적어도, 지금껏 열심히 봉성체를 해 왔는데 이젠 정말 그만두고 보좌신부님께 맡겨 드릴까, 아니면 그동안 좋은 말씀은 물론 환자 할머니를 잠깐이라도 웃겨 드리는 재밌는 얘기, 또는 말씀을 들어 드리던 것을 이제부터 다 그만두고 편지만 전해 주고 가는 우편배달부 아저씨처럼 나도 빨리 성체만 영해 드리고 끝낼까 하는 끔찍한(?) 생각이 스쳐 지나갔다.
그때 옛날 외할머님께서 내게 들려주신 얘기가 떠올랐다.

《어떤 젊은이가 공로를 많이 쌓아 하느님 나라 높은 곳에 가고 싶었단다. 그래서 그는 사막으로 가 되도록 불편하게 살아가면서 그 어려움을 희생으로 봉헌하며 고독하게 살아갔다.

우물도 일부러 집에서 먼 곳에다 파 놓고 거기서 물을 길어다 먹었다. 그는 무거운 물지게를 지고 발걸음을 옮길 때마다 '아! 예수님이 내 죄를 용서해 주시기 위해 십자가를 지고 가실 때 얼마나 힘드셨을까?' 생각하면서 비록 명령에 의해서 한 것이었지만 주님의 십자가를 잠시나마 대신 지고 가 예수님의 고통을 덜어 드렸던 저 키레네 사람 시몬처럼, 그도 주님을 편히 해 드리겠다는 그런 갸륵한 마음으로 힘들지만 한걸음, 한걸음 떼어 놓았다.

그렇게 지내기를 수십 년, 이젠 늙고 병까지 들어 물지게 지기가 여간 힘든 게 아니었다. 고열에 기침까지 심하게 하던 어느 날 그야말로 억지로 물지게를 지고 걸어가는데 간교한 마귀가 다정스럽게 다가가 은근히 속삭였다.

"이보게, 자네 오늘따라 무척 힘들어 보이네. 내가 알기로는 자넨 젊을 때부터 지금까지 몇십 년을 주님을 위해 고신 극기하며 지냈으니 공로도 그만하면 천국 가서도 아주 높은 자리에 앉기에 충분하고, 아마 하느님께서도 자네를 아주 흐뭇하게 여기고 계실 거라네. 그러니 이젠 몸 생각을 해서 고신 극기일랑 그만하고 우물도 집 가까이 파 놓고 길어다 먹으며 좀 편히 살게나."

그러자 노인은 '그래, 그 말이 맞아. 이젠 나도 힘이 드니, 물지게 지는 것은 이것을 마지막으로 내일부턴 그만두어야지.' 하고 마음먹었다.

그런데 발걸음을 떼어 놓을 때마다 뒤에서 하~나, 두~울, 세~엣

하며 세는 소리가 들려왔다. "도대체 어느 녀석이 놀리는 거야." 하면서 뒤를 돌아다보니 웬 아이가 낡은, 그러나 두툼한 노트와 금색 글씨가 써지는 연필을 들고 서 있었다.

"아, 이 녀석아, 어른을 그렇게 놀려 대면 못써~어." 하고 나무랐다. 그러자 그 아이가 말했다.

"나는 당신의 수호천사예요. 당신이 매일같이 주님의 십자가를 생각하며 그 무거운 물지게를 져 나를 때마다 커다란 공로가 되어 그 수를 내가 일일이 세어 기록해 두었다가 하느님께 보고하느라 나도 몇십 년 동안 쉴 새가 없어 바쁘고 힘들었는데 이젠, 당신이 내일부터는 안 한다고 하니 나도 오늘로써 이게 마지막이라 아주 편하게 잘 쉬게 되었네요."

그리고 사라졌다.

그 노인은 그제야 어리석게도 마귀 꾐에 빠졌었음을 깨닫고 우물을 옮기지 않고 계속 멀리서 물지게를 져 날랐다고 한다.》

'아! 이 얘기를 떠오르게 하여 주신 나의 수호천사님, 감사합니다. 앞으로도 봉성체를 계속해 천사님을 바쁘시게 해 드리겠습니다.'

가슴에 모신 예수님과 함께, 긴 날들을 외롭게 투병하느라 지치신 할아버지, 할머니 댁으로 향하는 나의 발걸음은 한결 가벼웠다.

생각해 보면 어찌 봉성체뿐이랴. 어려운 이웃을 도와주고 때론 속상하게 해 주는 이를 참아 주는 이들, 또 이렇게 영하의 추운 날씨에도 열심히 매일 미사 참례하는 이들, 냉담자 및 상가 방문 열심히 하는 레지오 단원 및 연령 회원들, 그리고 구·반장 등, 선행과 여러 봉사 활동을 위해 발걸음을 떼어 놓을 때마다 그분들의 수호천사께서도 그 공로를 금색으로 기록해 놓으시느라 바쁘고 힘드시겠지? 그래도 신명나고 퍽 즐거워하실 것 같다.

왜냐하면 "제가 수호해 준 사람이, 주님을 이렇게 많이 사랑해 드렸습니다."라고 보고드리는 수호천사님도 자랑스러울 것이며 하느님께서도 퍽 흐뭇해하시며 "그래, 자네도 그동안 수고가 많았네."라며 칭찬해 주실 것이기 때문이다.

"하느님은… 여러분이 지금까지 성도들에게 봉사해 왔고 아직도 봉사하면서 당신의 이름을 위해서 보여 준 선행과 사랑을 결코 잊지 않으십니다"(히브 6, 10).

(2003. 1. 9.)

"울 엄만 뻥쟁이"

"신부님, 오늘 뭐 좋은 일이 있으세요? 혼자 웃으시게." 하는 말에 그제야 제정신이 들었습니다.

실은 사제관 식복사로 있다 여유롭지는 않지만 시집간 후에도 친정처럼 드나들던 자매가 며칠 전 오랜만에 초등학교 1학년짜리와 유치원생 아들을 데리고 놀러 왔었는데 그 녀석들이 나한테 꾸벅 절하고 나선 "신부님 할아버지, 피자 먹고 싶어요. 사 먹게 돈 주세요." 하며 고사리 같은 손을 내밀지 않겠어요?

난 너무 귀여워 모처럼 기분 좋게 시퍼런 배춧잎(돈)을 한 장씩 쥐어 줬지요. 그랬더니 옆에 있던 애 엄마가 나서서 "엄마가 갖고 있다가 요다음에 피자도 사 주고 장난감도 사 줄 게." 하며 잽싸게 낚아채지 않겠어요? 그러자 꼬마 녀석이 조그만 입술을 앞으로 쑤~욱 내밀며 "울 엄만 뻥쟁이다."라고 한마디 하데요.

그러니까 이번엔 엄마가 녀석을 향해 "이~그, 이 쬐끄만 녀석이 못하는 소리가 없네." 하며 손을 불끈 쥐고 꿀밤을 넣는 시늉을 하더군요.

　귀여운 그 애들과 엄마는 비록 가고 없지만 옛날 어렸을 때 우리 어머님도 그러셨기에 "엄마들은 다 똑같구만." 하면서 혼자 빙그레 웃고 있었던 것이지요.

　하긴 우리 모두 다 옛날엔 그랬겠지만… 나도 설이 가까워 오면 그날이 기다려져 잠을 제대로 못 자곤 했지요. 마침 우리 집이 큰댁이라 친척 손님들이 많이들 오셨기에 세뱃돈 역시 많이 벌 수 있었습니다.

　어르신네들께서는 내가 절을 할라치면 어떻게 하나 보기 위해 일부러 한사코 절을 안 받으시겠노라고 손을 가로젓는 분들이 계셨는가 하면, 아니 아예 모른 척하고 딴전을 피우며 옆으로 슬쩍 돌아앉는 분들도 계셨어요. 그래도 나는 막무가내로 안 받으시겠다는 절을 꾸벅해 놓고는 세뱃돈 받을 때까지 끈질기게 버티고 앉아 있었습니다. 그러면요, 결국엔 나의 머리를 쓰다듬어 주시면서 세뱃돈을 주시곤 하였답니다.

　여기저기서 많이 뜯어내, 돈주머니는 그야말로 바람 먹은 맹꽁이 배마냥 늘 불룩하였지요.

　그런데도 말입니다, 글쎄, 만족을 못하고 '내일은 또 어느 어른한테 절해서 더 벌까? 오늘 오지 않은 어른이 누굴까? 밤에 잘 때 누나나 형아가 몰래 가져가면 어떻게 하나!' 걱정이 돼 잠을 제대로 이루지 못하고 돈주머니를 몇 번씩 만져 보고 다시 꼭 끌어안고 자느라 밤잠을 설치곤 했었답니다.

　그러나 그렇게 애써 벌어 놓으면 뭣 합니까? 그때마다 예외 없이 나타나시는 어머님께서는 알지 못할 미소를 띠시며 내게 다가와 "수아래는 차~암 착하지! 내게 맡기면 이다음에 아주 많~이 불려서 주마." 하셨습니다.

착하다는 말에 늘 약해져 또 넘어가 어머님께 드리고 잡니다만 번번이 떼이고 흐지부지된 일이 한두 번이 아니었죠.

아! 그러고 보면 이 세상 엄마들은 모두 다 뻥쟁이들이신가 봐요…. 그래도 난 그런 엄마들을 좋아한답니다. 그러고도 그 후에 여러 번 당한 걸 보면 난 정말 착한(?) 애였나 봐요, 히히히….

꼬마들까지도 이렇게 돈을 좋아하니 돈은 역시 누구에게나 매력이 있는 건가 봐요. 그러나 돈이란 만지는 그 순간, 한없는 욕심의 늪에 빠져, 가져도 가져도 늘 부족하고, 그저 쌓아 놓는 재미에 중독되어 막상 써야 할 땐 아까워 못 쓰고 때론 형제간에도 불화의 씨앗이 되어, 가진 것이 오히려 불안과 근심의 무거운 짐이 되기도 하지요.

그런데요… 주님께선 이렇게 말씀해 주셨답니다….

"보잘것없는 사람에게 해 준 것이 바로 나에게 해 준 것이다"(마태 25, 40).

"하늘에 보물을 쌓아라. 거기에서는 좀도 녹도 망가뜨리지 못하고, 도둑들이 뚫고 들어오지도 못하여 훔쳐 가지도 못한다"(마태 6, 20).

그렇습니다.

보잘것없는 이에게 나누어 주며 선을 행할 때 그것이 바로 주님께 드리는 것이며, 엄마에게 맡겼을 때처럼 잃는 것이 아니라 오히려 나누어 준 그만큼 하늘에 쌓아 두는 것입니다.

그 재물은 마침내 하느님만이 주시는 진정한 평화와 행복, 그리고 구원이 되어 그에게 다시 되돌아온다는 말씀입니다. 그것도 아주 영원무궁토록 말입니다….

진정한 하느님의 축복은 소유함으로써 여유로운 데에 있는 게 아니라 나눔으로써 아쉬움을 느끼는 데에 있음을 가르쳐 주고 계십니다.

(2003. 1. 29.)

쉬는 교우에게 보내는 편지

+ 찬미 예수님

안녕하세요?
한수아래 신부입니다.
찾아뵙기 전에 먼저 서신으로 인사드립니다.
새해가 시작된 것이 불과 엊그제 같은데 벌써 3월 중순이 되었고 추위가 매섭게 몰아칠 때엔 봄이 정말 오겠나 싶은 맘이 들기도 한 길고 지루한 겨울이었는데 어느새 따사로운 봄이 되었습니다. 이제 곧 개나리, 진달래꽃 등 만물이 소생하는 봄노래도 전해지겠지요?
그리고 아버지 품 안으로 다시 돌아가는 회개의 시기인 사순 시기도 시작한 지 벌써 일주일이 지나가고 있답니다.
참 세월이 빠르고, 내 뜻과는 상관없이 돌아가는 대자연의 순리 앞엔 과연 그 누구도 막을 수 없고, 어쩔 수 없구나 하고 다시 한 번 느낀답니다. 무엇인가 다시 한 번 새롭게 시작하면 이번엔 꼭 이루어질 것 같은 희망이 샘솟기도 하는 걸 보면 봄은 확실히 희망의 계절인가 봅니다.

　이런 좋은 계절에 우리 교우님들께 그저 좋은 일만 있으시기를 빌어 드려야겠다는 마음에 한 분 한 분 교적을 들춰 나가다 보니 형제자매님께서 고해성사 보신 지가 꽤 오래되셨더군요. 아마 평소에 고해성사를 잘 보신 분인데도 판공성사 표 정리가 잘못되어 성사 보신 기록이 누락되어 그런 것이려니 생각은 하면서도 혹시 정말 성당에 나오시지 않고 쉬는 분이시면 어떻게 하나 불안한 생각이 들기도 했답니다. 그럴 리가 없겠지요?

　간혹 보면 처해 있는 불가피한 상황으로 인해 그동안 못 나오셨거나 아니면 처음 입교하셨을 때의 기대만큼 교회가 채워 주지 못해 실망하셨거나 또는 어느 개인으로부터 마음의 상처를 받으셨거나, 이런저런 이유로 차일피일 미루다 그만 성당과 멀어지신 분들도 계시거든요.

　그러나 사랑하는 형제자매님,

　비록 성당에 나오시지는 않았지만, 아마 마음만큼은 늘 성당에 와 계셨고 주님 곁에 계셨으리라 생각됩니다. 제 말이 맞지요? 그렇지요?

　형제자매님도 세례 받고 무척 기뻐하시며 성당엘 열심히 다니시던 때가 있었을 거예요.

　그때 하느님께서도 마치 오랫동안 목마르게 기다려 왔던 아들이 태어났을 때처럼 그렇게 기뻐하셨을 거고 또 예수님께서 세례 받으실 때 "너는 내가 사랑하는 아들, 내 마음에 드는 아들이다."(루카

3, 22)라고 하신 것처럼 그런 말씀을 똑같이 해 주시며 큰 기대를 가지셨을 것이며 아직도 나를 당신의 소중한 자녀로 여기고 계신 것이 틀림없으십니다.

"이웃사촌"이라는 말을 생각해 보면 아무리 사촌이라도 자주 만나지 않고 떨어져 있으면 결국 멀어지고 아무리 남이라도 자주 만나면 사촌처럼 가까워진다는 뜻이겠지요. 그처럼 주님과도 자주 만나지 않으면 우리는 나약한 인간인지라 어쩔 수 없이 그분과 멀어지게 마련입니다. 그러니 몸은 그래도 마음만큼은 늘 주님과 함께 있었다고 하지만 그래도 성당엘 나가지 않으면 아무래도 멀어질 수밖에 없지요.

또 우리가 그야말로 자식을 애써 키웁니다만 노년에 자식이 나 몰라라 하고 부모님을 찾아뵙지 않으면서 마음만큼은 늘 부모님과 함께 있다고 말만 한다면 그때의 섭섭함이 어떻겠습니까? 하느님도 마찬가지일 겁니다.

주님의 요구이자 우리 신앙인들의 목표는 하느님 보시기에 좋은 삶이고(창세 1, 18) 그것이 바로 성인(聖人)의 삶입니다. 그래서 성인이 아닌 적당한 신자 생활이 우리의 목표가 되어서는 안 됩니다.

"나 같은 사람"이 무슨 성인?

그런 생각은 아주 잘못된 겁니다. 왜냐하면 나는 하느님이 창조하시고 흐뭇해하시는 세상에서 유일무이한 존재이기 때문에 나만이 갖고 있고 그분께 드릴 수 있는 독특한 것을 기대하시며 즐거워하고 자랑스러워하시는 그분을 실망시켜 드리는 생각이기 때문입니다. 또 성인은 천사가 성인이 되는 것이 아니라, 사람이 성인이 되는 것이고 성인은 태어나는 것이 아니라 되어 가는 것이기에, 또 성인은 한 번도 죄를 짓지 않았기 때문에 되는 것이 아니라 성인이 되는 길의 시작은 하느님 앞에 그분의 사랑에 끊임없이 감사와 신뢰를 드리고 자신이 스스로 하느님을 필요로 하는 부족한 인간임을 고백하고 개선해 나가는 데 있기에 "나 같은 사람"도 감히 용기를 가져 보는 것입니다. 우리 모두 고해성사를 보고 하느님 앞에 다시 태어나 성인이 되는 길로 갑시다.

우리 모두가 그렇게 부활할 수 있도록, 다사다난했던 지난날들 중에 하느님께 소홀했던 모든 죄송스런 것들을 솔직히 고백하여 용서받고, 깨끗한 마음으로 새로운 각오와 희망으로 주님의 축복이 가득한 나날들을 보내기로 결심하신다면, 이번 사순 시기야말로 그분 안에 다시 태어나는 정말 뜻깊은 시기가 될 것입니다.

판공성사는 오는 21일(목)과 22일(금) 저녁 8시부터 10시까지 드리오니 주님의 간곡한 부르심과 기다림을 이번에야말로 뒤로 미루지 마시고 만사를 제쳐놓고 꼭 성당에 오셔서 고해성사 보시리라 믿고 기도하면서 기다리겠습니다. 다시 한 번 주님의 평화를 빕니다. 건강하시고 안녕히 계십시오.

2003년 3월 14일
주임 한수아래 신부 드림

부잣집 새아씨

본당의 신심 깊은 어느 원로 회장님의 생신에 초대되어 갔다. 머리털 나고 생전 처음 그분이 보낸 벤츠 승용차를 타 봤다. 기사는 깍듯이 인사하고 문을 여닫아 주고 나서 전화로 "예, 지금 출발합니다."라고 누군가에게 보고했다. 나는 갑자기 높은 사람이 된 것 같은 느낌이 들기도 했다.

그 댁에 이르니 식구들이 미리 나와 있다가 모두 허리 굽혀 인사하며 반갑게 맞아 주었다. 마당엔 푸른 잔디가 마치 카펫처럼 깔려 있고 아름다운 노송 밑에 비단잉어들이 한가히 노니는 작은 연못이 있는가 하면 저쪽 바위 위에 갖가지 아름다운 꽃들로 덮여 있는 동굴에는 미소를 띤 성모님이 두 손을 가지런히 모으시고 우리 모두에게 평화를 빌어 주시는 듯했다.

봉성체 때 환자들 집에 모신 성모상을 보면 자식 걱정을 가슴에 안고 사시는 우리네 시골 고향집 어머님처럼 오랫동안 아픔을 함께해 주셔서 그런지 색도 누렇게 바래고 고개도 처지고 고통만 받으시는 것 같아 늘 측은한 마음이 들곤 했었다. 그런데 이 댁 성모님을 보니 정말 곱고 화사한 귀부인으로서 자식 잘 둬 호강하는 어머니 같은 느낌이 들었다.

원 이렇게 달라 보이다니….

"그래요, 어머님, 어머님도 이젠 호강 좀 하셔야지요." 하며 마치 그동안 고생만 시켜 드린 못난 자식처럼 난 그렇게 중얼거렸다.

골동품, 그림, 서예, 실내장식 등도 퍽이나 격조 있고 고풍스러웠다. 회장 내외분끼리는 물론 아랫사람에게도 경어를 썼지만 그렇다고 분위기가 딱딱하거나 어색하지 않고 아주 부드러웠다. 나도 한 가족처럼 스스럼없이 화기애애하고 유쾌한 시간을 보냈다.

그런데 그날 잔심부름은 갓 시집온 막내며느리인 새색시의 몫이었다. 그녀를 비롯해 온통 교육자 집안의 따님이란다. 그래서 그런지 척 보기에도 지성과 교양을 겸비한 청순하고 참 예의 바른 새색시라는 느낌이 들었다. 말끝이 "그랬어요."가 아니라 "그랬습니다." 이런 식이었다.

물 한잔도 작은 접시를 받쳐 들고 꼭 두 손으로 건네 드리는 행위라든지 물러날 때도 미소를 머금고 가볍게 목례를 하며 다소곳이 두 손 모으고 두어 걸음 뒤로 물러난 다음 나가곤 했다.

얼굴도 귀엽고 하는 행동거지도 참으로 예뻤다. 회장 내외분의 며느리 칭송이 자자했는데 나도 동감이었다.

예의범절과 법도를 잘 지키는 걸 보니 "오, 역시 선비 가문이 다르구나. 부모님께 잘 배워 시집도 잘 왔구나." 그래서 사람들은 역시 가문을 따지는가 보다.

잠깐 초대받은 나도 말할 수 없이 즐거운데, 이렇게 부유하고 좋은 가정에 시집온 그 며느리는 얼마나 행복할까! 으~음, 좋은 신랑감 소개해 달라는 어머님들이 이래서 그러는구나!

그런데 만일 그 며느리가 껌을 딱딱 씹으며 손님들 앞에서 교양 없이 아무렇게나 행동한다면 시집은 물론 친정 어르신네들에게까지, 그 가문에 먹칠을 하고 누를 끼치는 게 되겠지? 그러면 아마 그 시댁에서 이렇듯이 사랑받으며 살아가기가 어려우리라.
아! 그러고 보면 예의와 법도란 지키기 어려워도 그것은 고귀한 가문과 그 가문만이 주는 행복에 머물게 하는 필수 조건이로구나! 그런데 그걸 모르고 소홀히 하여 사랑을 못 받는 어리석은 사람들이 있으니….

가만히 생각해 보면 우리 천주교 신자들은 모두 풍요로움이 차고 넘쳐흐르는 하느님 나라라고 하는 비할 데 없는 고귀한 가문에서 다시없는 행복을 누리는 특혜를 받은 그분의 사랑받는 자녀들이 아닌가!
그렇다면 우리에게도 그분의 자녀답게 행동해야 할 예의와 법도가 있으니 그게 바로 계명이며 그를 반드시 지켜야 하리라.

옳거니!
시집온 새색시가 예의범절을 잘 지켜 자신을 낳아 주고 길러 주신 부모님의 훌륭함을 드러내는 것같이 우리도 계명을 잘 지켜 "성당 다니는 사람은 역시 다르군." 하는 소리를 들음으로써 하느님과 그 가문의 훌륭함을 드러내야 할 것이다.

그렇지 않고 "성당 다니는 사람이 뭐, 저래?" 하는 소리를 들으면 하느님께 먹칠을 해 드리는 것이며 이는 크게 누를 끼쳐 드리는 것이 된다.

"그것은 분명 슬프고 불행한 일이다."

요한 1서 3장 24절의 말씀대로 계명은 지키기 힘드나 그것은 분명 행복 자체이신 "하느님 안에 살게" 해 주는 길이다.

우리가 진정 행복을 원하고 하느님 나라에 머물고 싶어 한다면 저 부잣집 새아씨처럼 신자로서의 도리인 계명을 잘 지켜야 한다. 그러면 시부모님이 그 지혜로운 새아씨를 칭찬하고 자랑하듯 하느님께서도 그렇게 칭찬하시고 뿌듯해하시리라….

(2003. 8. 23.)

예수님의 어머님, 싸움꾼 나의 어머님

어렸을 때, 사실 나는 굉장한 싸움꾼이었다.

초등학교 1학년 시절 거의 매일같이 싸우다시피 했으니 말이다. 그래서 학교 갈 때면 어머님께서 가방을 어깨에 메워 주고 볼을 두어 번 톡톡 두드리시면서 "제발 싸우지 마라."고 신신당부하시던 모습이 아직도 눈에 아른거린다.

싸우는 이유란 게 별것도 아니었다.

"야, 너 쟤한테 이겨?" 하면 난 으레 "아니, 져."라고 말했는데 그 녀석이 나한테 이긴다고 대답하면, 그날은 바로 전투하는 날이었다.

누가 내 앞에서 나를 이긴다고 하면 난 그걸 못 참았다. 이렇게 봐서 만만하다 싶으면 그냥 그 자리에서 "뭐야, 임마!" 하고 달려들어 한판 붙었다.

나보다 키도 크고 셀 것 같다 싶으면 치사하게도 뒤로 슬쩍 돌아가 갑자기 선제공격을 해서 제압하곤 했다. 어떤 때엔 이 작전이 어긋나 되레 밑에 깔려 흠씬 두들겨 맞고 패한 경우도 많았다.

허구한 날 싸우다 보니 소문이 나 자모 회장이셨던 어머님께 "아니, 회장님이 어떻게 교육을 시키셨길래 아드님은 그렇게 유명한 싸움꾼이에요?" 자모님들이 항의 조 비슷하게 웃으며 놀려 대곤 하셨다.

어머님은, 그렇게 자꾸만 싸우면 이다음에 나쁜 사람이 되니 절대로 싸우지 말라고 조용히 타이르시고 또 몇 번씩 내게 안 싸우겠노라고 다짐을 받아 내셨지만, 그건 그때뿐이었지, 나는 막무가내였다. 누가 나한테 이긴다는 소리만 들으면 이미 수류탄 안전핀을 뺀 것이나 마찬가지였기 때문이었다.

말로 해서 듣지 않으니 결국 어머님은 내가 다신 싸우지 못하게 하시려고 싸리비로 만든 회초리로 매질을 하셔서 종아리에 핏줄이 쫙쫙 서곤 했다.

어머님께 회초리를 맞지 않으려고 아무리 싸우지 않은 척하고 집에 들어와도 옷이 찢어지고 진흙이 잔뜩 묻었거나 눈두덩이 시퍼렇게 멍들었거나 아니면 콧잔등이 잔뜩 부어올라 있기 때문에 결국은 들켜 또 종아리를 맞곤 했다. 그런 와중에도 "그래, 내 싸우지 말라고 그랬잖아! 도대체 어떤 녀석이 그랬니? 너는 손발이 없니? 왜 그렇게 맞기만 하니 바보같이?"라고 하신 걸 보면 어머님도 무척 속상하고 마음이 아프셨던지 나를 때리고 난 뒤에는 아파하며 울고 있는 나를 당신 가슴에 꼬~옥 끌어안아 주셨다.

나는 지금까지도 어머님 가슴의 콩닥 소리와 그 포근함을 느끼고 있다.

어느 날 학교에서 오자마자 어머님께서 기다리셨다는 듯이 나를 방으로 데리고 들어가셨다. 나는 "엄마, 왜 그래? 나 또 때릴려구? 난 오늘 정말 싸우지 않았단 말이야. 정말이야, 잉." 하고 울먹였다.

"그게 아니고, 수아래야, 너 도대체 어떻게 싸우는지 한번 보자. 그러니 내 앞에서 어디 한번 싸우는 시늉을 해 보거라."

그때 난 내 귀를 의심했다.

"뭐라구, 엄마?"

"엄마 앞에서 어디 한번 싸워 보라구."

"정말?"

"그래~, 정말."

"때릴려구?"

"아니란다. 그러니 어디 너 하고 싶은 대로 실컷 싸워 보거라."

난 그때까지 그만큼 신났던 때가 없었던 것 같다. 난 앞으로 갔다 뒤로 갔다 하면서 참으로 실감나게 싸웠다. 주먹질을 해 대고 발길질도 했다.

주먹으로 쳤는데 장롱이 열리면서 베개며 이부자리가 한꺼번에 와르르 쏟아져 나오기까지 했다. 그것도 아랑곳하지 않고 정신없이 싸웠는데 얼마쯤 싸웠을까?

"그만, 그만." 하는 소리가 크게 들려와 그제야 멈췄다. 어머니께서 그만하라고 말리시는 것이었다. 헐레벌떡 숨을 몰아쉬고 있는 나를 자리에 앉으라고 하시더니 어머님께서 하시는 말씀이 "수아래야, 내 이제 보니 너 싸움을 참 잘하는구나! 정말 빠르구나!" 하시며 감탄하시는 것이었다.

"얘, 너를 당해 낼 애가 없겠구나. 그런데도 네가 맞고 다니는 이유를 몰랐었는데 이제야 알겠구나." 하시면서 말씀하셨다.

"그런데 말이다. 수아래야, 네가 한 가지 꼭 기억해야 할 것이 있다. 이제 보니 네가 눈을 감고 싸우는데, 물론 싸움은 하지 말아야겠지만, 만일 정말 어쩔 수 없어 싸우게 될 때엔 말이다…."
"응, 싸우게 될 땐, 엄마."
난 정신이 번쩍 나고 눈이 휘둥그레졌다.
"그게 뭐야? 빨리 가르쳐 줘! 빨리! 엄마." 하며 보챘다.
"원 녀석도 급하긴…. 응, 그게 말이다. 그러니깐, 그때엔 반드시 눈을 뜨고 상대를 똑바로 쳐다보고 싸우란 말이다. 그러니까 눈을 이렇게 크게 뜨라고, 알겠니?!"
어머님도 눈을 부라리고 주먹을 불끈 쥐셨다.
"그런데 말이야, 엄마. 난 눈을 뜨면, 눈 맞으면 눈알 튀어 나갈까 봐 겁나서 그랬어. 그렇지만 이제부턴 엄마 말대로 눈을 꼭 뜨고 싸울게, 좋았어!"
그 소리를 하자마자 나는 한번 실습해 보고 싶은 충동에 어떤 어리숙한 놈 어디 한 놈 안 걸려드나 하면서, 스프링 튀듯 "씨익" 하며 냅다 자리를 박차고 방을 뛰쳐나왔다.
"얘, 이 녀석아, 어딜 또 나가는 거야!" 하는 탄식의 소리를 뒤로 하고 말이다….

싸우는 것은 나쁜 것이라고 불의와 정의를 철저히 가르쳐 주셨던 어머님, 하지만 자식이 맞는 것을 더 가슴 아파하셨던 어머님!
옳거니! 정의를 가르쳐 주시나 정의를 뛰어넘는 게 어머님의 사랑이로구나!

비록 사제로 40여 년을 향해 살아가고 있지만 흠이 많아 하느님께 한없이 부끄럽고 죄송스러운 나는 오늘도 말없이 서 계신 성모님 상에서 때론 아프게 때려 주시기도 하셨고 또 포근히 감싸 주시기도 하셨던 우리 어머님을 뵌다.

되돌아보면 정신적, 육체적 크고 작은 아픔들이 많았지만… 사제 생활의 여정에서도 그렇게 함께하시며 지금껏, 그리고 앞으로도 나를 올바른 길로 이끌어 주시고, 흠 많은 내가 하느님 앞에 서는 날, 내 비록 부족함과 흠이 많아 두렵고 떨릴지라도 언제나 내 편이 되어 주신 우리 어머님처럼 인자하신 성모님께서 당신의 치마폭으로 나를 꼬옥 감싸 주시며 나 대신 잘못을 빌어 주실 예수님의 어머님을 나의 어머님으로 고백하며 믿기에 오늘도 평화와 위로와 감사와 행복을 느낀다!

(2004. 5. 21.)

고해성사 1

 대낮인데도 역 뒤에나 공원에 큰 대자로 벌렁 누워 자고 있는 사람들이 보인다.
 저만치 떨어져 있는데도 고약한 술 냄새가 코를 찌른다. 옆에 소주병과 신발이 제멋대로 흐트러져 있고 허리띠도 풀어진 채 아랫도리 남대문은 대충 닫혀 있어 안으로 속옷이 드러나고 몇 달을 씻지 않아 그런지 희끄무레한 수세미 같은 머리에 거의 검붉은 얼굴…. 코를 드르렁드르렁 골며 숨을 푸욱 푸우~ 하고 내쉬고 들이마실 때마다 입가 주변과 콧수염에 덕지덕지 붙어 있는 허연 거품이 마치 춤꾼의 손수건처럼 장단에 맞춰 입안으로 들락날락거리며 하늘거린다.

 좁디좁은 방에서 저런 이와 함께 밥 먹고, 얘기하고, 한 침대에서 같이 자고, 때로는 따뜻이 껴안아 주기도 하며 일생을 살아가야만 한다면 어떨까?
 어휴! 끔찍하다.

갑자기 속이 느물거리고 역겨워진다.
아무리 상상이라지만 싫다.
이건 영 도리도리다.

이번엔 거기 누워 있는 사람이 바로 오늘의 내 영혼이라고 생각해 보았다. 그리고 늘 나와 함께 호흡하고 때로는 나를 꼬~옥 안아 주시기도 하시며 기쁘게 나와 함께 살아가 주시는 하느님을 그려 보았다.

내가 미안해하고 부끄러워할까 봐 아무 표현도 안 하시고 그저 그 더러움을 내가 깨달아 씻을 때까지 마냥 침묵과 사랑으로 기다려 주시는 그분을 말이다.

얼마나 힘드실까?

그렇게까지 나를 사랑해 주시다니… 깊이 묵상할수록 감사함에 가슴이 미어 오고 눈에 이슬이 맺힌다.

음~ 그렇구나!

하느님의 사랑을 깨닫고 그리고 그분을 바로 자신처럼 사랑해 드리려는 사람들만이 그 영혼을 깨끗하게 하고자 고해소 문을 두드리게 되는구나!

(2004. 6. 22.)

씀바귀와 사순절

점심 반찬에 씀바귀가 올라와 있는 걸 보니 이젠 봄인가 보다. 그 나물을 볼 때마다 나를 끔찍이 사랑해 주시던 외할머님이 생각난다. 외동딸이신 우리 어머님을 낳으시고 일찍 홀로 되신 외할머님은 우리 집에서 함께 사셨다.

어렸을 때 나는, 안채에서 뚝 떨어진 건넌방에서 외할머님과 함께 먹고 자고 놀았다. 외할머님과 나는 서로 둘도 없는 놀이 친구였다. 허리가 아프신 할머님이시지만 내가 말 타고 싶어 "끼랴!" 하면 "오냐." 하시면서 즉시 엎드려 내 말이 되어 주셨다.

할머님과 단둘이서 밥을 먹을 땐 고기나 계란 등 맛있어 보이는 반찬이 나오는 날엔 으레 그러려니 하고 어머님이 미리 알아서 내 반찬도 따로 넉넉히 담아 주셨건만 그래도 내 것은 놔두고 우선 할머님 반찬부터 공격해 마치 아프가니스탄처럼 초토화시켜 버리곤 했다.

아니, 내가 그러기 전에 아예 미리 항복하고 알아서 집어 주시기도 했다. 그렇게 다 주시고, 다 빼앗기셨어도 그저 사랑스럽고 귀엽기만 한 외손자 녀석과 함께 있는 그것만으로도 외할머님은 마냥 즐겁고 행복하셨던가 보다.

이렇게 욕심 많은 나의 어리광과 생떼를 다 받아 주시고 귀여워해 주시다 보니 어느덧 나는 아무것도 부족한 게 없고 무서울 게 없는 대장, 왕자가 되어 버렸다.

그런 일들로 가끔 어머님께 걸려 혼이 날라치면 그때마다 할머님께서 "아서라." 하시면서 방패가 되어 감싸 주시곤 했다.

그러던 어느 봄날 점심에 이상한 '뿌리' 반찬이 하나 올라왔다. 별로 맛있어 보이지도 않는데 외할머님은 쩝쩝 소리를 내 가시며 그 반찬 하나만 가지고도 밥을 아주 맛있게 잡숫는 게 아닌가?

호기심 많은 나는 외할머님께 물었다.

"할머니, 이게 뭐야?"

"응, 씀바귀란다."

"근데 맛있어?"

"암, 그럼, 맛있지. 그런데, 으~응, 그건 넌 못 먹어."

"왜~?"

"너무 쓰거워."

"정말?"

난 너무 맛있어 내가 못 먹게 할머님이 괜히 그리시는 것 같았다. 그렇다고 가만히 있을 내가 아니었다.

"내가 먹을까 봐 그러지?"

"아니다. 그럼 어디 한번 먹어 보렴!"

나는 마치 이구아나가 곤충 잡아먹듯 날름, 눈 깜짝할 사이에 한 젓가락 입에 가득 집어넣고 할머님처럼 맛있게 쩝쩝 씹어 버렸다.

그리고 난 곧 울었다.
아, 그때 그 지독한 쓰거움이여…!

나중에 중학생이 되어 도대체 그 쓰디쓴 것을 왜 잡숫는지 여쭤보았다. 그때 그러셨다.
"애들 적엔 달달한 것을 좋아하지만 그것들을 다 먹어 본 어른들은 오히려 쓴 것을 더 맛있어한단다. 지금은 아무리 얘기해 줘도 모르지만 이제 커서 자꾸만 먹어 보면 차츰 알게 된단다. 그리고 당장 입엔 쓰지만 사람의 피를 맑게 해 주어 건강하고 오래오래 살게 해 준단다."

생각해 보면 쓴 것이 어디 씀바귀뿐이랴…. 고통도 확실히 쓰다. 그래서 사람들은 모두 다 피하고 싫어한다. 더구나 신앙이 없는 이들은 세상이 던져 주는 달콤한 복락에 행복의 기준을 두기에 더욱 그렇다. 그러나 그 고통에 의미를 부여하고 찬양하는 종교가 있으니 바로 가톨릭교회다.

사순절에 우리 교우들이 자기 쇄신을 위해 스스로 실천하는 희생과, 절제, 나눔, 용서의 아픔, 단식, 보속, 극기 등도 분명 하나의 고통이기에 쓰다. 하지만 그것은 자기 안에 재현하는 예수님의 수난과 죽음의 한 모습으로서 자신은 물론 다른 이들까지도 새롭게 태어나게 하고 완성케 함으로써 기쁜 부활에 이르게 하는 길이다. 마치 운동선수들이 우승의 기쁨과 영광을 쟁취하기 위해 온갖 고된 훈련을 기꺼이 하듯이….

그리고 외할머님이 가르쳐 주신 씀바귀의 교훈처럼 그것은 나를 사랑하시고 또 내가 사랑하는 주님의 십자가와 연결되어 있고 그래서 주님과 나 사이에 흐르는 영적인 피를 맑게 하여 영혼을 건강하게 해 줄 뿐 아니라 그분 안에 영원히 사랑받는 자녀로 아주 예쁘게 다시 태어나게 해 주고 주님 안에 영원히 살게 해 줌을… 또 그리고 그것이 주님을 사랑해 드리고 그분께 받은 은혜에 감사드리는 길임을 깨달은 가톨릭의 성직자, 수도자들 그리고 열심한 교우들은 그래서 세상 사람들이 추구하는 당장의 달콤함은 오히려 멀리하고, 오늘도 희생과 절제와 고신 극기라는 크고 작은 고통을 스스로 찾아 거기에서 오는 소중한 그 쓴맛을 세속적 복락보다 더 달게 여겨 스스로 찾아 달게 받아 행하며 영적으로 성숙한 어른으로서 살아가려고 노력한다.

그런 신앙적 가치관이 없는 이들에겐 자기학대로 비쳐질 수도 있고 그런 어려운 생활을 왜 해야 하는지 도무지 이해가 안 될 것이다. 그래서 먼저 참행복, 진짜 단맛의 근원이신 하느님을 찾고 예수님을 만나야 할 이유가 거기에 있다.

단것에서만 맛을 찾던 젊은 시절엔 그렇게 애써도 맛을 몰랐건만 역시 나이가 들고 보니 이제야 겨우 씀바귀나물의 그 향기로운 단맛을 느낄 것 같다.

외할머님을 그리워하며 오늘도 씀바귀를 먹어 본다.

(2003. 4. 8.)

사순절

    집안 어른들의 반대와 따돌림을 무릅쓰면서도 "이 세상에서 나에겐 오직 너 하나뿐이야."라고 속삭여 주며 무척이나 사랑해 주던 그 임, 그런 임을, 그만 물욕과 세속적인 계산에 잠시 눈이 어두워 매몰차게 차 버려 피멍들게 해 놓고는 뒤늦게, 그 임이야말로 세상에서 제일 소중하고 모든 것이라는 것을 깨닫고 이제 떠나간 임과 다시는 어쩔 수 없다는 사실에 자신의 어리석음을 한없이 뉘우치면서 가슴 아파하는 이….
    그냥 버림받아도 아픈데 제가 먼저 버림으로써 버려졌으니… 그리고 세상은 배신자를 더 이상 받아들이지 않음을 알기에 그의 깊은 절망은 하늘이 노랗다 못하여 까맣고 더 이상 살아갈 이유를 떠오르지 않게 한다.
    이렇게 세상만을 절대라고 믿고 살아가는 약점투성이 인간에게 세상이 돌려주는 것은 고작 절망뿐이다.
    그러나 하느님은, 당신의 애절한 사랑을 저버려 아프게 했던 이라도 그의 행위를 벌써 잊어 주시고 그가 다시 돌아오기를 간절히 기다리실 뿐 아니라 그가 참회의 눈물을 흘리는 그 순간 오히려 이전보다 더 큰 사랑으로 그를 감싸 주시며 그리고 그것을 큰 기쁨으로 아는 정말, 참으로 이상하리만치 고마우신 분이시다.

그러기에 그분을 믿는 이들에게는 세상이 주지 못하는 새로운 희망과 위로와 기쁨이 있다.

고통과 슬픔의 시기가 아니라 비록 당신을 버리고 떠난 야속하고, 못나기 그지없는 그야말로 바보 같은 애인이지만 그래도 그를 잊지 못하고 다시 찾느라 엉겅퀴에 할퀴어 상처 난 임의 모습을 바라보며 그분의 용서와 사랑을 느끼는 시기이며 이전처럼 다시 그분의 사랑받는 애인이 되었음을 확신하는 이들이 기뻐하며 그분께 감사드리고 이전보다 더 예쁜 모습으로 다시 만나 뵙기 위해 임의 아름다운 사랑의 상처와 닮은, 극기, 희생, 보속, 선행, 나눔 등을 스스로 택해 임이 보시기에 아름답도록 신나게 자신을 가꾸고 닦는 희망의 시기며 기쁨의 시기이다.

(2005. 2. 8.)

사순절과 어느 도둑

사순절 며칠 전 유럽, 남미 등 가톨릭권의 도시에서 카니발 축제를 성대하게 한답니다. 그런데 카니발은 까로 발레(caro, valle) "고기여, 안녕", 즉 육적인 것(지나친 세상적인 욕구 등)을 끊는다는 말의 합성어로서, 금욕 기간에 앞서 영양을 보충하기 위해 마음껏 마시고 즐기자는 취지도 있지만, 실컷 즐겼기에 그 맛을 끊는 어려움도 더 클 것이고, 그러나 이를 즐겁게 봉헌하고 예수님의 기쁜 부활을 맞이한다는 뜻이 담겨 있는 아름다운 뜻에서 시작된 축제지요.

그러니까 사순절은 예수님의 고난을 아파하는 건 좋으나, 모두 내 탓이고 나를 자꾸 죄인으로 만들며 상을 찡그리고 한탄하는 우울한 시기라기보다 우리를 위한 그분의 고난에 감사드리며 부활의 의미를 살리고 기쁘게 맞이하기 위해 희생과 극기 등으로 자신을 갈고 닦아 아름다운 영적인 사람으로 새롭게 태어나려고 애쓰는 시기이기에, 하느님이 내려 주시는 은총과 성스러운 기쁨의 시기지요. 이런 시기에 재밌는 얘기 한 자루 해 드리면…,

도둑이 세례를 받고 신자가 되었지만 나쁜 버릇을 고치지 못하고 계속 도둑질을 했대요.

사순절이 되자 이번엔 정말 그 짓만은 안 하겠다고 다짐했건만 돈이 떨어지자 일할 생각은 안 하고 또다시 남의 물건을 탐냈대요.

마침 성당 마당에서 산책하시는 신부님을 보자 뒤에 가서 손가락으로 찌르며 "가진 것을 모두 다 내놓으세요." 했답니다.

그런데 신부님 주머니에는 아무것도 없었대요. 그래서 신부님이 "이보게, 줄 것이라고는 내가 피우다 만 담배밖에 없는데 그거라도 가져가겠나?" 하시자 도둑이 하는 말이 "신부님, 저도 사순절 기간이라서 담배는 끊었습니다."라고 대답하더랍니다.

신앙과 생활이 다른 사람을 꼬집는 얘기지요.

웃기는 얘기긴 한데, 그래도 그 도둑은 사순절을 맞아 금연을 하였다는데… 아직도 한 가지 희생이나 절제를 하지 않고 그냥 어영부영 지내는 분들이 혹 있다면… 글쎄요? 그건 조금….

에구… 가만히 생각해 보니 내가 그런가? 아이, 부끄러워라…. 얼른 숨어야지~. 누가 들었을까?^^*

사랑하는 교우 여러분!

저처럼 그러지 마시고 빨리 하나 정해서 지금부터라도 주님 안에 절제, 희생, 선행 등을 하시면서 즐겁고 성스러운 사순절 보내세요.^^*

(2010. 3. 7.)

강아지와 도야지

 문득 옛날이 그리워 어느 할머님께 부탁드려 얻은 옛 기도서 '천주 성교 공과(天主聖教工課)'를 어루만져 가며 50여 년 전 기도를 바쳐 봤다.
 아침저녁 기도를 그때에는 '조과, 만과 신공(早課晩課神工)'이라고 했고 요약해서 조만과(早晩課)라고 하기도 했다.
 요즘 기도서의 아침기도를 해 보니 40초, 저녁기도는 1분 7초가량 걸리는 데 비해 옛날 정식 조과는 무려 11분 7초나 걸렸고 약식은 7분 12초 걸렸다. 만과도 10분 37초에, 약식은 6분 7초 걸렸다.
 청소년 시절 이렇게 긴 기도를 하루도 빠지지 않고 아침저녁으로 바치려고 얼마나 애썼던가…. 감회가 깊었다.
 옛날엔 달달 외웠기에 아침 식전에 못하면 학교로 걸어가면서 혹은 전차나 버스 안에서 속으로 중얼거리며 기도드리다가 이리저리 떼밀려 그만 어디까지 했는지 다 까먹고 처음부터 다시 시작하다가 시기를 놓쳐 못하면 괴롭게도(?) 나중에 고해성사를 보곤 했었다.

당시의 교리 책 저자는 조만과 신공에 대하여 이르기를,

《그날 하루 지낸 것을 반성하여 과실이 있으면 통회하고 무사히 지낸 것을 감사하며 아침에 일어나서는 간밤을 무사히 지낸 것을 감사하고 그날에 천주(天主 = 하느님)의 성의(聖意)를 따라 살며 본분(本分)의 일을 잘하기로 결심하면서 천주의 보호를 청할 것이다.

이 기도를 소홀히 하고 너무 자주 궐(闕)하면 아주 무죄하지는 않으리니 그런 사람은 다른 기도도 드리지 않을 것이므로 간단(間斷)없이 기구(祈求)하라는 성서의 말씀을 무시함이요, 또한 끊임없는 위험 중에 있는 자기 영혼을 너무나 돌보지 않는 연고(緣故)이다.

조만과 드리는 생활은 신자다운 생활이라기보다는 사람다운 생활이다.

집에서 기르는 가축 중 도야지는 먹을 것을 먹은 다음에는 주인을 보아도 무표정하지만 강아지는 눌은밥을 얻어먹고 나서는 주인을 볼 때마다 꼬리쳐 인사한다.

우리는 적어도 천주께 대하여 강아지 노릇을 할 것이다. 우리 창조주이신 대군 대부(大君大父)께 어찌 아침저녁 인사가 없을 수 있으랴!》고 하였다.

조만과 신공의 중요성에 대한 비유에 듣기에 좀 거북한 부분도 있지만, 그래도 이 표현에서, 교회는 당장 눈앞에 펼쳐지는 이런저런 세상의 감미로운 유혹에 넘어가 비록 작아 보이지만 자칫 더 크고 소중한 것을 잃지 않도록 엄히 그러나 간곡히 타일러 주시는 인자하신 아버지의 모습을 느끼게 한다.

이래서 당시의 모든 교우들이 조만과 신공 바치는 것을 지극히 당연한 신자 생활의 하나로 여기고 하루의 열림과 마침을 주님 그리고 성모님과 성인들께 의탁하고 신앙의 성장을 추구하면서 그야말로 열심히들 살아갔다.

그런데 요즘은 어떤가?

미안하지만 강아지가 아니라 도야지로 살아가는 사람들이 너무나 많다고 하면 큰일 날 소리일까? 부끄럽지만, 성당에 열심히 다닌다는 분들도 아침기도 저녁기도 하지 않는 이들이 많고 어쩌면 아예 안 하는 것이 오히려 생활화되어 있거나 그런 기도가 어느 구석에 붙어 있는지조차 모르는 이들도 부지기수(不知其數)인 게 솔직히 요즈음의 우리의 현실이 아닐까?

도야지로 지낸다는 것! 그것은 결코 시간이 없어서가 아니라 그 소중함을 모름이요, 그 모름은 결국 "간단(間斷)없이 기구(祈求)하라는 성서의 말씀을 무시함이요, 또한 끊임없이 위험 중에 있는 자기 영혼을 너무나 돌보지 않는 연고(緣故)이리라."

(2004. 6. 29.)

나의 18번 빨간 구두 아가씨

"소올 소올 소올 오솔길에 빨간 구두 아가씨~
또~옥 또~옥 똑, 구두 소리, 어딜 가시나?
한번쯤 뒤돌아볼 만도 한데…."

레지오 연총 친목회 때 한 곡조 꽝 할 게 분명하기에 혹 누가 들을세라 죄진 놈처럼 가만가만 연습 삼아 불러 봤는데 나도 모르게 흥이 나서 그랬는지 목소리가 좀 컸나 보다.
"아유! 신부님, 옛날 애인 생각나시나 봐요."
사제관 언니의 말에 그만 후닥 놀라 노래가 쑥 들어가고 말았다.
"그만하면 프로급이세요. 남일해(가수)가 왔다가 그냥 울고 가겠네요…." 하면서 엄지를 내민다. 그래도 잘한다는 말에 안 그런 척하면서도 속으로는 퍽 즐거웠다.
사실 그 곡은 신부가 아가씨라며 노래를 부르니 교우들이 애교로 봐줘 많은 박수와 재미로 '앵콜'을 해 줬던 것이고, 젊었을 때부터 지금껏 불러 온 곡이니 아주 프로급은 아니더라도 그래도 내 깐엔 준 프로급(?)은 된다고 자부하는 소위 나의 18번 곡인 셈이다.

"아니, 자꾸 이러지 말아요, 난 정말 못한다구요…."
손사래 치며 분위기 썰렁할 때까지 지나치게 빼는 이들도 알고 보면 자기의 18번 한두 곡쯤은 갖고 있는 게 사실이다.

지난번 행사 때 보니 M 자매나 Y 형제 같은 분들은 유행가를 2~3절까지 그것도 메들리로 연속으로 구성지게 불러 대며 주위를 아주 흥겹게 해 준 재주꾼들이었다. 그런데 그렇게 노래를 신나게 잘하던 그들이건만 미사 때는 오히려 아주 이상하리만큼 너무 점잖고 한결같이 조용들 하시다.
왜 그럴까? 미사 때마다 무슨 맘에 안 드는 게 있어 그런가?
수녀님께서 성가 연습을 그렇게 열심히 시키셨건만 막무가내로 입 한번 뻥끗하지 않는다. 봉헌이나 잔치의 절정인 성체를 영하러 나오면서 노래하는 교우들을 보기란 그리 쉽지 않다. 정 모르면 성가 책을 보면서 하면 되련만….

갑자기 이런 생각이 스쳐 지나갔다.
하느님 나라 잔치에 초대되어 갔을 때, 주님께서, "아, 이 사람들아, 내가 위에서 이렇게 내려다보니 자네들 유행가 참 신나게 잘해 여러 사람들을 즐겁게 해 주더군. 아무튼 좋은 일이지…. 그런데 말이야 이번엔, 성가를 한 곡조 뽑아 나를 좀 즐겁게 해 주면 어떻겠나?" 하시면 그땐 뭐라고들 하실까?
뒷머리 슬슬 긁으면서 "주님, 전 죄송하지만 성가 같은 것은 잘 모릅니다. 워낙 살아가기 바빴기 때문에…." 글쎄…? 차마 이렇게는 말씀드리지 못하겠지….

 시간이 없다, 없다 하면서도 세속의 노래는 메들리로 그것도 2~3절까지 그렇게 신나게 잘도 불러 젖히면서 영원히 함께 살아갈 우리의 아버지이신 하느님과 그분이 베풀어 주시는 잔치에 참여하겠노라고 하면서 거기에 맞는 예복을 준비하며 살아간다고 자부하는 우리가 신자 생활 몇 년, 아니 몇십 년이 되도록, 그것도 1절만이라도 자신 있게 부를 수 있는 성가 18번 하나 없이 무심히 여태껏 살아왔다면 그게 정말 하느님 자녀로서의 도리며 과연 잘하는 일일까?
 성가? 하긴 살짝 말씀드려 보면 나도 큰소리칠 형편은 못 되지, 뭐. 수술실의 늘 명랑한 K 간호사 수녀님께서, 마취에서 깨어날 때 헛소리하는 친구들이 있다면서 수술을 앞둔 나를 보고, 감추어 둔 비밀이 있으면 자기에게 미리 이실직고하면, 그때 방어막이 되어 주겠노라고 어서 고백하라고 윽박질러 대, 일단 강력히 아니라곤 했지만, 정신이 혼미한 상태에서 혹시 나도 모르게 어쩌고저쩌고 이랬다간 망신당할 것 같아, 그게 켕겨, 깨어날 때 자연스럽게 성가를 부르려고 "예수 마음"을 입에 붙여 술술 나오도록 열심히 연습했었던 적은 있었지. ㅋㅋ
 지금 이 글을 보면서 뭔가 짚이는 게 있거들랑, 더 이상 뭉그적대지 말고 지금부터라도 어~여, 성가 18번 한두 곡쯤 잘 준비해 둠세!!! 아니, 한두 개가 아니라 그 이상으로…. 누가 또 아남? 유행가 솜씨로 보아 어쩌면 하느님께서 '앵콜' 하실지도 모르니께.…^^*

(2004. 7. 7.)

꿀단지

며칠 전 산책을 하려고 사제관 문을 막 나서는데 커다란 비닐봉지를 든 웬 허름한 차림의 초췌한 아저씨가 만남의 방 앞에서 기웃거리더니 문을 쓰윽 열고 들어가는 게 보였다. 별 귀중품이 있는 곳은 아니지만 그래도 혹시나 해서 얼른 달려가 그의 동정을 살피면서 "아저씨, 어떻게 오셨어요?" 하고 물었다.

"저어~ 쌀 좀 얻으러 왔습니다."

"아, 그러세요. 그럼 이리 오세요." 하고 성당 입구에 놓인 '나눔의 쌀 항아리'까지 친절히 인도해 주었다.

성체 마크가 달린 쌀 항아리를 열어 보니 쌀이 얼마 남아 있지 않았다.

"식구가 많으세요?"

"예, 몇 명 됩니다."

"보시다시피 남은 쌀이 얼마 안 되니 혹시 또 다른 분을 위해 조금 남겨 놓고 가져가시면 좋겠어요."라고 말하고 돌아서 나왔다.

산책을 하는 동안 자꾸 그 사람 생각이 났다. 어떻게 됐을까? 내 말대로 좀 남기고 갔을까? 아니면 싹 다 가져갔을까? 누가 보는 이도 없고 또 얻으러 오기도 귀찮고 하니 아마 다 가져갔겠지…. 요즘이 어떤 세상인데 남겨 놓는 걸 기대하나? 내가 어리석고 순진 하지. 에잇, 잊어버리자….

그런데 잊으려고 하면 할수록 더 궁금증이 일어나 중도에 산책을 포기하고 곧바로 성당으로 되돌아와 얼른 사랑의 나눔 쌀 항아리를 열어 봤다.

그 순간 난 마치 과일을 따먹고 눈이 밝아져 자신의 부끄러운 모습을 보고 후회하는 아담 같은 느낌이 들었다. 얼마의 쌀이 남아 있었기 때문이었다.

"죄송해요, 아저씨…!
비록 얻어먹는 신세지만 배고픔의 고통이 얼마나 큰지 알기에 자신과 같은 또 다른 굶주리는 이웃이 퍼 갈 수 있도록 남겨 놓으셨군요. 당신이야말로 예수님이 축복하신 오늘 복음의 강도 맞은 이웃을 돌보는 착한 사마리아 사람이며 그 마음 안에 '돌보아 주고 가엾이 여기시는 하느님'(탈출 33, 19)과 그 나라가 영원히 함께하실 것입니다.
아저씨는 오늘 제게 거울이 되어 주셨습니다."

"너도 가서 그렇게 하여라." 하신 주님의 음성이 잔잔히 들려오 는 듯하였다.

나는 그 길로 사제관에 가서 쌀 한 되를 퍼서 그 위에 십자성호를 긋고 나눔의 쌀 항아리에 정성스럽게 쏟아 부었다.
 웬 꼬마가 내게 물었다.
 "신부님 그게 뭐예요?"
 "응, 이거? 꿀단지란다."
 "와우! 꿀단지 맛있겠다…."

 그래, 반성과 속죄와 사랑이 곁들인 맛있는 꿀단지란다.
 그리고 또 이렇게 중얼거렸다.

 "아저씨 안에서 착한 사마리아 사람을 보게 해 주신 하느님, 참으로 감사합니다."

(2004. 7. 11.)

나의 배우자는 하느님

따르릉~.
"예, 주 신붑니다."
"신부님예, 접니더."
"오, 문 교수님, 오랜만예요."
"차 한잔 주시소."
"그러슈."
그가 차 한잔 달라고 하면, 어디서 이미 술 한잔하고 내게 와서 괴로움을 털어 내는 시간이고 "퍼뜩 나오시소 마." 하면 기분 좋아서 그가 한턱 쏘는 날이라 좋긴 한데 역시 늦게까지 시간을 보내야 하는 것은 매한가지다.

목소리로 보아 오늘도 또 그 일로 술 한잔 꺾은 것 같다. 이번에도 아마 한, 두어 시간은 족히 걸리겠지.

그 일이란?
부인을 먼저 하느님 나라에 보내고 늦둥이 외동딸 하나 의지하고 여태껏 지내 오다가 고르고 골라 아들처럼 사랑하던 제자를 사위로 맞아 시집을 보냈는데, 불과 몇 년도 되지 않아 사네 못 사네 하며 티격태격 싸우고 친정이라고 홀로 사는 아버지한테 찾아와 못 살겠다고 울곤 했다. 그때마다 출가외인이니 여기서 잘 생각일랑은 아예 말라며 하루만이라도 머물겠다는 딸을 막무가내로 등을 떠밀어 시집으로 바로 돌려보냈다.

훌쩍이며 돌아서는 딸의 애처로운 뒷모습을 보면서 눈물을 흘리고 이럴 때 제 어미라도 있었으면 잘 토닥거려 주고 모녀간에 서로 위로해 주고 풀 수 있었을 텐데 하며 안타까워했다.

부인의 빈자리가 더 크게 느껴지고, 외롭고 속상하고 아픈 마음을 혼자 술로 달래다가 거나하게 취하면 느닷없이 내게 찾아와 그 괴로움을 횡설수설 털어놓다 가곤 했었다.

그런데 요즘 어쩐지 좀 뜸하다 싶어 혹시 많이 좋아진 게 아닌가 했는데 "차 한잔 주시소." 하는 전화에 오늘따라 왠지 가슴이 철렁하는 걸 보니 혹시나가 역시나가 되는 게 아닐까? 보나마나 아마 또 그 딸 때문에 무척 상심해 어디선가 술 한잔 걸친 게 틀림없다.

축 처졌을 그를 기다리며 문득 혼인성사 때의 성경 구절이 떠올랐다.

"그러니 하느님께서 짝지어 주신 것을 사람이 갈라놓아서는 안 된다"(마태 19, 6).

그러니까 배우자란? 하느님이 나를 믿고 내가 행복하게 해 주리라 기대하면서 나에게 맡겨 주신 사람, 그리고 하느님께서 당신 자신처럼 사랑하시는 사람이다. 나와 짝지어 놓으시곤 그러길 참 잘했노라고 스스로 흐뭇해하시고 미소 지으시는 하느님이다.

그래서 내 탓으로 짝에 금이 갈 때 하느님이 미소를 잃어버리시게 되는 사람이다. 내가 그를 웃겨 주면 하느님도 웃으시고 눈물을 흘리게 해 주면 하느님도 눈물을 흘리시고 무척 아파하고 괴로워하시게 되는 사람이다.

딸에 대한 문 교수의 인간적인 사랑과 애처로움이 그러하다면 더구나 하느님의 사랑이야 오죽하시겠는가?

아, 그러고 보니 나의 배우자는 바로 하느님이시로구나!

조용히 배우자의 얼굴을 살펴보자….
행복해하는 하느님의 모습인지, 아닌지?

(2004. 7. 17.)

질투하시는 하느님

 부부들과 점심을 먹으러 가는 중에 어느 짓궂은 이가 슬쩍 그랬다. "어이구, 저기 늘씬한 아가씨가 지나가는군." 했더니 장난기 어린 어느 남편이 "어디요, 어디?" 하면서 뒤돌아다보고 쫓아가는 시늉을 했다.
 그 순간 그의 부인이 "아니, 이이가." 하면서 잽싸게 꼬집었다. "아이쿠, 카이햐~! 아따~ 그 여자 손 한번 맵네. 아니, 그렇게 아프게 지아비를 꼬집으면 어떻게 하노!"
 "그럼, 아프게 꼬집지… 안 아프게 꼬집을 줄 알았수?"
 부인 앞에서 아프다고 엄살떠는 남편을 보면서 모두들 깔깔대며 재미있게 웃었다.
 그렇지만 이게 장난이 아니고 정말로 내 배우자가 나 아닌 다른 이에게 눈이 멀거나 한눈을 팔고 있다가 들켰다면 그때도 그렇게 웃어넘길 수 있을까?
 아닐 것이다. 배신감과 모멸감, 증오심, 그리고 질투심과 그 허망감은 이루 다 말할 수 없으리라. 너무 고통스럽고 괴로워 몇날 며칠을 뜬눈으로 지새우는 바람에 눈에 핏발이 설 것이다.

90%만 나를 사랑하고 10%는 다른 이에게 애정의 눈길을 주고 있다면 어떨까? 아니, 1%라면 괜찮을까? 아마 그것도 용납 못할 것이다. 그러면 하느님은 어떠실까?

"나 야훼 너희의 하느님은 질투하는 신이다. 나를 싫어하는 자에게는 아비의 죄를 그 후손 삼사 대에까지 갚는다"(신명 5, 9).

당신께 질투심을 느끼게 하는 사람은 삼사 대까지 아프게 꼬집겠노라고 말씀하신다. 하느님도 질투가 참으로 대단하신 분이시로구나! 잠시라도 한눈파는 것을 조금도 용납지 못하시는 하느님! 나는 과연 어떻게 그분을 대해 드리고 있을까? 그리고 그분을 슬프고, 노엽고, 질투심을 느끼게 하는 것들이란 무엇일까?

물질이건, 사람이건 혹 취미 생활이건, 그게 무엇이든 세상 것에 더 매력을 느껴 한눈을 팔고 차츰 영적 눈을 멀게 하는 것들…. 그래서 하느님 아닌 것을 하느님처럼 귀하게 생각하거나 하느님보다 더 사랑하고 그것 때문에 하느님을 둘째 자리에 놓거나 결국 그분 곁을 떠나게 만드는 것들이겠지….

아무런 가책 없이 철학관에 드나드는 분들, 듣기 싫겠지만 놀러 다니느라 주일미사 쉽게 빠지는 분들, 세상일엔 바쁘다면서 하느님 일엔 인색하고 게을러서 간단한 일상 기도(아침저녁 기도, 삼종기도)조차 아무렇지도 않게 빼먹는 분들은, 한번쯤 깊이 생각해 볼지어다!

(2004. 7. 25.)

승리와 패배

머리가 퀭하다.
또 밤잠을 설치고 말았기 때문이다.
아시다시피 엊저녁엔 여름날 무더위에다 월드컵 축구 예선 때문에 정말 무지 뜨뜻했지…. ㅎㅎㅎ

그렇지만 그게 이유가 다가 아니다.
축구가 이란에게 패했기 때문이다. 열을 곱빼기로 받았으니 잠이 올 리가 있겠나? 어~휴, 속상해. 내 성질이 왜 이럴까?
건강도 안 좋은데, 그저 게임으로 즐기고 말지 뭘 그렇게 속상해 할 것까지 없지 않나? 다신 그러지 말아야지 하면서도 그게 영 조절이 잘 안 된다.
아무래도 한 핏줄이라 그렇겠지…. 도대체 핏줄이 뭔지 패하는 날엔 기대가 큰 만큼 실망도 커 밤잠 설치는 것은 물론 며칠씩 기분이 나빠 일이 손에 잘 잡히질 않는다. 이럴 때 결재 서류가 올라오면 물론 까다로워진다.

그래, 그걸 보면 나는 할아버지가 아니라 아직도 23세 청년인 게 틀림없구나.^^*

좋아~! 좋아!

축구 중계하는 날엔 창문을 꼬옥 닫는다. 나를 점잖은 사람으로 알고들 있는데 혼자 떠드는 소리지만 혹 새어 나가면 내 본체가 그만 들통날까 봐서다.

게임 중반쯤 되면 한창 열이 올라 어느새 내가 바로 무서운 감독이 되어 있다. 문전까지 힘겹게 몰고 와서 공중으로 냅다 뻥 차기를 하거나 혼자 드리블하다가 볼을 빼앗겨 위험에 놓이게 하는 선수를 보면 "너 정말 대표 선수 맞아?", "야, 임마. 축구가 어디 발로만 하는 거냐? 머리를 좀 써라, 머리를. 이런…" 등등 이렇게 거침없는 말투로 선수들을 나무라기도 하고 슈팅할 때엔 선수보다 내 발이 먼저 쑤~욱 앞으로 뻗어 나가 곁에 놔둔 죄 없는 '클리넥스' 통을 걷어차 쭈그러뜨리기도 하고…. 여하튼 국가 대표 선수라는데 나만도(?) 못하고 오히려 내가 감독직을 맡으면 더 잘할 것 같은 착각에 빠져든다.

나는 축구나 다른 경기를 볼 때마다 비록 눈에 보이지 않고 성원의 함성이 들리지는 않지만 우리가 세례를 받고 하느님의 자녀로서 한세상 살아가며 여러 세파와 유혹을 겪어 나갈 때마다 하늘에 계신 하느님과 감독이신 나의 수호천사를 포함한 많은 천사와 성인 성녀들께서 한결같이 성원해 주시는 팬들로서 나의 승리와 패배에 따라 그분들도 기뻐하시고 슬퍼하시고 때론 가르쳐 주신 대로 하지 않고 제멋대로 한다고 "야, 너 정말 세례 받은 내 아들, 딸 맞아?"라고 안타까워하시며 탄식의 한숨을 내쉴 거라는 생각이 들기도 한다. 그러나 그분들은 나처럼 단지 구경꾼에 머무르지 않고 많은 은총으로 도와주심을 굳게 믿고 다신 패배의 쓴맛을 보지 않도록 사도 바오로의 말씀처럼 나와 핏줄을 같이한 하느님 백성 모두를 신나고 기쁘게 해 드려 그분들로부터 승리와 개선자로서 찬탄의 박수를 받을 수 있도록 살아가야겠다.

"내가 세상을 떠날 때가 왔습니다. 나는 훌륭하게 싸웠고 달릴 길을 다 달렸으며 믿음을 지켰습니다. 이제는 정의의 월계관이 나를 기다리고 있을 뿐입니다. 그날에 정의의 재판장이신 주님께서 그 월계관을 나에게 주실 것이며, 나에게뿐만 아니라, 다시 오실 주님을 사모하는 모든 사람에게도 주실 것입니다"(2티모 4, 6~8).

(2004. 8. 1.)

"그리스도 우리의 평화"

골목에서 갑자기 오토바이가 튀어나왔다. 깜짝 놀라 급브레이크를 밟았다. 찌~익~.
웬 젊은 녀석이 "야, 임마. 운전 좀 잘해!"라고 소리치고 사라지는 게 아닌가?
"아니, 원 저런 괘씸한 놈이 다 있나? 아무리 그래도 그렇지, 제 애비 같은 머리가 허연 사람에게… 쯧쯧쯔."

경황이 없어 그냥 왔지만 아직까지도 화딱지가 나고 내가 왜 그런 욕을 먹어야 했는지 그 이유를 도저히 모르겠다. 후덥지근한 날씨에 아무래도 낮에 당한 일 때문에 그런지 잠이 잘 오질 않는다. 새벽 미사가 없는 날이라 모처럼 푹 자려고 했는데…. 째깍째깍 시계 소리에 눈을 떠 보니 새벽 5시 20분. 이리저리 뒤척이며 다시 잠을 청해 보았지만 그럴수록 시계 소리만 더 또렷하게 들리고 정신이 맑아져 온다. 벌써 몇 번째 깨는 건지 모르겠다.
'오늘따라 웬 시계 소리가 그렇게 크담.'

짜증이 난다. 에~라 모르겠다. 묵주기도 한 뎀 퍼뜩 하고 영등포 공원에 가서 운동이나 하자.

하늘을 보니 씩씩한 태양 왕자님이 벌써 여명을 몰고 힘차게 오시는가 보다. 오대양 육대주가 선명한 달 공주님도 너무 많이 흰 살을 드러낸 게 부끄러운 듯 살포시 자신을 감추어 가고 있다.

몇 바퀴를 돌고 나니 새벽 6시 40분이나 됐다. 다음은 옆구리 운동, 하나, 두~울, 셋, 넷… 녹음기에서 흘러나오는 구령에 맞춰 열심히 몸을 구부려 대느라고 하지만 팔만 약간 옆으로 갈 뿐 몸이 말을 듣지 않는 뚱뚱한 아줌마 할머님들이 우습다.^^* 그런가 하면 양팔을 귀 높이까지 귀엽게 흔들고 엉덩이를 씰룩대며 걷는 한 무리의 아가씨들…. 참으로 활기찬 모습들이다.

그런데 저쪽 소나무 숲 밑에는 아직도 한밤중인 느긋한 아저씨들이 있다. 신문지를 깔고 만세 자세로 볼썽사납게 널브러져 자는 아저씨, 왼쪽 손은 벤치를 붙들고 오른쪽 팔을 베개로 삼고 새우처럼 옆으로 쭈그리고 자는 아저씨들….

10m 이내 아니, 거의 바로 옆에 기차선로가 있어 덜커덩 덜컥~, 찌익~ 끼이~ 푸쉬이~ 멈추고, 출발하는 소리가 참으로 요란한데도 전혀 아랑곳하지 않고 지금까지 자고 있다니 참으로 신기하기만 하다. 하긴 혈혈단신에 가진 것도 없고 내일도 없는 사람들이기에 미워할 사람도 없고 무얼 더 갖고 싶어 하는 욕심도 없기에 그래서 잘 자는가 보다.

그걸 보면 외적인 시끄러움 때문에 잠을 못 자는 게 아니로구나! 내적 소란과 풍파인 미움, 분노 때문에 내적 고요와 평화가 제자리를 잃었기 때문이지…. 그래, 맞아. 그러면 미움과 분노를 어떻게 고요와 평화로 바꾸고 잠도 잘 자고 행복할 수 있을까?

"그리스도께서 피를 흘리심으로써… 그리스도야말로 우리의 평화이십니다. 그분은 자신의 몸을 바치심으로써…"(에페 2, 13~14).

미움과 분노를 없애 달라고 그리스도님께 빌어 그분이 없애 주심으로써 평화스러운 게 아니라 미움과 분노가 그대로 남아 솟구쳐 마음이 아리고 쓰라려도 그를 위해 기도해 주고 사랑으로 되갚아 주기 위해 자존심을 죽이느라 그리스도님처럼 피를 흘리고 내 마음을 바치는 삶 안에서 그분을 닮아 갈 때 비로소 그분만이 주시는 고요와 평화를 벌써 이 세상에서부터 누리게 되는 행복한 하느님 나라의 사람이 되리라.

주님, 당신을 닮을 수 있는 은총의 기회를 오히려 속상해하며 잠을 못 자는 아직도 그런 나약한 존재임을 고백합니다. 입술로, 머리로가 아니라 정말 뜨거운 가슴으로 살아갈 수 있도록 도와주소서. 아멘.

(2004. 8. 10.)

하느님의 사랑의 편지

강론 때마다 하느님은 우리를 사랑하시고 그래서 우리도 하느님을 사랑해야 한다고 열정적으로 말은 하면서도 막상 나 자신은 정말, 부끄럽게도, 내가 말하는 그만큼 그분의 사랑을 그렇게 감각적으로 포근하게 느끼지 못했을 뿐 아니라 내가 사람들을 좋아하고 사랑하는 만큼도 하느님을 사랑해 드리지 못한다는 마음에 늘 그분께 미안하고 죄송했다.

그러던 어느 날, 청주에 계시는 회장님 회갑연에 갔다가 술 한잔 걸치고 회장님 차로 귀가하던 중 CD에서 감미롭게 흘러나오는 가수 이선희 씨의 "J"라는 노래를 듣게 되었다.

《J~ 스치는 바람에 J~ 그대 모습 보이면
난 오늘도 조용히 그대 그리워하네
J~ 지난밤 꿈속에 J~ 만났던 모습은
내 가슴속 깊이 여울져 남아 있네~

♩~ 아름다운 여름날이 멀리 사라졌다 해도
♩~ 나의 사랑은 아직도 변함없는데
♩~ 난 너를 못 잊어 ♩~ 난 너를 사랑해
♩~ 우리가 걸었던 ♩~ 추억의 그 길을
난 이 밤도 쓸쓸히, 쓸쓸히 걷고 있네.》

나도 모르게 흥얼거리며 따라 부르다 퍼뜩, 하느님께서 나의 애인으로서 지금 듣는 노래 가사 내용 그대로, 그렇게 애절하고, 감미롭고, 강렬하게 나만을 사랑하시고 또 내 사랑을 받고 싶어 하심을 노래로 표현하고 계시다는 생각이 들었다.

그 순간, 아니 이를 어쩌랴!

갑자기 하느님의 포근하고 달콤한 사랑에 가슴이 뭉클하고, 눈시울이 뜨거워지며 나도 사랑을 마~악 해 드리고 싶은 강렬한 충동을 느꼈다.

"J"는 내 이름의 영어 첫 글자이기에 "J" 할 때마다 나를 애타게 불러 가며 사랑하고 못 잊어, 구구절절 눈물을 흘려 가며 애절한 사랑의 고백을 하는 것 같았다.

짧은 구절에서 무려 열 번이나 "J" 하고 내가 불리고, 스치는 바람과 꿈결에서조차 나를 느끼고, 만나 보고, 그리워하고 못 잊고 사랑한다니….

생각해 보면 이 어찌, 행복하지 않으랴?

그런데도 나는 맨날, 하느님의 사랑을 못 느낀다고 불만족스러워하고, 냉랭하고, 그래서 가끔은 못나게도 엉뚱한 데다 한눈을 팔아 오히려 그분을 가슴 아프게 해 드렸으니. 아니, 이런….

그런데도 그분은 도대체 나라는 인간이 뭔데 그렇게까지 사랑하신담… 참 참….
나의 무관심 때문에 그동안 무척 외로워하셨을 주님을 생각하니 그만 울컥….

그래, 이제부터는 아무리 아주 잠깐이라 할지라도 한눈을 팔아 더 이상 그분의 사랑을 외면하고 나 때문에 외롭고 슬프게 해 드리지 말자!
측은한 맘에 견딜 수 없어, 몸을 웅크리고 두 팔을 모아 가슴에 대고 "하느님, 사랑해요. 앞으론 나 때문에 그렇게 안 해 드릴게요. 다신 안 그럴게요, 정말."이라고 속삭이며 하느님을 꼬옥 안아 드렸다. 그 순간 나도 그분의 체온을 느끼고 사랑의 향기와 꽃밭에 푹 파묻혀 있는 것 같았다. 행복에 겨워 아름다운 꿈을 깨고 싶지 않았다.

그렇구나!
우리가 연인이 생겨 사랑에 눈뜰 때 인생이 아름답고 즐겁듯 하느님이 얼마나 멋있는 분인지 그리고 얼마나 우리를 사랑하시고 또 얼마나 우리로부터 사랑받기를 원하시는지 알게 될 때 신앙생활 역시 그렇게 즐겁고 신명나고 행복하고 활기차겠구나!
가사를 새겨듣고 그 뜻을 헤아리면서 사랑을 느꼈듯, 하느님도 그분의 우리에 대한 사랑의 편지인 성경을 읽고 묵상을 통해 가까이할 때 아름답고 황홀한 자태를 드러내며 이 세상이 주지 못하는 천상적 달콤함으로 우리를 듬뿍 취하게 해 주실 어여쁜 연인으로서

다가오시는 그분을 느낄 수 있으리라.

　약간의 취기가 있어 그랬는지 그날따라 노래를 들으면 들을수록 코끝이 시큰해지며 하느님 사랑에 대한 묵상이 그렇게도 부드럽게(?) 잘됐다.^^* 그리고 평화로웠다.
　그러니 성경을 읽고 하느님의 사랑을 느끼고 성령에 푹 잠기고 취하면 얼마나 더 좋을까! 정말로 삶이 고통스럽고, 신앙생활도 재미없고 메마르다고 느껴진다면, 그래서 즐거운 생활로 바뀌기를 진정으로 원한다면 어서 빨리, 하느님의 사랑의 편지인 성경을 펴서 읽고 묵상해야겠다.

　"여인이 제 젖먹이를 잊을 수 있느냐?
　제 몸에서 난 아기를 가엾이 여기지 않을 수 있느냐?
　설령 여인들은 잊는다 하더라도 나는(=하느님) 너를 잊지 않는다"(이사 49, 15).

　"하느님은 우리가 죄인임에도 불구하고 우리를 사랑하시는 것이 아니라, 오히려 우리가 죄인이기 때문에 우리를 더 사랑하신다"(로마 그레고리오대학교 영성신학 교수 Robert Farcy 신부).

(2004. 8. 21.)

"자기야, 전화 받아"

어느 성당에 있을 때였다.
"얘, 보스코야, 학교 가거들랑 수업 시간에 친구들하고 떠들고 얘기하거나 한눈팔지 말고 어저께 엄마랑 같이 공부한 것 있지 왜, 그거 생각하면서 선생님 말씀 똑바로 귀담아 잘 듣거라. 그래야 공부 잘한다. 알겠니?"
"응, 엄마."
젊은 엄마 보나 씨가 아들의 책가방을 챙겨 주면서 하는 말이었다.
"그래… 보나 씨도 옛날에 그렇게 잘했어요?"
"호호호, 그럼요. 저도 잘했죠."
"내 오늘 보나 씨 강론 듣는 자세를 보니 엄마는 안 그런 것 같던데…."
그러자 그녀가 눈을 애교 있게 흘긴다.
"왜 그렇게 웃고 눈을 가늘게 떠요? 아무래도 뭔가 켕기는 게 있는가 보군…."

그러곤 그냥 서로 웃고 말았지만, 자긴 그렇지 못했어도 자녀한텐 잘하라고 말하는 이가 어디 보나 자매뿐이랴!

문득, 지난번 병원 봉사자 자매님들의 대화가 떠올랐다.
옆에 앉아 있는 내가 신부인 줄도 모르고 열심히(?)들 자기네 본당신부님들의 강론 말씀을 도마 위에 올려놓고 이러쿵저러쿵 말들을 하고 있었다. 귀가 쭈뼛했다.

"그런데 말이야, 얘, 우리 신부님은 경륜이 있으셔서 강론 말씀은 좋은 것 같은데 너무 길어서 그게 탈이란 말이야."

뜨끔했다.

"그래? 우리 신부님은 젊으신 분인데 무슨 말씀인지는 잘 몰라도 여하튼 짧아서 좋더라, 얘."

우연히 며느리들의 말을 엿듣게 된 시어머니처럼 무슨 말이 더 나올까 되레 내가 조마조마하기까지 했다. 그렇지만 다행스럽게도 거기까지였다.
음, 그렇구나! 그러니까 문제는 좋은 말씀을 짧게 해 달라 이거지…. 아, 그야 문제없지. (난 원래 할 말이 없어 쩔쩔매는 놈이니까…. ㅋㅋ 좋아 좋아.^^*)
오냐, 그렇다면 내 얼마든지 그렇게 해 주마! 어디 다음 주일에 보자.

나 혼자만 몰래 비법을 전수받았을 때와 같은 느낌이었다. 기분이 매우 좋아 혼자 씨~익 웃었다.

"아~유, 신부님, 오늘 강론 너무너무 좋았어요."

교우들의 좋아하는 모습이 눈에 선했다. 전 같지 않게 주일이 오히려 기다려졌다.
 드디어 강론 시간이 되었다. 그런데 이를 어쩌랴?
 갑자기 "자기야, 전화 받아!" 하는 소리에 시선이 모두 그쪽으로 쏠리며 웃고들 있지 않은가? (벨 소리를 그렇게 설정해 놓은 모양이다.)
 '원, 제기… 자기 없는 놈 서러워 어디 살겠나?'
 성당에선 전화기 끄시라고 그렇게 주의를 여러 번 드렸건만 글쎄…. 시작도 하기 전에 초를 쳐 김이 푸~욱 샌다.
 어떤 이들은 강론을 잘 들을 준비 시작이 아니라 이건, 아예 졸 준비 시작인 것 같다. (미안, 미안^^*)
 팔짱을 끼고 두 다리는 쫙 편 채 아주 편안하게 고쳐 앉으며 눈을 지그시 감는 아저씨, 훌륭한 사윗감이라도 찾으시려는지 돋보기를 꺼내 쓰고 주보의 광고란을 열심히 펴 읽기 시작하는 아주머니, 그런가 하면 바로 옆, 유아방을 놔둔 채 아까부터 칭얼대는 아기를 안고 그것도 하필이면 맨 앞좌석에서 배짱 좋게 끝까지 버티고 앉아 있는 젊은 엄마, 해수가 도지셨는지 하필이면 이 시간에 연실 콜록, 컬럭, 커~ 기침을 심하게 해 대시는 할머니, 차라리 댁에서 쉬시지… 참.

거기다 난방 에어컨은 계속 돌아가 시끄러운데 늦게 와 문 닫는 걸 잊어버리고 열어 놓은 채 아무렇지도 않은 듯 뒤에 우두커니 서 있는 친구….

물론 다 그리고 항상 그런 것은 아니지만, 잘해 보려는 의욕 때문일까, 짧은 순간이지만 이날따라 그런 분들이 유독 눈에 크게 띄고 신경이 날카로워진다.

'하긴 그게 누구 탓이겠는가? 모두 다 내 탓이지.' 하면서도 마음 한구석에선 짜증스럽고, '그럼 그렇지. 내가 뭘, 이 나이에 새삼 잘해 보겠다고…. 생긴 대로 그냥 놀지…. 에라이, 모르겠다. 그냥 빨리 해치우자.' 하는 위험한 생각이 들기도 했다.

그러니 그날 강론이 뭘 그리 시원했겠나? 하다가 분심이 들어 자꾸 끊기고, 더듬고…. 기대하셨던 수준 높은 교우들에겐 물론 이루 말할 수 없이 미안했지만…. 그렇지만 난 봉사자 자매님들 같은 분들께 이렇게 말하고 싶었다.

"사랑하는 자매님들!

우리 모두 보나 자매의 아들 보스코 같았으면 좋겠어요. 강론을 못해 졸리다고만 할 게 아니라 성경을 미리 읽고 묵상하고 오셔서 눈을 크게 뜨고 신부님을 바라보고 귀담아들으려고 노력해 보세요.

'아멘'이라든지 '얼씨구 좋구나!' 그런 추임새는 비록 없어도 우선 잘 들어 보겠다는 그런 분위기가 만들어지면 저희 신부들도 흥이 나서 강론을 더 잘하실 거예요.

그때 여러분도 하느님의 말씀이 귀에 쏙쏙 잘 들어올 거구요. 그분의 사랑과 신앙생활의 단맛을 더 잘 느끼실 거예요.
아 참, 그리고요, 여러분도 예쁘시다고 해 드리면 솔직히, 아주 좋아하시지 않아요? 지금도 웃으시는 걸 보면….^^*
그러니 강론이 다소 성에 차지 않으시더라도 오늘 강론 참 좋았다고 슬쩍 그래 보세요. 그리고 이건 순전히 제 얘깁니다만, 그러면 신부님도 겉으론 안 그런 척해도 속으론 무척 좋아하고요. 진짠 줄^^* 알고 신이 나서 더 잘해 보려고 애쓴답니다. 그러면 실제로 강론 시간도 재밌어지고 또 기다려지게 될 거예요."

(2004. 9. 9.)

"난 한 번도 못 봤는데…"

할아버지 신부가 된 지금도 나는 묵주기도를 드릴 때마다 한 알 한 알이 아주 예쁜 장미 꽃송이가 되어 하늘로 올라간다고 믿고 있다.

손주 녀석이라면 무조건 껌뻑하셨던 우리 외할머님, 어린 마음에도 그분은 그저 하늘처럼 인자하시기만 한 분이라고 여기고 있었다. 그런데 어느 날 애지중지하시던 그분의 묵주를 재미 삼아 손가락으로 뺑뺑이 돌리다 끊어져 묵주 알 몇 개가 튀어 달아나 망가져 버렸는데 그만 할머님께 걸리고야 말았다.

물론 맞지는 않았지만 눈물이 쏙 빠지게 혼이 난 나는 도대체 이까짓 게 뭔데 나한테 그렇게까지 야속하게 하시나 하며 몹시 서운해 어깨를 들썩이며 크게 울었다. 그러자 외할머님은 눈물을 닦아 주시면서 성모상을 향해 "저분은 우리의 어머니이신데 이렇게 묵주알을 한 알씩 넘기며 기도하면 그때마다 예쁜 장미꽃이 한 송이씩 하늘로 올라가는데 그것을 받으시곤 아주 좋아하시면서 사랑을 많이 해 주신단다. 그런데 네가 이렇게 망가뜨려 놓으면 할미가 어떻게 장미꽃을 하늘나라에 보내 드릴 수 있겠니?" 하시며 어르시는 것이었다.

"난 한 번도 못 봤는데….."
"그렇지만 이 할미 눈에는 **다 보인단다.**"
"정말?"
"그럼, 정말이지!"

단호히 말씀하셨기에 난 그게 정말인 줄 알고 굳게 믿었다.

그 후부터 하늘로 올라가는 장미꽃 송이를 보기 위해 기도하시는 할머님 곁에 쪼그리고 앉아 할머님과 내 머리 위를 연신 쳐다보면서 묵주알을 넘기며 졸다 고꾸라진 적이 한두 번이 아니었다.

그러고 보니 그때 그 믿음이 어느덧 할아버지가 된 지금까지도 계속되고 있는 셈이다. 이젠 나도 우리 할머님처럼 되었으니 장미꽃이 보일 만도 한데 아직도 못 보고 있으니 성덕이 아니라 나이만 먹은 게, 그게 문제로다. 한마디로 성모님께 대한 사랑이 할머님에 미치지 못해서겠지!! 아마도 그럴 것 같다.

성덕은 세월이 흐르고 나이를 먹는다고 저절로 되는 게 결코 아니리라. 나도 할머님처럼 성모님을 뜨겁게 사랑하고 열심히 기도드리면 은혜를 내려 주셔서 언젠가 진짜 보게 될 날이 있겠지? ^^*

하지만, 오늘도 내가 정성껏 보내 드린 묵주기도가 아름다운 한 송이 장미꽃이 되어 기쁘게 받아 주시며 환하게 웃으실 성모님을 그려 보는 마음이 보는 것 못지않게 행복하고 즐겁기만 하다.

(2004. 10. 7.)

"구령하였습니다"

　프랑스의 성자 요한 비안네(1786~1859년) 신부님은 아르스라는 작은 촌에 주임신부로 부임하였으나 교우들이 모두 냉담하고 타락하여 주일미사 때도 성당이 텅텅 비어 있었습니다.
　신부님은 본당 교우들의 회개를 위해 밤낮없이 기도하였을 뿐 아니라 끊임없이 단식의 재를 지켰고 옷이라곤 검은 수단(사제 전례복) 한 벌에 딱딱한 침대에서 자고 감자만으로 식사를 하셨습니다. (지극한 존경을 드리면서 한편 부끄러움을 느낍니다.)

　그런 그분에게 하느님은 남의 심중에 숨은 비밀을 알아보는 특별한 은총을 주셨습니다. 그래서 고해성사 때 부끄럽거나 어려워 말 못하는 것까지도 들여다보며 질문하는 일도 있었습니다.
　그래서 사람들은 더욱 따르게 되었으며 그를 만나 본 이들은 마음의 평화를 누렸습니다. 따라서 그는 매일 장시간 고해성사를 주지 않으면 안 되었습니다.
　고해성사를 받으러 매일 모여드는 군중은 구름 떼 같았습니다.

어떤 날은 17시간씩 고해성사를 주기도 하였고 그 수는 1년 평균 2만 명에 달하였습니다. 많은 은혜로운 일이 있었는데 그중의 하나를 소개하면…

어떤 이가 사업하느라 바쁘다며 성당도 잘 안 다니고 수계 생활도 게을리하더니 결국 완전히 냉담하였습니다. 열심한 부인이 아무리 회개를 권유해도 아무 소용이 없었습니다.

그러다 사업도 잘 안 되고 망하여 낙담 끝에 그는 안타깝게도 강물에 투신자살하고야 말았습니다. 부인은 자살까지 한 남편의 영혼이야 두말할 것 없이 지옥에 빠졌을 것이니 이제는 영 그만이로구나 하는 절망감에 기도해야 아무 소용도 없을 것이라는 생각과 또 기도할 기분도 나지 않아 몸이 점점 쇠약해져만 갔습니다.

보다 못한 동네 친지들이 어디 가서 정양이나 하고 오라는 권유에 별생각 없이 기차를 탔다가 차 안의 승객들이 온통 비안네 신부님을 만나러 간다고들 하며 들떠서 이런저런 얘기들을 하는 것을 듣고 그녀도 솔깃하여 그들을 따라 신부님이 계신 성당엘 가게 되었습니다.

사방에서 모여온 사람들로 과연 인산인해를 이루고 사람들은 모두 무릎을 꿇고 기도하면서 성인 신부님이 지나가실 시간을 기다리고 있었습니다.

얼마 후, 이윽고 신부님이 많은 사람들 앞을 지나가시다가 저 부인 앞에 멈춰 서시더니 나지막한 소리로 "구령(救靈)하였습니다."라고 하셨지만 부인은 무슨 말씀인지 미처 알아듣지 못하였습니다.

몇 번 말씀하셔도 알아듣지 못하자 신부님은 이렇게 말씀하셨습니다.

"당신 남편이 철교에서 뛰어, 물에 떨어지는 그 순간에 상등통회의 특은을 받아 구령하였습니다. 이것은 성모님의 특별한 은총입니다. 당신 방에 성모 성상을 잘 모시고 있지요? 그리고 그 앞에서 기도 많이 하셨지요? 당신 장부가 비록 냉담은 하였지만 취중이라도 간혹 그 앞에서 기도한 일이 있었습니다. 성모님께서는 비록 그의 미약한 기도나마 갚아 주시려고 상등통회의 특은을 얻어 주어 구령시키셨습니다. 지금 연옥에 있으니 열심히 기도해 주십시오."

부인은 꿈을 꾼 듯 희열에 넘쳤습니다.

보십시오. 성모님의 인자하신 사랑을! 그 미약한 행동이지만 그냥 지나치지 않으시고 그의 흉악을 묻어 주시고 저를 영원한 지옥에서 구하여 주셨습니다.

성모송 끝에 "이제와 저희 죽을 때에 저희 죄인을 위하여 빌어주소서."라는 구절이 있는데 그를 귀담아 들어주셨던 것이었습니다. 성모님께서는 자기에 대한 터럭 같은 정이라도 후하게 그리고 반드시 갚아 주십니다.

자신이 정말로 죄가 많고 위험 중에 있다고 생각한다면 실망하지 말고 더욱더 성모님께 의탁하고 달려들어야 합니다.

우리 교우분들은 열심하시죠?^^*

성모님께서 좋아하시는 아름답고 힘 있는 성모송이 잔뜩 들어 있는 묵주의 꽃다발 기도를 특별히 열심히 그리고 정성껏 바쳐 드려 성모님을 기쁘게 해 드립시다!!

* * *

※상등통회(上等痛悔)

하느님을 사랑하는 마음으로 죄를 뉘우치는 것으로서 만유(萬有) 위에 사랑받으셔야 할 지극히 선하신 하느님께 내 죄로 인하여 욕되게 한 것을 생각하고 가슴 아파하는 것을 의미합니다.

(2004. 10. 12.)

섭섭해하시는 하느님

  한쪽 눈을 주신 할아버지의 헌신적 사랑과 병원비를 대 준 은인들의 도움으로 대건이는 수술을 받고 드디어 앞을 보게 되었다.
  씻겨 주고, 닦아 주고, 먹여 주고, 업어 주고, 놀아 주고 오로지 손자만을 위해 삶의 의미를 갖는 할아버지…. 수술의 아픔을 같이 아파하며 초조히 두 손 모아 기도해 주는 할아버지…. 빛을 보게 된 손자에게 좋은 추억만 남겨 주기 위해 서투르지만 예쁘게 단장을 하며 멋을 부려 보는 할아버지의 그 깊고 그윽한 사랑….
  대건이의 할아버지를 보면서 나는 하느님 아버지의 사랑을 느껴 본다.
  이다음에 대건이가 커서, 할아버지가 준 빛을 통해 세상의 아름다움을 보면서도 "할아버지라는 이가 정말 있긴 있었어?", "할아버지는 정말 사랑이야?"라고 말한다면 우린 그런 그를 보고 뭐라고 말할까? 아마 흥분해서 "원, 그런 깽깽이 같은 녀석이 다 있나?"라고 분명히 한마디 할 것 같다.
  그렇다면, 그러는 나는 어떤가? 혹시 내가 가끔 그런 모습은 아니었는지 성찰해 봤다.

솔직히, 찡하고 찔렸음을 고백한다.

고해성사 볼 때의 죄(罪)란?

무슨 형사적 처벌을 받아 감옥에 가는 그런 것들이라기보다는 이미 받은 하느님의 큰 은혜를 저버리고 그분의 사랑을 더 이상 받아들이지 못하게 만드는 것들… 쉽게 말해서, 이러면 안 되는데, 혹은 이래야 되는데 하는 걸 번연히 잘 알면서도 하느님께 죄송하게 굴어 그분을 섭섭하게 해 드린 것들이라고 보면 된다.

하느님을 알고 그분의 사랑을 느끼는 사람들만이 죄의식을 갖고 고해소를 찾는다. 하느님을 모르면 죄의식도 없고 고해소도 멀리하게 된다. 물론 죄를 짓는 것은 나쁘지만 그런 의미에서 죄의식은 좋은 것이다.

이런 의미로 내가 사제로서 힘이 좀 들더라도 고해소가 늘 들끓었으면 좋겠다.

지금부터라도 하느님 아버지께 깊이 감사드리며 살자!

(2004. 10. 17.)

연옥 영혼과 위령미사의 은혜

11월은 죽음을 묵상하고 돌아가신 분들을 위해 기도를 많이 해 드리는 위령의 달입니다.

1827년경 프랑스 파리에서 있었던 일입니다.

비록 가난하지만 연옥 영혼을 위해 한 달에 한 번씩 미사를 봉헌해 주던 열심한 가정부가 있었습니다. 그런데 그녀는 갑자기 병에 걸려 눕게 되자 주인으로부터 해고되었고 가진 돈 몇 푼은 치료비로 다 날리고야 말았습니다.

얼마 후 다행스럽게도 병이 다 나아 새로운 일자리를 구하기 위해 집을 나설 때는 품에 단지 몇 프랑밖에 안 남았습니다.

이 돈으로써는 위령미사를 봉헌할 수 없음을 안타깝게 여기며 성당에 들어가니 마침 미사가 거행되고 있어 남은 돈 몇 프랑을 이름도 모르는 어떤 연옥 영혼을 위해 기쁘게 봉헌하고 열심히 미사 참례하였습니다.

그러곤 성당을 나와 일할 집을 이리저리 찾아다니느라 지쳐 있을 때 키가 훤칠하고 얼굴은 창백하지만 어딘가 품위 있는 귀공자다운 한 청년이 걸어오고 있었습니다.

청년은 그녀 곁에 와서는 "당신은 일자리를 찾고 있지요? ○○번지의 집을 찾아가면 당신을 받아들일 겁니다."라고 말하고는 사람들 속으로 황급히 사라지고 말았습니다.

가정부는 신기해하면서 그 청년이 가르쳐 준 대로 찾아가 대문을 두드렸더니 웬 귀부인이 나왔습니다.

"마님! 저는 댁에서 가정부를 구하고 있음을 알고 찾아왔는데 의향이 있으시면 저를 써 주십시오."라고 말했더니 그 귀부인이 "아아, 그것 참 이상하군요. 내가 가정부를 구하고 있는 줄을 누가 어떻게 알았을까요? 정말 알 수가 없네요. 도대체 누가 그걸 알려 줬을까요?"라고 의아해하면서 응접실로 안내했습니다.

"예, 조금 전에 지나가던 웬 청년이 알려 줬답니다."

"그래요? 청년? 도대체 누굴까?"

그때 무심히 얼굴을 쳐든 가정부는 벽에 걸려 있는 한 장의 사진이 눈에 띄었습니다.

"마님, 바로 저 청년이랍니다."

부인은 소스라쳐 놀라면서 "아, 그래요! 저 애는 바로 2년 전에 죽은 저의 외아들이랍니다. 그것 참 알 수 없군요." 하였습니다.

그러나 가정부로부터 자초지종을 들은 신심 깊은 이 귀부인은 오늘 아침 올린 미사의 은혜로 연옥에 있던 아들의 영혼이 연옥에서 나온 것임을 깨닫게 되었습니다.

그래서 그녀를 가정부로서가 아니라 이제는 자녀로서 받아들이고 함께 열심히 기도하며 잘 살아갔다는 얘기가 전해 내려오고 있습니다.

　세상엔 은혜를 배신으로 갚는 사람들이 많지만 연옥 영혼은 우리의 기도로 그가 하느님 나라에 일찍 들어가게 되었다면 그 고통이 지극했을수록, 그 은혜를 결코 잊지 않을 것입니다.
　이렇게 돌아가신 분을 위한 기도, 그중에서도 특히 미사는 한 영혼을 고통에서 구해 줄 뿐 아니라 구원받은 그 영혼이 은혜를 반드시 되갚는다는 사실을 보여 주고 있습니다.
　그리고 또 믿음이 없는 이들이나 비가톨릭 신자들은 사랑하는 가족이나 친지가 세상을 떠났을 때 이럴 줄 알았더라면 살아생전에 좀 더 잘해 드릴걸 하는 아쉬움이 남아도 이젠 더 이상 잘할 수 없다는 사실이 가슴을 짓눌러 더 마음이 아프고 괴롭지만 그러나 우리 가톨릭 신자들은 위령미사와 기도 그리고 여러 선행과 희생, 보속 등을 열심히 바쳐 드림으로써 돌아가신 분이 하느님의 자비와 용서를 받아 하느님 나라에 빨리 들어갈 수 있다는 믿음 때문에 지극한 슬픔 가운데서도 커다란 위로를 느끼는 것입니다.
　생각해 보면 그것이야말로 돌아가신 분에 대한 진정한 사랑과 효도가 아니겠습니까?
　이래서 저는 가톨릭 신자가 된 것이 다시없이 행복합니다. 여러분은 안 그렇습니까? 여러분도 그러시리라 믿습니다.

　사랑하는 교우 여러분!
　아기 천사처럼 그렇게 늘 예수님을 마음에 품고 계셔요. 그러면 예수님 마음이 되고 평화스러워진답니다.

그리고 한 가지 더 알려 드립니다.

아무쪼록 열심히 미사 봉헌과 기도, 선행, 보속 등을 하시고 11월 4일 10시 미사 후부터 저녁 9시까지 성체조배 시간임을 잊지 마시고 특히 먼저 가신 가족들을 기억하며 성체 앞에서 뜨거운 기도를 바쳐 드립시다. 그리고 어느 미사에서든 이렇게 예수님은 늘 우리와 함께 계심을 깊이 묵상합시다.

(2004. 11. 2.)

'문다꼬' 성인

따르릉….

"예, 주 신붑니다."

"전방에 근무하는 김 일병입니다. 저의 세례명을 신부님처럼 '문다꼬'로 하려고 하는데요. 그 성인이 어느 나라 분이시고 축일이 언제쯤인지 좀 가르쳐 주셨으면 합니다."

"아, 그래요. 저는 문다꼬가 아니라 안드레아 신분데요. 그런데 어디서 그런 이름 들으셨어요?"

"입대 전에, 저희 집에 놀러 오시는 할머니 친구분들께서 아이고마, 우리 신부님은 문다꼬 신부님이시라고 하시면서 웃고 좋아들 하셨거든요. 그래서 저도 할머님 기쁘게 해 드리려고 기왕이면…."

난 수화기를 내려놓고, 한참을 웃었습니다.

"캬~, 드디어 문다꼬 성인 탄생이라!"

그 내력은 사실은 이렇습니다.

어느 성당에서였습니다. 난방기를 여러 대 가동시켰는데도 할머님들께선 춥다고 야단들이셨습니다. 가만히 보니, 문을 열고 들어오셔선 닫지 않으시니 제아무리 큰 난방기를 틀어 놔도 추울 수밖에…! 그래서 제발 문을 닫고 다니시라고 예의 바르게 여러 차례 일러 드렸는데도 대답들은 잘 하셨지만 그때뿐, 곧 잊어버리시곤 여전들 하셨어요. 그러자 감췄던 제 성질이 그만 확 튀어나오고 말았지 뭐예요. 그러니까 군대식으로….

"여러분, 지금부터 '문 닫고'를 10번 복창하십시오. 자, 그럼 다 같이 시작!!! 하낫, '문다꼬' 둘, '문다꼬' 셋…."

어린이들처럼 잘도 따라 하셨어요. 그렇지만 몇 번 하다가 죄송한 맘이 들어 즉시 그만두긴 했습니다.

그런데 어느 경상도 할머님께서 큰 소리로 "아따마, 우리 신부님은 '문다꼬' 신부님이시데이." 하시는 바람에 모두 와 웃고 따뜻한 분위기가 되었지요. 그 후부턴 '문다꼬' 신부로 통하며 사랑을 받았답니다. (쉿!, 이건 우리끼리만…. ㅎㅎㅎ)

사랑하는 교우 여러분!

추위가 매서운데 문 꼭 잘 닫고 다닙시다. 그것도 커다란 이웃 사랑이랍니다. 그리고요, 솔직히 자기 세례명의 성인에 대해 잘 모르는 분들도 꽤 계실 거예요. 아마 30초 동안도 말하기 어려운 분들요. 난 안 그런지 생각해 봐야겠어요. 그래 어떠세요?

지금부터라도 당장 저 군인 아저씨처럼 자기 주보성인에 대해서 어떤 분인지 잘 알려고 노력하시면 얼마나 좋겠어요.^^*

(2005. 1. 4.)

다리 밑에서 주워 온 아이
-주님 세례 축일에

어렸을 때였습니다.
아지랑이 피어오르는 나른한 어느 봄날, 살포시 스며드는 졸음과 함께 이웃집 할머님들께서 해 주셨던 말씀이 갑자기 떠올랐습니다.

"쟨, 다리 밑에서 주워 온 아이래…."
그러고 보니 내가 형, 누나, 어머니, 아버지 등 그 누구 하나 닮은 데가 없는 것 같았습니다.
'음, 그렇구나! 옷도 나는 맨날 형아가 입던 것만 물려 입고, 그리고 나만 매 맞는 걸 보니 친부모가 아닌 것이 틀림없구나! 아, 이를 어쩌지!'
'난 정말 불쌍한 애로구나! 그렇다면 진짜 우리 엄마는 어디 있을까? 찾아 나서야 되지 않을까? 어쩌면 나를 애타게 찾고 있을지도 몰라….'
난 참으로 슬펐습니다.

그래서 점심도 안 먹고 식구들과 말도 안 했습니다. 누나가 내 방에 놀러 왔다가 한참을 앓는 병아리 보듯 하더니 어머니께 가 그대로 일러바쳤나 봅니다.

어머니는 뭔가 다 아신다는 듯이 빙그레 웃으시면서 "얘, 옆집에 이사 온 예쁜 경숙이 때문에 그러지? 내 놀러 오라고 할 테니 그러지 말고 어서 밥이나 먹어라." 하셨습니다.

"아니야, 그게 아니야!"

"그럼 뭐란 말이냐?"

"말할 수 없어요!"

난 그대로 뛰쳐나와 동산에서 뒹굴다가 저녁 늦게 들어갔습니다. 어머님은 진짜 근심하시며 왜 그러는지 말하라고 다그치셨습니다.

그러실수록 난 더욱 말할 수가 없었습니다.

왜냐하면, 내가 말했다가 "그래, 이젠 너도 컸으니 알려 줘야겠구나. 사실은 넌 내 아들이 아니란다. 그렇지만 아들처럼 지내 다오." 라고 하시면 어떻게 하나 불안해서였습니다.

어머니는 말해 보라고 애원하다시피 하셨습니다.

나도 더 이상 버티기 힘들어 그만 말해 버리고 말았습니다.

"엄마, 나 주워 온 아이 맞지? 나 엄마 아들 맞아?"

"뭐라고? 아니, 이런 바보 녀석 같으니라구!" 하시면서… 어머니는 저에게 꿀밤을 한 대 먹여 주셨습니다.

"그럼 네가 내 아들이지 누구 아들이겠니?"

"그럼 어디 증명해 보세요?"

"아니, 증명이라니? 내가 너를 낳았단 말야, 이 녀석아!"

"글쎄, 그걸 내가 어떻게 알아요? 난 못 봤으니까요. 그러니 증명해 보시란 말이에요!"

"증명? 증명? 커 참…. 그래, 그럼 내가 내일 증명해 보일 테니어서 밥이나 먹거라." 하시며 가슴을 두들기시면서 건넌방으로 들어가셨습니다.

다음날 성모상 앞에 앉아 열심히 묵주기도를 하고 계신 어머님을 뵈니 걱정하시는 게 완연하셨습니다. 기도를 마치신 어머님은 들어오라고 나를 부르셨습니다.

짧은 순간이긴 했지만, 무척 떨리고 걱정이 태산 같았습니다. '모른 척하고 넘어갈걸 증명해 달라고 괜히 그랬나?' 무척 후회스럽기도 했습니다.

어머님은 이렇게 말씀하셨습니다.

"얘, 수아래야, 내 머리를 좀 보거라."

어머님은 곱슬머리셨습니다.

"그리고 네 머리는 뭐냐? 너도 곱슬머리지? 우리 집에 너와 나 둘 말고 누가 또 곱슬머리가 있니? 그러니 딴 사람은 몰라도 너만큼은 진짜 내 아들이란다. 이젠 믿겠니?"

그 순간… 난 어머니 품에 푹 파여 울었고 그분도 나를 와락 끌어 안고 신통치 않은 못난 자식이지만 아들을 되찾은 기쁨에, 내 볼을 비벼 대며 떨구시던 어머님의 그 따뜻한 눈물을… 노인이 된 지금까지도 잊지 못하고 있습니다.

예수님께서 세례 받으셨을 때처럼… 우리도 세례 받을 때 분명 하느님 아버지께서는 "이는 내 사랑하는 아들, 내 마음에 드는 아들이다."(마태 3, 17)라고 하셨을 것입니다.

왜냐하면, 우리가 당신의 자녀임을 예수님의 십자가를 통해 증명해 보이신 분이시기 때문입니다.

자, 그런데도 나처럼 그분을 본 일이 없다고 믿지 않고 자꾸만 의심하고, 방황하고, 다른 것들을 아버지로 알고 섬길 때 그분 또한 얼마나 섭섭하고 안타까워하시겠습니까?

나의 엉뚱하고 어리석은 행동에 조금이라도 미소 지으신 분들은 아마도 절대로 하느님을 그렇게 슬프게 해 드리지는 않으실 거라 생각합니다.

그리고 또, 나의 곱슬머리처럼, 하느님의 아름다움을 쏙 빼닮아 그분이 우리를 당신의 아들, 딸로 즉시 알아보실 수 있도록 그렇게 살아가야겠지요? 그렇죠?

(2010. 1. 10.)

"네 말을 들을걸…"

　몇십 년 전에 나는 유서 깊은 J 성당에 다니고 있었다. 새벽 미사가 끝나 사람들은 거의 집으로 갔지만 그래도 열심한 교우 몇몇은 남아 영성체 후 묵상과 개인별로 여러 기도를 드리고 있었다.
　그런데 저쪽 여교우 편 좌석에서 어느 여인이 갑자기 큰 소리로 "앗 뜨거워, 앗 뜨거워. 아이고, 내가 네 말을 들을걸. 네 말을 들을걸." 하며 구슬피 울면서 길길이 날뛰었다.
　그러자 금방 사람들이 그쪽으로 우~ 몰려들었고 남자 회장 몇 분이 그 여인의 팔을 붙들어 제지를 하건만 연약한 여인이 어디서 그런 힘이 생기는지 쩔쩔들 맸다.
　소식을 듣고 달려오신 본당신부님께서 라틴어 기도문을 외우시며 성수를 뿌리셨는데 성수 방울이 그 여인의 몸에 닿을 때마다 "앗 뜨거워. 앗 뜨거워!"를 연발하다가 이윽고 잠잠해졌다.
　사연은 이랬다.

　천주교 신자인 오빠가, 여동생인 본인과 부인에게 예비자 교리반에 나가라고 애원하다시피 권했고 시누이도 오빠의 간곡함을 보아 올케언니에게 이번부터 동무 삼아 같이 다니자고 그렇게 졸라 댔건만 이 핑계, 저 핑계 대면서 막무가내로 안 나오다가 며칠 전에 그만 교통사고를 당해 세상을 떠나고 말았단다.

아마 그 영혼의 뼈아픈 회한의 울부짖음이 아니었겠느냐는 것이 어른들의 해석이었다.

안됐지만 어떻든… 이런 얘기를 아직도 남의 일로 내가 들을 수 있다는 것은 당신에게 돌아오기를, 아니, 그뿐 아니라 당신 안에 더욱 아름답게 성장하기를 기다려 주시는 그분의 뜻이며 이는 확실히 내게만 허락하시는 하느님의 **특별하신 사랑**(은총)이리라.

이 사람, 혹은 저 사건을 통해 나를 부르시고, 일깨워 주시는 하느님의 애틋한 음성을 듣지 못하게, 아니 들어도, 그럴싸한 핑곗거리를 속삭여 주며 그 응답을 뒤로 미루거나 아예 무시하도록 유혹하는 악의 세력에 절대 넘어가지 않을 것을 이렇게 맑은 정신으로 있을 때 마음에 깊이, 깊이 새겨 두자!!!

"그를 풀어 주어 가게 하여라"

얼마 전, 우리 본당 어르신네들의 모임인 요셉회에 미사 복사단이 탄생되었다. 성대한 착의식과 선서식을 마친 어르신들께서는 마치 종신서원을 한 수도자같이 감격해하시며 즐거워들 하셨다.
"자기들 멋있어유! 근사해유!" 하시며 놀리듯 말씀하시며 웃으시는 할머님들이시지만 분명 부러워하시는 눈치시다.
복사로 뽑혀 제단에서 봉사한다는 것은 정말 하느님의 은총이기에 다시 한 번 축하드리면서 아무쪼록 건강하시어 오래오래 열심히 봉사하시면서 보람을 느끼시기를 빈다.

봉사란 원래 그 목적이 하느님께 영광을 돌려 드리고 그를 통한 자신의 성화에 있다고 하겠다.
가끔 보면 시간이 없을 것 같은데도 나름대로 틈을 내어 열심히 봉사하시는 분들을 보면 정말 존경스럽다.
그런가 하면 유감스럽게도 봉사로 하느님께 영광을 돌려 드리기는커녕 자기과시를 함으로써 그 영광의 주인공이 되고자 하는 이들도 있다. 그로 인해 결국 위계질서가 깨지고 불협화음 때문에 그 단체가 멍이 들고 만다. 옆에서 충고해 줘도 자신이 무얼 잘못하는지 도대체 깨닫질 못하고 도리어 그를 못마땅히 여기며 미워한다.

또 어떤 이들은 봉사라는 미명 아래 동호인들끼리의 여가 선용의 한 장처럼 여겨질 정도로 모임이 퍽 세속적인 경우도 있다. 그래서 마귀의 속삭임에 걸려들어, 제 기분에 맞지 않으면 그렇게 열심히 봉사하던 친구가 언제 그랬냐는 듯 쉽게 포기하고 봉사 끝과 동시에 교회 끝이 되어 냄비 식듯 식어 싸늘한 냉담자로 지낸다.

한마디로 안타깝다. 이런 식의 봉사는 교회나 자신에게 영적으로 아무 도움이 되지 못한다. 부족한 사람이지만 주님이 뽑아 주셨음을 믿고 감사드리며 지금 나에게 맡겨진 이 일에 나의 손, 발, 입을 그분께 봉헌해 드렸음을 기억하고 열심히 봉사하는 사람에게만 하느님의 축복이 함께하리라.

인간사(人間事)이기에 힘들고 괴로울 때도 있겠지만 예수님만은 알아주실 거라는 신앙 안에서 위로를 느끼고 나 자신을 갈고 닦아 영적으로 성장할 수 있는 좋은 선물로 받아들이며 묵묵히 최선을 다해 봉사한다면 비록 힘은 들겠지만 그것이야말로 자신의 성화에 큰 도움이 되는 복음적 봉사가 아니겠는가!

《"라자로야, 나오너라." 하고 큰 소리로 외치시자 죽었던 사람이 밖으로 나왔는데 손발은 베로 묶여 있었고 얼굴은 수건으로 감겨 있었다.

예수께서 사람들에게 "그를 풀어 주어 가게 하여라." 하고 말씀하셨다. 마리아를 찾아왔다가 예수께서 하신 일을 본 많은 유다인들이 예수를 믿게 되었다.》(요한 11, 43~45).

　예수님께서 죽은 라자로를 살려 주셨지만 그의 몸을 묶었던 끈은 풀어 주시지 않고 주위 사람들에게 시키셨다. 묶인 이가 스스로 풀 수 없는 끈을 풀어 줘 그를 자유롭게 해 주고 또 누가 그를 살려 주었는지 다른 사람들에게도 알려 줘 예수님을 찾게 하고 예수님께 영광을 돌려 드리게 했던 사람들, 비록 사람들의 눈에는, 아니 자신의 눈에도 하잘것없는 작은 일처럼 보였을지 모르지만 생각해 보면 예수님의 위대한 기적의 뒷마무리를 해 드린 일이었기에 그것은 결코 작은 일이 아니리라. 그러기에 어찌 보면 그들은 특은(特恩)을 입은 아주 부러운 사람들이기도 하다.
　예수님의 음성과 그분의 뜻을 알아차린 사람들이며 그리고 그분을 사랑하는 사람들이었다. 그래서 그들은 자원하여 신명나게 그 일을 하였다. 결코 사례비를 받거나 억지로 한 것이 아니었다. 그리고 누가 자신을 알아주기를 바라지도 않았고 그 일로 자신을 드러낼 마음도 없었다.
　그들은 그저 그 시간 예수님과 함께 있어 놀라운 기적을 볼 수 있었음에 그리고 후세에 누가 묶인 것을 풀어 주었는지 기록되지도 않는 일이었지만 그 역사적인 일에 어떠한 형태로든 참여시켜 주신 주님의 은혜에 깊이 감사드리면서 묵묵히 그 일을 했을 뿐이다.
　주님의 일을 한다는 봉사자들의 자세가 이래야 되지 않을까 하며 오늘 복음을 묵상했다.

(2005. 3. 13.)

"옵~빠"

딩동댕♪~랄랄라♬~
핸드폰이 울린다.
그것 참 신통도 하네. 내가 화장실에 있는 줄 어떻게 안담. 꼭 이럴 때만 전화가 오다니…. 안 받으면 "신부님은 맨날 안 계신다."고 또 불평하겠지. 벨소리 끊어질세라 허리춤 대충 부여잡고 어기적거리고 기껏 가서 받아 보니, "오빠! 나 지금 열 달아올랐어. 오빠랑 대화 나누고 싶어, 외로워." 원, 이런 또 그따위 전화야? 신경질이 벌컥 난다.
아니, 저 열나면 해열제 사 먹고 심심하면 조용히 만화책 빌려 보면 될 것이지….
내 이래 봬도(?) 경로 우대증 있는 사람인데… 그게 무슨 짓이람…. 에~잇, 쯧쯧쯔. 목구멍에서 갈갈거리는 거, 그저 한마디 속 시원히 내뱉고 싶었지만 아무리 듣는 이가 없어도 사제이기에 그럴 수 없어 꾹 눌러뒀다.
요즘 웬, 오빠 찾는 여동생들이 그렇게도 많은지…. 난 일찍이 그런 여동생들 둔 일이 없는데 말이다. 커 참!

사실 난 막내라 여동생이 없다. 그래서 오빠라고 불러 주는 여동생을 둔 친구들을 보면 무척 부러워했었다. 하긴 아주 어렸을 때부터 늘 여동생 하나만 있었으면 하고 눈치 없이 노래를 불러 댔고 그런 이루어질 수 없는 꿈을 아주 오랫동안 꾸어 오긴 했었지.

고1 땐가? 동대문운동장에서 어떻게 어떻게 해서 만난 생판 모르는 여학생들이 날 보고 오빠라고 불러 주는 게 어찌나 좋았던지 호주머니가 텅 비는 줄도 모르고 아이스크림이다 초콜릿이다 신나게 사 주며 기분 내는 바람에 점심 꼬박 굶고 집까지 걸어오면서도 오히려 콧노래를 흥얼거리며 즐거워했던 적도 있었거든.

오빠도 그냥 오빠가 아니라 오~옵빠라고 하면 아유~, 가슴속이 막 간지러운 거 있지, 왜! 내일 모레면 칠순인 지금도 간혹 젊은 엄마들이 장난삼아 오빠라고 불러 줘도 그게 그렇게 듣기 싫지가 않거들랑…. ㅋㅋㅋ 그러고 보면 내 욕심이 너무 과한가? ^^*

그런데 아무리 오빠 소리가 좋고 여동생 하나쯤 있었으면 하는 게 꿈이었다지만 이젠 하루에도 몇 번씩 걸려 오는 그 오빠 소리가 정말 지겹고 넌덜머리가 난다구.
오빠 소리 너무 좋아한 탓일까?
가만히 생각해 보니 아무래도 하느님께서 "한수아래 신부야, 너 나보다도 오빠 소리 듣는 걸 더 좋아하는구나! 그렇다면 어디 한번 실컷 들어 보고 그 맛 좀 보렴." 하시는 것 같았다. 그렇지 않고서야….

 게다가, 옛 생활을 청산하고 새사람으로 갈아입어야 한다는 사도 바오로의 에페소서 4장 22. 24절 말씀이 불현듯 떠올라 "옳거니 바로 그거야." 하곤 "하느님, 죄송해요. 이젠 한눈팔지 않고 당신의 목소리에 귀 기울이고 당신의 부르심을 더 좋아하도록 부활의 삶을 살겠나이다."라고 읊조렸지요.

 그런데 마침 그때 핸드폰 소리가 나 이크, 이거 또 그런 전화가 아닌가 하고 멈칫했지만 그래도 얼른 받아 보니, 아니 글쎄, 며칠 전 그런 골치 아픈 문제에 대해 얘기를 나눴던 후배 신부님이 "오빠 차단하는 법을 가르쳐 드릴게요." 하시는 게 아니겠어요? 얼마나 반가웠는지…. 참, 오묘한 일이죠?
 그래서 십자고상을 바라보면서 "주님! 다시 잘해 보겠노라고 몇 마디 중얼거렸을 뿐인데… 그런 마음은 아무리 조그만 것이라도 그냥 넘기지 않고 받아들이시어 그렇게 금방 오빠 찾는 시달림에서 자유롭게 해 주시네요. 당신의 사랑에 그저 감사드릴 뿐입니다. 그리고 뉘 집 딸들인지 그 철없는 여동생들에게도 자비를 베풀어 주십시오."라고 했죠.

(2005. 4. 3.)

요한 바오로 2세 교황님과 아버지 하느님

교황님 육성(강론과 주의 기도 = 노래)이 나오고 있습니다.

사랑하는 아버지 하느님!
우리 교황 요한 바오로 2세에게 영원한 평화와 안식을 주옵소서. 아멘.
교우 여러분!
교황님을 위해 연도 많이 바쳐 드립시다.

* * *

자식 사랑은 겉으로 하는 게 아니라 속으로 하는 것이 미덕이라고 여기셨던 옛날의 우리 아버님들, 그래서 그분들도 사랑이야 지극하셨겠지만 겉으로는 표현들을 잘 안 하셔서 대개 엄한 모습으로 비쳐진 게 사실이다.

저희 아버님께서도 예외는 아니셔서 밖에서는 잘 웃고 사람 좋으시다는 분이 집에서 웃으시는 걸 뵌 기억은 그리 많지 않은 것 같다. 가끔 건넌방에서 크게 웃으시는 소리가 들려 웬일인가 하고 문

틈으로 살짝 들여다보면 대부분 손님이 오신 경우였다.

어머님은 비록 순교자 후예는 아니셨지만 그에 못지않게 지극히 독실한 천주교 신자셨고 아버님은 불공을 드려서 낳으셨다는 역시 골수 불교 신자셨다. 그래서 종교적 갈등으로 집안이 가끔은 평화롭지 못했다.

때론 사업이 부진한 이유도, 어머님의 만성질환도 모두 다 종교가 다르기 때문이라고 여기셨던 아버님은 천주교를 몹시 싫어하시고 철저히 반대하셨다. 몸이 약하신 어머님을 심하게 나무라시는 아버님이 어린 마음에도 미웠다. (아버님, 죄송합니다.)

비록 어머님께 맞은 기억이 더 많고 아버님께는 딱 한 차례밖에 맞은 기억이 없지만 그래도 나는 늘 연약한 어머님 편이었고 어머님을 더 좋아했다.

성당 가 봐야 뜻도 모르지만 아버님이 반대하시고 박해하시면 하실수록 어머님을 따라 줄기차게 더욱 열심히 성당엘 다녔다. 그리고 아버님을 위해 끊임없이 기도드렸다. 그러다 보니 우리 형제가 이렇게 사제까지 된 것 같다.

(…그 후 아버님은 먼저 하느님 나라에 가신 어머님의 기도도 크셨겠지만 자식 당해 낼 부모 없다고 아들 형제가 사제가 되었으니 백기를 드시고 세례를 받으셨다.)

그래서 그런지 솔직히 말해 사제가 된 뒤에도 어떤 땐 내겐 하느님보다 성모님이 더 가깝게 느껴지기도 했다. 혼자 기도할 때도, "자비하신 아버지 하느님"이라고 하기보다는 "어머님 같으신 하느님" 하면 그게 오히려 더 좋았다.

그래서 나도 모르게 아버님에 대한 상처가 있다면 치유해 주시고 아버지 하느님의 사랑을 느낄 수 있도록 해 주십사고 여러 번 기도 했었다.

그러던 중 1981년도(?) 로마 세계 성체대회 때 "비바 빠빠!"라고 환호하는 군중에 묻혀 나도 정신없이 빠빠를 외쳐 대다 어느새 목메어 압빠(아버지)를 부르고 있었다.

교황님께서 다가오시며 "내가 다 알고 있네."라고 하시듯 자애로운 미소로 나를 바라보시며 내미신 그분의 따뜻한 손을 잡는 순간 나는 그만 너무나 감격스러워 왈칵, 어떻게 주체할 수 없을 정도로 뜨거운 눈물이 흘러내리며 양 볼을 흠뻑 적셔 놓았다.

그리고 그분의 용안에서 포근한 사랑의 열기로 몇십 년 동안 얼어붙었던 내 마음의 냉랭함을 다 녹여 주고 계시는 하느님 아버지의 자비를 느꼈다.

그 뒤로 나는 "사랑하는 아버지 하느님"이라고 자연스럽게 부를 수 있게 되었다. 그리고 사랑하는 아버지 하느님의 선물은 그것뿐이 아니었다.

내 사제 생활에서 결코 잊을 수 없는 아름답고 자랑스러운 추억을 남겨 주셨으니 그것은 바로 1989년 10월 세계 성체대회 때 주임신부로 있던 성당을 일찍 새로 짓게 하시고 그곳에서 본당 교우들은 물론 세계 고위 성직자들과 함께 성체조배를 위해 방문하신 교황님의 그 거룩한 손을 다시 한 번 잡고 축복을 받는 영광을 안겨 주심으로써 내게 대한 당신의 사랑이 얼마나 큰지를 보여 주셨던 것이다.

요한 바오로 2세 교황님!

그분과의 만남은 비록 짧은 순간이었지만 나에게 있어서의 그분은 다시 살아나신 자애로운 미소의 아버님이셨고 아버지 하느님의 사랑의 표현이셨다.

나는 그래서 그분을 잊을 수가 없다.

(2005. 4. 7.)

성소 주일에

신학교 입학을 준비하고 있는 동안 어머님께서는 바느질을 하시다가도 내 곁으로 다가오셔서 "결혼 생활이라는 게 아무 재미도 없고 알고 보면 아무것도 아니란다."라고 혼잣말로 중얼거리시곤 하셨다.

겉으론 그렇게 말씀하시면서 나를 격려해 주셨지만 속마음은 아무래도 아들 바치는 게 아깝고 인간적으로는 내가 몹시 안쓰러우셨던가 보다.

신학교에 들어가는 날은 내가 좋아하는 북어찜을 차려 주시고 맛있게 먹는 걸 보고 싶어 하시는 어머님 앞에서 밥이 목구멍으로 넘어가지 않아 캑캑거리다 밥상을 그만 물리고 헤어짐의 아픔을 삭이느라 아무 말 없이 벌떡 일어나 밖으로 나갔던 일….

나중에 들은 얘기지만 어머님께서도 신학교에서 내가 덮고 잘 이부자리를 손수 지어 주시면서 눈시울을 붉히셨고 입학 후 텅 비어 있는 내 방을 자주 열어 보시면서도 그러셨단다.

사실은 나도 그랬다. 난생 처음 집을 떠나 있게 된 나는, 첫날밤은 물론, 내 나이와 같이 20여 년 동안 위궤양을 앓아 오신 어머님이 편찮으시다는 소식을 가끔 접할 때마다 내가 곁에 있었으면 그전처럼 아파하시는 배를 문질러 드렸을 텐데… 하는 아쉬움과 그리고 늘 나만을 생각하고 계실 병약한 어머님 생각에 이불 속에서 소리 안 나게 훌쩍거리다 잠들곤 한 때도 여러 번 있었다. (내가 막내라서 그런가? ^^*)

그때마다 주님의 제자가 되기에 앞으로도 수없이 겪어야 할 십자가의 하나라고 여기며 입술을 깨물며 스스로 용기를 내기도 했지만, 철학도 배우고 친구들과 재미있게 지내는 신학교 생활이 나름대로 다시없이 즐겁기도 했지만 솔직히 때론 집이 그립기도 했다.

첫 방학이 되어 집에 갔을 땐 어찌나 반갑고 좋았던지…. 소위 세속을 끊고 스스로 신학교에 갔다는 녀석이 글쎄… 지금 생각해봐도 하느님께 미안할 정도였다.

그때 어머님은 내가 신학교에 들어간 후 내 몫으로 묵주기도와 다른 희생을 매일 바치고 있으며 당신이 살아가는 한 계속될 것이라고 일러 주셨다.

그런데 그만… 신학교 입학 후 1년 만에 어머님께서 갑자기 쓰러지셨다. 그래도 아마 그 기도는 아직까지도 하늘나라에서 계속 이어지겠지….

그래서 신학교 때는 물론 지금까지도 그때 그 말씀이 내겐 큰 위로와 힘이 되어 주고 있다.

어머님의 임종을 보면서 넘어지기만 해도 예수 마리아 요셉을 찾으실 정도로 신심 깊은 분이긴 하셨지만 평소에 연탄불을 가시다가도 "아이쿠, 뜨거운 연옥 불." 하시며 연옥 고통을 그렇게도 두려워하시던 생각이 나서, 나는 "예수님, 당신 때문에 마음 아파하셨던 성모님을 바로 하느님 나라에 불러 올리셨던 것처럼 저도 꼭 신부가 될 테니 저 때문에 마음 아파하셨던 우리 어머님 제발 연옥 거치지 않고 바로 천당 가시게 해 주세요."라고 몸부림치며 거의 떼를 쓰다시피 했다.

어찌나 애절히 간청했던지 방에서 나왔을 땐 하늘과 세상이 아주 노랗게 물들어 있었다.

그 후 나는 3년 동안 매일 연도를 열심히 바쳐 드려서 그 긴 기도문을 거의 안 보고도 외울 수 있을 정도였다.

한번은 수유리 골짜기에서 동창 어머님 회갑연에 참석했다가 장구치고 술 따라 드리고 절하고 하는 광경을 보면서 나도 어머님이 계셨더라면 저렇게 잘해 드렸을 텐데 하며 몹시 부러워 눈물이 자꾸 흘러내려서 헛기침을 해 대며 "에잇 그놈의 감기 때문에 콧물, 눈물 별것 다 나오네." 하며 슬며시 빠져나왔던 적도 있었다.

명동성당 사제 서품식 때 날씨는 왜 그렇게 추웠는지…. 그리고 그때 불러지는 성인 호칭기도 노래는 왜 또 그렇게 애절하게 느껴지는지 참참….

제단에 엎드린 나에게는 지난날들이 주마등같이 스쳐 지나갔다.

갑자기 가슴이 울컥했다.

땅의 기도가 하늘에 닿는 순간이기에 울려 퍼지는 성인 호칭기도 노래에 정신 차려 정성스럽게 한 분, 한 분 성인의 이름을 따라 부르며 그분들의 도우심을 청하자고 단단히 마음먹고 그렇게 하고 있었건만… 나도 모르게 어느새 눈물이 뒤범벅이 된 가운데, 하늘 나라에 계신 어머님께서 환히 웃으시면서 "저애가 바로 제 아들입니다."라고 하느님께 자랑하면서 무릎을 꿇고 함께 기도해 주시는 모습이 눈에 아른거렸다.

나도 "하느님, 어머님 임종 때 드린 약속대로 제가 당신의 사제가 되렵니다. 끝까지 잘 살 수 있도록 도와주세요. 그리고 저희 어머님도 부탁드려요."라고 했다.

올해로 신부가 된 지 벌써 40년째 되어 가고 있다.

그런데 아니, 어찌 나같이 이렇게 잘난 사람이^^* 그동안 사제로 살아가며 이런저런 힘든 때가 왜 없었겠는가?

하지만, 내가 누구인가?

어머님께서 하느님께 자랑한 바로 그 아들이 아닌가!

만일 내가 한눈을 팔았다간 우리 어머님의 체면이 말이 아니고 그대로 다시 연옥으로 내려가시게 될 것만 같았다.

바로 그런 생각이, 나를 사제로서 다시 곧추 잡아 주곤 하였다.

물론 지금까지의 사제 생활이 어머님을 비롯한 많은 분들의 기도와 하느님의 절대적 도우심의 결과지만….

생각해 보면 첫 미사를 드린 이후, 미사 중 성체를 이루고 나서 예수님께 어머님의 안식을 빌어 드리지 않은 때가 아직까지 한 번도 없었다.

그런데 그게 어디 나만 그렇겠나!

그러니 성직자 수도자 신학생 부모님들이시여,
힘내시고 기뻐하십시오!!!
그리고 이것은 나만의 새로운 독특한 신학입니다만(?)^^*
연옥 거치지 않고 바로 천당 가고 싶은 분들은 자녀를 사제나 수도자가 되게 하시라고 권해 드립니다.
아 참, 그리고 성소 후원회에 많이들 가입해 주세요.
성직자 수도자 신학생들이 열심히 기도해 드린답니다.

(2005. 4. 15.)

진짜 어리석은 사람

여성 구역장의 청으로 비신자인 그의 장부 N 씨를 여러 번 만났는데 그는 S대 출신 의학박사로서 지성인이었음에도 불구하고 하느님 문제에 대해서만큼은 대화가 끈적끈적하고 잘되지 않았다. 그가 하느님을 받아들이기에는 아직도 너무 건강하고 가진 것도 많고 아는 게 남보다 더 많다는 자부심 등이 오히려 장애가 되는 것 같았다. 하느님 얘기를 썩 달가워하지 않는 눈치였기에 나도 기분이 안 나 '에이, 이제 오늘로 그만이다.'라고 생각한 적도 여러 번 있었다. 하지만 열심한 부인의 기대와 마음 저 깊은 곳에서부터 들려오는 "안드레아야, 너는 내 사제가 아니냐?"라는 속삭임에 모진 마음이 무너져 내리곤 했다.

별 성과 없이 씁쓸히 돌아올 때라도 짧게나마 늘 그를 위해 기도드렸다. "부족한 사제지만 하느님의 말씀과 사랑이 그에게 뿌리내릴 수 있도록 나와 그의 마음이 더 부드러워지고 그가 당신의 품 안으로 꼭 돌아오게 해 주십쇼."라고 말이다.

얼마 후 인사이동이 되어 옮기는 바람에 그와의 만남은 끝났다. 그리고 몇 년 동안 그를 까맣게 잊어버리고 지내던 어느 날 그의 부인으로부터 참으로 오래간만에 전화가 걸려 왔다.

내용인즉슨, 남편이 그동안 몹쓸 병에 걸려 고생하다가 악화되어 지금은 위급한 상황인데 세례 받기를 애절히 원하면서 꼭 나를 원하고 있다는 것이었다.

그가 아프다는 소리에 놀랐고 세례 받겠다는 소리에 또 한 번 놀랐다. 아니, 하느님을 그렇게도 고집스럽게 거부하던 분이 그리고 그렇게 건강하고 당당하고 자신감 넘치던 의학박사님이 중병에 걸려, 병약해 시들시들한 나를 다 찾다니….

부리나케 달려갔다.

나를 반가이 맞이하는 그는 이미 예전에 본 그이가 아니었다. 자신감 넘치고 활기찬 모습은 온데간데없고 짙은 병색에 기가 완전히 꺾여 있었다.

위로의 말을 끝내고 나는 전에 들려준 교리를 상기시켜 주면서 4대 교리를 설명하고 믿고 받아들인다는 뜻에 토마스라는 이름으로 그의 이마에 세례의 물을 부었다.

축하의 말이 오가고 분위기가 평온하다 싶을 때 자신의 병에 대해 너무 무관심했던 남편에게 부인이 안타까움을 넘어 다소 원망스러운 투로 말을 꺼냈다.

"여보, 당신 기억나요? 몇 년 전에 당신 선배 되시는 의과대학 병원장 Y 박사가 몹쓸 병으로 돌아가시게 되었다는 소식을 듣고 문병을 다녀와서 내게 하신 말씀인데… 왜 당신이 그러지 않으셨슈? '아니, 의학박사쯤 돼 가지고 자기 몸이 그렇게 되도록 여태 껏 모르고 지냈다니 어찌 그럴 수가 있담…. 아무리 생각해도 참 어리석은 사람이야.'라면서 고개를 절레절레 저으며 안타까워하셨던 것 말이에요. 그때 하셨던 말씀들 기억나시죠?"
남편이 고개를 끄덕였다.
"그러던 당신이 똑같은 병에 걸려 이렇게까지 되셨으니 그런 당신을 보고는 그래, 뭐라고 그래야 되겠소…?"
움찔했던 남편 N 박사는 쓴웃음을 지으면서 담담히 이렇게 말하였다.
"그러고 보니 나도 별수 없이 어리석은 놈이구려. 여보, 당신에겐 참 미안하오. 그런데 말이요, 내 이제 알고 보니 나보다 더 어리석은 사람이 있습디다."
"그래요? 그게 도대체 누군데요?"
왕방울 같은 부인의 눈이 더욱 커지고 둥그레졌다.
"바로 예수라는 분이오."
"뭐요? 아니 이이가? 예수님이 도대체 어디가 어때서…. 그분은 거룩하신 하느님이신데… 그게 말이나 된답디까?"
"그러니까 그렇단 말이오. 나같이 죄 많고 어리석은 사람을 영원히 살린다고 하면서 하느님의 아들로서 죄도 없는 그분이 십자가에 못 박혀 죽으시다니 그렇지 않소? 그래서 지금 나는 한결 위로가 되고, 감사하고 있소."
목이 메고 소리가 떨렸다.
잠시 고요가 흘렀다.
나는 침묵을 깨고 말했다.

"성경은 하느님이 행복, 지혜, 영원한 생명이시기에 그분을 알아 섬기는 이는 모든 것을 소유한 자이며 그렇지 않은 이는 모든 것을 잃은 자라고 가르치고 있습니다. 그래서 때로는 믿는다는 이들이 어리석고 가난하고 불행하게 여겨져도 그들이 행복해하는 이유는 바로 하느님을 알고 섬기기 때문입니다.

그런데 박사님은 하느님을 깨닫고 세례성사를 통해 그분의 아들로 다시 태어나셨습니다. 그래서 박사님은 이제 더 이상 어리석은 사람이 아닙니다. 아니, 모든 것을 소유한 현명하고도 행복한 분이시랍니다. 이제 기도 안에서 그분만이 주시는 짜릿한 맛을 보시기 바랍니다."

어느새 두 손 모아 합장하고 있는 그의 눈에는 이슬이 맺혀 반짝였다. 그리고 그의 아내도 그랬다. 병실을 나서는 나도….

(2005. 4. 26.)

착한 애

어렸을 때 나는 착한 애라는 말에 약했어요. 딴 애들은 갖고 싶은 게 있으면 발버둥질 치며 떼를 써서 꼭 갖고야 마는데, 난 그럴 때마다 어머님께서 미리 알아서 착한 애라고 하시기 때문에 그럴 수가 없었죠.

차남의 설움이겠지만.^^*

쇠고기가 지금처럼 흔치 않던 시절 어머님께서 몸 약한 형에게 몇 점 구워 먹이려 하실 때 "쟨, 참 착해. 어여 밖에 나가서 놀다 오렴. 말도 참 잘 듣는 애지…." 하시면서 "저것 봐, 일어나네. 일어나네. 어휴, 뛰네, 뛰네." 하시면, 난 어머니가 왜 그러시는지 잘 알면서도 착하고 말 잘 듣는 애라는 말에 그만 약해져 "에잇 씨익~." 하면서 용수철 튀듯 벌떡 일어나 밖으로 뛰어나가곤 했죠. 나와선 몹시 허전해하였지만….^^*

물론 일 년에 그저 한두 번 가물에 콩 나듯 한 일이긴 하지만….

"신부님, 오늘 강론 참 좋았어요."라는 말을 들으면 겉으론 대수롭지 않은 척하면서도 속으론 기분이 너무 좋아 다음 주일 복음 내용이 무엇인지 빨리 보고 싶어진답니다.

"이번 체육대회, 이번 피정, 이번 성가 경연 대회, 이번 행사 너무 너무 좋았어요. 역시 신부님이 이거예요." 하고 모른 척하고 엄지를 슬며시 쓰윽 내밀어 주면 나도 무엇이 부족했는지 잘 알면서도, 덮어 주는 그의 너그러움에 그저 어린애처럼 신나고 무슨 일을 해서 교우들을 또 즐겁게 하고 영적으로 살찌게 해 줄 수 있을까 하고 밤잠을 설치며 성스러운 고민을 하게 된답니다.

이럴 땐 나도 정말 또 하나의 그리스도(Alter Christus)가 되어 가고 있는 듯한 느낌이 들어 가슴이 뿌듯하죠.

그러고 보면 세 살 버릇 여든까지 간다는 말이 맞는가 봐요.

할아버지가 되어 가도록 道(?)를 닦아 온 이 마당에 아직도 글쎄 칭찬에 약하긴 매한가지라니, 원…. 설마 나만 그런 건 아니겠죠?^^*

그러나 때로는 나름대로 애를 썼는데도… 물론 잘하라는 뜻이 담겨져 있긴 하겠지만… 격려의 말보다는 이것저것 못마땅하다는 지적과 비난을 받으면 유독 그 소리만 크게 들리고 속이 아려… '에라, 모르겠다. 다음엔 그런 거 안 하면 되잖아. 나 같은 놈이 뭘 잘한다고 그냥 적당히 살아가지, 뭐.' 하는 요런 몹쓸 생각이 스며들며 피로가 한꺼번에 우르르 몰려온답니다.

그러다 보면 결국 내 즐거움을 찾아 나서게 되고… 더 이상 잘해 보려 하지 않는 마음, 실은 그게 사제에겐 큰 유혹이죠.

이렇게 확실히 나무람보다는 칭찬이, 더 좋은 사람, 더 좋은 하루, 더 머무르고 싶은 세상을 만들어 내는 기적의 도구가 된답니다.

그래서 사제를 위한 기도도 물론 좋지만 칭찬도 그에 못지않게 좋은 것 같아요. 아니, 사랑하는 마음에서 한다면 바로 그것이 기도가 아니겠어요?

그러니 칭찬을 아끼지 맙시다. 내 맘에 드는 사람은 물론이고 혹 내 마음에 들지 않는 사람이라 할지라도 용기를 내어 칭찬해 줍시다.

왜냐하면 하느님께서는, 칭찬받을 만한 이를 칭찬하거나, 내 마음에 내키는 사람을 칭찬하는 우리와는 달리, 비록 칭찬하고 싶지 않은 사람이지만, 그 부족한 틈에서도 칭찬 거리를 발견하여 그것을 크게 보고, 칭찬해 주려는 이의 아름답고 성스러운 마음을 오히려 더 귀하게 여기시고 축복해 주시기 때문이랍니다.

그래서 그런 귀한 축복을 받을 수 있는 기회가 왔을 때 먼저 이렇게 기도하며 칭찬의 말을 꺼내 봅시다.

"좋으신 주님, 저는 주님의 사랑받는 자녀임을 믿습니다. 그 사랑이 제 안에 계속 이어지기를 원합니다.

지금 이 순간 누군가를 나쁘게 말하고 싶은 충동이 일어납니다. 칭찬할 좋은 맘으로 바꾸어 주십시오. 굳어 있는 저의 혀를 풀어 주십시오. 그리고 저의 칭찬으로 그가 용기를 갖고 새 출발하는 기쁨을 저도 느낄 수 있도록 도와주십시오."

(2005. 5. 6.)

샤워할 때마다

"신부님, 고해성사는 얼마 만에 한 번씩 봐야 되나요?"
"글쎄…. 젬마 씨는 샤워를 얼마 만에 한 번씩 해야 되는지 사람들에게 물어보고 하나요?"
"아니요."
"왜 안 물어봐요?"
"에유, 신부님도 참. 그거야 지가 알아서 하는 거지요, 뭐."
"그래요? 지가 어떻게 아는 건데?"
"안 하면요 구질구질하고 몸이 찌뿌듯하거든요. 그리고 땀 냄새가 나면 옆의 짝꿍한테 미안하고 창피하지 않겠어요? 그렇지만 샤워를 하고 나면 얼마나 개운하고 좋은지 모르겠어요."
"아, 그래요? 샤워를 하면 그렇게 좋군요? 그런 걸 난 이제야 겨우 알았으니…. ㅋㅋㅋ"
"놀리지 마세요, 신부님."
"누가 놀리나? 이를테면 그렇다는 말이지, 뭐.^^* 젬마 씨, 만일 사람들이 구질구질함을 느끼지 못한다면 아마 생전 샤워를 안

할걸."

"그럴지도 모르죠."

"그러면 아무리 내가 좋아하고 또 나를 좋아하는 짝꿍이라 하더라도 나를 떠나가고야 말겠지?"

"그렇겠지요."

"그렇지만 그건 참 슬픈 일이에요. 그러고 보면 구질구질하고 냄새가 나는 건 나쁘지만 그걸 더럽게 느끼고 샤워를 할 수 있다는 것은 정말 다행스러운 일 아니겠어요?"

"맞아요, 신부님!"

"고해성사란 딴 게 아니고 영혼의 구질구질한 때를 씻는 영혼의 샤워 바로 그거예요. 알겠어요?

젬마 씨는 비록 볼 수 없고 느끼지 못하지만 멋있는 하느님이 젬마를 예뻐하셔서 짝꿍처럼 늘 젬마 옆에 계시거든요.

그러니 젬마가 구질구질해서야 되겠어요?

만일 그렇다면 늘 옆에 계신 그분이 퍽 힘드시겠지요? 그렇지 않겠어요?

하느님을 느끼지 못하는 사람들은 영혼의 구질구질함을 결코 느끼지 못한답니다. 그러니 그런 사람들은 어떻겠어요? 아마 생전 고해성사를 안 볼 거예요."

"그렇겠네요, 신부님."

"하느님이 얼마나 아름답고 소중한 분인지 그리고 그분과 함께 있는 것이 얼마나 행복한 것인지를 느끼는 사람들만이 고해성사를 보고, 어떻게 얼마만큼 느끼느냐에 따라 고해성사를 자주 혹은 오랜만에 보게 된답니다.

천주교 신자들이 죄라고 하여 고백하는 것들이 무슨 형사 처벌을 받아야 할 그런 큰 것들이 아니라 대부분 일상생활 속에서 벌어지는 사소한 잘못들이지만 하느님의 은총을 생각할 때 그분께 미안하고 죄송스럽게 여겨, 죄라고 고백하는 것이랍니다.

자, 고해성사란 이런 것인 줄 잘 알게 되었으니 이제부턴 내가 좋아하는 짝꿍을 만나기 위해 샤워하고 이 닦고 머리 손질할 때마다 '나의 영원한 짝꿍이신 하느님은 나를 어떻게 보실까? 내 영혼은 그분 보시기에 과연 아름답고 깨끗한가?' 한번쯤 생각해 봐야겠어요.

흔히 고해성사 볼 시간이 없다고들 하나 샤워하는 시간에 비하면 훨씬 짧지요.

결국은 시간이 없는 게 아니라 자신과 하느님을 사랑하는 마음이 없는 것이지요. 그게 문제랍니다.

젬마 씨는 얼굴도 이렇게 예쁘고 깨끗한데 물론 영혼도 그렇게 맑고 깨끗하겠지요?"

"부끄러워요, 신부님."

"이젠 고해성사 자주 보고 같이 계신 하느님을 더욱 기쁘게 해 드려야겠어요."

"네, 꼭 그렇게 하겠습니다. 신부님, 고맙습니다."

"그래요. 그렇게 한다니 젬마 씨는 참 예뻐요! 내가 보기에도 그러니 하느님 보시기엔 얼마나 더 예쁘고 사랑스러우실까요?"

(2005. 5. 20.)

토실토실하신 나의 하느님

"신부님예, 아침기도, 저녁기도, 삼종기도는 매일 꼭 해야 됩니꺼? 안 하면 마, 큰 죄 되예?"
"그럼, 꼭 해야지요. 큰 죄가 아니더라도요…."
"그래예?"
"왜? 시몬 형제는 그동안 안 바쳤어요?"
"예, 바빠서 몽바쳤심더."
"그렇게 바쁘슈? 그럼 예까지 시간 맞춰 오느라 점심도 못하셨겠네?"
"어데예, 묵엇심더. 다 묵고 살자꼬 카는긴데예, 묵어야지예."
"음, 철저하시군…. 하긴, 시몬 형제는 성격이 좋아 한 끼쯤 굶어도 느긋하게 잘 참으시지?"
"아입니더. 지는예, 굶는 건 말도 몽하고예 쬐메만 늦어져도 마 몽참심더. 밥 빨리 돌라꼬 소리소리 지르고예 눈이 확 뒤집혀지지예….^^* 그래가, 웬만하면 밥은 제때에 꼬~옥 챙겨 묵을라 캄니더."

"음, 늦으면 난리 난다, 이 말씀이시군. 사실은 나도 그래요. ㅎㅎㅎ ^^* 그런데 집에 계신 연로하신 부모님은 누가 챙겨 드리나요?"
"예, 집사람이 챙겨 드립니더."
"꼬박꼬박?"
"하몬요."
"효자 효부 잘 두신 행복한 부모님이시군요."
"뭐, 그거 가가 효자 효부랄 게 있겠습니꺼? 그야 마, 자식으로서 당연한 거지예."
"물론 그렇지만, 당연한 줄 알면서도 안 하는 사람들이 있거들랑…. 그게 문제라니깐.
시몬 형제, 이건 어떻게 생각하슈?
만일 어떤 자녀가 이거 매일같이 꼬박꼬박 채려 드려야 하나, 한 두 끼 굶으신다고 금방 돌아가시는 것도 아닌데 하며 저희들 즐기느라 바빠 어쩌다 생각나면 드리고 잊어버리면 뭐, 그만이고 이런 식이라면 말이에요…."
"괘씸하지예. 도대체 어떻게 낳고 어떻게 키운 자식인데예? 말도 안 됩니더. 서운함을 넘어 몹시 슬프고 기가 막힐 것 같아예."
"그렇죠? 부모님은 또 보나마나 영양실조 걸려 비실비실하실 거구 말이에요.
아침, 저녁, 삼종 기도는, 다른 게 아니고 바로 나의 아버지이신 하느님께 내가 하루 세 번 바쳐 드리는 하느님의 진지예요, 진지! 아시겠어요? 내가 안 드리면 계속 꼬박 굶고 몹시 배고파하시며 슬퍼하신단 말이에요.

그래서 그 기도를 안 하는 것은 하느님을 아버지로 느끼지 못하고 또 하느님께서 '사랑하는 내 아들딸 아무개야, 제발 내게 밥 좀 다오. 배가 너무 고프다.' 하시는 그분의 목소리를 듣지 못하기 때문이랍니다.

하느님은 당신 아들의 피와 살까지도 주셨는데 이젠 우리가 그분을 먹여 드려야 할 차례가 아니겠어요?

어떻게 나 먹는 것만 생각할 수 있겠어요?

설마하니 그럴 리야 없겠지만, 내 자식들이 그러지 않기를 정말 바란다면 나도 하느님께 그러지 말아야겠지요.

자, 그러니 이제부터는, 나 밥 먹고 배부를 때마다 내 식사 철저히 챙기듯 아버지이신 하느님께 기도 진지를 드렸는지 그래서 하느님께서 나 때문에 토실토실하시고 행복해하시는 그런 효자 효녀인지 아니면 그 반대인지 꼭 생각해 봐야겠어요."

"신부님 말씀 듣고 보이 제 하느님은예 그동안 굶으셔서 수척하실 것 같고 많이 배고파하시고 슬퍼하셨겠다 생각카이 너무 죄송스럽고 부끄럽심더 마."

"그럼 됐어요, 시몬 형제.^^* 하느님께서 방금하신 말씀 다 들으시고 이제 맛있는 진지를 잡숫게 됐구나 하면서 벌써 좋아하고 행복해하실 겁니다."

"고맙심더, 신부님. 나도요 그리고 하느님께도요!"

(2005. 5. 28.)

"제발 없었던 일로 해 주세요"
―용서의 열매

그러니까 30여 년 전, 군종신부 퇴직금으로 그렇게 갖고 싶어 하던 승용차를 샀다. 어느 부인이 타던 꽃자주색 중고 포니II였다. 참으로 예뻤다.

차를 타고 달려 보고 싶었지만 오라는 데도 별로 없고 대부분 교우분들이 자기 차를 태워 줘 내 차는 세워 두는 날이 거의 많았다. 그래도 매일 아침저녁 일구월심 차를 열심히 닦았다.

새벽 미사 지내러 가다 보면 차가 마치 예쁜 공주님처럼 "주인님, 안녕!" 하고 인사하는 것 같았고 나도 멋쟁이 기사가 된 듯 뿌듯한 느낌이었다.

그런가 하면 동네 꼬마들이 흠집을 내면 어떻게 하나 불안해 틈만 나면 자주 밖을 내다보곤 했다.

솔직히 하느님보다 차를 생각하는 시간이 더 많았고 길었다. 아니, 생각이 아니고 차라리 사랑이었다.

미안함이 솟구쳐 올라왔지만 억누르며 일부러 모른 척했다.

자꾸 그러다 보니 나중엔 아무렇지도 않게 되어 갔다. 바람나면 자식 부모도 몰라본다는데 이래서 그런 게 아닌가 싶었다.

그러던 어느 날, 친구 신부님으로부터 용서에 대한 강론을 부탁받았다. 부담스럽고 찜찜했지만 드디어 내 차를 타고 하는 화려한 외출이 반가워 얼른 승낙했다. 선보러 가는 총각처럼 설렜다.
나는 마치 용서 잘해 주는 챔피언이나 되듯이 열변을 토하며 강론했고 박수의 열기에 젖어 흐뭇해하며 집으로 돌아오는 길이었다.
빨간 신호등에 차를 세웠다. 흘러나오는 흥겨운 유머레스크 피아노 음률에 손가락으로 장단을 맞춰 가며 흥얼거리고 있었다.
그런데 갑자기 "쾅" 하는 굉음과 함께 차가 앞으로 움찔거렸다.
가던 사람들이 멈춰서 내 쪽을 바라보고들 있었고 순경 아저씨가 호루라기를 입에 물고 황급히 이쪽으로 달려오는 모습도 눈에 들어왔다.
뒤를 보니 역시 택시 기사가 선글라스를 벗으며 차에서 내려 내게 다가오고 있었다.
이크, 이거 큰일 났구먼! 아니, 목소리 큰 사람이 이긴다는데 이를 어쩐담…. (당시는 보험이라는 게 시원치 않았지, 아마?)
나도 모르게 어느새 로만 칼라를 가리고 있었던 걸 보면 곧 한판 붙게 될지도 모를 전투에서 교회와 사제직을 욕되게 해서는 안 되겠다는 생각 때문이었으리라.
그 순간 이런 생각이 스쳐 지나갔다.
'왜 전투부터 할 생각을 하니? 로만 칼라를 가릴 일을 하지 마라. 자랑스럽게 드러낼 일을 해야지. 너, 방금 용서의 거룩함에 대해 열변을 토하지 않았느냐? 아직도 따끈따끈한데…. 그리고 얼마 전 가정방문 때 일을 벌써 잊었느냐?

12시간 동안 새벽까지 일하고 단칸 셋방에서 곤히 자고 있는 택시 기사 아빠 때문에 방에 들어가질 못하고 아이를 업고 서성거리던 며느리와 시어머님을 밖에서 축복해 주고 돌아서던 일 말이야…. 이런 사고 한 번 나면 하루 벌이가 홀라당인 걸 아니?'

선잠에서 깨어난 사람처럼 난 그제야 제정신이 들었다. 아니, 내가 지금 뭐 하고 있는 거야. 나, 원 참….

나는 골을 넣은 브라질 축구 선수처럼 성호를 긋고 차에서 내렸다. 그리고 교통순경 아저씨에게 마치 내가 가해자인 양 굽신거리며 애원했다. "제발 없었던 일로 해 주세요."라고.

그리고 기사 아저씨에겐 이렇게 말했다.

"아저씨, 없었던 일로 해 드릴 테니 아저씨도 누군가를 용서할 일이 생겼을 때 오늘 일을 생각하면서 한 번만 용서해 주실 수 있겠지요?"

꼭 그렇게 하시겠노라고 하면서 고맙다며 연신 허리를 굽혀 절하는 기사 아저씨를 뒤로하고 그 자리를 떴다.

차는 비록 우그러졌지만 마음은 가벼웠다. 아니, 상쾌했다.

그 후 이상하게도 차에 대한 걱정과 애착에서 오히려 자유로워져 마음이 아주 평온해졌다.

그제야 열정과 애착이 다시 하느님께로 향하며 자리매김해 갔다. 그런 일로 정신 차리게 해 주신 걸 보면 하느님께서 나를 무척 사랑

하셨기에 그동안 샘이 엄청 나셨던가 보다.^^*

그 일을 까맣게 잊고 지내던 어느 날 나는 한 통의 편지를 받았다. "그때 신부님의 용서를 받은 ○○○입니다. 통신교리를 끝내고 예비신자 종합반에서 세례 준비하고 있습니다."

나는 편지에 입을 맞추며 "오, 하느님, 이번에도 악에서 선을 맺어 주셨으니 감사드립니다."라고 했다.

그러자 주님께서도 "응, 내가 농부처럼 그런 열매를 맺게 하는 기쁨을 준 너에게도 고마워하고 있단다."라고 하시는 것 같았다.

(2005. 6. 19.)

"뭐, 그까짓 거 몇 푼 되나요?"

"신부님, 저, 책 좀 보고 왔습니다. 그런 것도 고해성사 봐야 되나요?"
"아니, 뭐, 책 좀 본 게 무슨 죄가 됩니까? 고해성사를 다 보게…."
"아니, 그런 게 아니고요."
"그런 게 아니면? 뭔가 켕기는 데가 따로 있으신가 보군.^^*"
"그냥 책이 아니고요, 저어~."
"으음~ 알아들었어요. 무슨 말씀인지. 아마 재밌는(?) 그림책을 보셨나 보군, 맞죠? 그런 거 혼자 보면 안 되는데…. ㅎㅎㅎ ^^*"
"아니, 그게 아니고요, 철학이랍니다."
"철학? 어휴, 그런 딱딱한 책을 읽으셨어? 하긴 날씨 더울 땐 이열치열이라고 그런 어려운 책을 땀 흘려 가며 읽는 맛이 또 따로 있긴 하지. 그런데 그게 어때서요?"
"아니, 저, 그러니까 신부님, 그 책이라는 게 이를테면 점 비슷한 거지요."
"점 비슷한 거? 무슨 사주팔자 비스무리한 거 말이오?"

"예, 맞습니다."
"아, 그런 거라면야 물론 고해성사를 봐야지요. 그럼, 고해소로 갑시다.
그런데, 내 궁금해서 하나 묻는 건데 그런 거 한 번 보려면 돈을 얼마나 줘야 돼요?"
"뭐, 그까짓 거 몇 푼 되나요? 얼마 안 듭니다."
"그래요? 몇 푼 안 된다?"
"그래도 유명한 거에 비하면 이번엔 싸게 들었습니다."
"이번엔 싸다는 걸 보면 처음이 아니고 단골손님이시구먼. 그래서 할인도 받으셨구나. 한 오천 원 정도 들었어요?"
"아니요."
"그럼 만 원?"
"아니요, 그보다는 조금 더 줬습니다."
"그럼 이만 원?"
"아니요."
"아휴, 답답해라. 근데 왜 그렇게 뜸을 들이슈? 날도 후덥지근한데 참."
"삼만 원 줬습니다."
"아, 진작 그러지 그 한마디가 그렇게 힘드슈? 싸게 안 했으면 오만 원 이상은 줘야겠네요?"
"예, 그렇습니다. 뭐, 부르기 나름인데 부적 하나에 십만 원, 삼십만 원짜리도 있고 그렇습니다."
"뭐가 그렇게 많아? 거, 웬만한 사장님들보다 낫군. 그런데 형제님은 교무금을 얼마씩 내고 계셔요?"

"집사람이 내고 있는데요. 아마 한 달에 돈 만 원씩은 내고 있는 줄 압니다."

"그래요? 만 원이라…. 하느님은 점쟁이보단 덜 유명하시니까 더 싼가 보죠?^^*"

"아이고 마, 그런 게 아니고요. 뭐, 먹고살기 힘들어서요."

"그래요? 꼬박꼬박 내고 계시긴 한가요?"

"아니, 좀 밀린 모양이던데요. 연말에 가서 형편 닿으면 다 내도록 하겠습니다."

"형편 닿으면…? 그러니까 그때 가서 되면 되고, 안 되면 말고 그렇다는 말씀이시구만요…."

"아니, 그게 아니고 저어…."

"형제님! 점 보는 것은 바람피우는 것과 같아서 하느님을 몹시 화나고 슬프게 만들어 드리지요. 그래 가지고야 어떻게 그분께 축복받겠어요?

그리고 교무금도 그래요. 농부가 배가 고프다고 씨앗을 다 먹어버리면 농사를 지을 수 없어 결국 굶어 죽고 아깝지만 기쁜 마음으로 일부를 남겨 땅에 돌려주면 많은 열매를 맺어 그에게 풍요로움을 되돌려 주듯이 다소 어렵고 힘이 들더라도 하느님께 받은 일부를 그분의 밭에 다시 심을 때 많은 열매를 맺어 우리에게 반드시 되돌려 주신답니다.

요전에 사무실이 시끄러워 왜 그런가 했더니 도움을 청하는 분들이 돈 천 원밖에 안 준다고 사람 무시한다며 막 소란을 피우는 거예요. 자존심 상한다 이거겠지요.

생각해 보면 헌금 바구니도 그냥 바구니가 아니에요. 그 안에 주님의 두 손이 있고, 그 위에 돈과 함께 내 마음, 그리고 지난 한 주간 나의 생활을 함께 올려놓아 봉헌하는 거지요. 그 순간, 나를 꿰뚫어 잘 알고 계신 자존심 강한 하느님은 어떻게 느끼실까요? 형제님도 물론 하느님께 축복받기를 원하시죠?

그런데 정작 비싼 점 값은 형제님이 직접 내시면서 그것도 싸다고 즐거워하시고 점 값보다 싼 교무금은 관심도 별로라 부인이 내게 하시고 그 액수가 얼만지도 잘 모르고 또 밀려 있다라고 하면 되겠습니까? 그래선 안 되겠지요?

관심의 우선순위가 먼저 하느님이 되셔야겠고, 그리고 이젠 점쟁이 단골이 아니라 하느님 단골이 되셔야겠지요. 그렇죠?"

(2005. 6. 25.)

"콱 와 닿질 않네요"

"신부님, 저… 10년 동안 성당 못 나오다 오늘 처음 나와 봤습니다."
"아, 그러셔요? 참 잘 오셨어요. 반가워요. 그런데 그동안 누가 못 나오게 하셨나요?"
"그런 건 아니고요. 고3 땐 대 입시 때문에, 대학 땐 동아리 활동 때문에, 그리고 군대 갔다 오고 요즘은 대학원에서 박사과정 밟느라 바쁘거든요."
"아, 그러셨구만. 그래 나와 보니 어때요, 좋지요?"
"예, 좋긴 한데 오랜만이라 그런지 미사도, 강론도 서먹서먹하고 뭔가 콱 와 닿질 않네요."
"그래요? 미안해요. 콱 와 닿게 못해 드려서…. 그런데 아까 보니 학구파라 그러신지 미사 내내 주보만 보시던데 뭘 그렇게 열심히 읽었어요?"
"예, 광고까지 다 읽었습니다. ㅎㅎㅎ"
"아, 그러셨군요. 매일 미사 책은 가져왔어요?"

"아니요."
"성가 책은?"
"그것도요."
"그럼 맨몸만 온 거예요?"
"예, 그렇습니다."
"아마 집에서 성경을 미리 다 읽어 보신 모양이군. 그럼 오늘 제1독서 내용이 뭔지 아시겠네?"
"……."
"복음 내용은?"
"……."
"성당은 의자에 앉아 있기만 하면 이발사가 다 알아서 깨끗이 해 주는 이발소하곤 다른 곳이지요. 어쩌다 기분 내키면 한번 쓱 나와 보는 그런 곳이 아니라 하느님을 만날 준비를 미리 단단히 하고 나오는 곳이지요.
박사가 되기 위해서도 예습하고 강의를 잘 귀담아 듣고 중요한 부분은 노트하고 집에 와선 또 복습하고 참고 문헌 들춰 보고 리포트 써내랴 정신없지요?"
"예, 맞습니다."
"그런데 성당은 왜 그러실까? 대단히 미안하지만, 설마 대학원 강의도 늘 늦고, 아무 준비 없이 맨몸으로 가 뒷좌석에 앉아 신문이나 읽다가 콱 와 닿는 게 없다고 그러는 건 아니시겠죠? ^^*"
"죄송합니다, 신부님."
"미사는 예수님의 십자가상 제사의 재현인데 거기서 행해지는 여러 전례 형식, 절차의 의미를 먼저 알아야지요. 어른들은 애정

관계가 깊었던 조부모를 회상하고 감사하는 도리에서 정성껏 제사를 드리시지 않아요? 그리고 그런 정신으로 살아가라는 교육 차원에서도 자식들까지도 참석케 했지만 솔직히 어렸을 때라 아무것도 모르니 재미가 없어 졸았지요. 그러니 미사도 주님과 나와의 관계를 먼저 깨닫는 게 중요하답니다.

오늘 성경에(마태 13, 1~23), 씨 뿌리는 자의 비유가 나옵니다만 아무리 풍성한 열매를 맺고 행복을 가져다주는 좋은 씨앗이라도 길가나 바위, 가시덤불에 떨어지면 말라 죽어 버리지요. 이런 곳은 알다시피 버려진 땅, 무관심하고 노력이 없는 땅을 말하는 게 아니겠습니까?

그러나 백배의 결실을 맺는 좋은 땅이란 갈아엎어서 숨도 쉬고 햇빛도 받고 적절한 습도도 유지하며, 그러자면 늘 관심을 갖고 끊임없이 노력하여 이루는 땅을 말하지요

미사 전에 지난 주일 성경과 강론 말씀을 회상하면서 그대로 잘 살았는지 성찰해 보고 이번 주일 성경 내용은 무엇인지 찾아서 미리 읽고 묵상하고 조용히 기도하는 가운데 말씀을 받아들일 준비를 한다면 주님이 말씀하신 '백배의 풍성한 열매를 맺는 좋은 땅'으로서 틀림없이 콱 와 닿는 게 많을 거예요. 그러니 어디, 한번 그렇게 해 보세요."

(2005. 7. 16.)

귀여운 여우

전 본당 사무원으로 있던 아가씨가 찾아뵙고 인사드리겠다고 전화를 주었다. 몸은 너무 넉넉하지만(^^*) 재치 있고 귀여운 그녀를 빙그레 웃으며 기다리고 있었다.

똑 똑 똑.
"예, 들어오세요."
"신부님, 저예요."
"저가 누군데?"
돌아다본 순간 난 놀랐다.
"저란 말이에요. 신부님이 귀여워해 주시던 아녜스예요."
"아니, 이게 누구야? 네가 정말?"
"아녜스 맞냐? 뚱뚱했는데 어떻게 그렇게 날씬해졌냐, 그 말씀 하시려고 그러셨죠? 내 다 알아요."
"응, 맞다 맞아."
"뚱뚱한 아녜스는 이젠 사라졌답니다. 저 예뻐졌죠, 신부님?"

"그래그래, 그것도 아주 많이…. 그런데 어떻게 이렇게 날씬해졌어?"
"눈먼 사람 하나 생겼지요. 그래서 살빼기 작전으로 들어갔죠. 아직도 전쟁 중이지만…."
"캬~아, 좋은 신랑 만난다는 게 무섭긴 무섭구나, 응! 그래, 시집가고 나면 그땐 어떻게 할 거야? 그래도 전쟁 계속할 거야?"
"그땐 이미 점령했으니까 먹는 건 또다시 시작해야지요, 뭐. 호호호."
"이런, 귀여운 여우 아가씨 같으니라구! 그건 사기야 사기….^^*"

말은 그랬지만 그래도 성격이 명랑하고 활달한 데다 이젠 날씬해져 더욱 예쁘고 누가 데려가는지 사기도(?) 참 잘 당했고 복도 많은 친구라는 생각이 들었다.

그녀가 10개월 만에 8킬로그램이나 뺐다는데 그래서 그런지 난 처음엔 그녀를 잘 몰라봤다. 앞으로 4킬로그램을 더 뺄 거란다. 죽기 아니면 까무러치기란다. 오죽 힘들면 살과의 전쟁이라고 했을까!

좋은 신랑 소개해 달라고 조를 때마다 생활비 많이 들어가는 아가씨 누가 데려가겠느냐고 놀려도 꿈쩍 않고 그저 아이스크림만 찾던 그녀가 글쎄…. 전에 선을 몇 번 봐 탈락의 쓴잔을 맛보더니 아닌 게 아니라 급해졌는지 드디어 큰 결심을 했나 보다.

말을 들어 보니, 그 좋아하던 낮잠, 초콜릿, 아이스크림, 피자, 밤늦은 라면 등 일체를 끊고 헬스클럽에서 입에서 단내가 날 정도로 매일 두 시간씩 뛰며 땀을 비 오듯 쏟는단다. 행복을 위해 삶의 방식을 바꾸려는 그녀의 피눈물 나는 노력이 참으로 놀라웠고 존경스럽기까지 했다.

그녀가 가고 난 후, 난 나의 영적 발전을 위해 얼마나 노력하고 있는지를 그녀와 비교해 볼 때 몹시 부끄러웠다.

그녀는 일생 행복하게 지낼 좋고 멋있는 신랑을 만나는 그게 얼마나 소중한지 물론 잘 알지만 그러나 지금의 상태를 바꾸지 않고서는 결코 그 꿈을 이룰 수 없다는 것을 절실히 깨달았기에 뚱뚱한 그녀로 만들어 놓았던 순간의 그 작은 달콤함들을 과감히 버리는 아픔을 용기 있게 선택해, 지금은 아름답게 변한 자신과 신랑이라는 행복을 만나게 된 것이다.

그녀를 통해, 비록 아프지만 자기 변신을 위한 과감한 끊어 버림이 결코 잃는 것이 아니라 새로운 얻음이요 아름다운 탄생임을 똑똑히 보았다.

한 사람을 잘 만나는 행복도 그렇다면 더구나 절대, 완전 행복 자체이신 하느님과 그 나라를 만나기 위해서는 어떻게 해야 될까?

예수님께서 속삭여 주신다.
"하늘나라는 밭에 묻혀 있는 보물에 비길 수 있다. 그 보물을 찾**아낸 사람은** 그것을 다시 묻어 두고 기뻐하며 돌아가서 있는 것을 다 팔아 그 밭을 산다"(마태 13, 44).

주님,

저는 있는 것을 다 팔기는커녕 한 개도 팔기 힘들어했고 아니, 팔았다 다시 사들인 경우는 또 그 몇 번이었던가요.

그리고 이미 가진 것들의 즐거움에 매료되어 무익한 지방이 영혼에 쌓여 가는 소리도 못 들을 만큼 정신없이 지냈음을 고백합니다.

그러나 주님,

저도 저 귀엽고 사랑스러운 아녜스처럼 이제부터 보속과 극기, 희생과 절제라는 무기로 비만을 모두 깎아 내는 고통스러운 영적 살과의 전쟁을 선포하렵니다.

그래서 건강하고 아름다운 몸매를 다시 만들어 애인의 눈을 멀게 했듯 저도 자선, 용서, 봉사 등 온갖 선행과 미덕으로 당신도 황홀해하는 그런 아름답고 건강한 영혼으로 다시 태어나길 원합니다.

도와주십시오, 주님!!

(2005. 7. 23.)

시원한 여름

　새벽 미사 후 사목위원 및 주일학교 자모회원들 그리고 수녀님들과 함께 격려차 초등부 어린이 캠프장엘 다녀왔다.
　짓궂은 교사들이 매년 자매님들은 물론 심지어 수녀님까지도 수영장에 밀어 빠뜨리곤 했는데 금년에도 예외 없이 그 일이 벌어졌다. 아니, 사실대로 고백하면, 내가 마치 히틀러처럼 엄지손가락을 밑으로 하고 눈을 찡긋하면서 교사들에게 그렇게 하라고 발동을 슬쩍 걸었다.
　순명(?) 정신이 남다른 그들인지라 싱글싱글 웃으며 즉시 행동으로 옮겼다.
　미안하지만, 물에 푹 젖어 속살이 허옇게 비쳐져 수줍어하는 자매, 그래서 더욱 안 빠지겠다고 어린애처럼 발버둥질 치는 또 다른 자매, 물총을 쏘아 대며 쫓아가고 안 맞겠다고 요리조리 피해 달아나고… 너나 할 것 없이 어린애처럼 깔깔대고 웃고 한바탕 난리를 쳤는데 갑자기 시선이 나에게 쏠리며 분위기가 심상치 않았다.
　아무래도 나도 한번 당하지 하는 순간, 아니나 다를까 예쁘고 활달한 한 자매가 세숫대야에 물을 받아 가지고 양산으로 그것을 가리고 천연덕스럽게 내게 다가오고 있는 것이 아닌가? 눈치를 챈 나는 다람쥐처럼 잽싸게 뛰어 달아난다고 했지만 워낙 젊고 빠른 엄마라 얼마 못 가 잡혀 그만 물을 왕창 뒤집어쓰고야 말았다.

복잡한 도심을 벗어나 때 묻지 않은 대자연 속에서 우린 어느새 동심으로 돌아가 있었던 것이다.

나이를 따지자면 내가 그네들의 아버님뻘이 되지만 더 이상 근엄한 본당신부가 아니라 내게 물을 뿌릴 수 있는 친구가 되었다는 것이 비록 짧은 순간의 일이었지만 이제야 그들의 사제가 된 듯 다시없이 흐뭇하고 즐거웠다.

양말은 아예 벗고 서울에 도착할 때까지도 러닝은 물론 속옷까지도 축축했지만 이대로 차라리 마르지 않았으면 싶었다. 스며들어 있는 그들의 사랑과 나에 대한 신뢰가 날아가 버리는 것 같아서였다.

밤을 뺀 하루가 꼬박 걸렸지만 피곤함도, 지루함도 모르고 그저 즐겁고 뿌듯하기만 한 방문이었다. 그런데 내일 모래 중고등부 캠프 땐 어떨까? 이번에도 좋으신 하느님께서 내게 그런 행복한 시간을^^* 또 허락해 주실까? 아무렴, 나를 사랑하시니 아마 또 주시겠지…. 그렇다면 갈아입을 옷을 남모르게 준비해 갈까?

아니다.

이번에는 그들이 슬쩍 밀기만 하면 아예 그대로 물에 빠져 주자. 그래서 그들이 깔깔대고 실컷 웃어 이번에도 그들의 친구로서 해맑은 어린이가 되게 해 주자.

어렸을 때의 아빠처럼…. 그것이 지금 내가 그들에게 줄 수 있는 최고의 아름다운 선물이다.

  그리고 나도 머리서부터 발끝까지 그들이 주는 사랑에 그냥 흠뻑 젖어 버리리라. 하느님 나라의 즐거움이 바로 여기에 있으니 말이다. 아, 아마 이래서 예수님께서도 "어린이와 같이 되라."고 하셨는가 보다!

"교우 여러분, 사랑해요.

주님 안에 시원하고 즐거운 한 주간 되세요.

그리고 예쁘게 열심히 사세요.^^*"

(2005. 8. 12.)

"대머리요"

주일 강론을 어떻게 할까 낑낑거리고 있는데 재잘거리는 소리가 나 문을 열고 내다보니 소나기 끝에 잠깐 햇살이 비친 틈을 타 귀여운 꼬마들이 느티나무 아래 모래판에 옹기종기 모여 소꿉놀이를 하고 있었다.

흐르는 물을 막고 나뭇잎을 띄워 배라고 하며 즐거워하는 녀석, 모래성을 쌓고 있는 여자아이, 자기 영역 표시를 하는 사내아이 등 모처럼의 꼬마 천사들이 설악 계곡 맑은 물에 유유히 노니는 송사리들 같았다.

난 그들을 보면서 빙그레 미소가 지어졌다. 왜냐하면 동네 꼬마들에게도 좋은 본당신부로서 인기가 대단할 거라고 야무진 꿈에 잠겨 있던 어떤 신부님이 "얘들아, 내가 누구지?" 하고 아주 자신 있게 물으셨단다. 물론 "본당신부님이요."라는 답을 은근히 기대하면서 말이다.

그런데 글쎄, 빤히 쳐다보고 있던 한 녀석 왈 "대머리요." 하는 바람에 그만 죽을 쒔다지 뭔가.^^* ㅋㅋㅋ

좋다. 그렇다면, 나를 보고는 과연 뭐라고 그럴까 몹시 궁금했다. 얼른 그들에게 다가가 아주 부드럽고 다정하게 물어봤다.

"참 예쁜 애들이로구나! 같이 노~올자! 그런데~ 내가 누구~게? 어디, 누가 먼저 알아맞히~나?"

한 여자애가 힐끗 쳐다보더니 "하라버지요." 그랬다.

(에구~ 나도 한방 맞았구나! 쩝쩝쩝.)

"얘, 그럼 예쁜 너~는 내가 누구~지?"
"목사님이요."
(에구~구~구, 혹시나 했더니 역시나군. 나도 별수 없구나!)

그런데 그 말이 떨어지기가 무섭게, 모래를 만지작거리던 제일 꼬마 녀석이 고사리 같은 두 손을 쳐든 채 그랬다.

"아니다, 찐부님이다. 내가 유치원에서 봤다."

어찌나 반갑고 귀여웠는지 마치 보석을 발견한 듯… 흐뭇했던 나는 따로 사무실까지 데리고 와 초콜릿 등 맛있는 과자를 한아름 가득 안겨 줬다.

캬, 거 교육이 참 무섭긴 무섭구나!
옳지!
주일 강론을(A해 21주일 "너희는 나를 누구라고 하느냐?" – 마태 16, 13~20) 이걸로 해야지!

그때까지 찌뿌둥하던 머리가 갑자기 맑아지고 어깨가 가뿐했다.

강론 때 난 그랬다.

* * *

친애하는 교우 여러분!

정말 복 받고 싶으시다면 매일 매일의 삶 속에서 "너희는 나를 누구라고 생각하느냐?"라는 주님의 질문에 "선생님은 살아 계신 하느님의 아들 그리스도이십니다."라고 사도 베드로처럼 고백하십시오.

누구처럼 눈치 없이 대머리요, 하라버지요, 목사님이요라고 그러지 마시고요.

아, 여러분도 자녀들이 처음으로 "엄마, 아빠"라고 했을 때 얼마나 감격하고 기분이 좋으셨는지 한번 생각해 보세요. 그리고 저들이 잘해서 참 훌륭한 자녀를 두셨다는 얘기를 들을 때 얼마나 뿌듯하시겠어요. 하지만 그네들이 부모를 몰라보거나 제 맘에 안 들 땐 아저씨 아줌마라고 한다면 문제가 있는 것이지요.

그땐 그 기분이 어떻겠어요?

괘씸한 걸 넘어서 아마 몹시 걱정되고 서글프기까지 할 거예요. 그렇겠죠? 물론 그런 일이 절대로 있어선 안 되겠지만 말입니다.

마찬가지로 오늘 사도 베드로의 명쾌한 고백에 주님께서 얼마나 기분이 좋으셨으면 그래 그 즉시 OK, "너는 복이 있다."라고 하시면서 "커다란 바위"라는 뜻의 새 이름으로 바꿔 주셨고 또 그 위에 당신의 교회를 세워 주시는 영광과 새 소명, 그리고 하느님 나라의 열쇠까지 주셨겠어요?

그러니 여러분!

이보다 더 엄청난 복이 어디 있고 이보다 더 좋은 기도가 과연 어디 또 있겠습니까?

이제 다시는 난 기도할 줄 몰라 그러지 마시고 사도 베드로의 고백을 나의 고백, 나의 기도로 알고 열심히 합시다. 말로뿐 아니라 삶으로도요. 그리고 애정을 가지고요…. 그래서 사람들이 우리를 보고 주님을 찾고, 찬미하게 된다면 그러면 예수님이 틀림없이 복을 철철 차고 넘치게 주실 겁니다.

(2005. 8. 23.)

송 대리

"너희가 나를 사랑하면 내 계명을 지키게 될 것이다"(요한 14, 15).

그는 남자다운 활달한 성격에 피아노, 테니스 등 못하는 게 없는 그야말로 만능 재주꾼인지라 동료와 후배들에게 선망의 대상이 되어 사내 인기투표에선 늘 으뜸을 차지하곤 했다.

그런 그이지만 그에게도 못하는 게 딱 세 가지가 있었으니 하나는 술 담배요, 둘째는 고스톱이고, 다른 하나는 자동차 운전이었다.

술, 담배, 고스톱은 몰라도 요즘 같은 시대에 운전을 못하다니…. 그러나 알고 보면, 못하는 게 아니라 안 하는 것뿐이었다. 그래서 그는 더 힘들어했지만….

거기엔 그럴 만한 눈물겨운 사연이 있었다.

유복자이며 효자인 그는 요즈음도 매일같이, 중풍으로 누워 계신 어머님께 아침에 일어나서는 물론 출근 전에도 꼭 무릎 꿇고 절하며 문안을 드린다. 그때마다, 어머님께서는 "차 조심하며 잘 다녀오너라." 하셨다.

어려서부터 30대 중반의 어른이 된 오늘까지도 그러시니 아직도 어머님은 마음이 놓이질 않으시는가 보다.

그도 그럴 것이… 비록 짧은 결혼 생활이었지만, 말술도 마다하지 않는 술꾼에다 친구들과 화투 놀이를 좋아하셨던 아버님 때문에 어머님은 뜬눈으로 날밤을 지새우며 홀로 속상해하는 날들이 참으로 많으셨단다.

송 대리가 아직 어머님 배 속에서 뛰놀고 있을 때, 어머님과 형 그리고 아버님이 할아버님 제사에 다녀오다가 새벽 빗길에 음주운전으로 사고를 당해 어머님만 남기고 그 자리에서 형과 아버님은 그만 불귀의 객이 되고 말았다.

전날 밤에도, 어머님은 갈 길이 머니 이제 제발 그만 주무시라고 그렇게 만류하셨건만 듣지 않고 오히려 짜증을 내며 새벽까지 친척들과 술 마시고 화투를 치시더니 아버님은 결국 그렇게 인생을….

충격 받은 어머님은 그 후, 술, 고스톱, 자동차라는 말만 나와도 소스라쳐 놀라며 부르르 떨곤 하셨다.

늦게 귀가한 어느 날 새벽, 건넌방까지 들려온 어머님의 악몽의 잠꼬대를 들은 송 대리는, 숱한 세월 아들 하나만 바라보며 외로움과 가난, 때로는 남편 없는 괄시의 아픔을 수없이 겪어 오면서도 오늘의 자랑스러운 자신을 만들어 주신 고마우면서도 가엾으신 어머님을 이젠 절대로 슬프고 불안하게 해 드리지 않으리라 눈물을 흘리며 굳게 결심했다. 그래서 어머님을 일생 슬프게 해 드린 아버님을 대신하여 속죄하는 마음으로, 그리고 또 아버님과 같은 아버지와 남편이 되지 않으려고 그 좋아하던 술 담배는 물론 화투 놀이고 운전이고 그날부터 뚝 끊고 아예 그 근처도 얼씬거리지 않았다.

그러다 보니, 때로는 사회활동을 하는 데 불편하기도 했고 친구들한테 심지어 "꽁생원"이라고 애교 섞인 놀림도 무척 당했다.

"에라, 남들도 다하는데, 뭐." 하며 약해지는 유혹도 많이 들었지만, 그때마다 어머님의 아픔을 생각하며 이겨 나가곤 했다.

생각해 보면, 어머님에 대한 지극한 사랑과 효에서 나온 그런 절제된 생활들이 때론 힘들고 고통스럽기까지도 했지만 오히려 그를 온갖 위험으로부터 지켜 줘 건강하고 성실한 오늘의 인기 있는 행복한 그로 만들어 주었다.

주님의 계명도 그렇다.

그분이 자신을 위해 무엇을 해 주셨는지 잘 아는 사람, 그래서 그분에 대한 감사와 사랑과 효심이 지극하여 다시는 그분을 아프고 슬프게 해 드리지 않으며 살아가겠다고 결심한 그런 사람들만이 꿋꿋이 지키려고 노력한다. 물론 그들도 연약한지라, 때론 많은 유혹에 자신을 제어하기 무척 힘들지만….

계명 역시, 그것을 지키는 사람들을 악의 위험에서 보호해 주고 하느님 보시기에 건강하고 맑은 영혼의 소유자로 만들어 주고 지키느라 겪은 그의 고통을 천국의 영원한 행복으로 바꾸어 준다.

(2005. 11. 17.)

거부당하는 아픔

 몇 년 전 아일랜드를 여행한 적이 있다.
 저 멀리 산 위로는 하얀 뭉게구름이 한가로이 떠 있고 진녹색의 호수엔 예쁜 요트가 자양분 풍부한 어머니의 젖빛 색깔 물살을 가르며 내달리고 있었다.
 양들은 삼삼오오 풀을 뜯고 드문드문 있는 형형색색의 집들은 가수 남진의 "저 푸른 초원 위에 그림 같은 집을 짓고"라는 노랫말이 떠오르게 한다.
 비 온 뒤 지렁이 지나간 자리처럼 굽어진 고갯길을 서서히 내려가면서 누가 먼저랄 것도 없이 저절로 "Oh, Danny Boy"(아일랜드 민요)가 터져 나와 산골짜기로 메아리쳐 갔다.
 이건 완전히 한 폭의 그림이다. 평화, 고요, 행복 그 자체다. 아니, 그림이 이보다 더 아름다울 수가 있을까?
 우린 행복에 겨웠다. 이런 나라에서 살면 얼마나 좋을까!

 그때 난 문득 이런 생각이 들었다.

세상도 이렇게 좋고 아름다운데 하느님 나라는 얼마나 더 좋고 아름다울까! 오죽하면 예수님께서 "그것 때문에 가진 것을 다 팔고, 아무리 귀한 것이라도 다 내어놓을 수 있는 숨겨진 보물"(마태 13, 44)이라고 하지 않으셨던가!

그런데…
입국을 거부당해 공항 한구석에 지쳐 피곤한 듯, 쭈그리고 앉아 처량하게 눈물을 훔치던 아랍 사람들의 모습이 눈에 자꾸 아른거렸다. 아름다운 나라임을 빤히 알면서도 들어가지 못하다니…. 얼마나 안타까울까? 가족 친지들과 함께할 수 없는 그 괴로움은 또 얼마나 가슴 아플까?
대한민국에 태어난 게 그렇게 고마울 수가 없었다.
더구나 하느님 나라를 생각하니 천주교에 몸담고 있는 것이 얼마나 다행스럽게 느껴졌는지…. 그리고 때론 매를 들어서라도 천주교 신앙을 뿌리 깊게 심어 주신 어머님이 얼마나 고마웠는지….

그 말씀은 무슨 뜻일까?
우리가 편한 것을 잠시도 못 봐주시는 주님의 심술이란 말인가?
아니다, 결코 아니다.
모처럼 곤히 자는 아들 안쓰러워하시면서도 공부하여 좋은 대학 가라고 깨워 주시는 어머님처럼 그 말씀은, 물론 세상을 즐겁게 살아가되 그 아름다움과 행복에 너무 도취되어 "심판대 앞에 나아가는 날이 있음을"(2코린 5, 10) 그만 잊어버리고 살아 태어날 때 그분이 주신 아름다운 영혼의 모습과는 너무 달라져 "하느님 아버지께서 나를 위해 세상 창조 때부터 준비한 가장 아름다운 나라"(마태 25, 34)를 차지하지 못하는 **아픔을 겪을까 봐** 그래서 늘 하느님 현존과 그 나라를 기억하고, "하느님 아버지의 뜻을 실천하는 사람"(마태 7, 21) "물과 성령으로 새로 태어난 사람"(요한 3, 5)으로서 영혼을 아름답게 가꾸며 살아가라는 어머님 같은 예수님의 애절한 '**사랑과 눈물의 호소**'이다.

(2005. 11. 26.)

고해성사 2

고해성사는 영혼의 때를 씻는 영혼의 목욕입니다. 육신의 목욕을 할 때마다 영혼의 목욕을 했는지를 생각해 봐야 할 것입니다. 조금이라도 구질구질함을 느낄 때 우리는 목욕을 합니다.

선보러 가는 처녀는 아침에 세수를 했지만 다시 세수하고 예쁘게 화장하지 않습니까? 그처럼 내가 누구 앞에 나서고 그와 내가 연결되는 것이 얼마나 중요한가를 아는 사람만이 자신을 깨끗하게 하려고 합니다.

하느님은 나를 극진히 사랑하셔서 당신 품에 늘 나를 꼬옥 안고 계신데 내 영혼이 향기를 풍기지 못한다면 그분이 얼마나 힘드시겠어요? 그리고 나는 또 얼마나 부끄럽고 죄송하겠어요? 따라서 영혼의 구질구질함을 느끼지 못한다면 그것은 결국 하느님이 누구신지 그리고 그분과 연결되는 것이 얼마나 소중한지 모르기 때문입니다. 하느님의 사랑과 우리의 도리를 아는 사람만이 죄의식을 느낍니다. 열심한 사람이면 더 깊이 느낍니다.

  죄를 짓는 것은 나쁘지만 지은 죄에 대하여 죄의식을 느끼고 주님께 자비를 구하는 태도는 바람직한 일입니다.
  천주교 신자들에게 있어서 죄라는 것은 그것이 무슨 형사적 처벌을 받아야 할 그런 것들이라기보다는 주님의 커다란 사랑을 잊고 잘못 지낸 데 대해 죄송하게 여기는 마음을 죄라고 하여 고백하는 경우가 대부분입니다.

  깨끗한 사람일수록 먼지만 묻어도 쉽게 발견하여 털어 내듯 하느님을 사랑하여 맑고 깨끗해진 영혼일수록 죄를 쉽게 발견하고 오히려 고해할 것이 많고 또한 진지하게 고백합니다.
  고해 후엔 아주 상쾌하고 개운함을 느낀답니다.

  그런가 하면 비록 영세한 지 오래된 신자라 할지라도 하느님을 느끼지 못하는 사람은 고해성사 보기를 꺼려 하고 짐스러워하지요. 그러다 보면 자꾸 미루게 되고 결국 냉담하게 됩니다.
  고해성사를 본 지 오래된 사람일수록 죄지은 것이 별로 없는 것 같고 최근에 잘못한 몇 가지만 간단하게 고백하고 일종의 보고서 내용을 낭독하는 것처럼 아무런 정 없이 고백하는 경우가 많습니다. 흔히, 고해성사 볼 시간이 없었노라고 말하지만 그런 이들도 시간이 많이 걸리는 목욕은 자주 한답니다. 그렇다면 솔직히 시간이 없는 게 아니라 하느님께 향하는 마음, 아니 내 영혼을 사랑하는 마음이 없는 것 아니겠습니까?

이래선 정말 안 되겠습니다. 하느님의 자녀, 상속자로서의 은총의 씨앗이 이런 식으로 말라 버려선 안 되겠습니다.

이번 성탄을 계기로 고해성사를 통해 하느님과 화해하고 그분의 사랑받는 자녀로 새로 태어나야겠습니다.

대략 한 달 전후해서 한 번씩 고해성사 보면 좋을 것입니다.

"아버지, 저 사람들을 용서하여 주십시오! 그들은 자기가 하는 일을 모르고 있습니다"(루카 23, 34).

(2005. 12. 18.)

성찰 안내

한 병사가 은수자를 찾아가 하느님이 자신의 회개를 받아 주실지 물었습니다. 그러자 은수자가 되물었습니다.

"친구여, 자네는 옷이 찢어졌을 때 그것을 아주 버리고 마는가?"

"아닙니다. 그것을 다시 수선해서 입습니다!"

"자네도 옷에 그렇게 신경을 쓰는데 하물며 하느님이 자신의 피조물에 대해 깊은 관심을 보이지 않으시겠는가?"

여러분은 돈이 찢어지면 그냥 버립니까…??

찢어진 부분을 붙여 다시 사용합니다. 이것은 돈의 가치 때문입니다. 가치 없는 것은 버리고도 아쉬움이 없지만 가치 있는 것은 버리지 않고 어떻게 해서든지 고쳐서 다시 씁니다.

어디서 읽은 글입니다. 우리는 고귀한 하느님의 형상이기에 우리가 잘못했지만 뉘우칠 때마다 회복해 주시고 하느님의 사람으로 다시 고쳐 써 주십니다. 고해성사는 이렇게 하느님이 우리를 다시 고쳐 주시는 시간입니다.

우선 조용한 장소에서 하느님과 나, 나와 이웃과의 관계가 좋았는지 생각해 봅니다.

'나의 어떤 약점이나 성실치 못한 생활 태도가 다시 쉽게 죄로 떨어지게 했을까? 그러한 나의 잘못으로 인하여 그리스도의 구원의 은혜를 얼마나 자주 거절하여 그분의 마음을 아프게 해 드렸는지' 뉘우치고 다시는 그런 일이 없도록 그 결점을 떨쳐 버리기 위해 얼마나 아프게 또 어떻게 노력할 것인지 구체적으로 결심하고 건성으로 습관적으로 고해성사를 보는 것이 아니기를 결심하면서 주님의 자비와 도우심을 구할 것입니다.

그리고 나 때문에 상처받은 이의 마음을 주님께서 치유해 주시기를 바라고 또 그가 나를 용서할 수 있도록 도와주시기를 청하고 나에게 상처를 준 이를 내가 용서할 수 있도록 역시 주님의 도우심을 청합니다. 그러고 나서,

'지난번 고해 때 잊어버렸거나 일부러 빠뜨린 대죄는 없는지?

지난번 보속은 다했는지?

아침저녁 기도, 삼종기도를 잘 바쳤는지?

식사 전후 기도는 하는지? 아예 안 하는 걸 당연한 것으로 알고 있지나 않은지?

주일미사를 게으름 때문에 빠진 적은 없는지?

성호 긋기 등, 신자임을 부끄럽게 여긴 일은 없는지?

하느님을 의심, 원망하지는 않았는지?

철학관에 가거나 미신 행위를 한 일은 없는지? 금요일에 금육재를 잘 지켰는지?

큰 죄라고 가책을 느끼면서도 고해성사 보지 않고 체면상 영성체

하지는 않았는지?

부모에게 불손하거나 마음 상하게 해 드리지는 않았는지?

돌아가신 부모님을 위해 가끔 위령미사나 기도 등을 바쳐 드렸는지?

자녀의 종교 교육에 소홀하지는 않았는지?

부부간에 말다툼하고 심지어 자녀들 앞에서 소리치며 싸운 일은 없는지?

다른 이들을 미워하고 마음 상해 주거나 시기 질투하며 나쁘게 말한 일은 없는지?

거짓말하여 남에게 정신적 물질적 손해를 끼친 적은 없는지?

인공유산 등… 그리고 혼자 혹은 이성과 순결을 거스르는 행동을 한 일은 없었는지?

그런 종류의 글, 그림, 비디오를 본 일은 없는지?

취미나 멋, 유행 그런 일에는 과할 정도로 풍족하게 쓰면서 교무금이나 헌금, 자선에는 인색하거나 교회 정신과는 달리 몇 년간 내던 액수 그대로 습관적으로 내고 있지는 않은지?

그나마 제때에 내지 않고 미루다 버거워 스스로 탕감하지는 않았는지?

빚을 갚는 데 무성의하고 질질 끌고 있지는 않은지?

먹을 만한 음식, 반찬 등을 쉽게 버리고 있지는 않은지?

과식하거나 술 때문에 주위를 불안케 하고 괴롭힌 일은 없었는지?

주님을 알기 위해 얼마나 노력하였고 1년 동안 몇 권의 신심 서적이나 출판물을 읽었는지?

성경은 하느님의 나에 대한 사랑의 편지인데 영세 후 전권을 몇 번이나 읽었는지? 아니, 따로 시간을 내어 다만 몇 줄이라도 읽고 묵상해 본 일이 있는지? 혹 일 년 내내 한 번도 그래 본 적이 없는 것은 아닌지?

  그러면서도 천주교는 뜨거움을 주지 못하고, 재미없다고 불평하지는 않았는지?

  본당에서의 활동을 주님의 사도로서 소명 의식을 갖고 하기보다는 인간적 명예스러움이나 사람들과의 친교를 더 생각하지는 않았는지? 혹은 귀찮게 여기고 빨리 벗어나기를 바라지는 않았는지?

  한 달에 몇 번이나 평일 미사에 참여하는지? 혹시 일 년 내내 한 번의 평일 미사도 참여치 않은 것은 아닌지?

  묵주기도는 매일 혹은 자주 바치는지?'

이상 성찰을 해서 잘못한 것이 있으면 몇 번 그랬는지 횟수를 말하고 변명이나 핑계를 대지 말고 솔직히 고백하여야 할 것입니다.

판공성사 자리엔 하느님의 자비와 치유의 은총이 무수히 내리고 있습니다.

그분께 죄는 물론 나와 이웃의 마음의 상처까지 모두 보여 드려 치유 받는 그런 아름다운 기도의 시간이 되었으면 합니다.

"죄인이라도 자기 죄를 청산하고 돌아와 올바로 살기만 하면 죽지 아니하리라"(에제 33, 14).

하느님, 감사합니다!!

(2006. 12. 20.)

"이젠 나 같은 건"

나 같은 건 없는 건가요? / 추가열

《그대여 떠나가나요?
다시 또 볼 수 없나요?
부디 나에게 사랑한다고 한 번만 말해 주세요

제발 부탁이 있어요
이렇게 떠날 거라면
가슴속에 둔 내 맘마저도 그대가 가져가세요

혼자 너 없이 살 수 없을 거라
그대도 잘 알잖아요

비틀거리는 내 모습을
보면 그대 맘도 아프잖아요

그대만 행복하면 그만인가요
더 이상 나 같은 건 없는 건가요

한 번만 나를 한 번만 나를 생각해 주면 안 되나요
그래도 떠나가네요

붙잡을 수는 없겠죠
부디 나에게 사랑했다고 한 번만 말해 주세요.》

 전에 내 차로 여성 구역장님들과 어딜 다녀온 적이 있었어요. 지루하지 않도록 유행가 CD를 틀었지요. 사랑 노래가 계속 이어졌어요.

 "떠나가 버린 그대 때문에 내 모습이 야위어 가요….
한 번쯤 다시 만나 생각해 봐요. 우린 너무 쉽게 헤어졌어요."

 가수 최진희 씨의 구성지고 애절한 노래에 나도 흥얼거렸답니다. 명랑하고 괄괄한 구역장 자매님이 이윽고 한마디 하셨어요.
 "아~유, 우리 신부님이 아무래도 무슨 사연이 있으신가 봐…. 그러지 마시고 속 시원히 다 털어놓으세요. 우리가 다 알아서 해결해 드릴게요. 호호호."

 물론 나, 이 사람, 그런 건 절대, 절대 없지만~. ㅎㅎㅎ
지금 솔직히 말씀드리면 아무튼 전에는 유행가를 들을 때마다 속으로, '구구절절 어쩌면 그렇게 내 마음을 속속들이 알아 울려 주는가?' 감탄하며 따라 부르다가도 혹 누군가 엿들으면 어쩌나 했었죠. 사연도 없는 놈이 괜히 발이 저려…. ㅋㅋㅋ

  그런데 언젠가부터 가수가 사람이 아니라 하느님이신데 나의 사랑을 목말라하시고 애타게 기다리며 부르는 거라고 생각해 보았어요. 아! 그랬더니 눈시울이 시큰해지고… 참으로 훌륭한 묵상 시간이 되었답니다.

  이젠 아무 데서나 눈치 안 보고 흥얼거린답니다.
  맛이 아주 달라요
  여러분께서도 그렇게 한번 해 보세요.
  주님을 상상하며 지금 이 노래를 들으시면 좋으실 거예요.

  나 없인 살 수 없으시다는 예수님, 내가 아쉬워 도움을 청할 때와는 달리 이젠 문제가 없고 행복해졌기에 그분 생각이 줄어들고 그분의 사랑의 호소를 못 들은 척 뿌리친 적은 없을까요?

  나를 사랑하시기 때문에 야위신 주님께서 비틀거리시는 모습을 보면 내가 마음 아파 괴로워할 거라고 믿고 계시는 예수님…

  그런데 난 정말 그럴까요? 아니면 아무렇지도 않은가요?
  주님 같은 건 없는 것처럼… 말입니다.

"주님께서 쓰시겠답니다"
-가르멜 수도원 건축 모금 때 도움 강론

십자가에 못 박힐 곳을 향해 가시는 예수님의 발걸음은 근심과 걱정으로 지쳐 얼마나 무겁고 힘드셨을까요?

벳파게라는 마을에 이르시자 옛 친구가 생각나셨습니다. 비록 째지게 가난했지만 예수님이라면 친형처럼 따랐고 예수님도 그를 편안하게 여기는 그런 사람이었을 겁니다. 그래서 제자들을 동네로 보내시며 말씀하셨습니다.

"너희 맞은쪽 동네로 가거라. 그곳에 들어가면 아직 아무도 탄적이 없는 어린 나귀 한 마리가 매여 있는 것을 곧 보게 될 것이다. 그것을 풀어 끌고 오너라. 누가 너희에게 '왜 그러는 거요?' 하거든, '주님께서 필요하셔서 그러는데 곧 이리로 돌려보내신답니다.' 하고 대답하여라."

그날도 희한한 장난감을 가지고 재미있게 놀고 또 과자도 맛있게 먹는 다른 집 애들을 보면서 집으로 뛰어 들어와 저도 그런 거 사달라고 울면서 철없이 보채는 어린 딸에게 아빠는, "아가야, 어렵지만 조금만 더 참자. 이제 나귀가 자라 일을 하게 되면 집안 형편도 피게 될 테니 내 그때 호사시켜 주마."라고 달래며 가슴 아파했을지도 모릅니다.

　이렇게 나귀는 그 집의 재산 1호이며 가난의 어려움을 이겨 내는 힘이요 희망이었을 것입니다. 그런데 그런 나귀를… 글쎄, 아무런 예고도 없이 졸지에, 주님이 쓰시겠다고 내어 놓으라시니…. 무척 당혹스러웠을 것입니다.

　하지만 제자들이 가서 나귀 끈을 풀면서 예수님께서 일러 주신 대로 말하였더니 주인이 막지 않고 선뜻 내어 주었답니다.

　그런 그 주인은 과연 어떤 사람일까요? 바보일까요?

　아니지요. 비록 가슴 쓰리게 가난했지만, 예수님 안에서 하느님을 보고 인생을 어떻게 살아가야 할지 이미 깨달은 사람이었겠지요.

　자기 것이라는 것도 따지고 보면 원래 다 하느님 것이고 세상에 사는 동안 그저 빌려 쓰고 있을 뿐이며 그것들을 통해 하느님을 기쁘게 해 드려야 한다는 그런 믿음으로 살아온 사람…, 그러기에 주님께 드리는 것은 빼앗기고 잃어버리는 게 아니라 오히려 하늘에 저축하는 것이며 무엇보다도 "곧 내어 줄 것"이라고 자신을 신뢰해 주신 그분께 깊이 감사드리고 영광으로 아는, 아주 착하고 신심 깊은 사람이었기에 그런 일쯤으로 망설이고 주저하는 그런 쩨쩨한 사람은 아니었지요.

　아주 달라고 하셔도 드렸겠지만 그게 아니고 잠깐 빌려 쓰시겠다는데 그리고 "오죽이나 급하셨으면 그러셨을까?" 하며 오히려 예수님을 안쓰럽게 여겼을 그런 사람이었을 것입니다. 그랬기에 귀하고 아까운 것이었지만 선뜻 내어 드릴 수 있었을 겁니다. 생각해 보면 아까운 걸 믿음으로 내어 드리는 거기에 사랑이 깃들어 있고 그래서 더 가치가 있는 것이 아니겠습니까?

수많은 군중이 이제 나귀를 타고 오시는 예수님을 알아보고, 겉옷을 벗어 길에 펴 놓는가 하면 어떤 사람들은 나뭇가지를 꺾어다가 길에 깔아 놓고 손을 흔들며 환성을 올렸습니다. 그리고 앞서가는 이들과 뒤따라가는 이들이 큰 소리로 외쳤습니다.

"'호산나! 주님의 이름으로 오시는 분은 복되시어라.' 다가오는 우리 조상 다윗의 나라는 복되어라. 지극히 높은 곳에 호산나!" (마르 11, 1~10).

예수님께서도 나귀로 인해 사람들로부터 대환영을 받으시고, 위로와 용기를 얻으시고, 옳거니 내 정녕 너희를 위해 기꺼이 이 한 몸 바치리라 다짐하시고, 그 나귀 주인에게 고마워하시며 나귀를 다시 돌려보내셨을 겁니다.

이웃에서 떡 한 접시 보내 줘도 빈 그릇으로 그냥 돌려보내지 않는 게 우리네 인심인데, 더구나 당신 사람이라고 하여 물 한잔이라도 주는 이에겐 상으로 꼭 갚아 주시겠노라고 하신(마르 9, 41) 예수님께서 당신 자신이, 나귀로 인해 환대와 위로와 용기를 듬뿍 받으시고 어찌 그냥 빈 나귀만 덜렁 돌려보내셨겠습니까! 틀림없이 그 나귀 위에 당신의 커다란 **축복**을 차고 **넘치게** 채워 보내셨을 것입니다.

둘인데 하나를 내주는 것도 나눔이지만 하나밖에 없는데 예수님을 기억하는 신앙 때문에 그 하나를 쪼개어 나눔으로써, 쪼갠 만큼, 그만큼 아픔이나 불편을 느낀다면 그것이야말로 그분께 축복받을, 진정한 봉헌이요 나눔이 아니겠습니까?

저는 본당신부이지만 여러분이 재산을 얼마나 갖고 계신지 또 사정이 얼마나 딱한지 잘 모릅니다. 다만 예수님을 뜨겁게 사랑하는 분들이시라는 것 외엔 말입니다. 그러나 본당신부로서 여러분도 저 나귀 주인처럼 예수님의 감사와 또 여러 갑절로 늘려 주시고 풍성한 열매를 맺어 주시는 축복을(2코린 9, 6. 10) 듬뿍 받으셨으면 하는 마음은 지극하답니다. 가르멜을 돕고 후원하는 이런 축복의 기회를 주신 하느님께 감사를 드려야 할 것입니다. 그래서 주님의 제자로서 그분의 말씀을 용기 있게 전해 드리는 겁니다.

주님께서 딴 사람은 몰라도 그대만큼은 "곧 내어 줄 것"이라고 믿어 주시는 그대여, 오늘날에도 여러 모습의 주님의 제자들이 와서 그분의 뜻을 전해 주고 있음을 아시는지요?

그대가 그렇게도 귀하게 여기는 그 시간을,
그대가 그렇게도 귀하게 여기는 그 돈을,
그대가 그렇게도 귀하게 여기는 그 지혜를,
그대가 그렇게도 귀하게 여기는 그 재주와 건강을,
아니, 그대만이 알고 있는 또 다른 귀한 그 무엇을
주님께서 쓰시겠답니다. 그리고 곧 돌려보내 주신답니다!!

사랑하는 교우 여러분!
주님께서 필요하셔서 그러시는데 여러분의 그 귀한 황금 나귀를 이번에, 외출도 안 하시고 기도와 희생으로 일생을 봉헌하시며 지내시는 가르멜 수녀님들의 수도 공간인 성당 건립에 쓰시고, 아주 곧 여러분에게 다시 돌려보내 주시겠답니다. 감사합니다.~~

좋은 주말 보내세요.^^*

"나다. 두려워하지 마라"

아직 어렸을 때 외할머니와 함께 강원도 홍천군 두촌면 수타사 근처의 친척집에서 한여름을 지낸 일이 있다.

호박잎을 곁들인 시골의 쌈장 보리밥도 좋고 우물가에 엎드려 우~휴휴 하고 떨며 바가지로 시원하게 물을 끼얹는 등 다 좋은데 단 한 가지 곤혹스러웠던 것이 있었다.

그것은 뒷간에 가는 일이었다.

삽과 함께 잿더미와 거름이 뒤범벅이 되어 있고 발을 얹어 놓는 두 개의 돌덩어리와 함께 수수깡으로 대충 듬성듬성 엮어진 벽 사이로 옆은 물론 뒤로도 길 가는 사람들이 다 보였고 가끔 쥐가 한두 마리 나와 돌아다니다 함께 놀자고 발목 가까이까지 오는 데는 영 질색이었다.

밤엔 호롱불을 들고 들어가는데 하얀 옷을 입고 머리를 산발한 여자 귀신이 뒤에서 꼭 잡아당길 것만 같아 밤은 밤대로 으스스하고 불안했다.

그래서 난 그때마다 외할머니로 하여금 밖에 서 계시게 했다.

할머님은 혼자 중얼거리셨다.

"하느님은 아니 계신 데 없이 다 계시기 때문에 무서워할 것 없다."

난 벌써부터 똑똑한 아이라^^* 그건 할머님께서 날 안심시키려는 말씀으로 알아들었고 사실은 이런 더러운 데는 안 계실 거라고 생각했다. 그런 생각이 들자 난 더욱 무서워졌다.

그래서 일을 보면서도 쉴 새 없이 "할머니, 거기 있어?" 하면 "응 그래, 핼미 여기 있다."라고 그 몇 번이고 대답해 주셨다. 그러면 그렇게 든든하고 평안할 수가 없었다.

그러나 나중엔 대답이 늦는다고 이 몹쓸 놈이 아예 외할머님을 뒷간 안에 와서 서 계시게끔 했다. 그래도 기쁘게 와 주시는 외할머님의 그 깊은 사랑!

오늘 복음의 …큰바람이 불어 호수에 물결이 높게 일었을 때 "**나다. 두려워하지 마라.**"(요한 6, 16~21) 하신 예수님의 말씀을 들으며 이젠 기억도 아른아른한 외할머님이시지만 그분의 사랑을 통해, 우린 비록 몰라도 언제, 어디서나 늘 옆에서 함께해 주시며 지켜 주시는 예수님의 그 깊고 그윽한 사랑을 다시 한 번 느껴 본다.

(2006. 4. 29.)

"주님, 당신을 사랑해요!
암사슴이 시냇물을 그리워하듯"
-사제 성화의 날에

사제 성화의 날 전례와 장기 기증식이 우리 성당에서 있었다. 그 날 행사 후 겁쟁이 줄 잘 아는 식복사 언니가 내게 물었다.
"신부님, 기증하고 나시니 어떠세요?"
"응, 뭐, 후련하지."
"참, 잘하셨네요."
"내가 생각해도 그래…."

대답은 그렇게 속 시원하게 했지만 실은 좀 찝찝했다.
언제고 기회가 닿으면 그러리라 늘 생각은 하고 있었지만 막상, 사제 성화의 날, 장기 기증을 한다는 말을 듣고 아무리 사후의 일이라곤 하지만 흰옷을 입은 사람들이 몰려와 마취도 안 하고 내 장기를 마구 떼어 낼 것이고 그러면 막 아플 것 같고…. 그리고 다른 사람의 몸에 들어가 그 사람의 최후와 함께한다는 생각이 스쳐 지나가자 왠지 섬찟하고 선뜻 내키질 않았다.
　옆을 힐끗 보니 아주 젊고 새까만 후배 신부님 한 분이 아까부터 장기 기증서를 덮어 놓고 가만히 앉아 있기만 했다.
　나는 속으로 그랬다.
　'그래, 그럴 거야. 나이 먹은 나도 그런데 젊은 사람이야 오죽하겠니?'
　그런데 그놈의 호기심 때문에 그만, 가만있질 못하고 이랬다.
　"근데, 왜 안 써요? 막상 쓰려니 힘들지?"
　"아~ 예, 신부님, 죄송합니다만 저희 동기들은 일 년 전에 이미 기증했습니다."
　순간 나는 부끄러웠다.
　마치 어느 추운 겨울 새벽에, 그래도 열심한 내가 제일 먼저 성당에 들어가는 것이려니 하고 불을 켰는데 아니, 나보다 훨씬 더 일찍 오셔서 묵주기도를 열심히 하고 계신 우리 할머니들을 뵈었을 때처럼…. 그리고 비록 새파랗게 젊은 사제지만 정말 존경스러웠고 이런 후배들이 우리 교회에 있다는 게 뿌듯하고 든든했다.
　"자, 이젠 내 차롄데… 어쩐담."

　미사 때마다 늘 뵙고 고개 숙여 인사드리곤 했지만 그날따라 유난히도 팔을 길게 벌리고 십자가에 달리시어 유독 나만 뚫어져라 바라보시는 예수님을 똑바로 쳐다보기가 어려웠다.
　그렇지만, 그럴수록 십자가상의 예수님은 이상하게도 내게 더욱 바짝 다가와 코앞에 서 계셨다. 그리고 조용히 그러나 아주 부드럽게 속삭여 주셨다.

"sacerdos, alter Christus."
"사제, 또 다른 나, 그리스도."

배 밑에서부터 뜨거움이 올라왔다. 그리고 그 뜨거움 안에 희미하게, 마지막 심지가 다 타 들어가는 촛불을 바라보듯 자신의 장기 기능이 떨어지면서 서서히 최후가 다가옴을 느껴 불안에 떨며 애타게 구원의 손길을 내미는 환우와, 내 눈을 통해 암흑에서 광명의 세계로 새로운 삶의 희망을 주신 하느님께 감사하며 감격의 눈물을 한없이 흘리는 또 다른 이의 모습이, 그리고 이번엔 "안드레아야!" 하고 다정하게 부르시며 "오늘도 '나'로 살아가는 네가 고맙다. 겁내지 마. 내 도와줄게." 하시면서 미소를 지으시는 예수님의 모습이 한데 어우러지며 그려졌다.

게다가 "사후 '장기 기증'은 가장 큰 사랑의 표현입니다. 사랑을 주는 사람도, 받는 사람도 소중한 것을 나눴다는 생각에 모두가 행복해집니다."라는 추기경님의 말씀도 한몫 거들었다.

그때 난 그랬다. "좋아요, 예수님, 한번 봐 드릴게요. 그러나 꼭 기억해 두셔야 해요!"

그러곤 서품 때처럼 "Adsum, Deo Gratias!"(예, 주님, 저 여기 있습니다. 하느님께 감사)라고 중얼거리며 봉헌서에 서명했다.

잠시나마 주저했던 마음은 어느새 사라지고 평온이 깃들었다. 그리고 새 사제가 됐을 때처럼 산뜻하고 뿌듯했다. 마당의 소나무도 비 온 뒤처럼 한결 푸르고 싱그러워 보였다.

- 사제 성화의 날 그리고 장기 기증하는 날에
(2006. 7. 4.)

처음 느껴 본 심정

군종신부 10년을 마치고 처음 본당을 맡게 되었을 때, 흥분과 궁금증으로 잠을 이룰 수가 없었다.

윤곽만이라도 알고 싶어 주소록을 펴 보니 많은 신자와 유치원 그리고 수녀님이 세 분이나 되었다. 대본당이었다. 기분이 들떴다.

부임하여 본당 교우로부터 첫 번째 전화를 받았다.

얼떨결에 군에 있을 때처럼 "예, 주상배 신붑니다."라고 했다. 그러자 "새로 오신 본당신부님과 통화할 수 있을까요?" 한다. 나는 즉시 명쾌하게 "예, 제가 바로 새로 온 본당신부입니다."라고 했다.

수화기를 내려놓는 내 마음은 온 세상을 다 차지한 듯했다. '드디어 내가 본당신부가 됐구나! 본당신부라…. 꿈에 그리던 본당신부…. 도대체 이게 얼마 만인가!'

"예, 본당신붑니다." "본당신부…."

혼자 몇 번이고 되뇌어 보면서 행복을 만끽했다.

내게 맡겨진 우리 신자들에게 빨려 들듯, 마음이 기울어졌다. 많은 것을 주고 싶었다. 특히 강론을 통해서 하느님의 사랑을 전해 주려고 밤늦게까지 열심히 강론을 준비했다.

그러나 강론 분위기는 왠지 흡수되지 않고 허공을 떠도는 느낌이 들었다. 군에 있을 때 책을 많이 읽지 못한 탓일까? 아니면 표현력의 부족 때문일까?

강론 시간은 짧은데도 그 시간에 신자들은 주보를 읽기에 바빴고… 지루해하는 눈치가 역력했다.

비록 강론은 그랬지만 그래도 나는 교우들을 여전히 사랑했고 나 또한 교우들로부터 사랑받고 싶은 마음 간절했다.

그래서 피정의 기회를 가져, 내가 전해 주지 못하는 뜨거움을 다른 신부님을 통해서 전해 주기로 결정하고 수녀님들에게 어느 신부님이 피정 강론을 제일 잘하시는지 알아봤다.

그랬더니 신부 되신 지 이제 겨우 일 년밖에 안 되는 젊은 수도회 신부님을 모시자고들 하셨다. 새내기 신부에 더구나 우리 본당 출신이라는 것이 내 마음에 걸려, 강론이 뭘 그리 대단하겠나 싶어 노련한 딴 분을 찾아보고 싶었지만 하도 강력한 수녀님들의 추천 때문에 그분들 체면을 봐서, 이번엔 그냥 넘어가 드리고 다음번에나 내 뜻을 펼쳐 보리라는 그런 가벼운 마음으로 동의했다.

드디어 성당에서 피정 강론이 시작됐다. 얼마의 시간이 흘렀을 때 지금쯤이면 보나마나 교우들이 좀 힘들어할 거라는 생각으로 슬며시 들어가 봤는데, 졸기는커녕 까르르 웃기도 하고… 또 어떤 땐 훌쩍이며 손수건을 적시고 있는 게 아닌가! 아니, 이게 도대체 어떻게 된 일인가?

그리고 피정 강의가 끝나는 날 밖으로 나오는 교우들이 나를 보자, 연사흘 동안이나 했는데도 며칠 더 연장해 달라느니 다음에 또 날 잡아 모시자는 등 야단들이었다. 더구나 남녀노소 불문하고, 옆에 서 있는 자기네들의 본당신부인 나는 전혀 아랑곳하지 않고 모두들 그 젊은 애송이 신부에게 우르르 와 몰려가 손이라도 한번 만져 보려고 그 야단들을 하고 있지 않은가!

 나는 얼른, "강론 신부님이 피곤하실 테고, 또 시원한 맥주라도 대접해야 한다."며 교우들로부터 억지로 떼어 내다시피 하여 사무실로 모셔 왔다. 말이 모신 거지 실은 거의 끌고 왔다. 실로 죄송, 죄송.^^*

 그런데 이번엔 청하지도 않은 우리 수녀님들이 들어오시면서 오늘의 강론을 극구 칭양하며 격려하는 것이 아닌가! 원, 이런, 나 원 참~! 속상했다.

 그 순간, 나는 처음으로 이상야릇한 것을 느꼈다. 열등감과 질투, 바로 그거였지, 뭐, 솔직히! (에~구, 부끄러워라.^^*)

 수녀님들조차 이렇게 내 마음을 헤아려 주지 못하다니…. 아니, 난 사람도 아니란 말인가? 또 난 성인도 아니야! 두고 봐라, 내 앞으론 다신 이런 어리석은 짓은 안 하리라! 그런 못된 악마의 충동이 잠깐 스쳐 지나갔다.

 그렇지만 곧, '너 본당신부 꽤 되고 싶어 했잖아? 그런데 본당신부는 어른이란 말이야, 어른…. 왜 그걸 잊고 있었어, 이 사람아! 수녀님들이나 교우들이 너를 그렇게 알고 있는 거지…. 네 기분은 충분히 알지만 그럼에도 불구하고 또다시 이런 좋은 기회를 갖는 것이 진짜 본당신부고 그리스도의 참제자가 되는 길이지 않겠어?' 하고 천사가 속삭여 주셨다.

이렇듯 나의 내면에서는 악마와 천사가 싸웠고 천사가 이기는 듯했지만 그래도 내 입술은 여전히 비뚤어지고 있었다.

사실 나는 피정 준비를 하면서, 교우들이 흡족해하며 한편 본당 신부인 나에게 감사하며 칭찬해 줄 것을 은근히 바랐던 것이다. 물론 좋은 생각이었지…. 그런데, 그런 일이 벌어지다니….

사실 난 여태껏 질투는 여성만의 것인 줄 알았다. 정말!

그런데 이번 일을 통해 나도 별수 없는 한 부족한 인간임을 절실히 깨달았다.

가만히 생각해 보면 **질투는** 카인이 동생 아벨을 죽였듯이 **살인까지도 저지르고 영원한 악의 구렁텅이에 빠뜨리게 하는 아주 무서운 것이로구나!** 새삼 느꼈다.

처음 느껴 본 심정, 잠깐 괴로웠지만^^* 값진 선물, 그래서 하느님께 감사드렸다.

이후로는 고백자들로부터 질투에 대한 고백을 들을 때 전과는 달리 잘 이해해 주면서도 큰 보속을 주게 되었다.

질투가 일어나지 않도록 미리미리 마음을 잘 다스릴 뿐 아니라 질투를 느껴도 그런 일이 없었던 것처럼 행동한다면 비록 힘들지만, 그것이야말로 큰 사랑을 실천하는 것이리라는 믿음을 심어 주고 싶었기 때문이었다.

(2006. 11. 6.)

"하느님! 나 잘했지요?"

나이 지긋하신 자매님들 레지오 활동 보고 때였다.

"신부님이 고해소에서 큰 소리로 야단치고 화를 내셔서 신영세자가 냉담하게 되었대요." 하신다.

"그래요? 요즘 그런 신부 별로 안 계실 텐데요."

그러면서도 난 그런 몹쓸 신부가 누군지 궁금했다. 그냥 넘어갔어야 할 텐데 그놈의 호기심을 못 참고 그만 "도대체 그게 어떤 신부예요?" 하고 물었다. 못마땅해 "님"자도 안 붙이고 말이다.

그랬더니 여전히 "신부님요." 하신다.

"아니, 신분 신분데 어떤 신부냐 그 말이지요?"

"본당신부님요." 하신다.

"아이고 답답해라 아니, 그러니까 글쎄 어느 본당신부고 이름이 뭐냐 그 말씀이에요, 아휴!" 하며 발을 굴렀다.

그러자 턱으로 나를 가리키며 "죄송해요, 신부님, 우리 본당신부님요. 지금 이 자리에 계신 한(韓), 신부님요." 하시지 않는가! 자매님들이 모두 까르르 웃었다.

아니 원, 이런 날벼락이 있나?

나는 손가락으로 내 가슴을 가리키면서 억울하고 기가 막히다는 듯 그러나 기어들어 가면서도 조금은 큰 소리로 "아니, 나요? 내가 그랬다고요?" 그랬다. 그러자 "예, 신부님요."라고 마치 판사님처럼 자신 있게 선언하셨다.

그때 난 깔끔한 척했던 내가, 신발이 벗겨져, 구멍 난 양말 사이로 새까만 발이 드러났을 때처럼… 부끄러워 얼굴이 화끈 달아올랐던 것으로 기억된다.

아니! 내가 그랬을 리가 있는가? 도대체 내가 어떤 사람인데…. 괜찮아도 썩, 괜찮은 신분데…. 뭔가 잘못돼도 한참 잘못됐다는 생각이 들었다.

그러나 분위기는 완전히 일방적이었다. 억울하기까지 했다. 은근히 화도 치밀었다. 그렇지만 분명히 내가 그렇다니 이를 어쩌랴!

"그러니까 호기심이 발동하더라도 묻질 말지 묻긴 왜 물어? 잘못한 신부를 덮어 주는 의미에서라도 그냥 넘어갔어야지, 이 사람아! 저는 뭘 잘한다고… 그런 심보니 지가 당하지, 쯧쯧쯔…."

하느님께서 꼭 그렇게 나무라시는 것 같았다.

"맞아요, 하느님! 제가 사랑이 좀 부족했습니다."

그렇다면 "어서 방문해서 용서 청하거라." 하는 소리가 가슴 저 깊은 곳에서, 고개를 흔들어 대도 자꾸만 들려왔다. 하지만, 발도 들여놓지 말라고 소리 지르며 문전 박대할 것만 같아 도저히 그럴 용기가 나질 않았다.

며칠 지나면 잊어버려 괜찮겠지 했는데 며칠이 지나도 여전히 파도처럼 더 강하게 밀려왔다.

"뭐, 사목을 하다 보면 이런 일도 있고, 저런 사람도 있는 것이지 그걸 어떻게 비위를 다 맞춰 가며 사나? 그러니, 까짓 거 속상해 할 필요도 없어! 난 이렇게 너무 마음이 약한 게 탈이란 말이야!"

다 이해받지 못하고 사는 것! 사제 생활이란 으레 그런 것 아니겠어? 그러니 빨리 잊어버리고 이제 그만 새 일을 찾아 나서자…!

그런데 고개를 가로젓고 그냥 지나치려 해도 그럴수록 이상하게도 더욱 생생하게 떠오르고, 뒤로 미루려 할수록 더 무거운 짐으로 다가왔다. 물론 그 대신, 그 신영세자가 주님의 품 안으로 다시 돌아오도록 기도는 열심히 드렸지만 그것만 가지고는 어쩐지 찜찜하고 속이 후련하질 않았다.

"그리스도께서 가르쳐 주신 사랑은 우리가 사랑을 받아 느끼는 데에 있는 게 아니라 비록 내 마음에 들지 않더라도 그를 사랑해 주려는 의지, 즉 결심에 있는 것이니라." 하시는 소리도 계속 들려왔다.

견디다 못한 나는 이번엔 그녀가 아니라 나의 그 알량한 자존심을 꺾는 아주 작은 죽음을 용기 있게 선택할 수 있도록 도와주십사 기도드렸다. 그리고 드디어 결심했다.

겁쟁이인 나는 입심 센 레지오 단원 자매님들을 골라 그들로 하여금 나를 호위하게 하면서 그 냉담자를 찾아갔다.

웃는 얼굴에 침 못 뱉는다는 말이 기억나, 먼발치에서 그녀를 보자마자 미소부터 환히 지으면서 "그동안 보고 싶었어요."라고 반가운 척 살갑게 인사했다. (그거 보면 나도 두 개의 얼굴을 가졌구나! 아이 창피해라. 이따가 잊지 말고 꼭 지워야지.^^*)

"내가 잘못한 것 모두 다 용서해 주시고요."라고도 했다. 그리고 손도 잡아 줬다. 따뜻했다. 그녀도 내 걱정과는 달리, 반가이 나를 맞아 주면서 그동안의 사연을 이렇게 말했다.

고해 때, 앞서 들어가신 할머님께서 큰 소리로 야단맞는 것 같아 무서워 고해성사를 안 하고 집으로 돌아왔는데 그동안 다른 일 때문에 성당에 못 나오다가 레지오 단원들의 방문을 받고 졸지에 핑계를 그렇게 댔었노라고 했다. 그리고 오히려 신부님께 누를 끼쳐 죄송하니 용서해 달라고 하면서 앞으로 성당에 잘 나가겠노라고 말했다. 그녀에 앞서 내게 야단맞으셨다는 할머님께서도 옆에서 거들어 주셨다.

"이 늙은이가 글쎄, 귀가 나쁜 데다 성가 연습 소리 때문에 보속 주시는 말씀을 뭔 소린지 통 못 알아듣겠거든. 그래서 나도 신부님께 크게 말씀해 달라고 같이 소리를 질렀던 거라오." 하셨다. 사실이 그랬다.

그녀를 비롯해 같이 갔던 자매들이 그제야 고개를 끄덕였다. 싫지만 방문하기를 정말 잘했다는 생각이 들었다.

오랜 체증이 가신 것처럼 속이 후련하고 사제관으로 돌아오는 내 발걸음은 날아갈 것처럼 사뭇 가벼웠다.

하느님!
나, 잘했지요? 여러 사람 부활시켜 주셔서 감사합니다.
하느님께 영광! 하느님께 감사!

(2007. 4. 5.)

물개 신부

군종신부로서 전방에 근무하면서 어느 성당에 기거하고 있을 때였다. 나는 그곳 어린이들, 특히 중학생 녀석들에게 인기가 있었고 선망의 대상이기도 했다.

아마도 그건 내가 원래 남자답게 잘생긴 탓(?)도 있겠지만 계급 높은 장교분들이나 연로한 본당 교우들까지 깍듯이 대접해 주는 것이 퍽 부러웠던 것 같다. 주일미사에 나오는 그 씩씩하고도 늠름한 군인 아저씨들이 내 말 한마디에 행동 체계가 서는 모습을 볼 때 더욱 그랬을 것이다.

그리고 간혹 섞여 있는 미군들조차도 나에게 존경을 표시했고 내가 서툴게나마 그들과 한두 마디 주고받으며 웃는 것을 볼 때, 영어도 유창한 줄로 알고 그들 딴에는 내가 아주 만능 재주꾼으로 보인 모양이다.

사실… 나도 어떤 때는 번쩍이는 다이아몬드 대위 계급장을 어깨에 단 군복 차림으로 꼬마들을 지프차에 태우고 초소 앞을 지나게 되면 부동자세를 취한 헌병 아저씨로부터 "충성!" 하고 외치는 큰

구호와 함께 씩씩하고도 절도 있는 거수경례를 받곤 했는데, 그때마다 괜히 으쓱해지는 기분이 들기도 했다. 뒤에 탄 녀석들이 틀림없이 봤을 테니 나중에 친구들한테 좀 떠들어 주었으면 하는 은근한 바람도 있었다.

그러던 어느 주말 오후, 녀석들이 우르르 내 방으로 몰려왔다. 연유인즉, 저희들끼리 서로 내가 무슨 운동을 잘하는지 알아맞히기 내기를 했던 것이다.

"신부님은 무슨 운동을 잘하시죠?"

"응… 난 말이야…. 어, 저 스케이트 있지? 그거 잘 타지."

나는 얼버무려 위기를 잘 모면했고 그들의 내기는 결국 시시하게 끝나 버렸다.

얼떨결에 대답한 것이지만 퍽 잘했다고 생각했다. 왜냐하면 배구나 탁구라고 하면 당장 시험해 볼 것 같았기 때문이다.

시시하게 끝났다고 생각한 것이 나의 큰 실수였음을 깨달은 것은 그해 겨울 어느 추운 날이었다.

얼음을 지쳐 보고 싶은 충동을 억제치 못하고 성당 근처 스케이트장엘 갔다. 워낙 오랜만이라 자신이 없고 타인이 의식되어 망설여졌지만 이렇게 대충 둘러보니 다행히 아는 교우들은 없는 것 같아 용기를 냈다.

그러나 번번이 곰처럼 둔하게 "쿵!" 하고 얼음 위에 엉덩방아를 찧으며 나자빠지곤 했다.

그런데 갑자기 저쪽에서 "와하하하!" 하고 웃는 소리가 나더니 한 떼의 까마귀 모이듯 녀석들이 모여들었다. 그들에게 들킨 순간 나는 그만 홍당무가 되어 버렸다.

그동안 어느 구석에선가 나의 일거수일투족을 다 지켜보았을 것을 생각하니… 얼굴이 화끈거렸다. 나는 엉금엉금 기다시피 밖으로 나왔다.

그러나 녀석들을 향해선, 웃어른의 실수에 그렇게 크게 웃어 대는 것은 버릇없는 짓이라고 아주 준엄하게(!!) 나무랐다. 그리고 또 엄포도 놓았다.

"지금 너희들이 본 것은 없었던 걸로 해! 너희는 아무것도 못 본 것이다. 만일 이 사실을 다른 애들한테 얘기한다거나 집에 가서 얘기했다가 나중에 나한테 알려지면 그냥 놔두지 않겠다. 알겠나?"

그렇다고 그냥 물러나기엔 자존심이 허락지 않았다.

"얘들아! 사실 내가 진짜 잘하는 것은 수영이란 말이야, 수영! 그건 내가 기차게 하는 건데 지금 당장 보여 줄 수 없는 게 정말 안타깝구나! 내 과거 학창 시절의 별명이 뭔 줄 모르지? 뭐였겠어? 물개, 물개였단 말이야!"

나는 주먹을 불끈 쥐었다. 그리고 한편으론 만일의 경우를 위해 회유책도 썼다.

"자, 가자! 포장마차 오뎅 집으로…."

녀석들은 약속을 꼭 지켜 줄 것을 다짐하는 대신 내 주머니 사정은 통 봐주지 않았다. 그야말로 톡톡 다 털렸다.

내가 그때 수영만큼은 잘할 수 있다고 자신 있게 강조한 것은 여름이 오기 전에 다른 부대로 이동될 예정이었기 때문이었다.

그런데 된다던 이동은 되지 않았고 그해 여름을 그만 거기서 맞게 되었다.

무더운 여름 어느 날 본당신부님께서 중학생들을 데리고 물가에 가서 하루를 즐기고 오라고 분부하셨다. 나는 울며 겨자 먹기로 아이들을 데리고 강가로 갔다.

실은 고1 때 수영으로 한강을 왕복한 적은 있었지만 공교롭게도 이땐 오른쪽 어깨를 다쳐 힘들 때였지.

녀석들 성화에 못 이겨 수영복은 입었지만 옷을 봐 준다는 핑계로 그들이 수영할 땐 물에 들어가지 않고 그들이 나왔을 때만 혼자 물에 들어가 수영을 하는 것처럼 왼팔로 물을 가르며 다리론 빨리빨리 걸어가지 않았겠나?

녀석들이 잘 속는 것 같았다.

그래서 속으로 '바보 같은 녀석들…' 하면서 더욱 멋져 보이는 폼으로 더욱 빠르게 걸었다. 그러다 그만 실수로 깊은 곳으로 미끄러져 아주 잠시 허우적거렸다.

사람 살리라는 소리는 차마 못 지르고, 단지 "어, 어!" 소리만 내며 그만 물을 꼴깍꼴깍 먹었다. 양반은 물에 빠져도 개헤엄은 안 친다는데…. 체면이 말씀이 아닌 웃지 못할 희극을 연출했지만, 요행이 목숨은 부지했다. 그런데 녀석들이 그만 그것을 보고야 말았다.

그때 둘러섰던 녀석들이 놀리듯이 말했다.

"신부님, 물개는 원래 물을 잘 먹잖아요. 그리고 이곳엔 포장마차 오뎅 집도 없으니 안심하세요."

이 일이 있은 후, 성당 마당에서 노는 아이들 가운데는 나를 보면 괜히 싱글싱글 웃는 녀석들이 많아졌다. 야, 저기 "물개 신부" 온다 하는 것 같았다.

나는 신경이 쓰여 "야! 임마, 왜 웃어?" 하면 "신부님, 제 마음대로 웃지도 못한답니까요? 아~무것도 아닙니다요. 너무 신경 쓰지 마세요!" 한다.

녀석들이 능청을 떨어도 나는 꼼짝 못하게 되었다.

실속 없는 겉치레, 그놈의 허세 때문에 얼렁뚱땅 당장을 모면하려고 내 깐엔 한두 번 **잔꾀**를 부린 것이 그만, 나를 이 지경까지 몰아가다니….

그러니 사랑하는 여러분!

나처럼 이런 일이 없도록, 제발 허세와 거짓 속에 무거운 짐이 아니라 진실 속에 마음 편히 살아갑시다요.^^*

그럼 주님 안에 좋은 한 주간 보내시기를….

신부가 먹어야 할 밥

풋내기 보좌신부 시절이었다.

부임한 본당은 신자 수가 7천5백여 명이나 되는 큰 본당이었으나 신부 된 지 얼마 되지 않은지라 경험도 없고 해서 일을 좀 배워서 할 생각으로 얼마 동안 관망하기로 했다.

그랬더니 무슨 젊은 신부가 일을 안 하느냐는 소리가 들려왔다. 그래서 부지런히 일을 하다 보니 10개가 넘는 단체를 맡아 지도하게 되었다.

본당신부님은 옛날에 일을 열심히 하셨을 거고 지금은 연로하신지라 아무래도 힘든 일은 젊은 내가 도맡아 하는 것이 도리라고 생각했기 때문이다.

그랬더니 이번에는 웬 젊은 신부가 혼자서 설치느냐는 소리가 들려왔다. 좀 힘들었지만 그래도 열심히 했다. 이런저런 일로 바쁜 와중에 그래도 청년 레지오에 강복만이라도 주기 위해 갔는데, 단장이라는 친구가 "왜 청년 회합에 자주 안 들여다보시느냐?"면서 언짢은 말을 해, 난 그때 불끈 화가 났지만 억지로 참으며 "돼지 엄마가 젖이 열서너 개밖에 안 되는데, 새끼를 이십 마리도 더 낳았어. 그래서 마음처럼 다 잘 돌볼 수가 없어. 미안해!" 말은 그렇게 부드럽게 했지만 몹시 속상했다.

  판공성사 때는 너무 피곤해서 고해소에서 그만 깜박 졸기도 하여 "안에 신부님 계신가요?" 하는 고해자의 노크 소리에 깜짝 놀라 깬 일도 여러 번 있었다. 사실은 그렇게 깨우기까지 몇 사람이 거쳐 갔는지도 모른다.
  내가 그렇게 열심히 성사 주려고 했던 이유는, 언젠가 레지오 활동 보고에서 들었는데, 어떤 시들시들한 교우가 권유에 의해서 마지못해 성사 보러 왔다가 공교롭게도 자기 앞에서 끊어지기를 세 번씩이나 하여 "예 에라." 하고 홧김에 그냥 또 돌아가 그 후 7년 동안이나 냉담했었다는 얘기가 생각났기 때문이었다.

  당시 콩나물 같은 만원 버스, 중간에 내려 성당에 왔다가 다시 집에 가기 위해 타려면, 그야말로 지옥에서의 결투 같은 상황이었는데 그걸 세 번씩이나 그랬다니 화날 법도 했다.
  그래서 비록 식사 때가 되어 허기가 져도 한 사람이라도 더 고해성사를 주려고 노력했다.

  어떤 때는 고해 도중에 식사하러 오라는 전갈을 몇 번씩이나 받기도 했다. 가 보면 본당신부님께서 그때까지 식사를 안 하시고 나를 기다리고 계시곤 했다. 죄송했다.

주방 아주머님께서 찌개를 데워 오기를 여러 번 하셨다는 것을 알곤 또 미안한 마음이 들기도 했다.

그래서 고해성사를 중단하고 식사를 하러 가자니 고해자가 곧 냉담하여 성당에 다신 안 나올 것 같아 근심이 되고 그래서 식사를 뒤로 미루고 성사를 계속 드리자니 식복사 아주머님과 식탁 앞에 계속 앉아 기다리실 본당신부님의 얼굴이 자꾸만 떠올라 불안했다.

이런 상황에서 식사를 허겁지겁 대충하고 고해소로 가는데 어떤 자매님이 나를 보곤 "신부님, 성사 좀 안 주세요?" 하신다.

나는 얼떨결에 그만 "아니 이제까지 쭈~욱 성사를 주다가 잠깐 식사 좀 하고 오는 길인데 같은 값이면 '신부님, 성사 좀 주시면 고맙겠습니다.'라고 하시면 얼마나 좋겠어요."라고 그랬다.

그래 놓곤 나도 깜짝 놀라 즉시 내 입에 손을 갖다 대면서 "죄송합니다."라고 사과했다.

물론 그 부인의 그런 말이 무슨 감정을 가지고 하는 말은 아닌 줄은 잘 알면서도 판공 때라 정신적으로나 육체적으로 몹시 지치고 신경이 예민해져 있었던 데다 나름대로 이 눈치 저 눈치 다 보며 최선을 다하는데도 그 마음을 헤아려 주지 않는 것 같아 몹시 서운했었나 보다.

그런 일이 있고 얼마 후 젊은 신부가 벌써부터 성사 주는 걸 싫어하고 밥 한 끼도 희생하지 못한다는 얘기가 들려왔다.

교우들의 이런저런 불평의 소리를 들으면서 "사제 생활이란 죽을 때까지 정말 이런 생활의 연속인가?" 하고 순간적으로 회의를 느끼고 슬픔이 울컥했다. 교우들도 미웠다.
 그러나 이제 며칠 지나면 성탄이기에 나도 아기 예수님을 잘 맞이하기 위해 교우들을 사랑하지 못한 데 대해 고해성사를 보고 예수님께 용서받고 싶었다.

 마침 성당 옆에 은퇴하신 노(老)사제가 살고 계셔서 그분께 찾아가 고백했다.
 눈물을 글썽거리며 말씀을 아뢰었더니 신부님이 갑자기 껄껄 웃으신다. 난 내 말씀을 잘못 알아들으셔서 그러신 줄 알고 더 큰 소리로 말씀드렸다. 그랬더니 신부님께서 이번에는 "아니, 무슨 신부가 밥을 안 먹으려는 신부가 다 있어, 참!" 하신다. 그 순간 난 '아, 노망든 신부님께 내가 잘못 찾아왔구나!' 하는 생각이 퍼뜩 들었다. 그래서 그냥 얼른 일어나려는데 "게 앉아!" 하신다.
 그러시더니 내 등을 어루만져 주시면서 "아, 이 사람아, 신부가 일생 먹고 살아야 할 밥은 신자들의 불평이야. 그건 어떻게 보면 신부에 대한 바람이요 관심 표명이지. 그래도 신자들이 신부를 찾을 때가 좋은 거야. 그래서 교회는 살아가는 거야! 그러니 용기를 잃지 말고 젊은 사람답게 열심히 뛰어." 하셨다. 평생 잊을 수 없는 고해성사였다.

 사실 지금도 부족한 점이 많지만… 그래도 사제 생활의 연륜이 부피를 더해 가고 있는 것은 비평과 불평보다는 바로 더 많은 신자들의 따뜻한 배려와 성원이 오늘도 크게 힘이 되어 주고 있기 때문이리라.

광장동 교우 여러분! 그리고 모든 어버이 여러분!
축하하고 사랑해요.…^^*
옛날에 썼던 글이에요.
얘기를 들어 보니 사제, 수도자인 저희들이 조금 흡족하게 해 드리지 못한 게 있어도 이젠 눈감아 주실 거죠?^^*

고맙습니다. 오늘 어버이날 꽃 달아 줘 고맙고요~ 저도 꽃 한 송이 드립니다. 기쁘게 받아 주세요.
그럼 주님 안에 즐겁고 좋은 시간들 보내세요….

(2007. 5. 8.)

봉사자의 묵상

1. You did not choose me, I chose you(John 15, 16).
"너희가 나를 뽑은 것이 아니라 내가 너희를 뽑아 세웠다."

봉사, 그것이 누구의 제안이었든 그것은 주님의 부르심임을 기억하고 그분의 기대 한가운데에 내가 있다는 것, 이것의 의미를 깊이 되새겨 봅시다.

2. They do not belong to the world(John 17, 16).
"이 세상에 속하지 않은 사람들이다."

그분의 제자의 정의는 이 세상에 살면서 이 세상 사람들과는 다른 사람들이어야 한다는 것입니다. 무엇이 어떻게 달라야 할지 곰곰이 생각해 봅시다.

3. so that the world will believe that you sent me(John 17, 21).

"그러면 아버지께서 나를 보내셨다는 것을 세상이 믿게 될 것이다."

봉사자, 그는 자신의 삶 속에서 세상에, 구원과 희망 자체이신 예수님을 보여 주며 살아가는 사람입니다. 그래서 사람들이 그분과 아버지의 사랑을 느끼게 해 주는 사람입니다.

4. "Simon son of John, do you love me more than these others do?"(John 21, 15).
"요한의 아들 시몬아, 네가 이 사람들이 나를 사랑하는 것보다 더 나를 사랑하느냐?"

지난날의 잘못과 현재의 부족함에 전혀 개의치 않으시고 다만, 다른 사람들이 당신을 사랑해 드리는 것보다 더 사랑해 드리려 하는지만 묻고 계십니다. 더 많은 기도, 더 많은 인내와 용서, 더 많은 선행 등등 그러나 물론 양도 좋지만, 보다 더 뜨거운 사랑을 가지고….

5. "He must become more important while I become less important"(John 3, 30).
"그분은 더욱 커지셔야 하고 나는 작아져야 한다."

영광의 주인공이 내가 아니라 그분이셔야 함을 늘 잊지 말아야 할 것입니다. 그래서 봉사자는 칭찬받을 때나 혹은 열심히 일하고도 이해받지 못할 때 너무 좋아하거나, 슬퍼하지 않는 이유가 그래서이기 때문입니다.

6. "My son", the father answered "you are always here with me and everything I have is yours"(Luke 15, 31).
"얘야, 너는 늘 나와 함께 있고 내 것이 모두 네 것이 아니냐?"

아무리 잘해 드려도 아버지는 아무것도 모르시는 것처럼 조용히 계셨으나 이미 다 알고 계셨고 당신의 모든 것을 다 내어 주실 마음을 진작부터 갖고 계시던 아버지셨습니다.

7. Be happy and glad, for a great reward is kept for you in heaven(Mt 5, 12).
"기뻐하고 즐거워하여라. 너희가 받을 큰 상이 하늘에 마련되어 있다."

그러니 봉사자 여러분! 기뻐하십시오…. "전 못합니다." 한마디만 하면, 편하고 쉽게 지낼 텐데… 주님의 사랑 때문에 그만, 그 말을 못하고 봉사자의 길을 받아들여 오늘도 묵묵히, 그렇지만 기쁘게 봉사하시는 사랑스러운 우리 봉사자 여러분께 감히 주님을 대신해 감사와 사랑을 전해 드립니다.

사랑하는 교우 여러분! 지금 밖에 비가 주룩주룩 내리고 있네요. 흐르는 곡은 Una Furtiva Lagrima(남몰래 흐르는 눈물)입니다. 묵상도 하시고 명곡도 감상하시면서 사순 시기 잘들 보내세요.^^*

(2010. 3. 14.)

즐거운 추석날의 기도

아침 식사는 늘, 책상에서 간단히 한다. 추석날 아침도 그랬다. 송편과 함께 작고 예쁜 카드가 가지런히 놓여 있었다.

《사랑하는 신부님, 추석 축하드립니다.
송편과 함께 신나는 민요 가락을 보내 드리오니
Email을 한번 열어 보세요.
저희 가족이 엊저녁에 신부님 생각하면서 빚은 거랍니다.
누가 빚은 건지 한번 알아맞혀 보세요. 저희들끼리 내기를 걸었답니다.
이러면 안 되는데요.…^^*
살짝 힌트를 드리면요, 작은 건 딸이, 좀 크고 투박해 보이는 건 아이 아빠가, 그리고 저 닮아서 예쁘고^^* 잘 다듬어진 건 제가 빚은 거랍니다. ㅎㅎㅎ
저희 가족의 사랑과 정성이 가득 담긴 겁니다.
그럼 맛있게 잘 잡숫고 건강하세요.

신부님께 사랑받는 가족 스테파노, 레지나, 로사 드림》

카드를 읽고 난 나는 어느새 학이 되어 흥겨운 노랫가락에 맞추어 어깨를 들썩이고, 팔을 휘휘 저으며 집무실을 한 바퀴 돌 때마다 떡 한 개씩 집어 먹고 있었다. 그런데 접시가 비어 갈 무렵 벨 소리에 그만….

그때까진 이마에 땀이 송송 맺혀 있는 줄도 모르고 내가 열여섯 살 소년인 줄만 알고 있었다…. 그리고 더 이상 송편이 아니라 스테파노, 레지나, 로사 가족의 사랑을 먹고, 하나가(요한 17, 11) 되어, 평화에(요한 14, 27) 취해 있었음을 그제야 깨달았다.

* * *

좋으신 주님!

감사드립니다. 그리고 비록 짧은 순간이지만 그렇게 맑고 아름답고 즐거운 아침을 선물한 스테파노, 레지나, 로사와 그 가정에 당신이 "너희가 그리스도의 사람이기 때문에 너희에게 마실 물 한잔이라도 주는 이는, 자기가 받을 상을 결코 잃지 않을 것이다."(마르 9, 41)라고 약속하신 그 상을 듬뿍 내려 주소서. 아멘.

여성 꾸리아 연차 친목회

여성 레지오 연차 친목회 행사 사진을 보면서 너무 재미있어 혼자 웃고 있는데 먼저 성당 자매님들이 왔습니다. 얼른 책상 위에 널브러진 사진들을 치워 서랍에 쓸어 넣는데 "어머, 신부님, 뭘 보고 그렇게 혼자 좋아하세요? 빨리 치우시는 걸 보니, 아마 옛날 애인 사진인가 봐요? 어디 우리도 좀 보여 주세요." 합니다.

"아, 그래요. 내 애인들이에요. 못 보여 줄 것 없지, 뭐!"

(오나가나 여성들은, 그저 의심투성이인가 보다.^^* 아니, 내가 무슨 말을 하고 있는 거야, 지금! 큰일 나려고….)

사진을 보는 그녀들도 깔깔대며 "으~음, 요렇게 재밌는 걸 글쎄 혼자만 보시다니…. 우리도 좀 진작 초청해 주시지 그러셨어요." 합니다.

아닌 게 아니라 시간이 많이 흐른 지금도, 그날만 생각하면 절로 웃음이 나오고 암튼 즐거워집니다.

출연한 자매님들, 어쩜 그렇게 한결같이 모두 예쁘고 사랑스럽고 멋지고 재치 덩어리인지… 정말 놀랐어요.

워낙 분장을 잘해 영락없는 옛 각설이에, 그 구성진 타령 등 노래면 노래, 춤이면 춤, 이건 완전 프로…. 있지요, 왜! 플라멩코 춤을 출 때엔 스페인 어느 마을에, 현란한 하와이언 춤과 감미로운 노래엔 남태평양 어느 군도의 달밤에 미인들 틈에 나 홀로 둘러싸여 있는 듯한…. ㅎㅎㅎ

한마디로 난 선녀를 훔쳐보는(?) 행복한 나무꾼이었지요.^^* 적절한 표현인가?

너무 재밌어 혼자 밥 먹다가도 웃고, 기도하다가도 웃고, 그날 저녁엔 이불 속에서 자다가도 혼자 웃을 정도였으니…. 특히 날 사랑한다며 육탄으로 달려온(살짝 간? 역할) 그 자매님만 생각하면….

사람들은 깔깔대고 웃고, 나는 점잖은 척 미소만 지었지만 실은 그래도 기분은 아주 썩 괜찮았지….^^* ㅋㅋㅋ

수녀님께서도 "오늘 저녁엔 혹시 내 배꼽 찾아 달라고 오시는 분들이 꽤 많을 것만 같아 꼭 문단속 잘하고 자야겠네요."라고 말씀하실 정도였으니….

연례행사니까 뭐, 하면서 형식적으로 대충 넘어가지 않고 성모님 찬미와 모든 이들의 즐거운 단합을 위해 일구월심, 그야말로 한 가지 일이라도 신앙 안에 최선을 다해 준비하는 그 뜨거운 신심과 열정 그리고 그런 분들과 함께 있다는 사실이 그 무엇보다도 본당신부로서 다시없이 고맙고 흐뭇했습니다.

행사 끝마무리 때 난 이렇게 격려했습니다.

"이렇게도 재주가 많으신 분들인 줄 난 미처 몰랐어요. 한 번 공연으로 끝내기엔 너무 아까워요. 괜찮으시다면 성탄날 밤에 옆집에 계신 교구장대리 주교님 뫼시고 정식으로 한 번 더 즐거운 시간을 가질 수가 없을까요?

여하튼 준비 많이 하시고 수고들 참 많으셨습니다. 우리 성모님께서도 많이 웃으시고 즐거워하셨을 거예요.

감히, 성모님 대신해서 제가 여러분께 감사드립니다.

아 참, 그리고 남성 꾸리아 행사도 기다려지네요."

이렇게 은근히 아빠들 경쟁심에도 불을 붙였지요.

"아마 본당신부가 굉장히 좋아하고 칭찬했다는 소식이 들어가면 그분들께서도 고심들 하실 거예요. 그렇지만 잘들 하시리라 봅니다. 워낙 실력 있는 본당이니까요. 그럼, 우리 모두 기대해 봅시다. 여러분! 제 말이 맞지요?"

레지오 단원은 나의 거울

　신앙이 없는 이들은 자신들이 노력하고 열심히 일한 힘으로 살아가는 줄로 생각한다.
　그러나 믿는 이들은 전체 생활과 생명의 주관자는 역시 하느님이심을 명심하고 살아간다.

　탈출기 16장을 보면 이집트를 탈출해 나온 백성들이 먹을 것이 없다고 불평한다.
　하느님께서는 그들을 측은히 여기사 기적을 통해서 백성들에게 하늘의 음식을 허락해 주시면서 다음 날 먹을 것까지는 절대로 챙겨 두지 말라고 명하신다.
　그러나 사람들은 불안과 욕심 때문에 그 말씀에 따르지 않고 다음 날 것까지도 챙겨 두었다. 세상 식으로 생각하면 분명 지혜로운 일이다.
　그러나 챙긴 것은 다 썩어 버려 냄새가 나 도저히 먹을 수가 없게 되어 있었다고 한다(탈출 16, 19~20).

이는 내일을 준비하는 마음이 나쁘다든지 아니면 하루만 잘 살라는 그런 얘기가 결코 아니다.

하느님은 생명의 주관자로서 우리가 우리 자신을 생각하는 것보다도 더 우리를 걱정하고 생각해 주시는 분이시라는 것, 그리고 하루란 지금 내가 누리고 있는 시간, 나와 함께하고 있는 사람, 사건 그 모든 것들이, 사실은 다 그분의 허락하심 안에서 이루어진 것이기에 그 의미를 깨닫고 그래서 하느님께 온전히 의탁하고 감사하며 나와 이웃들에겐 즐거움, 그분에겐 영광을 돌려 드리는 그런 시간들이 되도록 최선을 다하며 살아가야 할 다시없이 소중한 날이라는 것을 일깨워 주고 있다.

그래서 주님을 따르는 이들이 자기도 어려우면서 시간, 재물 등 자기 것들을 이웃과 나누며 (내일을 생각하면) 근심 걱정을 느낄 수 있는 그런 상황에서도 평화를 누릴 수 있는 것은 다름 아니라 하느님의 사랑과 그 섭리하심에 대한 훌륭한 믿음이 있기 때문이다. 이러한 믿음의 모습을 자신의 삶을 통해 아직도 하느님과 하루 삶의 가치와 의미도 모르기에 극히 이기적으로 살아가는 사람들에게 올바른 가치관을 심어 주고 하느님과 그분의 사랑을 전해 주는 이들이야말로 참다운 주님의 사람, 주님의 제자인 것이다.

레지오 단원들을 보면 신심과 활동을 통해 바로 그런 사람이 되려고 노력하는 사람들임이 분명하다.

회합 때 너무 피곤하여 꾸벅꾸벅 졸고 있는 형제, 아니 끝 무렵에라도 허겁지겁 와서 저녁 빵 봉지를 옆에 끼고 선 채로, 정성스럽게 기도하는 형제를 보면 정말 존경스럽고, 비록 짧은 순간이지만 말

없이 하느님의 축복을 빌어 드린다.
 이런 형제들을 하느님과 성모님께선 어떻게 보실까? 아마 틀림없이 예쁘다고 하시겠지….

 그분들의 신심을 보면서 부럽고 나도 과연 저렇게 나의 사목 생활에 최선을 다하고 있는지 되돌아보게 된다.
 그래서 레지오 회합 시간은 이렇게 나 자신을 되비쳐 보는 거울, 유익한 성찰의 시간이기도 하다.
 단원 여러분들께 진심 어린 사랑과 존경과 격려의 박수를 보내 드린다.

 사랑하는 형제자매 여러분!
 레지오에 입단 많이 하시고요, 주님 안에 좋은 시간들 보내세요.^^*

절대 명의

"생각해 보면 말이여, 명의를 만난다는 것도 복이여. 그래야 오래 사니께…."
"맞아요. 그래서 우리가 그 먼 시골서 예까지 힘이 들어도 오는 것 아니겠어요!"
"고마워, 여보…."
"하지만, 아무리 명의인들 어쩌겠어요? 술, 담배가 당신한테 그렇게 나쁘다는데 아직도 그걸 끊지 못하고 계시다니…."
"…그리여, 내 한번 해 볼게, 새해부텀…."

할아버지께서 할머님 손을 꼬옥 잡아 주셨습니다.
병원 대기실에서 들은 노부부의 대화 한 토막이었습니다.

성령으로 세례를 주시고 세상의 죄를 없애 주시는, 그래서 절망에서 희망을 주시는 분, 아니, 내가 먼저가 아니라 정말 고맙고 복되게도, 하느님이 먼저 내게 별을 보내 주시어 알아보고 만날 수 있도록 주선해 주신 그분, 하느님의 어린양, 명의 중의 절대 명의이신 예수님!

그런데도 아직 난 예수님의 간곡한 가르치심과는 달리, 그분을 만나기 전의 옛 생활(에페 4, 22)에서 벗어나지 않고, 그대로 머물러 시들한 채, 영이 아름답고 강건해지는 희망찬 새 생활을 도무지 못하고 있는 것은 아닌지!

"…그리여, 내 한번 해 볼게, 새해부턴…."이라고 하신 할아버지처럼,

…그럽시다. 우리도 한번 해 봅시다! 새해부턴… 성경 열심히 읽고 쓰고, 그룹 성경 공부도 하고 아침저녁 기도 삼종기도 묵주기도도 꼬박꼬박하고 고해성사 자주 보고 평일 미사도 하고… 쉬는 교우와 비신자 적어도 한 명은 내 권유로 회개, 입교시키고… 그리고 또 뭐가 있나요? 아, 신심 단체에 가입해서 활동도 하고 어려운 이웃과 함께하는… 그런 새로운 신앙생활을 선물로 드려 명의를 과연 명의답게 인정하고 만들어 드리는 뜨거운 신자가 되어 봅시다.

사랑하는 교우 여러분!
그럼, 주님 안에 즐거운 한 주간 보내세요.^^*

주님의 공현축일에

"우리 교우들은요"

사랑하는 교우 여러분! 안녕들 하세요?
이젠 완연한 봄이네요.
희망찬 봄을 맞아 주님 안에 모든 일이 다 잘 풀리시길 바랍니다.

혹 이런저런 이유로 주님과의 관계가 소원한 분들이 계신다면 더 이상 미루지 말고 판공성사로 주님의 사랑받는 열심한 자녀로 다시 태어나는 사순 시기의 거룩한 봄이 되었으면 좋겠습니다.
열심한 분은 더욱 열심해지시고요…. 그리고요, 우리 본당 교우 분들은 모두 모범 신자분들이시지요.*^^*
왜냐하면요,
 1. 성전에 들어오시기 전에 핸드폰을 끄신답니다.
 2. 맨 앞에서부터 빈자리 없이 차례차례 앉으시고,
 3. 매일 미사 책도 꼭 가지고 다니시지요.
미사 시간 중에는 (특히 독서와 강론, 공지사항 때) 주보를 절대 읽지 않으신답니다. 그리고

4. 자매님들은 미사보도 꼭 쓰고 미사 참례하셔서 더욱 예쁘시고,
  5. 영성체 땐 큰 목소리로 "아멘." 하고 응답하시지요.
  그리고 또 있답니다.
  6. 미사가 끝난 후엔 아직 성당에 남아 묵상하시는 분들을 위하여 아주 조용히들 나가시고,
  7. 매일 아침저녁 기도, 삼종기도, 묵주기도는 기본이고 심지어 성직자들의 성무일도 기도를 바치시는 분들이 점점 늘어나고 있답니다. 어때요? 제 말이 모두 맞지요?*^^*

  그리고요, 교무금에 대해서 한 말씀 드리면요, 이미 다들 잘하고 계시지만 그것은 신자로서 져야 할 당연한 의무랍니다(교회법 제222조).

  성경에 보면 "너희는 해마다 밭에서 나는 모든 소출의 십분의 일을 떼어 놓아야 한다."(신명 14, 22)라는 주님의 명에 따라, 이스라엘 백성은 쓰고 남은 것을 형편에 따라 주님께 바친 것이 아니라 다른 곳에 쓰기 전에 먼저 하느님의 몫으로 떼어 봉헌했답니다.
  그들도 사람이기에 다른 곳에 쓰고 싶고 아쉬운 마음이 왜 없었겠습니까? 그래도 그들은 그렇게 철저히 지켰답니다.
  아쉽고 때론 아깝고, 아프기까지 하지만 먼저 하느님 몫으로 떼어 놓는 것, 그것이 바로 거룩한 믿음의 행위요, 그것이 바로 참된 봉헌이기 때문이었습니다. 그래서 하느님은 그들의 봉헌을 기쁘게 받아 주셨고 그들을 마음껏 축복해 주셨답니다.

사랑하는 교우 여러분!

여유 있는 몇몇 사람이 교무금과 헌금을 많이 내서, 혹은 교우들 숫자가 많아, 성당이 그럭저럭 유지되어 아무 문제가 없다 하더라도 그보다는 비록 가난한 이들이 많아 그 액수가 적어, 성당 운영이 다소 어려워도 그분의 사랑을 느끼고 그분께로 향하는 신심에서 최선을 다해 그분의 것을 먼저 떼어 놓는 사람들이 많아지는 것을, 하느님께선 오히려 더 좋아하시지 않을까 생각합니다.

그렇다면, 우리도 교무금이나 헌금의 액수를 금액의 많고 적음을 떠나 주님의 것을 먼저 떼어 놓는 그런 깊은 신앙 안에서 결정해, 봉헌해야 하지 않겠습니까?

물론 요즈음 어렵지만, 그래도 교무금만큼은 그처럼 정성스럽게 봉헌함으로써 그로 인해 오는 어떤 생활의 불편함과 모자람을 느끼면서도, 신앙 때문에 오히려 그를 기쁘게 감수한다면 그것이야말로 저 가난한 과부의 헌금처럼 참신앙이며 주님의 칭찬과 축복을 듬뿍 받게 될 진정한 봉헌이 될 것입니다(루카 21, 1~4).

아무쪼록 여러분과 가정에 하느님 은총 충만하시길 기원합니다.

2009년 봄 사순절에….

(2009. 3. 25.)

"축하합니다"
—첫영성체 어린이들, 축하해요

  오늘 첫영성체한 73명의 어린이 여러분과 그 부모님들, 축하드려요. 한마디로 전례 내내 흐뭇하고 정말 기분 좋았답니다.
  첫영성체 교리를 위해 주일학교 보내 달라는 말씀을 들었을 때 솔직히 애들 과외 때문에 많이 망설이셨지요? 그리고 달달 외우느라 애쓰는 애들을 보면서 안쓰러워 역시 힘드셨지요? 내, 다 알지요.^^*
  그래도 힘든 결정을 해서 첫영성체 반에 보내신 것 아주아주 참, 잘하신 거예요. 그런 어머님들을 보면서 저도 예쁜 마음이 드는데 하느님께선 오죽하시겠어요? 하느님께서 틀림없이 상 많이 주실 거예요.
  그런데 지난번에 보니까 교리 시간에 늦을까 봐 엄마가 아이의 손을 꼬옥 잡고 함께 달려오다 그만 "쾅!" 하고 앞으로 넘어지는데 나도 모르게 "아이쿠!" 그랬지요. 그런데 그 소리가 너무 컸던지 어머니께선 아픈 가운데서도 좀 부끄러워하셨어요.

"미안하고요.^^*"
그런데 그 짧은 순간에 이런 생각이 스쳐 지나가더군요.

젊은 어머니시여, 정작 부끄러워할 사람은 나요.
아이 때문에 넘어진 어머니, 당신이야말로 정말 존경받을 만하답니다. 왜냐하면, 지금 시대가 어느 시대요? 다 알다시피 과외 때문에 정신없는 시대가 아니요?
사랑하는 아들, 딸에게 신앙인이면서도 세상을 부요하게 살아가는 지혜를 먼저 가르쳐 주느라 하느님에 관한 것을 뒤로 미루는 어머님들도 적지 않은데 그런데도 당신은 세상 것보다는 먼저 하느님을… 그분께로부터 와서 다시 그분께로 돌아가야만 하는 존재라는 소중한 진리를 자녀에게 심어 주기 위해 그렇듯이 열심히 달려가느라 넘어지기까지 하셨으니…. 그런데다가 난 당신이 넘어져 퍽 하는 소리와 함께 또 하나의 소리를 들었답니다.
"안드레아 신부여, 그대도 하느님을 심어 주기 위해 그 누군가를 붙들고 오늘도 저 젊은 어머니처럼 그렇게 열심히 달려가고 있는가?" 하는 소리 말입니다. 누르면 누를수록 그 소리가 더 크게 울려 오네요.
생각해 보면 젊은 어머니, 당신은 비록 넘어져 아프고 멍들었지만 당신의 그 열정이 노사제에게 오늘도 감동과 또 하나의 깨우침을 남겨 주었답니다.
하느님, 감사합니다. 그리고 첫영성체 어린이들과 그 부모에게 강복하소서. 아멘.

(2009. 6. 1.)

미사 수건

"신부님께서 미사 수건 쓰라고 그렇게 강조하시는데 그걸 꼭 써야 되나요? 안 쓰면 안 돼요? 죄 됩니까?"
"그야 뭐, 죄라고 할 것까지야 있겠습니까?"
"어머, 그러면 꼭 안 써도 된단 말씀이시네요?"
"죄가 아니라고 하니까 꽤나 반가우신가 본데,^^* 그래도 써야 돼요! 나도 자매님께 하나 여쭙겠는데요…. 자매님은 혼인 예식장이나 장례식장에 가실 때 어떤 옷을 입고 가시나요?"
"예, 저는요, 혼인 예식장은 되도록 밝고 환한 쪽을 택해 입고 장례식에는 검은 옷을 입고 갑니다."
"아, 그러시군요. 참 잘하고 계시네요."
"뭘요, 그야 상식인데요."
"그렇죠. 웬만큼 깬 사람이라면 그 장소에서는 으레 그렇게 해야 하는 것이 마땅한 예의이고 도리인 줄 아는 상식이란 말이지요. 그런데 자매님, 아무리 상식이라 하더라도 그렇게 꼭 안 입으면 죄 되나요? 난 그걸 잘 몰라서 말이죠. ㅋㅋ"
"아~유, 신부님도 참…."
"왜요? 제가 무슨 말을 잘못했습니까? ㅎㅎㅎ
이제, 알아들으셨군요. 미사 수건은 하느님 앞에 겸손과 정숙한 마음과 몸가짐을 뜻하는 것이지요(1코린 11장)."

아, 천주교 신자가 미사 때 미사 수건 쓰는 게 상식이고 당연한데 그걸 가지고 뭘 그러세요? 그게 그렇게 힘듭니까?
내가 지난번 어떤 예비자의 입교 동기에 보니 미사 수건 쓴 게 아름답고 성스러워 보여, 자기도 그렇게 쓰고 싶어 성당에 찾아왔노라고 했던데 그 좋은 걸 왜 그렇게 안 쓰려고 그러세요?
덥고, 자꾸 흘러내리고 가지고 다니기 번거롭다고요? 글쎄요…. 그걸 써서 더우면 얼마나 덥겠고 거추장스러우면 또 얼마나 그렇겠습니까? 더군다나 요즘은 구멍이 송송 나 있는 망사로 돼 있는데….

생각해 보면, 옛날 우리 할머님들은요, 그 무덥고 후덥지근한 여름에도 선풍기 하나 없이 더구나 숨 막힐 정도로 꽉 들어찬 성당에서 비지땀을 뻘뻘 흘리면서도 그것도 두꺼운 광목으로 만든 수건을 쓰셨는데 혹여 미사 수건이 흘러내릴까 봐 끈으로 단단히 묶어 뒤로 훌러덩 넘겨 쓰고 미사 참례를 하셨지요.
그 알아듣지도 못하는 라틴어에, 미사 시간이나 어디 지금처럼 짧았습니까? 거기다 밤 12시 자정부터 공심재 꼬박 지키고 그리고 오전 11시 미사 끝에 성체강복까지 참여하였으니… 배까지 고프고… 그야말로 정말, 참, 참이었습니다.

입으로만 "장하다 순교자여" 하고 노래 부를 건 아니지요. 그래요. 이렇게 비록 아주 작은 불편일지 모르지만 그것이 신앙 때문에 기쁘게 겪는 것이라면 그거야말로 주님께 대한 사랑이요 작은 순교요 주님의 모습을 닮은 작은 십자가가 아니겠습니까? 그리고 그것을 쓰고 있는 동안은 분명 하늘에 썩지 않을 보화를 쌓는 은총의 시간이 될 거예요(마태 6, 20).

그러니 앞으론, 미사 수건 "꼬옥" 쓰세요.

그리고 아무쪼록 예쁜 신자 되세요.

(2009. 9. 17.)

요한 보스코 성인과 어머님 말씀

오늘은, 청소년들의 아버지이며 스승이시고 살레시오 수도회 창설자이신 이탈리아의 성자 요한 보스코 성인 사제 축일입니다.
아버지를 일찍 여읜 요한 보스코 성인이 신학교에 들어가기 전날 그의 어머니 마르가리타는 신학교 교복을 입고 있는 보스코의 어깨 위에 자기 손을 얹고 다음과 같이 말했다고 합니다.
"네가 그 옷을 입고 있는 것을 보니 내 마음이 얼마나 기쁜 줄 모르겠구나! 그런데 이 옷은 성직자 지위에 존경심을 자아내게 하는 옷이 아니라 덕을 실천하라고 지시하는 옷임을 늘 기억하거라. 언제든지 네가 받은 성소에 의심이 가거든 부디 이 옷을 즉시 벗어 버려라. 나는 네가 직무에 태만한 사제가 되는 것보다는 가난한 농부가 되기를 더 원한단다."
또 첫 미사를 지내고 난 날 밤 어머님은 사랑하는 아들을 하느님께 봉헌한 즐거움으로 눈물을 흘리며 그에게 이렇게 훈계하였다고 합니다.
"너도 오늘부터 하느님의 것이 되었지만 사제의 길은 십자가의 길이라는 것을 잠깐이라도 망각하지 마라. 이후부터는 나의 것은 염려 말고 다만 사람들의 영혼을 위하여 마음껏 일할 수 있도록 하거라….”

요한 보스코는 신학교에 들어갈 때와 사제가 되어 첫 미사를 봉헌하고 나서 들은 어머님의 이 말씀들을 노년에 이르기까지 늘 되새기면서 불우한 이웃들과 젊은이들을 위해 열심히 살아가셨다고 합니다.

저도 사제로서 다시 한 번 생각하게 되네요. 그리고 하느님과 함께 사는 어머님의 한마디 가르침은 이렇게 각인되고 그래서 위대한 성인이 탄생되는구나 하는 생각이 새삼 드네요.

어린 자녀들을 두신 우리 예쁜 어머님들, 과외뿐 아니라 영성 교육에도 성인의 어머님에게 절대 뒤지지 않으시겠죠? 그리고 다들 물론 “예”라고 자신 있게 대답들 하시겠죠?^^*

한 폭의 성스러운 그림

　전철을 탔다. 아기를 안은 젊은 엄마가 맞은편 빈자리에 가 털썩 주저앉았다. 아마 몹시 피곤했나 보다. 아기가 큰 소리로 칭얼대 시선이 모두 그쪽으로 쏠렸다.
　엄마가 주섬주섬 가방에서 무언가를 찾아 꺼내기에 아마도 아기에게 사탕을 쥐어 주려는가 보다 했다. 그런데 그게 아니고 레지오의 테세라 기도문과 묵주였다. 반가웠다.
　그런데 십자성호를 크게 긋고 기도문을 읽더니 이어서 묵주를 꺼내 들고 중얼중얼 기도를 드리기 시작하였다. 그러더니 얼마 안 가 꾸벅꾸벅 졸았다.
　덜커덩 소리에 머리를 흔들며 잠을 쫓곤 몇 마디 중얼대다 이내 또 졸곤 하였다. 그래도 묵주는 두 손으로 꼬옥 잡고 있었다.

　"기도"라는 제목의 한 폭의 아름다운 그림을 보는 것 같았다.

　기도란 이렇고 저런 거라면서 온갖 좋은 말은 내가 다하고, 막상 실천은 순수하고 착한 우리 교우들이 다하는구나!!!

불과 30여 분이지만 지루하지 않게 가려고 눈을 감고 잠을 청하려 했던 나는 그녀를 보며 왈칵 존경과 부끄러움을 느꼈다.

그리고 '내가 그녀의 그런 아름다운 모습을 보듯이 하느님께서도 또 성모님께서도 지금 하느님 나라에서 사랑스러운 눈으로 그렇게… 아기 엄마를 바라보고 계시겠지?' 하는 마음이 들었다

그녀를 향해 나는 살며시 십자성호를 그어 주며 하느님과 성모님의 축복을 뜨겁게 빌어 줬다.

그리고 나도 주머니에서 묵주를 꺼내어 사람들이 쳐다보건 말건 아랑곳하지 않고 그녀처럼 용기 있게 그리고 아주 정중하고 크게 십자성호를 그으며 두 손으로 꼭 쥐고 묵주기도를 드리기 시작했다. 주머니에 손을 넣지 않고는 처음으로….

(2010. 1. 23.)

은총을 가득히 입으신 분

그대는, 아기를 낳지 못하는 여인의 한 맺힌 심정을 헤아려 본 적이 있는가?

시댁 식구들을 마주할 때마다 왠지 죄인처럼 가슴 졸이고, 친척들이 반갑게 모이는 명절도 부담으로 다가오는… "제발 아기를 갖게 해 주십사!" 눈물로 주님께 매달리는 것조차 이젠 지쳐 가고, 아마도 그게 나의 운명이려니 체념하며 이날 이때까지 아프게 살아온 여인, 그런데… 그것만이 아니었다.

아기를 낳지 못하면 이혼의 사유가 되는 것은 물론, 남편이 명예로운 제관직에서 물러날 수도 있는 위기 앞에 가슴속이 온통 재가 되었던 박복한 여인 엘리사벳!!

그런 그녀가 드디어 눈에 넣어도 아프지 않을 귀여운 아기를 갖게 되었으니, 바로 주님께서 주신 아기 세례자 요한이었다.

그것이야말로 하느님께서 그녀의 확고한 믿음에 자비로써 응답해 주신 은총이었다.

그동안 "내가 사람들 사이에서 겪어야 했던 (고통과) 치욕을 없애 주시려고 주님께서 굽어보시어 나에게 이 일을 해 주셨구나!"
(루카 1, 25)라며 감사의 기도를 바치는 내내 기쁨과 감격의 눈물이
그녀의 두 뺨을 타고 하염없이 흘러내렸다.

그러나 그것은 단지 소원이 이루어졌기 때문만이 아니라 그 일을
통해 하느님께서 당신의 사랑을 그녀로 하여금 체험케 해 주신 것
을 그분의 다시없는 축복으로 받아들였기 때문이었다. 역시 깊은
신앙의 사람이었다.

그런가 하면, 비록 내가 원했던 것은 아닐지라도 하느님의 뜻이
기에, 나의 원의를 희생하고 봉헌하는 데서 오는, 보다 차원 높은
은총과 진짜 값진 하느님의 축복을 받은 이가 있었으니… 그이는
바로, 성모 마리아시다!!

자신을 끔찍이 사랑해 주던 순박한 시골 청년 요셉과 달콤한 미
래를 꿈꾸며 어서 그날이 오기를 기다리며 하루하루를 즐겁게 지내
던 그녀, 그런데 그런 그녀에게 어느 날 갑자기 천사로부터 전혀
"내 뜻"이 아닌, 원치 않는, 수태를 하게 될 것이라는 충격적인 소식
을 뜻밖에 들으시곤 비록 짧은 순간이지만, 당혹스러움과 번민으로
몸을 제대로 가눌 수가 없으셨으리라.

아니… 처녀인 내가 어떻게?? 이 일이 세상에 알려지기라도 하는
날에는…??

설명해 봤자 오히려 교활하게 어른을 속이려 든다고 코웃음 치며
더욱 분노하여 당시의 법대로 부정한 여인으로 낙인찍히는 것도
모자라 사정없이 날아드는 돌팔매질로 피범벅이 되어 비명을 지르
며 죽어 가는 그런 무서운 장면이 뇌리를 스쳤다. 그리고 무엇보다
도 그토록 사랑하는 약혼자 요셉이 느끼게 될 실망과 고통을 생각

하면 너무나 안타깝고… 가슴이 저미다 못해 찢어지도록 아팠다.
 그러나 그럼에도 불구하고… 그것이 하느님께서 원하시는 일이었음을 아는 순간 체념이 아니라, 신앙 안에서 모든 것을 하느님께 맡기고 "뜻대로 이루어지소서(Fiat)."라고 응답하신 성모님!!
 그분이야말로 진정 우리가 가져야 할 신앙의 모델이시다.
 천사는 이분을 가리켜 은총을, 복을 가득히 입으신 분(Gratia Plena)이라고 했다.

 한번 생각해 보자.
 "청하여라, 너희에게 주실 것이다. 찾아라, 너희가 얻을 것이다. 문을 두드려라, 너희에게 열릴 것이다."라는 말씀을 전적으로 믿고 (마태 7, 7~9) 두려움과 고통을 겪을 때마다 애절히 기도했는데 그런데 왜, 하느님이 내 기도는 그렇게도 안 들어주시나? 하느님은 정말 계신 건가? 아님, 나만 미워하시는 건가?
 남도 가르치며 신앙생활을 그렇게 오래 해 온 사람이건만 때론, 이렇게 자연인과 신앙인 사이에서 갈등과 번민을 할 수도 있다.
 그러나 조용히 기도 중에 깊이 묵상하여… 비록 지금 내가 원치 않는 일을 겪는다 할지라도 그것이 하느님께서 내게 원하시는 것이기에 받아들인다면, 그때 성모님처럼 차고 넘치도록 은총을 가득히 입은(Gratia Plena) 하느님의 사람이 될 것이다.
 "성인(聖人)"이란 내가 원하는 것을 이루어 간 사람들을 두고 하는 말이 아니라, 이처럼 하느님이 원하시는 것을 이루어 가고자 끊임없이 노력하는 사람들을 일컫는 말이며, 이런 의미에서 오늘날, 여러 어려움에도 불구하고 하느님의 뜻에 기꺼이 그리고 기쁜 마음으로 자신을 봉헌하는 교회 안의 모든 이들, 이들은 이미 성인에 가까이 다가가 있는 이들이며 은총을 가득히 입게 될 차원 높은 하느님의 사람들인 것이다.

  물론 힘들고 어렵지만 우리 모두가 성인이 되는 것!! 그것이야말로 오늘도 우리들이 가톨릭 신자로서 살아가는 이유이자, 성당에 다니는 이유인 것이다.

(2010. 2. 27.)

말만 하고 실천하지 않는 사람

"율법 학자들과 바리사이들… 그들이 너희에게 말하는 것은 다 실행하고 지켜라. 그러나 그들의 행실은 따라 하지 마라. 그들은 말만 하고 실행하지는 않는다"(마태 23, 2~3).

오늘 아침 복음이다.

뭐가 제 발이 저리다고… 어쩐지 꼭 나를 두고 하시는 말씀 같아 찔린다. 누가 천국에 가 보니 입과 귀만 많이들 와 있더란다. ㅋㅋㅋ 이것의 교훈적인 의미를 한 번쯤 깊이 생각해 보자. 그렇다. 매일 강론, 훈화 등… 하루에도 몇 번씩 좋은 말을 해 대지만 단지 말뿐이지 행함이 없다면 그 무슨 소용이 있겠는가? 그런가 하면 아무리 좋고 귀한 말이지만 단지 말을 듣기만 하는 데에 그친다면 그 또한 무슨 소용이 있겠는가?

어떤 자매가 내게 와서 눈치도 없이(내가 원래 시샘쟁이니까.^^*) 어느 신부님 주일 강론 말씀이 너무 좋으셨다고 극구 칭찬했다.
 그래서 난 "그날 복음이 뭐였지요? 그리고 대충 어떤 내용으로 말씀하셨어요?" 하고 물었다. (나도 그런 식으로 잘하기 위해서… 정말!!)
 그랬더니 잘 떠오르지 않는다며 웃으면서 그냥 슬그머니 가 버리셨다. (…에구, 내가 지금 뭘 잘못했나…?)
 그리고 이건 어디까지나 내 생각일 뿐이지만 아마도 이분처럼 지난주 복음까지는 아니더라도 당장 오늘 아침 미사를 하고서도 복음이나 강론 내용을 기억 못하는 분들이, 미안하지만, 틀림없이 몇몇 분은 계실 것 같다. (죄송, 죄송.^^*)
 아닌가? 그렇다면 나도 좋겠다.

 말씀에 목말라 좋은 말씀을 들으려고 여기저기 부지런히 쫓아다니고 그것도 모자라 개신교 테이프까지 구해 열심히 듣는 분들…. 그러나 이렇게 듣고 금방 잊어버린다면 그리고 실천이 없다면 그건 귀만 시원하게 해 주었을 뿐 그야말로 별 볼일 없는 것 아니겠는가!
 우리가 영적으로 성장하지 못하는 것은 분명 말씀이 부족해서가 아니라 좋은 말씀을 듣고 때론 감격도 하지만 그건 그때뿐 금방 잊어버리고 막상 행동으로 옮겨야 할 때 행하지 않는 데에 있다.

 "여러분 가운데 누가 그들의 몸에 필요한 것은 주지 않으면서, '평안히 가서 몸을 따뜻이 녹이고 배불리 먹으시오.' 하고 말한다면, 무슨 소용이 있겠습니까? 그러한 믿음이 그 사람을 구원할 수 있겠습니까?"(야고 2, 14).

아무리 진리의 말씀이라도 내가 받아들이고 실천하지 않으면 아무 소용도 없고 구원도 없다는 뜻이리라.
누군가가 그랬다.
"하느님 나라는 입으로 가는 것이 아니라 지금 삶으로써 가는 것입니다."라고. 백번 옳은 말씀이다.

우리 모두 다 함께 오늘 예수님의 말씀을 깊이 묵상해 봅시다!!!

(2010. 3. 2.)

하늘나라

미국에서다.

새벽 출국 비행기를 타기 위해 심사를 기다리는 대열이 마치 살아 움직이는 뱀 같았다. 하품이 나오고 지루하다 못해 몸이 자꾸만 배배 꼬였다. 드디어 내 차례가 되었다.

항복하는 이처럼 신발 벗고 두 팔과 가랑이를 품위 없이 벌리고 검색을 받았다. 그런데 저쪽 검색대의 검사관이 건방지게도, 손가락을 까딱거리며 나를 오란다.

원, 이런 버르장머리 없이 얻다 대고 어른한테….

기분이 좀 그랬다.

운동화가 걸려든 것이었다.

걸으면 자기작용으로 발 마사지가 되어 혈압을 조정해 주고 피로를 덜어 준다며 나를 사랑하는 이가 선물해 준 한국산 최첨단 운동화지만 그걸 알 리가 있나?

사람들이 모두 다 쳐다보는 가운데 창피하게도 맨발로 한쪽 구석으로 가 세밀히 검사를 받았다.

입국 때도 무슨 범죄 피의자처럼 앞, 옆 얼굴은 물론, 열 손가락 지문까지 찍히고 게다가 머리가 하얀 노인인 데다가 여권엔 로만 칼라를 한 천주교 신부로서의 사진이 있어 한 번쯤 믿어 줄 법도 한데 그런 건 전혀 아랑곳하지 않으니 속상했다.

　물론 그 나라 사정을 이해하면서도 자존심도 상하고 무척 짜증스럽고 피곤했다. 그런 가운데서도 혹여 나만 비행기를 못 타게 되면 어떻게 하나 몹시 불안하기도 했다.

　새 신발이라 아깝긴 하지만 그것을 포기만 하면 금방 비행기를 탈 수 있게 해 준다면 까짓것, 얼른 그렇게 해야겠다는 생각도 들었다.

　수속 과정이 맘에 안 들어 참아 내기 힘들었지만 그래도 집에 다시 돌아간다는 생각만 하면 즐거웠다. 식구들한테 해 줄 얘기도 많을 것 같고… 그래서 잘 배겨 냈다. 그런데 그때 문득 이런 생각이 들었다.

　"하늘나라 가는 것도 이렇지 않을까?"

　아무리 비행기를 탈수 있는 표(세례 = 권리)를 갖고 있다 하더라도 거기에 맞갖은 준비(하느님 보시기에 좋은 생활 = 의무)가 되어 있지 않다면 과거 혹은 현재의 사회적 신분이 어떻든 그런 것은 아무 소용머리도 없다.

　정말 하늘나라의 소중함을 알고 그곳에 가고 싶어 열망하는 사람만이 거기에 장애되는 것을, 그게 자존심이든 무엇이든, 과감하게 그리고 기쁘게 포기할 것이며 때로는 그 과정이 힘들고 마음에 내키지 않는 것이라 하더라도 잘 극복해 낼 것이다.

그러나 그것은 결코 잃는 것이 아니라 더 크고 귀한 것, 즉 하늘 나라를 얻게 될 것이기 때문이리라!

"하늘나라는 자기 아들의 혼인 잔치를 베푼 어떤 임금에게 비길 수 있다. … 잔칫방은 손님들로 가득 찼다. 임금이 손님들을 둘러보려고 들어왔다가, 혼인 예복을 입지 않은 사람 하나를 보고, '친구여, 그대는 혼인 예복도 갖추지 않고 어떻게 여기 들어왔나?' 하고 물으니, 그는 아무 말도 하지 못하였다. 그러자 임금이 하인들에게 말하였다. '이자의 손과 발을 묶어서 바깥 어둠 속으로 내던져 버려라. 거기에서 울며 이를 갈 것이다.' 사실 부르심을 받은 이들은 많지만 선택된 이들은 적다"(마태 22, 2~14).

(2010. 12. 10.)

백배의 열매
-씨 뿌리는 사람의 비유

    은행 이자가 별로 많지 않은 연 3%인데도 열심히 적금하거나 정기예금 하는 이들이 많다고 한다. 그렇다고 해서 그들이 먹을 것 다 먹고 남는 것을 예금시키는 것은 아닐 것이다. 안 먹고 줄이고 해서… 그들이 그렇게 돈을 모으는 데는 그만한 목적이 있고 또 은행에 대한 절대적 신뢰가 있기 때문이다. 그래서 지금 당장 쓰지 못하는 데서 오는 아픔이 있어도 결코 잃어버리는 것이라고 생각지 않고 한 푼 두 푼씩 늘어 가고 쌓이는 데서 그들의 희망찬 미래가 현실로 서서히 다가오고 있다는 즐거움과 기쁨 때문에 현재의 어려움을 이겨 나갈 수 있는 것이리라.

    그렇다면 미래가 없고 꿈이 없는 이들은 어떨까? 또 은행을 믿지 못한다면 어떻게 할까? 그래도 그렇게 할까? 아닐 것이다. 아마 결코 그렇게 안 하고 현재만 생각하고 되는 대로 살아갈 것이다.

    그런데 한번 생각해 보자!

    은행 이자가 연 3%인데 30배, 60배, 아니 100배의 이자를 돌려주는 은행이 있다고 한다면 어떨까? 그러니까 백만 원 정기예금의 3%는 3만 원인데 그게 아니고 30배인 90만 원, 60배인 180만 원, 아니 100배인 3백만 원씩을 탈 수 있게 해 준다면 어떨까? 아마도 보나마나 난리가 나고 그 은행은 미어터질 것이다. 그런데 그런 은행이 과연 있을까?

　없다. 절대로 없다. 이 세상엔….
　아니다, 있다. 절대로 있다. 도대체 어디에? 하늘나라 은행이 바로 그것이다.

　나도 없어 귀하게 여기는 것들, 돈, 시간, 사랑 등… 그것들을 하느님의 말씀과 가르침 때문에 기꺼이 쪼개어 나누고, 봉사하며 소리 없이 이웃에게 도움이 되어 주는 삶을 살아가는 마음씨 좋은 사람들! 그들을 두고 우리 주님께서 그렇게 말씀하고 보장해 주셨다. 그럼에도 불구하고 누구나 다 그렇게 하지는 않는다. 그것은 안타깝게도 하늘나라에 대한 믿음과 미래가 없고 세상을 더 가깝게 느끼기 때문이다. 그래도 그분은 사람들을 사랑하시기에 좋은 것을 얻게 해 주시고자 오늘도 큰 소리로 이렇게 애절히 외치고 계신다.

　"들을 귀 있는 사람은 들어라"(루카 8, 8).
　"어떤 것들은 좋은 땅에 떨어져 열매를 맺었는데, 어떤 것은 백 배, 어떤 것은 예순 배, 어떤 것은 서른 배가 되었다"(마태 13, 8).
　"좋은 땅에 떨어진 것은, 바르고 착한 마음으로 말씀을 듣고 간직하여 인내로써 열매를 맺는 사람들이다"(루카 8, 15).

(2010. 12. 18.)

오늘, 하루의 의미

밤새 뒤척이며 설치다 새벽녘에야 겨우 찾아든 단잠을 방금 운명하신 아버님의 위령미사를 부탁한다는 어느 자매의 목이 멘 다급한 전화에, 그만 깨고 말았다.

자고 나면 저절로 맞는 날인 줄 알았는데 돌아가신 분을 보니 꼭 그렇지도 않구나….

그나마 신자로서 아쉬움이 없는 삶을 잘 살아왔으면 다행이련만….

그렇지 않고 만에 하나, 자신을 세상에 내어놓은 창조주를 만나러 가는 마당에야 비로소, 당장 하느님께 드릴 선물, 그리고 그곳에서 살아가기에 꼭 필요한 것들을 하나도 마련하지 못하고 그저 죽음과 더불어 덧없이 사라질 것들만을 위해 정신없이 한평생을 살아오느라 정작 놓쳐서는 절대 안 될 것들을 놓치고 산다. 그런데 그런 자신의 어리석음에 대한 회한과, 하루라는 시간은 비록 짧을지 모르나 하느님과 일치하여 그분이 원하시는 삶을 잘 살아 내기만 한다면 그 하루는 과거의 아주 많은 아쉬운 시간들을 아름다움으로 충분히 채우고도 남을 것이다. 그뿐만 아니라 하느님 나라에서 열 배, 백배, 아니 영원히 받을 상으로 이어질 수 있는(마르 10, 30) 다시없이 소중한 것임을 비로소 깨닫고 그 시간의 절박함에 당혹해 하며, 하느님께 1년만. 아니면 한 달, 아니 그것도 아니라면 단 하루만이라도 허락해 주신다면 그동안만이라도 참된 주님의 자녀로서 시간들을 보내겠노라고 눈물로써 간절히 애원했을지도 모른다.

 그런데, 오늘이 그가 그토록 간절히 원했던 바로 하루, 그날인데도 그를 맞지 못하고 어쩔 수 없이 이렇게 새벽같이 떠나는 걸 보면 그것은 분명 인간이 아니라 하느님의 의지에 속하는 것으로서 때가 인간을 기다려 주지 않는 것임을(마르 13, 33) 다시 한 번 절감하게 되는구나!

 그렇다면, 누구에게나 으레 허락하시는 게 아닌 그날, 즉 그렇게 소중한 날 오늘이 내게 주어졌다면 그것은 무슨 뜻일까?
 별수 없는 흠 많은 인간이기에 지난날들을 돌이켜 보면 지워 버리고 싶은 순간들이 없는 이가 그 몇이나 되겠는가?
 여러 가지 그럴듯한 명분을 내세우며 하느님 아버지를 외면하고 뒷전에 앉히는 수모와 섭섭함을 수없이 드렸건만 그러나 그분은 한순간도 나를 잊거나 버리지 않으시고 오히려 당신 나라에서 아주 풍요로운 자녀로 기쁘고 즐겁게 살아갈 수 있도록 많은 날과 기회를 주시며 내가 어서 빨리 깨달아 나의 인생이 다시 아름답게 수놓아지기를 기다려 주셨다(루카 15, 20).
 그것은 마치, 잘못된 답안지를 이미 제출해 놓고 발을 동동 구르며 퍽이나 안타까워할 때, 선생님이 다정하게 다가와 다시 고쳐 써낼 수 있도록 나에게 한 번 더 기회를 주시는 것과 같은, 이 세상에서조차 정말 있을 수 없는 아주 각별하고 예외적인 그런 사랑의 배려다.

그래서 오늘이란 날은 나에 대한 그분의 용서, 기대, 희망, 생각할수록 참으로 눈물겹게 고마운 축복이며 사랑의 선물이다.

그런데 그런 엄청난 은혜를 받은 나는, 그런 소중한 하루를 과연 어떻게 지내 왔으며 또 앞으로 어떻게 지낼 것인가?

아직도 맑은 정신으로 있을 때 깊이 생각해 보자!!

"미련한 사람이 아니라 지혜로운 사람으로서 어떻게 살아가야 하는지 잘 살펴보십시오"(에페 5, 15).

살짝 간 사람들

"한 처음에 말씀이 계셨다. … 말씀은 하느님이셨다. 말씀이 사람이 되시어 우리 가운데 사셨다. … 어둠은 그를 깨닫지 못하였다. … 세상은 그분을 알아보지 못하였다. 그분께서는 당신을 받아들이는 이들, 당신의 이름을 믿는 모든 이에게 하느님의 자녀가 되는 권한을 주셨다. … 이들은… 하느님에게서 난 사람들이다"(요한 1, 1~14).

"하느님께서는 세상을 너무나 사랑하신 나머지 외아들을 내주시어, 그를 믿는 사람은 누구나 멸망하지 않고 영원한 생명을 얻게 하셨다"(요한 3, 16).

"교우 여러분, 성탄 축하드립니다. 그런데 제가 누굽니까?"
"주임신부님요.", "아니요, 한수아래 신부님요."
"모두 틀리셨어요. 저는 사실은 다시 태어난 단군이랍니다. 왜, 우리 조상 단군 할아버지 모르세요? 우리나라 사람들이 예부터 조상으로 섬겨 온 단군 할아버지 말입니다."

"엣…???"

"아니, 왜들 그렇게 웃으세요? 뚱딴지같은 소리라 믿기지 않는다~ 그 말씀이시군요!

좋습니다. 여러분이 서로 쳐다보며 웃으시는데 이해가 갑니다. 만일, 이게 사실이라고 제가 정색을 하고 우긴다면 여러분은 아마 슬슬 이 자리를 뜨실 겁니다. 그러곤 밖에 나가셔서 빨리 119 불러다가 신부님 병원에 모시고 가라고 야단들이실 거예요. 판공성사 주시랴, 성탄 밤 미사 지내시랴, 너무 피곤하고 지쳐서 아마 살짝 가신 거라고 하시면서 말입니다. 그렇죠? ㅎㅎㅎ

그러실 리야 없겠지만 여러분이 만일 제가 드린 말씀을 사실로 믿고 따른다면 여러분 역시 살짝 가신 분들이실 것입니다. 안 그렇겠습니까?

그런데 여러분이 웃으시니 다행입니다. 그러니까 여러분은 맛이 가지 않으셨다는 말씀이지요. 이거 듣기 좋게 말해 살짝 간 사람들이지 좀 심하게 말하면 미친 사람들일 것입니다. 자, 그러면 어디 한번 생각 좀 해 봅시다."

제가 단군이라고 하니까 처음엔 웃으셨지만 순간 놀라시기도 하셨을 거예요. 저거 제정신이 아니구먼, 하고요. 자기가 옛날 사람이라고 하니 안 그렇겠습니까? 그런데 이건 그래도 좀 나은 거예요. 왜냐하면 사람이 사람으로 태어난 것이니까요.

그런데 정말 말도 안 되는 깜짝 놀랄 얘기가 있어요.

오늘 복음에 보면 온 세상을 만들어 내신 창조주(10절) 하느님이 당신의 외아들을 당신이 만드신 피조물인 사람으로 이 세상에 태어나게 하셨다는데 이게 말이나 됩니까?

생각해 보면 사람이 사람으로 태어난다 해도 기왕이면 더 잘난 사람으로 태어나고자 하지 하필이면 못난 사람으로 다시 태어나려고 하겠습니까? 그런데 그것도 당신께 몹쓸 죄를 짓고 쫓겨나 어둠의 세계에 팔아 넘겨져 죽음과 같은 생활을 할 수밖에 없는 그런 노예 신분이 된 망나니 인간들을 용서하시고 그들을 다시 사들이기 위해(Redemptor = 구세주) 당신의 외아들을 내주고 인간으로 태어나게 하셨다니…(에페 1, 7; 1요한 2, 2).

"세상일에만 매력을 느끼고 관심이 있어 천상 것은 알아보지 못하는 이들의 눈"(요한 1, 10)으로 본다면 이게 어디 세상 이치에 닿기나 하는 소리입니까?

그런데도 여러분은 그것을 진리라고 철석같이 믿고 이렇게 추운 날, 비좁은 예까지 오셔서 그분의 탄생을 축하한다며 앉아들 계시니… 세상일에만 속해 있는 이들 입장에서 보면 이런 걸 믿는 여러분은 미쳐도 아주 단단히 미친 분들이시죠. ㅎㅎㅎ 안 그렇습니까?

그래도 여러분은 그런 소리를 듣는 걸 차라리 더 좋아하실 신심 깊고 복된 분들이시지요. 왜냐하면, "하느님께서는 당신을 위해 사람이 되셨습니다. 그분이 이 세상에 태어나지 않으셨다면 당신은 영원토록 죽은 채로 있었을 것입니다."라는 성 아우구스티노의 말씀대로 사실 우리는 어둠의 세계에 넘겨져 죽음의 생활을 할 수밖에 없는 그런 노예 신분이었습니다.

그러나 사람으로 태어나신 그분께서는 "당신을 받아들이는… 믿는 모든 이들에게는, 노예 신분에서의 해방뿐 아니라 하느님의 자녀가 되는 권한을 주셨습니다"(요한 1, 12).

즉 하느님의 것이 모두 다 내 것이 되는(루카 15, 31) 상속자가 되게 해 주신다 하셨고 그런 사람들이야말로 과연 하느님에게서 태어난 또 다른 사람들이라고 확인해 주셨습니다(요한 1, 13).

아, 이 얼마나 큰 은혜입니까?

그래서 그 의미와 그 가치가 얼마나 값진 것인지 깨닫고 믿는 이들은 지금은 비록 눈에 보이지 않지만 영원한 것을(2코린 4, 18) 추구하며 지혜로운 자로 살아갑니다.

그러나 어떤 때 신앙인으로 살아가기에 세상의 환난과 고통이 너무 커 믿음을 포기하고 쉽게 살고 싶은 유혹도 심하게 받지만 앞으로 받을 영광과 행복이라는 상의 무게에 비하면 아무것도 아님을 알기에(2코린 4, 17) 때로는 사람들에게 "보이는 것은 잠시뿐인데도 거기에 가치를 두고(2코린 4, 18) 부정과 악 등 어둠과(요한 1, 3) 세상의 가치관에만 묶여(요한 1, 9) 살아가는 이들에게" 미쳤느니 뭐니 그런 소리를 들으며 이해를 못 받고, 박해를 받아도 전혀 그런데 개의치 않고 오히려 믿음 덕분에 하느님의 영광에 참여하리라는 희망을 가질 뿐 아니라 그것을 자랑으로(로마 5, 2) 여기고 오늘도 하느님의 자녀, 상속자답게 노력하며 용기 있게 극복해 나가는 축복받은 사람들이 바로 우리 신앙인들인 것입니다.

우리가 성탄을 기뻐하고 참으로 감사해야 하는 이유는 그 모든 **것이 바로 나 때문에, 바로 나를 위해서** 하느님의 크신 자비로(요한 3, 16) 오신 예수님 때문에 가능하게 되었다는 데에 있는 것입니다.

오늘이 바로 그런 날입니다.

완벽한 크리스쳔, 즉 우리가 도달하고자 하는 성인이란 미쳐도,

외적인 세상이 아니라 그리스도와 그리고 지금은 보이지 않는 영원함에, 기쁘고 행복하게 그리고 아주 철저히 미친, 축복받은 내적인 사람들인 것입니다(2코린 4, 16 참조).

"성인이여, 기뻐하십시오. 당신께 면류관이 가까이 있습니다.
죄인이여, 기뻐하십시오. 당신은 죄 사함에로 초대받았습니다.
이방인이여, 용기를 내십시오. 당신은 생명에로 부름 받았습니다"(성 대 레오 교황).

어떤 분의 글을 보니, 죽어서 심판받을 때, "너 하느님이냐? 사람이냐?" 하고 묻는데 이때 사람이라고 하면 하느님 나라에 못 들어간대요. "하느님입니다."라고 해야 들어갈 수 있대요. 왜냐하면, 하느님이 우리 아버지시니까 우리도 하느님이라는 거예요. 그래서 이 세상에 살 때 우리가 과연 하느님의 자녀답게 살았느냐를 묻는 그런 뜻이래요. 깊이 묵상해 보시기 바랍니다.

"사랑하는 교우 여러분!
다시 한 번 예수님의 성탄을 축하드립니다.
거룩한 성탄 시기에 아무쪼록 즐겁게들 지내세요."

(2009. 12. 25.)

하느님이 사람이 되시다

성탄 전날 봉성체를 해 드렸다.

몸이 불편하신 할머님께서 예쁜 강아지를 안고 귀엽게 웃고 있는 사진 속의 손녀를 가리키시면서 이렇게 말씀하셨다.

"아니, 신부님. 저애가 말이에요, 글쎄, 강아지가 죽었다고 며칠씩이나 먹지도 않고 어깨를 들썩이며 소리 내 그렇게 슬피 웁디다 그려…. 지 할미가 죽었을 때도 그렇게 울어 주려는지, 원…!" 하시면서 해맑게 웃으셨다.

아마, 손녀는 강아지를 무척 사랑했나 보다. 할머님께서 시샘(?) 하실 정도로….^^*

그렇지만 강아지를 사랑하고, 슬퍼하고, 울어 줄 수는 있을지 모르지만… 그렇다고 강아지를 살리기 위해 제가 강아지가 되어 주고, 필요하다면 그 강아지를 위해 죽어 주려고까지야 하겠는가?

아무리, 아무리 생각해도 그럴 리는 없다. 제정신이 없는, 아주 미친 사람이 아니고서는….

그런데, 그런데… 우리 하느님께선 그렇게 하셨다!

"나는 다시 말합니다.
하느님께서는 바로 당신을 위해 사람이 되셨습니다.
그분이 이 세상에 태어나지 않으셨다면 당신은 영원토록 죽은 채로 있었을 것입니다.
그분이, 당신이 당해야 할 죽음을 맞지 않으셨다면 당신은 생명을 다시는 얻지 못했을 것입니다"(성 아우구스티노 주교의 성탄 강론 중에서).

피조물이 다른 피조물이 되는 것도 제정신이 아닌 짓인데, 아니, 더구나 창조주 하느님께서, 당신이 죽어, 피조물을 살리기 위해 지극히 죄송스럽게도 피조물이 되어 오시다니!(마태 20, 28).
그것도 다름 아닌, 그 잘난(?) 나를 위해….
말도 안 되는 이렇듯이 엄청난 일, 그분의 무한한 사랑이 아니시고야… 도저히 달리 알아들을 수가 없구나!
죽음의 그늘에, 뼈저린 절망의 늪에 가까이 서 본 이는 알리라. 구원 그리고 새로운 삶과 희망이 무엇이고 감사가 참으로 어떠해야 하는지를….
내게 영원한 생명을 되찾아 주시려고 사람이 되어 오신 하느님, 그저 감사드리고 또 감사드릴 뿐이외다.

사랑하는 교우 여러분!
하느님께 깊이 감사드리면서 연말과 성탄 시기 즐겁게, 그리고 거룩하게 잘들 보내세요.^^*

한마을

"사무엘 형제, 왜 그렇게 오랫동안 성당엘 안 나왔어요?"
"신앙생활이 별로 재미가 없어서요."
"아, 그래요? 솔직하시군! 그런데 사무엘 형제는 누가 일도 안 하고 노력도 하지 않고 남들처럼 잘살지 못한다고 불평하는 그런 사람들을 보면 어때요?"
"그건 도둑과 마찬가지지요. 전 그런 사람들을 제일 싫어한답니다."
"그렇군요. 나도 같은 생각인데…. 그러면 사무엘 형제는 영세한 지는 얼마나 됐나요?"
"저는 태중 교우니까 31년 됐습니다."
"꽤 오래됐네요.
그럼 그동안 성경을 몇 번은 읽었겠군요? 신구약 다는 아니더라도 신약 정도 혹은, 그것도 아니면 4복음서 정도는 적어도 한 번은 읽으셨겠지요?"
"죄송합니다. 아직 한 번도 안 읽었습니다."

"그렇다면 다른 신심 서적이나, 예를 들면 성인 성녀전 같은 책을 읽는다든지 무슨 피정 같은 데는 참여해 보셨어요?"
"아니요."
"내가 수수께끼 하나 낼게요. 갑순이와 갑돌이 노래 알아요?"
"그럼요. 언제, 어디서 들어도 늘 흥겹고 즐겁지요. 근데 왜 갑자기 그 얘기를 하세요?"
"그 사람들이 어떻게 해서 서로 사랑을 하게 됐는지 알아요?"
"글쎄요? 잘 모르겠는데요."
"원, 이런! 그럼 그 노래를 어디 한번 불러 봐요."

"갑순이와 갑돌이는 한마을에 살았더래요,
둘이는 서로서로 사랑을 했더래요."

"아, 이제 알겠습니다. 신부님, 한마을에 살았기 때문에 사랑하게 됐습니다."
"차~암, 어려운 걸 용케도 잘 맞췄네. ㅋㅋㅋ 그래요, 한마을에 살았기에 서로 얼굴도 알게 되고 자주 만나고 선물도 주고 그렇게 사랑의 싹이 트고 깊어진 것이지요.
그러니까 연애하는 동안은 만날 것을 기대하는 마음, 만나서 서로 사랑을 확인하는 시간들, 하루하루가 기쁘고 행복하지요
신앙생활도 마찬가지예요. 열렬하고 즐거우려면 하느님을 알아야 되고 그러려면 우선 성경을 읽어야만 합니다. 성경은 그 안에 그분의 아름다운 모습이 담겨 있고 우리와 뜨거운 사랑을 나누고 싶어 하시는 그분의 사랑의 편지거든요.

그리고 다른 신심 서적이나 피정 등도 마찬가지죠.

그분을 알고 그분을 만나게 해 주고 그분과 사랑을 싹트게 해 주는 한마디로 한마을인 셈이지요.

그런데 그런 신심 서적을 안 읽고 그런 좋은 기회를 피한다면 그런 이들은 앞에 밥을 놔두고도 먹지 않고 '나는 배고파. 나는 왜 배부른 즐거움을 모를까?'라고 하는 거나 마찬가지죠

나를 뜨겁게 만들고 행복하게 해 주는 성경과 신심 서적, 피정 등의 기회가 아무리 옆에 많이 있다고 해도 내가 집어서 읽지 않고 참여하지 않는 한 그게 무슨 소용이 있겠습니까? 안 그렇습니까?

가만히 보니 사무엘 형제도 신앙생활이 재미있도록 하기 위해 결국 아무 노력도 안 하신 셈이네요, 그렇죠?

지극히 미안하지만 좀 전에 노력도 하지 않고, 얻어지지 않는다고 불평하는 이들을 사무엘 형제가 뭐라고 그러셨더라.^^*"

"……."

"죄송합니다. 신부님하고 얘기하다 본전도 못 건졌네요. 앞으론 성경도 읽고 열심히 잘해 보겠습니다, 신부님!"

"하느님을 다시 건졌으니 본전 이상이지요, 안 그래요? 고마워요, 사무엘 형제! 이런 시간을 허락하신 하느님께 우리 무릎 꿇고 함께 깊이 감사드립시다!"

헐크 신부

"신부님! 우리 본당신부님은 왜 그러시는지 모르겠어요? 이번에도 헐크(Hulk)가 되셨어요."
"헐크?"
"아, 왜 그거 있잖아요. 자기 맘에 안 들면 감정 조절이 안 되고 무서운 괴물로 변신하는 영화 속 사람 말입니다."
"그래요?"
"아니 이번에도 또 영세식이 일주일 연기된대요. 찰고에 떨어진 사람들이 많아서 그렇다는군요. 이렇게 되면요, 대부모와의 약속, 꽃, 전례 준비 등 이거 보통 난리가 아닐 텐데…. 평소엔 그렇게 인자하시고 좋으신 신부님이신데 영세 찰고(察考=구두시험) 때만 되면 그렇게 무서운 헐크가 되신단 말이에요. 그것만 아니시면 인기가 참 만점이실 텐데…."
"안토니오 형제님! 아, 왜 그분인들 그런 걸 몰라서 그러시겠어요? 그리고 또라고 하시는 걸 보니 전에도 그러셨나 본데 도대체 왜 자꾸만 그러신대요? 심술쟁이라서 그러신가? 아니면 인기 있는 게 정말로 싫어서 그러시는 건가요?"

"물론 그런 건 아니시겠지요."

"그렇다면 분명 당신 인기보다 더 소중한 게 있어 그러셨을 거예요. 그건 정말로 예비신자들을 아끼고 사랑하셨기 때문이지요. 그리고 아마 신부님이 한두 번 강조하신 게 아닐 거예요. 그렇죠?"

"예, 하긴 입교 초기에도 본당신부님께서 그러셨어요. '여러분! 영세하고 천주교 신자가 된다는 것은 참으로 귀중한 일인데 가끔 보면 얼마 안 가 시들해지고 쉬는 교우들이 있는데 이는 결국 교리 공부를 철저히 하지 않았거나 지식으로만 받아들여 신앙 안에서의 사생관이 뚜렷하게 확립되지 않았기 때문에 그렇습니다.

교리책 읽으면 한 번에 다 알 수 있을지 모르지만 그럼에도 불구하고 교리반 강의에 빠지지 않고 매번 나와 듣게 하고 주일미사나 기타 전례에 참여케 하는 이유는 그러한 행위 속에서 배운 교리 지식이 신심으로 서서히 바뀌어 가며 자신도 모르게 어느새 몸에 배고 쌓이기 때문이랍니다.

그래서 여러분은, 지금부터 벌써 신자로서의 생활, 즉 아침저녁 기도, 삼종기도, 묵주기도 등을 열심히들 하시기 바랍니다. 그러면 영세 전 찰고 때도 훨씬 쉽고 아마 기분 좋게 다들 통과되실 겁니다.'라고 하셨어요.

그리고 찰고 일주일 전에도 종합 교리를 재밌게 해설해 주시고 웃으시면서 '문제와 답을 미리 가르쳐 주고 시험 보게 하는 바보 같은 사람은 세상에 아마 나밖에 없을 거예요. 그때 물어볼 아주~ 어려운(?) 문제와 답을 지금 미리 알려 드릴 테니 잘들 적어 두세요. 그리고 늘 잊지 않고 되뇌어 보시기 바랍니다.

첫째, 왜 세례를 받으려고 하는가? 답, 영원한 생명을 얻기 위하여.

둘째, 사람이 죽으면 어떻게 되는가? 답, 육신을 떠난 영혼이 심판을 받아 천당, 연옥, 지옥 중 한 군데로 간다.

셋째, 성체는 언제 이루어지며 누구의 몸인가? 답, 미사 때 이루어지면 예수님의 몸.

넷째, 성모님은 무슨 동정인가? 답, 평생 동정.

다섯째, 삼종 기도문을 좔좔 외울 것.

자, 문제도 가르쳐 드리고 시간도 넉넉히 드렸으니 통과될 수 있도록 지금부터라도 열심들 하세요. 틀림없이 그렇게 하겠노라고 약속들 하시죠?'라고 하시자 아무래도 시험이라는 것 때문에 모두들 긴장했다가 신부님의 이 말씀에 아주 대만족해하며 교리실이 떠나갈 듯 모두들 크게 '네.'라고 자신 있게 답하며 유쾌하게 웃고 박수들을 쳤지요."

"듣고 보니 신부님도 할 만큼 하셨네요, 뭐. 그렇다면 그 의도를 알아서 미리미리 준비시키지 못한 교사들과 선교분과장님 및 위원들 그리고 안이했던 예비신자들에게 문제가 더 있다고 생각되네요. 더구나 안토니오 형제님은 선교분과장이시라면서요?"

"네, 그렇습니다. 면목 없습니다."

"내가 그 신부님을 잘 아는데 영세도, 행사도 중요하지만 찰고가 잘못됐는데도 그냥 대충 넘어가실 그럴 성격이 절대 아니시지요. 욕먹더라도 세례식을 연기해서 그동안에 모자라는 부분을 확실히 채워 튼실한 신자를 만드시겠다는 사목자로서의 강한 책임

의식과 사랑을 가지신 분이랍니다.

생각해 보면 당신도 괴롭고 아픈 결정을 용기 있게 내리신 신부님이 오히려 존경스럽고 그런 분을 영적 지도자로 뫼시고 있는 그곳 교우들이 행복한 거지요.

어떤 교우들로 만드느냐는 사제에게 달려 있지만 어떤 사제를 만드느냐는 교우들에게 달려 있지요.

교우들이 복음적 사제를 원한다고 하지만 그것은 설문조사용인가 봐요. 왜냐하면 막상 그런 사제가 되려 할 때 불평하고 그보다는 자기들 입맛에 맞는 대로 해 줘야 인기가 있고 좋은 신부라고 한다면 이거 되겠어요?"

"신부님 말씀을 듣고 보니 일리가 있고 옳으신 말씀입니다. 제가 생각이 짧았습니다.

아직 신앙의 연륜이 길지 않은 사람들의 시각이나 사고와 똑같지 않고 확연히 구별되어야 하는 소위 평신도 지도자인 선교분과장으로서 주임신부님을 잘 보필해 드리지 못한 게 오히려 죄송스럽고 많이 부끄럽습니다."

"이제 안토니오 형제님이 교우들을 잘 이해시켜 드리면 신부님께서도 힘을 받으시고 교회가 원하는 복음적 사제로서 더 활발하게 사목을 펼쳐 나가시지 않으시겠어요?"

"네, 꼭 그렇게 하겠습니다, 신부님!"

"고맙습니다, 안토니오 형제님!"

찰고

교리 공부를 끝낸 예비신자들에게 영세 전에 찰고(구두시험)를 했는데 문제와 답을 미리 다 가르쳐 드렸다.

문제라야 삼종경을 외울 것과 "무엇 때문에 세례 받으려고 하는가?"라고 물으면 "영원한 생명을 얻기 위하여"라고 답하고 "사람이 죽으면 어떻게 되는가?"에 대한 질문에는 "육신을 떠난 영혼이 하느님께 가서 심판을 받고 잘한 이는 천국에, 잘못한 이는 지옥에, 속죄할 것이 남아 있는 이는 연옥에 갑니다."라고 답하면 되는 것이었다.

그런데도 대답들을 잘 못했다.

물론 이 글을 읽는 분들은 위의 정답을 다들 잘 말씀하시겠지요? 솔직히 대답들 하세요.^^*

할아버지 내외분께서 제일 먼저 들어오셨다.
"할아버님, 왜 세례 받으려고 그러시지요?"

"예, 성당 묘지에 묻히고 싶어서요. 신자라야 된다니께." (하긴 당시 성당 묘지가 꽉 차 간다는 소문이 퍼졌었지….)

"그러세요? 그럼 할머님은, 사람이 죽으면 어떻게 되나요?"

그런 쉬운 걸 다 물어보신다는 표정으로 생글거리시면서 "아, 그야 물론 빨리 내다 버려야지유. 오래 두면 상하니께유." 하신다. 기가 막혀 웃으니 "답 잘하니까 신부님도 좋으신가비여." 하신다.

"누가 그렇게 가르쳐 드렸어요?"

"막내 수녀님이유."

"그럴 리가 있나요?"

"아니, 참말이에유." 하시면서 힘주어 굳게 다짐하신다. 아니면 벌이라도 받으시겠다는 듯이….

그때, "어머나!" 하는 탄식 소리에 옆을 바라보니 어르신반 교리 담당 막내 수녀님이 얼굴이 발그스레해져 놀란 토끼마냥 입을 막고 서 계셨다. 억울해하시는 눈빛이 역력했다.

그래도 열심히 가르치느라 수고하셨으니 사랑스러웠다.

"두 분 나가셔서 수녀님께 다시 더 배워 오세요."

"그럼, 낙젠감요?"

"그런 셈이지요." 했더니 "이번에 영세 안 주면 내 성당엔 다신 안 나올 거여." 하고 으름장을 놓으신다. 다분히 공갈 협박형이다.

다음은 50대 아주머니들이 들어오신다.

"아니, 웬 보따립니까?"

"신부님, 제가 준비해 온 인삼 꿀 차인데 두고두고 한잔씩 잡수세요. 그러시면 몸이 아주 가볍고 좋답니다."

"아, 그러세요. 고맙습니다."
"우선 신부님 한잔 드시지요?"
"괜찮습니다. 전, 시험 끝나고 먹겠습니다."
"그럼 제가 약을 먹을 겸 먼저 한잔 먹겠습니다."
"그러시죠."
한 아주머니는 그러신다.
"저는 우황청심환을 한 알 먹어야겠습니다. 신부님 앞에 오니 어찌나 가슴이 떨리는지요…."
참 별걸 다 본다. 다분히 뇌물 및 동정 유발형이라고나 할까? 나도 마음이 약해진다. 이래서 부정이 생기는구나!

다음은 40대 후반쯤의 예비고사 어머니들 댓 명이 한번에 우, 몰려들 왔다. 눈치를 보니 아마 인해전술로 서로 의지하며 협동작전을 펼치려는가 보다….
"자, 그러면 왼쪽 자매님부터 한 분씩 돌아가며 삼종경을 외워 보시죠?"
"…성령으로 잉태하셨나이다. … 은총이 가득하신…."
"아, 성모송은 빼고 하세요."
그래도 여전히 성모송을 외운다. 참… 참….
"…기도합시다. 천사의 아룀으로 하느님께서 사람이 되심을…."
"아니, 하느님이 아니고요, 딴 분이에요."
"아, 맞다…. 성모님이 사람이 되심을 알았으니…."
"성모님도 아니고요…."
좀 있으니 아니나 다를까, 옆에서들 성자, 성자 하며 거들어 준다.

그래도 눈감아 줬다. 잘하는 게 더 중요하니까.
"자, 그러면 정리해서 처음부터 다시 한 번 해 보세요. 천천히…."
몇 번을 다시 해도 이건 옛날 축음기 잘못 돌아가듯 여전히 성모님이 사람이 되심을 알았으니이다. 커~참.
동지애가 발동됐는지 옆에서들 한마디씩 거들어 준다.
"으~음, 이게 그래도 시험인데 그렇게 옆에서 자꾸 거들어 주면 내가 그 사람한테는 질문을 아주 많이 할 거예요." 했더니 즉시 조용해진다.

"자, 그럼, 어디 이번엔 다음 자매님 외워 보세요."
잽싸게 커닝 페이퍼를 꺼내 책상 밑에 감추고 그걸 힐끗힐끗 들여다보면서 잘도 외워 댄다. 그런 식이라면 누군들 못하겠나!

옛날 중학생 때 내 생각이 나서 속으로 피식 웃으며 못 본 체 눈을 지그시 감아 버렸다. 이건 무슨 형인가? 뻔뻔형? 커닝형?

내가 아무리 시험관이 아닌 조력자로서의 맘으로 임했다고는 하지만 나를 무시하는 것 같은 느낌도 들고 이제까지 여덟 달 동안 헛농사 지은 것 같은 느낌도 들어 실망스럽고 은근히 화가 치밀어 올랐다.
"자매님들, 아무래도 이대론 이번에 영세 안 되겠어요. 모두 나가셔서 교리실에서 대기하고 계세요." 했다.
"그럼 이번엔 모두 낙젠가요?"
"그런 셈이죠."

밖에 계시던 전교 담당 수녀님이 놀라 황급히 들어오셨다.

"신부님, 제 앞에선 모두 잘들 하시는데, 글쎄, 신부님 앞에만 가면 그렇게들 떨린답니다."

"아, 내가 무슨 염라대왕인가요? 떨게…. 물론 그런 걸 다 감안해, 외울 때 더듬으면 나도 슬쩍 다리를 놔 주고 그러는데 그것도 정도가 있지, 이건 너무하니까 그렇잖아요? 그럴 바엔 내가 다 외우지 뭐, 찰고 같은 건 해서 뭘 해요? 내가 괜히 신경질 내고 그러나요?"

"신부님, 이러시다간 세례 받을 사람이 몇 안 되겠습니다."

"몇 사람 안 돼도 할 수 없지요! 낸들 영세자가 적으면 좋겠습니까? 선물이다, 사진이다 이런데 신경 쓰느니, 피정, 교리 등 진짜 영세 준비를 잘해야지요."

"찰고가 쉽지 않다, 꽤 까다롭다, 이런 소문이 좀 퍼져 나가야 정신들 차려서 할 거예요. 이것도 사목 방법입니다."라고 잘라 말했지만, 그동안 예비자들과 함께 나름대로 애쓰시고 평소 나를 잘 받아 주시는 죄 없는 착하신 큰 수녀님이심을 알기에 미안했다.

교리실에 따로 모여 근심하며 뚫어져라 내 눈치만 보고 있는 불합격 예비신자 형제자매들에게 가서 그랬다.

"여러분이 직장 때문에 혹은 다른 일로 얼마나 바쁜지, 교리반에 짬을 내어 오시느라 피곤하고 그런 것 다 알아요. 하지만 한번 생각해 보세요.

여러분은 자녀들을 보고 공부 열심히 하라고 그러시지요? 그런데 여러분은 교리 공부를 어떻게들 하셨어요?

그리고 자녀들이 대학 입시 때문에 너무 힘들어하는데 달리 도와주지 못해 마음이 아프시지요? 만일 도움이 된다면 아마 물불 가리지 않고 무엇이든 다해 주시려고 그러실 거예요, 그렇죠? 그런데, 하느님께서 '부모가 이 삼종기도문을 하루 만에 외운다면 자녀를 어느 대학이고 원하는 대로 다 합격시켜 주마.'라고 하신다면 아, 이까짓 거 하나 못 외워 그렇게들 쩔쩔매겠어요? 아마 만사를 제쳐놓고 밤을 새워서라도 어떻게든 다 외워 내실 겁니다. 안 그렇습니까?

그런데 여러분, 교리 공부하신 지 도대체 얼마나 됐습니까? 벌써 8개월이 넘었는데도 아직도 이걸 하나 외우지 못해 쩔쩔 매다니 말이나 됩니까? 야단 좀 맞으셔야겠어요.

시간이 없다, 기억력이 예전만 못하다, 뭐다 말하지만 영세가 어디, 대학 가는 것만 못해서야 되겠어요!

문제는 아직도 영세의 소중함을 절실히 깨닫지 못했기 때문에 꼭 외워 내고야 말겠다는 각오와 성의가 없으니 결국 못 외우지요, 각오와 성의!

아니, 또 좋은 게 좋다는 식으로 대충 넘어가 세례를 받아 신자가 되었다고 합시다. 주위에 여호와의 증인… ○○○ 진리교 등 천주교 신자 킬러들이 우글거리는데 그런 정도로 해 가지고 어떻게 그런 이들의 도전과 유혹을 이겨 나가고 신자 생활을 끝까지 잘 해 나갈 수가 있겠어요?"

"말하는 나만 나쁘다, 너무 심하다, 섭섭하다 할 게 아니라 어디 한번 깊이 생각들 해 보세요! 알아들으셨어요?" 그러자 "예." 하고 대답들을 크게 해 주셨다.

"대답을 그렇게 크게들 해 주시니 알아들으셨다는 것으로 알고 또 수녀님이 그동안의 여러분의 열의와 노고를 말씀하시며 사정을 하시니 이번만은 영세식을 한 주 연기할 테니 이번에 꼭 세례 받고 싶은 분은 다 외워 가지고 와서 다시 찰고들 받으세요."라고 말하곤 내 집무실로 들어왔다.

이러면 인기가 떨어지는 줄 잘 알면서도 그랬다.

그런데 교수와 다른 몇 사람이 다시 시험 보겠노라고 통사정을 해서 받아들였다. 몇 군데 틀리고 부족했지만 그런대로 괜찮았기에 통과의 기쁨을 더해 주고 영세의 의미를 마음에 깊이 새겨 두도록 하기 위해 내가 큰 소리로 "합격!" 하면 그들도 "합격!" 하며 큰 소리로 군인처럼 복창케 했다.

그분들의 신분과 나이를 생각하면 뜻은 좋겠지만 그를 시키는 나도 폭군 같은 느낌이 들어 실은 미안했다. 그분들도 처음엔 좀 부끄러워하면서도 세례 받게 된 것이 너무 기뻐서 그런지 어린애처럼 너무너무 좋아했다.

몸이 불편한 뇌성마비 처녀는 말하기 아주 힘들어하는 모습이 몹시 안쓰러웠지만 오히려 하나도 틀리지 않고 끝까지 다해 냈다. "하읍~껵."이라며 해맑게 웃으며 좋아하는 그녀 못지않게 나도 기뻤다. 축하의 박수를 보내면서 내 마음도 어느새 포근해지고 있음을 느꼈다.

겨우 합격

"신부님, 안녕하세요? 겨우 합격 부부와, 봐줘서 합격 부부들 왔습니다."
"어이고 오랜 만이에요. 어서들 오세요. 반가워요. 오늘이 벌써 그날인가? 참 세월 빠르기도 하군. 그땐 내가 너무 심했지요?"
"아~, 아닙니다. 신부님! 그땐 이런 특이한 신부님도 다 계시는구나 하면서 낙제 안 당하려고 나름대로 열심히 준비했지만 워낙 긴장하였던 터라…. 아무튼 '합격'이라는 말씀에 이젠 나도 영세하게 되었다는 안도감 때문에 다 잊을 수 있었습니다. 아마 신부님 소문을 못 들었다면 솔직히, 그렇게 열심히 준비하지 않았을 겁니다. 그래서 그런지 저도 이런저런 어렵다는 시험에 다 합격해 봤지만 영세 찰고 때 합격의 기쁨이 또 다른 맛으로, 그렇게 좋고 설레는 것인 줄 처음 느껴 봤습니다. 지금도 영세식 때 강론 말씀 생각하면서 합격 인생이 되고자 나름대로 애쓰고 있답니다. 매일 미사 봉사도 하고요…. 생각해 보면 신부님께 감사드릴 일이지요. 그래서 오늘도 이렇게 찾아뵙는 것 아니겠습니까?"

그분들은, 부부들을 위한 M.E. 피정에 감동받아 개신교에서 천주교 신자가 된 부부들인데 다른 본당으로 떠난 지 몇 년 됐지만 영세한 그날만 되면 고맙다고 늘 잊지 않고 찾아와 저녁 식사 대접과 함께 나를 즐겁게 해 주는 부부들이다.

한 부부는 남편이 고위 공무원에 부인은 여대 심리학 교수고 또 한 부부는 남편은 중소기업 사장이고 부인은 소아과 의사다. 사회적으로 어디 내놔도 꿀리지 않는, 전문직 엘리트들로서 정말 바쁘게 지내는 분들이다.

그럼에도 불구하고 나한테 찰고 받을 땐 다른 이들과 똑같이, 영세라는 중요한 성사를 앞두고 그동안 배운 것을 내가 묻는 대로 제대로 답하고 기도문 틀리지 않고 외울 수 있도록 요구받는 그저 교리반 수험생으로서 대우할 뿐이었다. 물론 교리실 밖에서는 깍듯이 예를 갖춰 드렸지만 말이다.

몇 군데 틀리고 부족했으나 그런대로 괜찮았기에 통과시키면서 나도 조금은 쑥스럽고 미안한 맘도 들고, 그분들도 기분이 좀 언짢을 것 같았지만 그래도 마음에 깊이 새겨 두도록 하기 위해 내가 "겨우 합격", "봐줘서 합격"이라고 판정하면서 군인처럼 그것도 큰 소리로 복창케 했다. 미안하지만 여기엔 그 누구도 예외가 없었다. 탈권위 시대라고 하는 지금 생각하면 정말 참, 참이지만….

그래도 거부감이 들었을 법도 한데 뜻밖에 합격이라는 내 판정에 그분들은 어린애처럼 너무너무 좋아들 하셨다. 그뿐이 아니었다. 두 손으로 내 손을 잡으면서 감격하여 연신 고맙다고 하기까지 했다.

며칠 후 영세식 강론 때 이렇게 말했다.

"내 말대로 열심히 외워 와 세례 받아 주셔서 무척 고맙습니다. 여러분, 사람인 본당신부 앞에 서는 것도 그렇게 떨린다면 하물며 지존하신 하느님 앞에 설 때는 얼마나 더 두렵고 떨리겠습니까? 그러나 사실은 그분이 무서운 것이 아니라 이런저런 핑계로 하느님과 그 나라를 외면하고 준비하지 않고 살아간다면 그것이 나로 하여금 무섭고 떨리게 할 것이고, 언제고 그분 앞에 돌아가 세상을 어떻게 살았는지에 대하여 헤아림을 받는다는 것을 기억하며 지금 잘 살아만 간다면 하나도 겁낼 필요가 없을 것입니다. 그러니 이번 일을 잘 명심하시고 이다음에 하느님 앞에 섰을 때는 우리 모두가 기분 좋게 한 번에 '완전 합격'이라는 말을 그분께 들을 수 있도록 잘 살아갑시다! 실은 인간적으로는 나도 하기 몹시 싫었지만 완전 합격하는 생활을 각인시켜 드리고 싶은 욕심과 사랑에 실례를 무릅쓰고 복창토록 한 것이니 그렇게 이해해 주시고 마음 상하셨으면 다 용서해 주시기 바랍니다. 아무튼 영세 축하합니다."

영세 미사 내내 그분들을 위해 하느님의 축복을 뜨겁게 빌어 드렸다.

(2002. 9. 20.)

교무금
-소작인의 비유(마태 21, 33~41)

"어떤 밭 임자가 '포도밭을…' 소작인들에게 내주고 멀리 떠났다. 포도 철이 가까워지자 그는 자기 몫의 소출을 받아 오라고 소작인들에게 종들을 보냈다. 그런데 소작인들은 그들을 붙잡아 하나는 매질하고 하나는 죽이고 하나는 돌을 던져 죽이기까지 하였다. 주인이 다시 처음보다 더 많은 종을 보냈지만, 소작인들은 그들에게도 같은 짓을 하였다.

주인은 마침내 '내 아들이야 존중해 주겠지.' 하며 그들에게 아들을 보냈다. 그러나 소작인들은 아들을 보자, '저자가 상속자다. 자, 저자를 죽여 버리고 우리가 그의 상속재산을 차지하자.' 하고 저희끼리 말하면서, 그를 붙잡아 포도밭 밖으로 던져 죽여 버렸다. 그러니 포도밭 주인이 와서 그 소작인들을 어떻게 하겠느냐?"

"그렇게 악한 자들은 가차 없이 없애 버리고, 제때에 소출을 바치는 다른 소작인들에게 포도밭을 내줄 것입니다."

지난 11월 14일 자 주보를 보니 교무금 책정 세대가 구외 신자 포함 36.37%며 구외 신자를 빼면 49.6%다. 이 가운데 매달 꼬박꼬박 의무를 다하는 세대는 또 몇 %나 될까?

개신교에서 개종한 어떤 자매가 십일조 정신에 의해 교무금을 책정하였는데… 그녀의 대모님이 "그러는 게 아니고 30분의 1로 정하라."고 말렸다는 얘기가 있다.

웃으면서도 어쩐지 씁쓸하다.

내가 꼭 갖고 싶어 하는 게 하나 있는데 어떤 이가 그를 건네주면서 나중에 열 개로 되갚아 달라고 한다면 당장은 좋으면서도 무척 부담스러울 것 같다.

그런가 하면 넉넉히 열 개씩이나 주면서도 나중에 그중 하나만 돌려 달라고 하는 이가 있다면 우린 너무 고마워 얼른 그렇게 하겠노라고 할 것이다. 그리고 약속대로 기쁘게 그중 하나를 지체 없이 돌려 드릴 것이다.

그런데 만일 그러리라고 약속해 놓고선 돌려 드리지 않는다면 우린 그런 이를 두고 뭐라고 그럴까? "아니, 해도 너무한 거 아니야? 욕심쟁이 같으니라고." 그럴 것이다.

그러면 우린 과연 어떤가?

신앙의 눈으로 보면 사실은 내가 가진 것 모두가 다(10개) 하느님 것이고 그분이 주시지 않으신 것은 도무지 하나도 없다. 그런데 하느님은 그중에 "단지 하나만 내게 돌려 다오." 하신다. 그래서 그중 하나를 얼른 기쁘게 내어 드린다.

이러한 믿음이 바로 십일조 정신이다.

그런가 하면 지금 갖고 있는 것이 다 내 것이고 내가 어떻게 해서 얻은 것인데, 그리고 쓸 곳도 많은 데라는 이런 인간적 생각엔, 계산과 타협과 아까움과 망설임만이 있을 뿐이다. 여기서는 도저히 십일조 정신이 나올 수가 없다.

이런 이들을 주님께서는 또 믿어 주시고 더 큰 것, 더 좋은 것을 다시 맡겨 주실까? 아니다(마태 21, 41).

나 같으면 내게 기쁘게 돌려주는 이를 다시 믿어 주고 그에게 더 값지고 더 많은 것을 맡길 것 같다.
그렇다면 우리 주님은 어떠실까?
물론 그분께서도 당신에게 신의를 지켜 되돌려 주는 그런 이들을 믿어 주시고 더 많은 축복으로 되갚아 주신다.
이는 내 말이 아니다.

연초에 책정했다가 중간에 그만두는 이들…
이사 와서 교적에 안 올리고 몸만 다니는 이들…
이참에 이런 이들은 한 번쯤 깊이 생각해 봐야겠다.

부끄럽지만 솔직히 1/30조를 지키는 이들도 그리 많지 않은 게 현실이다.

"새로 오신 신부님의 강론이 얼마나 좋은지 교무금과 헌금이 쑥쑥 올라간답니다."

이런 말 들을 때 역시 씁쓸하다.

눈치 없이 그런 말 해 주는 이가 밉기도 하고 샘도 나고 또 어느 정도 이해도 되지만, 교무금이 그때그때 언변이나 기분에 따라 움직일 성질의 것이 아니지 않은가!

한마디로 이는 신앙인이 가져야 할 정신이 아니다.

주인의 뜻을 전하는 종이 설령 말더듬이면 어떻고 또 언청이면 어떠랴! 종을 보면서 그를 보낸 주인의 뜻을 알아듣느냐 아니냐가 문제지….

주인이 멀리 있어 단지 눈에 안 보였을 뿐, 아주 없어진 게 아닌데, 욕심에 눈이 멀어 착각하고 종도 모자라 주인님의 아들까지 죽이다니…. 원, 그놈의 부가 도대체 뭔지….

도무지 모르시는 것이 없으신 그분 하느님, 그 누구보다도 나를 잘 알고 계시는 주님께서, 지금 이 순간에도 내 마음 저 깊은 곳에서 '내 것은 돌려 다오.'라고 하시는데 나는 과연 그분 목소리에 어떻게 대해 드리고 있는지?

교무금, 그것은 결코 뺏기는 것도 아니요, 자선도, 선심도 아니요, 더구나 세금 감면을 위한 수단도 아니다.

좋은 말씀, 좋은 글이긴 하지…. 그런데 남들도 다 그렇게 사는데, 뭘… 하고 그냥 또 넘어가려고 하고 있지는 않은지?(마태 21, 39).

"신부님도 잠꾸러기!"

아침 미사에 늦는다고 나한테 꾸중 들었던 복사 녀석이 내가 조금 늦었더니 기다렸다는 듯이, 속내 사정도 모르고 "신부님도 잠꾸러기!"라고 놀려 댄다.

그래라, 하느님만 아시면 되지, 뭐….

실은 부부 피정 강의 준비하느라 새벽 2시에야 겨우 잠자리에 들어 뒤척이다가 전화벨 소리에 깨어 시계를 보니 새벽 2시 반이었다. 잠깐 깜빡했었나 보다.

아, 이런 한밤중에 누가 전화를 하나 짜증이 났지만 예~ 하고 정중히 받았다.

그런데 혀가 잔뜩 꼬부라진 술꾼이 "여보, 땅신이야? 내 곧 들얼 갈게, 싸랑한다구, 여보 쪼~옥!" 입 맞추는 소리가 들리더니 철커덩 수화기를 놔 버린다. 역겨운 술 냄새가 내 코로 확 풍겨 오는 것 같았다.

이쪽은 누군지 아랑곳하지도 않고 제 말만 하고 끊어 버린다. 아마 술꾼 남편이 자기 집인 줄 알고 전화를 걸었던가 보다. 그래 놓고 부인 앞에서는 분명히 집에 전화했었노라고 큰소리치겠지?

넌 이제 집에 가면 호랑이 같은 마나님한테 혼쭐날 게다. 아이고, 이 불쌍한 술꾼 아저씨야! 난 혼자 피식 웃으며 그때까지만 해도 여유 있게 잠을 청했다.

그런데 좀 있다가 또 따르릉 하고 벨이 요란하게 울린다.

받아 보니 방금 그 친구가 다짜고짜 "넌 도대체 누구야?" 한다. 가만히 생각하니 제 딴엔 내가 이상했던가 보다.

"아니, 누구라니요?"

"왜 남의 집에 와 있냐, 이거야? 흥, 마눌라 바꿔!" 한다.

"전화 잘못 거셨습니다." 했더니 "야, 임마, 시침 떼지 마! 내, 다 알아. 빨리 내 마눌라 바꿔!" 한다. 아니라고 해도 막무가내다. 끊으면 또 하고, 또, 아마 5번은 족히 했을 거다.

더 이상 실랑이질하기 싫어 수화기를 그냥 방바닥에 놔 버렸다. 그 부인이 누군지 모르지만 자꾸만 가엾은 생각이 들기도 했다.

새벽 6시 미사 때문에 그전에 눈을 좀 붙여 둬야 내일 각종 회합 등 일을 할 수 있을 텐데…. 아니, 벌써 오늘이잖아, 이거 큰일 났군!

조금 후 이젠 괜찮겠지 하고 수화기를 올려놓자마자 벨이 요란하게 또 울려 댄다. 순간, 피가 머리로 몰리는 것 같고 나도 약이 오를 대로 바싹 올랐다. 피정을 앞두고 훼방꾼 마귀 짓이 분명했다.

"아닌 밤중에 홍두깨라더니 강의 준비 잘하고 잠 청한 죄밖에 없는데 이 꼭두새벽에 웬 날벼락이야, 글쎄. 에이, 몹쓸 놈의 마귀 같으니라고!"

투덜대며 수화기를 들었는데 "아, 이제야 되네. 근데 이게 무슨 소리야? 거기 성당 맞지요?"라는 여인의 다급한 목소리가 들려왔다. 그 순간 내 말소리를 다 들었을 것 같아 엉겁결에 그만 수화기를 내려놓고 말았다. 그러곤 즉시 후회했다. 혹 급한 전화일지도 모른다는 생각 때문이었다.

그런데 벨이 다시 울렸다. 지겹던 벨 소리가 이번엔 정말 반갑고 그렇게 고마울 수가 없었다.

"네에~." 하며 조금 전과는 달리 아주 천사같이 친절하고 상냥한 음성으로 받았다.

"저어, 신부님, 주무실 텐데 이른 새벽에 너무 죄송합니다. 여긴 K대 병원 중환자실인데 저희 아버님이 돌아가시려고 그래서 병자성사 좀 주시면 고맙겠습니다. 근처 성당 여기저기 전화했는데 통화가 안 돼서요."라고 하는 것이었다.

거긴 가는 데에만 족히 한 시간은 넘게 걸리는 곳이었다. 밖을 내다보니 칠흑같이 어둡고 스산한 새벽에 겨울을 재촉하듯 찬비가 주룩주룩 내리고 있었다.

전에도 장난 전화에 멀리 갔다가 괜히 헛고생만 하고 돌아온 기억도 있고 또 오늘 바쁘고 힘든 하루가 될 것이 뻔하기에 가기가 정말 그랬다. 그런데 그때 "여러분! 세례를 받아 천주교 신자라고 부르지만 진짜 신자가 되는 것은 자기 뜻이 아니라 주님의 뜻을 따르고 주님의 모습을 드러낼 때입니다."라고 힘주어 말한 지난주 내 강론이 퍼뜩 떠올랐다.

그리고 동시에 내 마음 저 한구석에서 '서품을 받았기에 신부님이라고 부르지만 진짜 사제가 되는 것은 주님의 뜻을 따르고 주님의 모습을 드러낼 때입니다.'라는 소리가 자꾸 메아리쳐 왔다. 부끄러웠다. 그리고 한없이 약해지는 나를 느꼈다.

더 이상 머뭇거리고 버틸 수가 없었다.

"예, 주님, 알아들었습니다. 알아들었다니까요. 그 대신 오늘 제가 한 일을 잘 기억해 두십시오."라고 중얼거리며 자동차 시동을 걸었다.

병자성사를 마치고 병원 문을 나설 때 "신부님, 감사합니다. 저희 온 가족이 그동안 30년을 냉담했었습니다. 이번 기회에 다시 주님의 품으로 돌아오기로 결심했습니다."라고 하며 울먹이던 가족들과 숨을 몰아쉬는 가운데서도 내 목의 하얀 로만 칼라를 뚫어지게 바라보다 눈을 감던 그 환자의 마지막 모습이 차를 몰고 성당으로 돌아오는 내내 눈에 아른거렸다.

"사제여, 그대는 누구인가?
그대는 그대의 것이 아니니,
그대는 모든 이의 종이니라.
그대는 또 하나의 그리스도이니라." (노르베르토 성인)

몸은 고달팠지만 성무일도 기도서에 끼워 둔 말씀을 되뇌어 보며 감사드리는 내 마음은 한결 가벼웠다. 정말 뿌듯하고 상쾌하기 이를 데 없는 새벽이었다.

"예수 주님, 오늘도 이른 새벽부터 저를 당신으로 살아가게 해 주시니 감사합니다."

"하느님, 깨워 주셔서 감사합니다!!"

"자, 여기 싱싱한 고등어, 갈치가 왔어요, 갈치."

어물 파는 자동차 마이크 소리에 달콤한 낮잠을 그만 깼다. 얼마 안 된 것 같은데 벌써 낮 두시가 지났다.

새벽녘에 갑작스러운 병자성사 때문에 잠을 설친 데다 점심 초대 때 반주를 곁들여 그런지 잠깐만 쉰다는 게 그만 길어졌나 보다. 그래도 아쉬워 짜증났다.

"아휴, 졸려! 조금만 더 잤으면 좋겠는데 그놈의 어물 장수는 왜 만날 여기 와서 그래! 하느님은 또 내가 잠 좀 푹 자는 것을 왜 그냥 놔두시지 못할까?"

이번에도 아무 죄 없는 하느님께 탓을 돌리며 투덜거렸다.

그때 하느님께서 그러시는 것 같았다.

"어물 장수 걔는, 내가 시킨 거니 나무라지 마라. 그리고 얘, 넌 그만하면 잘 만큼 잘 잤다! 난 한숨도 안 자고 네 생각만 하는데 너는 웬 잠을 그렇게 많이 자니?"

"아, 그야 하느님은 하느님이시지 않아요?"

"그건 그렇고, 너 어저께 강론은 제법 그럴듯하더라. '하루란, 지난날 하느님께 해 드린 것이 부족하다 하여 마음 아파하는 이들에게 다시 한 번 기회를 주시어 그 아쉬움을 채우고도 남을 그런 엄청난 하느님의 선물이요 은총의 시간'이란 말 말이다.
나는 지금 너를 그런 은총 안에 머물러 두게 했는데 낮잠이다 뭐다 웬 잠자는 시간이 그렇게 많으냐? 솔직히 나의 일 때문에만 그렇게 피곤한 것은 아니지 않니?
너, 요즘 예전의 너 같지 않고 이상해졌구나!"
하시는 것 같았다. 아무래도 어제 그 일이 걸린다. 그래서 삐지셨나 보다. 뜨끔했다. 그 일이란…

레지오 회합 날, 갑자기 운동 갈 수 있느냐는 친구의 전화를 그만 뿌리치지 못하고 찜찜해하면서도 불참했기 때문이다. 늦게 맛들인 운동이 왜 그렇게도 재밌는지! 늦바람이 무섭다는 게 이해가 되었다.
내 즐거움 때문에 주님의 일을 너무 소홀히 했나? 맞지. 그렇지 않아도 내 이러다간 언제고 질투의 하느님께 한 방 맞지, 하는 생각도 들곤 했었다.
맞아! 가만히 생각해 보니 예전의 내가 아니다.
미사만 하더라도 그렇다.
성 요한 크리소스토무스께서는 "사제가 미사성제를 드릴 때마다 천사들이 그의 주위를 에워싸고 희생되시는 주님께 대한 찬미를 합창한다."라고 하셨고,
또 가경자 가타리나 바니니는 탈혼 중에 "천사들이 미사 드리는

사제의 손 주위에 모여서 성체와 성작을 거양할 때 손을 받쳐 주는 것을 보았어요."라고 하셨다.

 조용히 묵상해 보면, 천사들도 떨고 이렇듯 경외하는 고귀한 제사인데… 그리고 예수님이 나를 위해, 아파하며 당신을 살아 있는 제물로 바치시는 그런 제사를 그리고 또 그 거룩한 일을 하잘것없는 나에게 맡겨 주신 건데 하는 생각에 갓 신부가 되었을 땐 그런 생각들을 하며 정성을 다해 지내느라 미사가 너무 느리다고들 불평했는데 요즈음은 빨라지고, 아니, 감히 그런 성체를 미사 때마다 별 떨림과 뜨거움이 없이 올리고 내리고 그러다니….
 물론 미사 지내는 그것도 나의 힘만으로 되는 것은 아니기에 퍽이나 감사드릴 일이긴 하지만 말이다.

 강론도 그렇고….
 어디서든지 좋은 글귀를 보면 써먹으려고 혹여 잊어버릴까 적어놓기에 급급했고 때론 밤늦게까지 열심히 준비하느라 몹시 피곤했지만 그러나 그것은 어디까지나 교우들을 위한 강론용이었지 솔직히 나도 그렇게 살아 내야 한다는 애절한 생각은 별로 없었다. 부끄럽다.

 또 사제로서의 연륜이 쌓여 가며, 이상하게도 아무리 좋다는 글귀도 내겐 이미 익숙해 있어 별로 새롭지가 않다.
 예전의 나 같지가 않다. 흘러간 세월 속에 영성이 깊어져서일까?
 아니다. 부끄럽지만 영적으로 정진하려는 마음이 없고 현실에 안

주하려는 그것, 매너리즘이 문제로다.
  어쩌다 내가 그렇게 됐을까?
  아, 그동안 내가 영적으로 자고 있었구나!
  깨어나자!

  사람들은 자고 나면 으레 오늘이 주어지고 그리고 내일은 뭔가 잘되겠지 하는 막연한 기대를 걸어 본다. 좋다.
  그러나 어저께나 다를 게 없고 전혀 새로울 게 없는 같은 날인데도 사람들은 오늘을 새날이라 하고 오늘부터는 새해라고 한다. 과연 그런 날과 해가 따로 있을까?
  아니다. 날과 해가 나를 새롭게 해 주고 영적으로 살찌게 하는 것이 아니라 주님의 선물에 대한 나의 깨달음과 의지, 끊임없는 노력만이 나와 이날과 그리고 금년을 새롭고 영적으로 풍요롭게 해 주는 것이리라….
  자, 그렇다면 용기를 갖자!

  사람이 아니라 하느님께서, 아무도 자기 마음대로 가질 수 없는 이 은혜로운 날을 내게만은 다시 새롭게 주셨기 때문이다. 그러니 지금부터 다시 시작해 보자. 하나씩, 하나씩 소걸음으로 말이다.

  우선, 늘 드리는 미사지만 그때마다 아주 잠깐이라도 제2의 그리스도로서의 의미를 묵상하고 미사에 합당한 몸과 마음의 준비를 하자. 성무일도, 묵주기도 등도….
  아주 정성스럽고 경건하게 드림으로써 이제 다시는 인간적 위로가 아닌 주님의 위로와 힘을 거기서 받자. 그래서 어려움을 극복해 나가자. 그리고 그것들을 통해 내 비록 몸은 늙어 가고 있지만 예수님을 등에 태워 드렸던 작고, 볼품도 힘도 없고, 처음이라 서툴러 뒤뚱거려 어쩌면 예수님께서 아주 편치는 않으셨을지는 몰라도, 그래도 걸어가시는 데서 오는 피로를 조금이나마 덜어 드리고, 또한 예루살렘의 많은 사람들로부터 칭송과 영광을 받으시고 "내가 저들을 위해 기꺼이 산 제물로 바쳐져야지." 하고 용기를 갖게 해 드렸던 바로 그 어리고 귀여운 새끼 나귀가 되어 보자.

그래! 나도 이렇게 주님 안에 다시 어리고 귀엽고, 다시 젊어질 수가 있구나!!

새롭게 될 수 있다는 희망!
거기에 걸맞게 애쓰는 그것이 바로 아직도 흠 많은 내게 새날을 허락하신 주님의 뜻이며 그분의 선물에 대한 감사가 되리라.
낮잠을 깨워 주신 갈치 장수 아저씨, 아니, 제 삶을 깨워 주신 하느님, 감사합니다!!

"이게 진짜 예수님의 몸일까?"

"신부님, 저는 요즘 영성체할 때마다 신부님이 '그리스도의 몸.' 하시면 '이게 진짜 예수님의 몸일까?' 하는 그런 쓸데없는 의구심이 순간, 순간 스쳐 지나가요. 그래서 고민이랍니다. 내가 왜 이러나 하는 생각에 예수님께 미안하기도 하고요."

"그래요? 자매님! 내 의지와는 상관없이 악의 세력도 가끔 그런 식으로 충동질하며 도전을 해 오는 수가 있거든요. 그러나 너무 걱정 마세요. 왜냐하면요, 그 옛날 예수님께서 빵의 기적으로 5천 명을 먹이고 나신 후에 '나는 하늘에서 내려온 살아 있는 빵이다. 누구든지 이 빵을 먹으면 영원히 살 것이다. 내가 줄 빵은 세상에 생명을 주는 나의 살이다.' 그러시자 '저 사람이 어떻게 자기 살을 우리에게 먹으라고 줄 수 있단 말인가?' 하며, 서로 다툼하며 예수님을 떠나는 사람들도 있었는데요, 뭘! 그래도 예수님은 끝까지 '너희가 나의 살을 먹지 않고 그 피를 마시지 않으면, 너희는 생명을 얻지 못한다. 그러나 내 살을 먹고 내 피를 마시는 사람은 영원한 생명을 얻고, 나도 마지막 날에 그를 다시 살릴 것이다.'라

"이게 진짜 예수님의 몸일까?"

고 주장하셨어요.

그래도 사람들이 떠나자 얼마나 안타까우셨겠어요? 그래도 '그것은 내가 비유로 말한 것이다.'라는 말씀은 결코 하지 않으셨어요(요한 6장 참고). 그리고 당신이 돌아가시기 전 제자들과의 최후 만찬 때 기어코 성체성사를 세우셨지요(마태 26, 27).

그것 보면 예수님도 참 대단한 분이세요.^^*

여기서 우리에게 영원한 생명을 주시고자 하시는 그분의 애틋한 사랑을 엿볼 수 있습니다.

예수님의 기적을 그 자리에서 체험한 유다인들조차도 못 믿었는데 더구나 과학이 발달한 이 시대를 살고 있는 지금의 우리야 얼마나 힘들겠어요? 아마 예수님께서도 이해해 주실 거예요.

축성된 밀떡 안에 예수님께서 살아 계신다는 성체 도리는 머리가 좋고 나쁜 것과는 달리 인간의 지혜를 넘어서는 하느님께 속한 신비(神祕)이기 때문에 알아들을 수 없는 것이 당연하고 단지 믿음으로만 받아들일 수 있는 것이랍니다. 그러니 믿음이 없는 사람들이 들으면 바보, 미친 짓이고 웃기는 얘기지요. 그래서 그 믿음이 더 고귀하고 위대한 것 아니겠습니까?

저도 천주교에 몸담은 것을 자랑스럽고 행복하게 여기는 이유는 다른 종교엔 없는 고해성사가 있고 또 실제 예수님의 몸이 아니라 단지 기념일 뿐이라며 1년에 몇 번 예배 때 거행하는 개신교와는 달리 매일 십자가상 제사의 재현인 미사에서 성체로 오시는 하느님이신 예수님을 믿고, 늘 만나고, 그분 말씀대로 입으로 영하며 모실 수 있는 영광 때문이고, 성체의 정신대로 살아가면 약속하신 영원한 생명을 주시리라는 신나는 희망 때문이죠.

그 유명하신 대신학자이시며 믿음이 출중하셨던 토마스 아퀴나스 성인(1225~1274년)께서도 '엎디어 절하나이다. 눈으로 보아 알 수 없는 하느님, 우러러뵈올수록 전혀 알 길 없삽기에 제 마음은 오직 믿을 뿐이옵니다. 보고 맛보고 만져 봐도 알 길 없고 다만 들음으로써 믿음 든든해지오니 믿나이다, 천주 성자 말씀하신 모든 것을. 주님의 말씀보다 더 참된 진리 없나이다.'라고 고백하며 찬미하셨습니다.

그러니 그런 의구심이 들 땐 '주님, 그런 의구심은 제가 원하는 바가 아닙니다. 성체 안에 살아 계신 예수님과 영원한 생명을 주시고자 하는 당신의 사랑을 믿고 그 가르침대로 살아 내겠다는 각오로 오늘도 성체를 영하렵니다. 간혹 저의 행위를 보고, 사람들이 우습게 여긴다 하더라도 오히려 저는 그것을 더 기쁘고 자랑스럽게 여기며 토마스 성인의 고백과 찬미를 드립니다.'라는 뜻으로 힘차게, 그리고 큰 목소리로 '아멘.' 하며 영성체하세요. 그 응답 안에 그런 모든 결의가 다 포함되어 있거든요. 그러면 흔들리지 않는 자매님의 믿음을 보시고 예수님께서도 아주 예뻐하시고 기분 좋아하시며 큰 축복을 내려 주실 거예요."

"어머~ 신부님, 그래요? 축복이라니요! 그리고 보면 의구심이 꼭 나쁜 것만은 아닌 것 같네요. 잘만 하면 아주 은혜로운 기회가 되니까요!"

"암, 그렇고말고요! 그러니 이젠 쓸데없는 걱정일랑 싹 내려놓고 믿음과 찬미의 고백인 '아멘'만 잘하세요. 아시겠죠? 자매님!"

"나는 성소가 있는 건가요?"

 신학교 졸업은 사제품을 받는 것(신부가 되는 것)으로 끝맺는다.
 그런데 사제품을 1년 앞두고, 일생을 독신으로 성직에 봉헌하는 서약이 담긴 부제품을 받게 되어 있다.
 이 품을 잘 받기 위해 대피정을 하는데 일주일 동안 말 한마디 안 하고 침묵 가운데 기도하고 성소(하느님의 부르심)의 큰 은총을 생각하며 자신을 돌아보고 부족한 부분을 하느님의 은총으로 채워 주시기를 간절히 기도하며 보낸다.

이때의 선배들을 보면 너무 열심히 피정하느라 힘들어 그랬겠지만 잠을 제대로 이루지 못하는 이들도 있고 심지어 몸이 아파 환자 식사 당번이 밥을 날라다 주는 경우도 있었다.

나의 부제품을 앞두고도 상황이 비슷했다.

신학교 성벽 뒤뜰 숲 오솔길을 혼자 걸으며 묵주기도를 하는 친구… 그런가 하면 조그마한 바위에 걸터앉아 책을 읽다간 먼 허공을 쳐다보며 묵상하는 친구 등….

그렇게 피정 스케줄에 따라 열심히 서품을 준비하는 친구들을 보면서 불현듯, '네 친구들은 앞으로의 진로에 대해 저렇게나 심각하고 진지하게 고민하며 애절히 기도들을 바치고 있는데 너라는 인간은 도대체 지금 뭘 하고 있는 거냐? 신학교 생활, 친구들과 어울려 어영부영 그렇게 재밌게 지내다가 그냥 아무 생각 없이 덥석 품을 받았다가 이다음까지도 정말 괜찮겠니?' 그런 생각이 갑자기 떠오르며 자꾸 불안했다.

아, 정말 그렇구나!

내가 이렇게 생각이 없는 놈이구나!

우선 하느님의 부르심이 있는 건지 없는 건지 확실히도 모르고 또 내가 그 어려움을 평생 감당해 낼 수 있는지 아무런 고민도 한 번 해 보지 않고 품을 받았다가 이다음에 너무 힘들어 떠나고 싶은 맘이 들 땐 어떻게 할래? 고개를 이리저리 저어도 자꾸만 그 생각 때문에 괴로웠다.

그때, 난 아무런 고민이 없는 게 나의 유치함 때문이라고 생각은 하면서도 그래도 솔직히 고민이 없는 게 고민이 되기 시작했다.

견디다 못해 나의 영성 지도를 맡으신 고해신부님을 찾아가기로 했다. 그분은 유학 경험이 없으신 순수 국내파로서 머리가 하야신 80대 할아버지 신부님이셨다.

당시 새로운 신학을 접하고 막 돌아온 젊은 유학파 선배 신부님들이 영성 지도를 맡자 많은 학생들이 너도나도 그리로 몰려들 갔다. 나도 그러고 싶었는데 너무 많이들 떠나서 자리가 휑하여 그분이 섭섭해하실 것만 같아 측은한 맘에 시건방지게도 순전히 그분을 한 번 봐 드리는 뜻으로 나는 그대로 눌러 있기로 했었다.

영성 지도를 받을 때 새로운 말씀이 없고 늘 같으셨기에 그날 그분을 찾아가면서도 큰 기대는 갖지 않았다.

그분을 뵙자 "신부님, 제게 확실히 성소가 있는지 말씀 좀 해 주십시오. 고민이 돼서 그럽니다."라고 했다. 그랬더니 신부님께서 "30분 후에 다시 오너라." 하셔서 밖으로 나와 30분을 기다리는 동안 얼마나 초조했는지….

고민이 없으면 가만히나 있을 것이지 괜히 문제를 만들어 그동안의 공든 탑이 하루아침에 무너지면 그때 가서 어떡하려고, 통사정해 봐야 소용도 없을 텐데….

지금 당장이라도 뛰어 들어가 그 말씀 취소한다고 그럴까?

아마 지금쯤 그동안의 나의 생활기록부를 검토하고 계시겠지?

아이, 내가 왜 그런 쓸데없는 짓을 했을까?

나의 경박함에 대해 자책하며 몹시 후회하고 기다리는 시간이 왜 그렇게도 안 가는지… 걱정이 태산 같았다. 급한 김에 얼른 묵주를 꺼내 기도하며 성모님의 도우심을 청했다.

생각해 보면 그때만큼 애절히 성모님께 달려든 적도 별로 많지 않은 것 같다.

약속 시간이 되어 신부님 방문을 노크하고 "예."라는 응답 소리를 듣자마자 부리나케 문을 열고 들어갔다.

신부님은 소형 장궤틀에 무릎을 꿇고 기도하시다 성호를 그으시며 황급히 일어나셨다. 나의 생활기록부를 보신 게 아니라 흔들리는 나를 위해 뜨겁게 빌어 주신 게 틀림없었다.

"응, 게 앉거라. 대품을 앞두고 걱정이 많이 돼 힘들지? 내 생각해 보니까… 너는…."이라고 하시며 크흠 하고 헛기침을 하시는데 그 순간이 왜 그렇게 길게 느껴지며 가슴이 철렁 내려앉았는지….

그러곤 곧 "성소가 있다."라고 하시는데 어찌나 또 반가웠는지! 우선 신부님 손을 두 손으로 꼭 잡았다. 그리고 나도 좀 여유가 생기자 "물에 빠진 놈 건져 주니 내 보따리 내놓으라."는 말처럼 당돌하게 여쭤 보았다.

"그걸 어떻게 알 수가 있어요?"

"너 지금 입고 있는 옷이 뭐냐?"

"예, 수단(신부복)입니다." (※아직 학생이지만 고학년 복장은 그랬다.)

"그 수단은 네가 입고 싶다고 해서 네 마음대로 입을 수 있거나 세월만 보내면 자동으로 입혀지는 것이 아니니라. 그것은 하느님이 입혀 주셔야만 입을 수 있는 것이란다. 그러니 수단을 입고 있는 한은 하느님의 기대와 부르심으로 확신하고 감사하며 거기에 걸맞게 열심히 살아가거라.

단, 네가 스스로 혹은 네 잘못으로 벗지 않는 한 말이다. 이제 알겠니?"
하시는 것이었다.
난 어찌나 기뻤는지 감사에, 왈칵 눈시울이 뜨거웠다.
유학도 안 하시고 더구나 할아버지라고 은근히 가볍게 생각했던 나… 그러나 오랜 경험에서 우러나온 노사제의 값진 말씀이었다.

지금까지 몇십 년 살아오면서 나라고 이런저런 어려움이 왜 없었겠나? 그러나 그때마다 신부님의 그 말씀이 떠오르며 사제로서 버티는 데 힘이 되어 주곤 했다.
많은 세월이 흘러 나도 할아버지 신부가 되었지만 난 아직도 신부님께 감사하며 그 말씀을 금과옥조로 고이 간직하고 살아간다.
그럴 리야 없겠지만 혹 신학생, 수도원 초년자로서 잠시나마 나처럼 어리석은 분심에 방황하는 이들이 있다면 도움이 되고 싶어 부끄러움을 무릅쓰고 사랑하는 마음으로 이 글을 썼다.

"너 지금 입고 있는 옷이 뭐냐? 하느님이 입혀 주신 옷."

혹시 이상한 마음이 들고 약해질 땐 깊이 생각해 봅시다.
할아버지 신부님! 감사합니다~.

아버지 신부

"신부님, 이런 것 말씀드리면 실례가 아닐까요?"
"뭔데요?"
"신부님들은 결혼 안 하시는 걸로 알고 있는데 요전에 모임에 갔다가 아버지 신부, 딸 수녀 어쩌구 하는 말을 우연히 듣고 깜짝 놀랐어요. 죄송해요."
"아, 그거요. 신학교나 수녀원에 갈 때 추천해 주신 신부님을 아버지 신부님이라고 하고 추천받은 분들을 딸 수녀님이라고 하면서 서로 기도해 주는 끈끈한 영적 관계지요."
"그렇군요. 전 그걸 모르고 나쁘게 오해하고 의아해했었습니다. 그럼, 신부님도 그런 아들, 딸들이 계신가요?"
"물론이지요. 아들은 7명에 딸은 18명이나 둔 부자 아버지랍니다. 애비가 좀 시원찮아 그렇지, 자식은 잘 됐답니다. ㅎㅎㅎ 사실은 제가 낳은 게 아니라, 주님의 성스러운 부르심(聖召)을 받은 사람들이니, 주님이 낳으신 거지만…."
"성스러운 부르심? 그럼 어떻게 그런 부르심을 받나요?"

"뭐, 한마디로 뭐라고 말할 순 없어요. 부르시는 방법이 워낙 다양하기 때문에….

대부분은, 참하고 독실하게 사는 이들 자신이, 그런 생각을 먼저 하고 성실히 준비하고 있다가 들어오지만, 그런 모습을 지켜본 신부나 수녀님들 혹은 이웃들의 권유도 한몫하지요. 물론 저도 며느릿감이지만 인간적으로 이거다 싶어 권하면 아니고, 아니다 싶은데 바로 그거고, 그러니 알 수가 없지요.

그런데 간혹 이런 경우도 있답니다. 들은 얘긴데, 어떤 처녀가 우연히 성당 앞을 지나다가 4월부터 천주교 요리(要理: 교리 요약) 강좌라는 문구를 보고 아, 나도 시집가기 전 요리법을 미리 배워 두는 게 좋을 거라는 생각에 등록하고, 재미있어 열심히 쭉 다니다 보니 예수님께 매료되어 신자가 되고 나중엔 교리를 가르치던 수녀님에게 정도 들고 기쁘게 사시는 모습을 보며 감화되어 수녀원까지 가게 되었다고 합니다."

(예수님 탄생하신 곳을 찾아가는 동방박사들에게 별의 역할을 한, 교리교사 수녀님 – 마태 2, 2 참조)

"아주 극적이네요."

"예, 그렇습니다. 우리가 볼 땐 우연 같지만, 하느님이 필요로 하시면 그렇게도 부르신답니다. 성경에 보면 더욱 극적인 부르심이 나오는데, 예수님을 믿는 신자들을 잡아 죽이기 위해 병사들과 함께 나섰던 바오로는, 갑작스러운 강렬한 빛에 눈이 멀어 말에서 굴러 떨어졌고, 기적으로 눈을 다시 뜨며 예수님을 체험한 후 180도 변해 복음을 전하는 사도가 되셨답니다(사도 9, 1~22). 그런가 하면 교우들 간에 참한 며느릿감으로 소문났던 주일학교 여교사가, 어느 날부턴가 바지가 여기저기 찢어져, 속살이 훤히 보이는 청바지에 입술은 물론, 손톱까지 빨갛게 물들이고 다니는 거예요. 그래서 내가 '얘, 그렇게 해 가지고 누가 널 데려가겠니?' 그랬더니 '그렇죠! 걱정 마세요, 신부님. 저 좋아하는 이가 따로 있어요. 그이가 좋아해서 그렇게 하고 다녀요.' '그래? 그게 누군데 어디 좀 데려와 봐. 얼마나 눈이 삔 녀석인지 한번 보게. ㅎㅎ' 그랬답니다. 그랬더니, '그인 성당에 살아요. 나중에 소개시켜 드리면 너무 멋있어 신부님도 놀라실걸요.' 그래서 난 말도 되지 않는 소리지만, 농담조로 '아이고 얘, 너, 그럴 바에는 수녀원이나 가라!' 했더니 알지 못할 묘한 미소를 띠며 좋아하던 그 친구가 얼마 후 아, 정말로 수녀원, 그것도 희생을 많이 하는 수녀원엘 가겠다고 오지 않았겠어요!

깜짝 놀란 나는 추천은 해 줬지만, 속으론 글쎄, 아마 얼마 못 배길 텐데 했지요. 그런데 종신서원하고 몇십 년 지난 지금까지도 잘 살고 있어요. 물론 아버지 신부로서 기도는 많이 해 줬지만…. 지금 생각해 보면 어느 인간이 정말로 데려갈까 봐 일부러 그렇게 하고 다닌 것 같아요. 난 그런 속 깊은 맘도 모르고…. 또 어떤 아버지는 수녀원 앞에 와서 내 딸 내놓으라고 고래고래 소리 지르며 만일 안 내놓으면, 약 먹고 이 자리에서 콱 죽어 버릴 거라고, 엄포를 놓는 이가 있는가 하면, 자식 이길 부모 없다고 그렇게 반대하던 아버지도, 나중엔 결국 세례 받고 신자가 되어, 딸 서원식 미사에 참여해 축하해 줘, 그걸 아는 하객들이 모두 박수를 쳐 주며 아버지와 딸 수녀님을 축하해 드린 일도 있었지요. 이렇게 반대하시는 부모님 마음, 그리고 그를 거슬러야만 하는 아픔과 어려움도 이해가 가지만 결국 자기 인생은 자신이 살아가고 책임지기에 과감한 결단이 요구됩니다.

이런저런 걸 보면 '하느님이 하시는 일은 정말 알다가도 모르겠고, 그분이 한번 간택하시면 또 거기에 맞는 은총도 주시는구나!'라고 느꼈습니다.

일반적으로 성소에 장애가 되는 것들을 살펴보자면, 신부나 수녀는 아무나 되는 것이 아니고 독실하고 거룩한 신자들이어야만 될 것이라는 생각에, 첫째, '나는 수도자가 된다는 것을 한 번도 생각해 본 적이 없는 데다, 나같이 부족한 사람을 주님이 과연 부르실까?' 둘째, '혹시 그렇다손 치더라도 과연 내가 끝까지 해낼 수 있을까?' 하는 그런 의구심들이 들어요.

물론 부르심도 그렇지만 그에 응답하는 과정도 이렇게 다양해요. 응답 과정과 동기가 성스러우면 두말할 것도 없이 좋겠지만, 아직 설혹 그렇지 않다 하더라도 그건 큰 문제가 아닐 수 있어요. '보라, 내가 문 앞에 서서 문들 두드리고 있다. 누구든지 내 목소리를 듣고 문을 열면, 나는 그의 집에 들어가 그와 함께 먹고 그 사람도 나와 함께 먹을 것이다'(묵시 3, 20).

'누구든지 청하는 이는 받고, 찾는 이는 얻고, 문을 두드리는 이에게는 열릴 것이다'(마태 7, 7).

여기서 첫째 문 두드리는 소리에 귀를 기울여야 하고 누가 문을 두드리는지를 깨닫는 자세가 중요하고 열리면 그때 가서 청하면 됩니다. 그래서 당장 입회해서 무얼 어떻게 하라는 게 아니라, 한 1년쯤 수녀원엘 다니면서 혹은 살아 보면서 자신에게 맞는지 검토도 하고, 노력도 해 보고 또 수녀원 측에서도 잘 보살펴 도와

주고 배려해 줌으로써, 자신이 택한 성소에 대한 확신을 갖게 되는 것이지요. 그러니까 시작도 하기 전에, 너무 겁내고 망설이지 않았으면 좋겠어요. 그렇게 재다가 귀중한 시간 다 보내고 결국 타이밍을 놓치고 말지요. 슈팅 타이밍을 놓치면 결국 골을 넣지 못하고 승리의 쾌재를 부를 수 없듯이 말이지요. ㅋㅋ
이거도 저것도 맘대로 되지 않고 어떻게 하다 보니까 세월에 떠밀려 혼자 살게 됐다든지 그런 식이 아닌, 그래서, 하느님의 부르심에 한 번쯤 고민해 보고, 기도하면서 과감하고 용기 있게 도전해 보는 것이야말로, 나의 삶을 진정 소중히 여기는 마음이요, 보다 적극적이고 긍정적 삶의 자세라는 생각이 듭니다.
물론 한번 들어가는 선택도 자기 맘이지만 어렵고, 그러나 나오는 것 역시, 들어가는 것 못지않게, 어려워요. 왜냐하면, 같은 뜻을 가진 또래 친구들과 지내는 게 엄청 재미있고 보람을 느끼기 때문이죠. ㅎㅎ"

"그럴까요? 수녀님 생활이 어렵다는데요…."

"세상에 쉽기만 한 게 어디 있습니까? 아니, 손도 안 대고 코 풀려고요? 그런 좋은 게 있으면 저도 좀 가르쳐 주세요. ㅋㅋ 결혼 생활은 쉽기만 합니까? 남편은 물론 시집과의 관계도 그렇고…. 쉬우면 어서 말씀해 보세요.
사람이 사는 데 조금씩 어려움은 다 있게 마련이지요. 나를 생각하는 마음은 좋지만 다들 나만 생각하는 마음으로 모여 산다면 그렇다는 뜻입니다. 완전한 곳, 완전한 사람이 어디 있겠어요? 불완전하니까 더 좋은 곳, 완전을 지향하고 거기에 이르는 길을 선택하고, 좋은 결과를 위해 일생을 걸고 자기를 내어 주고, 갈고 닦고 노력하기에 어렵고, 길, 즉 도를 닦는 수도 생활(修道生活)이라고 하는 것 아니겠어요?

반면 일반 사람들이 못 느끼는 성스러운 기쁨과 성취감을 그분들은 느끼며 사는 거지요. 그 맛은 말로써 이해되는 게 아니랍니다. 예를 들면, 마치 설탕의 단맛에 익숙하고 그것이 최고인 줄만 알던 어렸을 땐, 어른들이 쓴맛이 도는 커피를 좋아하는 이유가 말로는 이해가 안 됐지만 나중에 어른이 되어, 처음엔 쓰지만, 그래도 자꾸 먹어서 그 맛을 알게 되니 오히려 설탕 없는 커피를 좋아하게 되더군요. 평범함, 안일만을 추구하는 이들은, 추운 겨울 따뜻한 방을 박차고 나와 하얀 눈 덮인, 더 높은 어려운 코스에 도전하여 바람을 가르며 내리꽂는, 스키의 그 짜릿한 맛, 캬~ 넘어지고 구르고 하여 터득하는 그 수고로움의 과정을 어렵다고 마다한다면 결코 맛볼 수는 없는 것과 같지요.

수도자가 되는 것, 다시 말하면 진지한 고민은 해야겠지만 '오, 그런 것도 있구나.' 하며 시도도 해 보지 않고 너무 망설이고 재고 하면 결국 아무것도 건지지 못해요. 믿고 곧바로 자신을 그분에게 던져 맡기고, 움직이는 것, 이것이 신앙이고 용기 있는 도전이랍니다."

지금 이 글을 읽는 사랑하는, 정말 똑똑하고 유망한 청년분들, 주님이 보내시는 강력한 문자 메시지로 알고 한번 깊이 생각해 보면 어떨까요?

"손에 쥐고 있는 것을 놓아야만 더 좋은 것을 가질 수 있다."
진리지요. 고민되시는 분들은 아래 성경을 깊이 묵상하시면 답을

얻을 수 있을 거예요

"그들은 곧바로 배와 아버지를 버려두고 그분을 따랐다"(마태 4, 22).

[곧바로 = 망설임은 보통 사람들이 갖는 자연스러운 일이며 결정에 시간이 필요하지만 모든 걸 주님께 의탁하는 믿음에서 망설임을 극복할 힘이 생기고 결단은 빠르다. 그분을 따랐다 = 그분에게서 그럴 만한 가치를 보고 공유하고자 하는 마음에서, 그래서 놓고 떠나는 것에 대한 괴로움이 크지만, 선택의 이유가 더 크다. 배 = 생계수단, 세상적인 것들. 아버지 = 관심 가는 것, 정든 모든 것을 떠나는 괴로움, 아픔.]

"주님, 주님이시거든 저더러 물 위를 걸어오라고 명령하십시오." 예수님께서 "오너라." 하시자, 베드로가 배에서 내려 물 위를 걸어 예수님께 갔다. … "스승님은 참으로 하느님의 아드님이십니다!"(마태 14, 22~33).

[하느님의 아드님에 대한 믿음이 있는 동안만 물 위를 걸어갈 수 있었고, 거센 바람(= 주위의 속삭임, 유혹, 불안과 두려움) 때문에 믿음이 흔들려, 물에 다시 빠졌다는 사실을 깊이 묵상하면 좋을 것임.]

즐겁게들 지내시기 바랍니다.^^*

사제 서품과 하느님의 위로

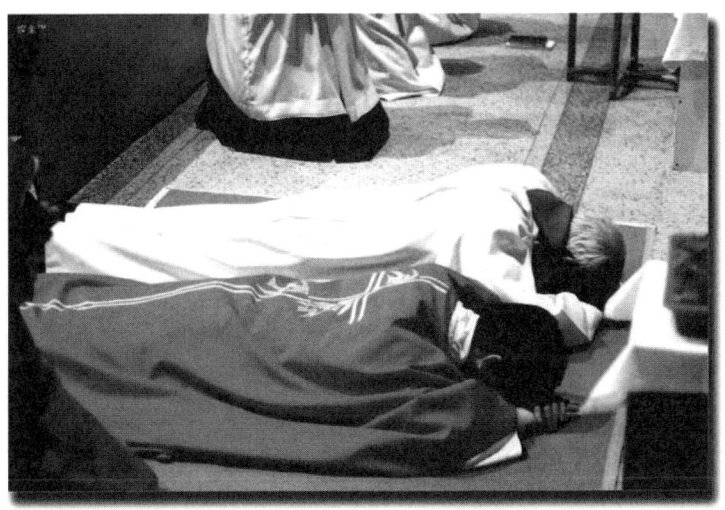

성금요일 전례 때 제단 앞에 엎드려 있는 모습, 머리 허연 할배가 나, 까만 이는 나보다 잘난 게 많아 인기 있는, 그래서 미운 보좌 ㅋㅋㅋ

2월은 확실히 축복의 달이다. 주님이 봉헌되신 축일을 기점으로 각 수도원에서 첫 서원과 종신서원, 또 신학교 고학년에서는 부제품과 사제품을 받는다.

나는 몸이 아파 직접 참석은 못하고 방송으로 중계되는 거룩한 예식에 마침 성인 호칭기도가 노래로 나와 나도 그들과 함께 방바닥에 엎드려 그때의 감격에 젖어 기도하며 지금의 나를 되돌아보았다.

옛날 엎드려 기도하는 그 순간의 열정은 당장 순교도 할 수 있을 것만 같았다. 그러나 그 이후 매일 평범한 일상생활에서 내게 주시는 하느님의 크고 작은 은총들을 나는 어떻게 대하며 살아왔는가?

내가 원치 않는 크고 작은 시련들, 이 모든 것이 다 나의 성장과 완성을 위한 하느님의 계획이며 사랑의 선물이시란다. 그럼에도 불구하고 시련이라고 할 것까지도 아닌 매일 겪는 사소한 일인데도 내가 바라고 원하는 것과 달라 속상해하고 그렇게 힘들어하며 그 모든 일 뒤에 감추어진 나를 위한 하느님의 계획을 놓쳐 버리며 허송세월을 하다니….

"수도 연륜이 얼마나 오래됐느냐 그렇지 않느냐를 따질 것이 아니라 내가 오늘도 완덕의 깨달음 안에 있느냐 그렇지 않느냐가 더 문제입니다. 참된 깨달음 안에는 수도 연륜의 앞뒤가 없습니다. 하느님께는 우리의 삶이 살아온 햇수로 계산되지 않고 '어떻게 살았느냐?'로 기억되기 때문입니다."라는 글이 떠오른다.

지금은 원로, 선배 사제가 되어 분에 넘치는 사랑과 존경을 받고 있긴 하지만 흐른 세월만큼이나 영적으로 농익지 못하고 아직도 초년에 머물러 있으니 그 많은 시간과 기회를 주신 하느님 앞에 그게 다 무슨 소용이 있겠는가?

이제 막 시작하는 그들을 보며 나도 저들처럼 다시 시작할 수 있다면 얼마나 좋을까? 아쉬움과 부러움, 그리고 부끄러움에, 그들만큼은 나처럼 제발 그러지 말고 이 노선배 사제가 부러워하는 그 많은 시간을 아무쪼록 잘 살아 풍성한 열매를 가득 맺는 앞날이 되게 해 주십사 찐하게 빌어 주었다. 그때 주님께서 이렇게 격려해 주시는 것 같았다.

"아들아, 후배들을 보며 하느님을 많이 사랑해 드리지 못했다 하여 지난 세월을 아쉬워하고 미안해하는 그 마음 그것은 나에 대한 또 다른 사랑의 표현이며 아름다운 기도란다.
산 정상에 올라 시원한 바람과 함께 절벽 사이의 노송을 보면 어떻더냐? 노송이 어디 자기는 집 짓는 재목감이 못 됐다고 아쉬워하고 오랜 세월과 풍파 속에서 구부러진 자신을 슬퍼하더냐? 하느님께서 심어 주신 그곳에 오늘도 외롭게, 꿋꿋이 서 있지만 작고 구부러진 모습에서 오랜 세월 그 많은 비바람을 견디어 낸 모습이 아름답고 자신을 통해 산과 바위까지도 아름답게 만드느라 애쓴 흔적이 느껴지지 않더냐? 그래서 사람들이 힘들어도 정상까지 오르고픈 의욕을 일으키게 하는 노송! 사람들이 나의 창조물을 보고 '참, 아름답다.' 말할 때 나 또한 얼마나 즐거워하는지 너는 아느냐? 노송은 저 스스로 거기 있고 싶어 있는 것이 아니지만 시련을 이겨 낸 모습으로 그 자리에 있음 그 자체가 아름다운 것이고 내게 큰 영광을 드리는 것처럼, 선배도 너 스스로 그렇게 만든 게 아니라 세월과 시련 속에 내가 너를 선배로 만들어, 지금 그 자리에 둔 것이니 네가 있는 그곳에서 저 노송처럼 묵묵히 최선을 다해 사람들이 주름지고 구부정한 너의 모습과 조화를 이룬 주위를 보며 '참, 아름답다.'고 말하게 하는 것 그게 너의 몫이니라.

서품식을 통해 사제가 되지만, 그러나 너를 진짜 사제, 내 향기를 뿜어내는 아름다운 사제로 만드는 것은 무슨 특별한 일이 아니라 너를 성장케 하는 일상생활에서 겪는 그런 작은 시련들임을 명심하거라. 어디든지 인간이 모여 사는 데는 다 어렵고 힘들 게 마련이란다. 선배를 몰라본다고 후배를 너무 나무라지 마라. 나쁜 게 아니라 젊었을 땐 다 저 잘난 줄만 알기 때문에 그렇단다. 너는 안 그랬니? 그렇다고 젊은 놈들한테 너무 쫄지 마라. 왜, 이런 얘기 들어 봤지?

'너, 늙어 봤니? 난 젊어 봤다.' 그러면 걔들은 꼼짝 못한단다. 그리고 선배라고 알아줬으면 하는 우월감과 기대에 여기저기 껴들면 섭섭함이 많고 후배들은 피곤함이 많은 법이니 이를 알고 잘 다스리면 편안함이 깃드느니라.

허송세월했다고 미안해하는데 그건 네 생각일 뿐 난 그렇게 생각 안 한다. 네가 그렇게도 아쉬워하는 지난날을 넘치게 채우고도 남을 오늘이라는 '새날'을 지금 너에게 주어 네가 누리고 있지 않느냐? 그 의미를 되새겨 보면서 너에 대한 나의 사랑과 기대를 확인하고 용기를 얻고 오늘을 아깝지 않게 보내 아쉬움이 없도록 노력하거라. 자신을 너무 탓하지 말고 자존감을 갖고 즐겁게 살아라. 그게 나의 기쁨이기도 하단다."

그래서 오늘따라 하느님이 더 사랑스럽고 예쁘고 좋았다.^^*

난 이런 놈(가면)

평소 나를 잘 따르던 청년이 있는데 그가 나를 칭찬해 주기 때문에 나는 그에겐 늘 약했다. 그가, "신부님은 참 너그럽고 인자한 분이세요." 할 때 "아이고 뭘!" 하면서도 내심 즐거워하곤 하였다.

어느 날, 그가 내가 애지중지하는 카메라를 좀 빌려 달라는 것이었다. 난 이걸 딱 부러지게 거절 못하고 그만 빌려주고 말았다. 왜냐하면 난 계속 너그럽고 인자한 사람이어야 하기 때문에….

그래 놓곤 '망가뜨리면 어떡하나…. 혹시 잃어버리면 어떡하나….' 퍽 불안했다.

그런데 며칠 후 아니나 다를까! 기어이 고장을 내 오고야 말았다. 나는 순간 굉장히 아깝고 힘들었지만 그렇다고 화를 내거나 언짢은 모습을 보일 수가 없었다. 왜냐하면, 사람들은 나를 보곤 '맘 좋고 너그러운 신부님'이라고 하는 줄 잘 알고 있었기 때문이었다.

그래서 나는 침을 꿀떡 삼키고 이렇게 말했다.

"어… 이게 뭐, 그리 대단한 건가. 괜찮아요. 이다음에 혹시 또 필요하면 서슴없이 얘기해요…."

사실은 속이 쓰리면서도 겉으로는 빌려주는 것을 기쁨으로 아는 사람(?)처럼… 아니, 마치 물질적인 것을 이미 초월한 성인군자처럼 말이다. 그러자 그 친구, 남의 속도 모르고 "예, 신부님, 그럼 그렇게 하지요."라고 당연하다는 듯이 말하는 게 아닌가?

'에라, 이 염치없는 놈 같으니라고! 아니, 그렇게도 눈치코치가 없니…! 남의 속도 모르고….'

이 말이 목구멍까지 와 닿는 걸, 침을 한 번 더 꿀꺽 삼키고 참았다. 미운 마음까지 들었으나 전혀 내색을 하지 않으려니 더 힘들고 짜증스러웠다. 며칠 동안 기분이 찜찜하고 그랬다.

아무 영문도 모르는 착한 주방 언니한테 어느 날 반찬 트집을 잡아 '확!' 풀어 버렸다.

그것도 마음이 편치는 않았다. 괴로운 나는, 자신을 비하하는 신경증 환자처럼 혼자 이렇게 중얼거렸다.

"아니, 내가 누군데 그딴 짓을 다 하다니 정말 치사하다 치사해…. 아무런 힘도 없고 죄도 없는, 그저 나만 쳐다보고 사는 그녀에게 그랬으니 이런 못난이, 등신 같으니라고….

난 진짜 너그럽고 인자한 사람이 아니고 더구나 개뿔! 대인도 아니고 성인군자는 더더욱 아니지…. 다만 겉으로 그렇게 보였을 뿐 알고 보면 속알머리 좁은 소인 놈일 뿐이야!"

얼마 후, 주방 언니가 웃으면서 "밖에서는 아주 인자하시고 좋으시다는 신부님이 안에선 왜 그렇게 짜증을 부리시는지 영 알 수가 없어요." 하면서 고개를 갸우뚱했다.

"어휴, 내 성질이 왜 이렇지? 졸장부다, 졸장부!"라며 가슴을 쳤다. 이유야 어떻든 혼자 삭이고 넘어갔더라면 정말 인자하고 너그러운 사람일 텐데 말이다. 그게 깨졌으니… 아쉽다.

영문도 모르고 나의 짜증을 쓰레기통처럼 받아 주고 평화를 위해 그저 참아 주고 미소를 던져 주는 그녀가 고맙기도 했지만, '그동안 얼마나 힘들었을까?' 생각하니 한편 가엽고 미안했다.

생각해 보면 그녀야말로 진짜 대인이고 성녀다.

그리고 그런 생각이 들었다.

음, 내공이 없이, 그저 겉으로만 남에게 그럴듯하게 보이기 위한 삶, 겉치레만(가면)을 위해 살아가는 삶이란, 그를 유지하기 위해 늘 이렇게 자신에게도 짐이 되어 무겁고 함께 사는 이들도 힘들게 만드는구나!

그리고 생각해 보면 주방 언니야 내가 싫으면 떠나면 그만이겠지만, 그러나, 부부라는 인연으로 맺어져 피할 수도 없고, 하느님이 주신 귀한 인생을 지혜롭지 못하게 살아가는 나 같은 못난이의 엉뚱한 화풀이와 그 투정을 다 받아 주며 그와 더불어 일생을 살아가야만 하는 이가 있다면 이 또한 얼마나 더 힘들고 괴로울까!

바로 거기가 지옥이 아닐까?

* * *

사랑하는 부부님들!

여긴 나 같은 그런 분들은 안 계신 것 같아요. 그래도 왠지, 아주, 아주 미안해요.^^* 내 표현이 너무 과했나요?

그러나 한번쯤 짚어 볼 필요는 있겠지요?

"팔짱을 낍시다!"

가정의 해를 맞으면서 이웃 성당에서는 교우들끼리 서로 인사하고 친숙해지라고 성당 입구에 준비된 명찰을 가슴에 달고 입장토록 하고 미사 후엔 마당에서 차도 마시고 하며 따로 친교의 시간을 가진 후, 헤어지는 것을 사목 목표로 세웠다고 한다.

나도 뭔가 하나 해야 하는데 어떤 것을 할까 고심하다가 마침 M.E. 부부 피정 지도신부로 있을 때 생각이 나서 옳거니 그것을 해 봐야지 하며 무릎을 탁, 친 일이 있었다.

그것이란 피정 지도하는 부부들은 물론 수강하는 부부들도 성당 혹은 침실에서 강의실이나 식당 등으로 이동할 때가 많은데 그때마다 가급적 팔짱들을 끼라고 권유를 한다.

처음엔 어색해하며 쑥스러워들 했지만 피정 마칠 무렵이 돼 가니 분위기가 좋아져 누가 뭐라고 그러지 않아도 자연스럽게 팔짱들을 꼈다.

사실 그들이 프로그램에 의해 피정 동안, 자신의 마음의 문을 열고 배우자에게 솔직히 표현하고 하는 과정에서 아직 서툴러 서로 마음들이 맞지 않아 속상해하고, 심지어 다투기까지 하는 경우도 있지만 그러다가도 이동할 때엔 그때마다 팔짱을 끼어야 하므로 비록 속은 상하고 아직 일치를 못 이뤄 팔짱을 끼는 게 곤욕스럽게 느껴지지만 겉으로는 어떤 식으로든지 곧 화해하고 또 그런 것처럼 보였다. 여하튼 화해의 한 계기가 되어 좋아 보였다.

그런데 본당 주일미사 때 보면, 대개 집에서 서로 싸운 부부들은 미사에 와도 서로 멀리 따로 떨어져 앉거나 다른 미사 때 오기에 "아, 저 부부는 서로 싸웠구나!" 하는 직감이 드는데 들어맞는 경우도 많다.

"가정의 해"라 관심을 가져서 그런지 요즘 그런 부부가 유독 많이 눈에 띄는 것 같았다. 옳거니, 금년 가정의 해에는 M.E. 교육에서처럼 팔짱끼기 운동을 벌여야겠다고 마음먹었다.

그래서 나는 미사 끝 공지사항 때 금년도 사목 계획을 풀이해 주면서 그랬다.

여러분!
부부들께서 봄과 더불어 신혼 때처럼 새신랑, 새 신부 기분을 느끼시라고 그런 방향으로 사목 방침을 정했답니다.
그래서 앞으로 성당 오실 땐, 부부들께서는 적어도 성당 대문 입구에서부터는 팔짱을 꼭 끼고들 오십쇼. 안 그러시면 제가 규율부장처럼 지켜보고 있다가 입당을 불허할 예정입니다. 그때 섭섭하다 그러지 마시고요~. ㅎㅎㅎ

배우자가 정 말을 안 들어주시면 저라도 대신해 드릴게요.^^*

사랑도, 행복도 노력하고 용기 있는 사람에게 찾아오는 게 아니겠습니까? 그러니 쑥스러워 마시고 그렇게들 한번 해 보세요.

그때 "여보, 왜 이래, 당신? 아니, 미쳤소! 이게 무슨 짓이야? 젊은 애들처럼…" 제발, 그런 말씀들일랑은 하지 마시고요. 어디 젊은 애들만 좋은 것 가지란 법이 있어요? 그런 식으로 좀 미치면 어때요? 그렇지 않습니까? 그러니 괜히 그러지 마시고 못 이기는 체하면서 가만히 팔을 맡겨 보시란 말이에요. 얼마나 좋은데요.^^*

또 살다 보면 흔히 있을 수 있는 일이지만 소소한 일로 잠깐이지만 속상했던 분들, 성당에 오면서 화해해야 하는데 찜찜해하면서도 아직은 먼저 말 걸기가 좀 그렇다고 느끼시며 기회를 미뤄 왔던 분들… 아, 좀 좋아요? 무서운 본당신부님 때문이라고 핑계들 대시고 이때다 하고 팔짱을 슬쩍 껴 보세요. 화해의 좋은 기회지요. 아마 마음도 가벼워지고 속으론 이런 사목 방침을 세운 저에게도 고마워하실 거예요.^^*

"내가 잘못했소. 내가 먼저 말하고 싶지만, 지금은 좀 쑥스러워 그게 좀 힘드오.", "이제, 그만 속상해하고 한번 봐주구려!" 하는 그런 사랑하는 맘이 깃들어 있는 것이 못 이기는 체이죠. 일종의 소극적 화해의 표현, 선의의 조그만 항복(?)인 셈이지요.

배우자를 사랑하는 마음 때문에 나의 자존심을 조금 뒤로하는 것이 그게 사랑이고요, 아직 마음에 내키지 않아도 그렇게 하는 이유는 사목 방침을 주님의 뜻으로 알고 따르는 독실한 신심이 있기

때문이라고…. 핑계를 그렇게 대세요.^^*

그래도 뿌리치는 마음엔 불일치의 마귀가 스며들고, 못 이기는 체하는 마음엔 성령께서 스며들어 화해와 사랑의 불을 놓으시게 된답니다. 그런 가정은 다 승자(勝者)라 겨울이라도 온기가 돌아 따뜻하고, 화해가 늦은 가정은 다 패자(敗者)라 여름이라도 온 가족이 함께 냉랭하고 차가울 수밖에 없습니다.

그러니 팔을 끼고 또 슬며시 내주어 얼른 화해하시고 설혹 그런 일이 없는 분들이라도 오랜만에 청춘 연애 시절을 느껴 보시라고요. 저는 잘 모르고요, 연세 지긋하신 분들도 해 보시고선 아주 좋다고들 그러십디다.^^*

다른 사람들이 뭐라고 하든 내가 그렇게 함으로써 내 배우자가, 우리 부부가 행복을 느끼며 항상 젊고 멋있게 살아갈 수만 있다면야 아, 까짓 거! 그 무엇인들 못하겠어요? 안 그렇습니까?

그게 사랑이고 사는 보람이죠. 그러니 망설이지 마시고 용기 있게 한번 해 보세요~ 그럼 다음 주일을 기대해 봅니다.

아무쪼록 즐거운 시간들 되세요.^^*

아, 대신 끼겠다는 자매들이 많아 제 팔뚝이 남아나지 않을 것 같아 걱정되신다고요? 고맙습니다. 그래도 저는 무척 행복할 것 같습니다. 제발 그랬으면 좋겠어요.^^*

교우들이 웃는다. 나를 신뢰하고 사랑하는 따뜻한 분위기가 감지된다.

행복하다.

반장

"어서 오세요, 수녀님."
"신부님, 요즘 반장 뽑기가 무척 힘들어요. 모두들 안 한다고 그래요."
"수녀님도 고심이 크시겠네요."
"그런데 그렇게도 안 한다던 폴리나 자매가 감사 미사 봉헌한다고 성당엘 왔어요. 그러니 신부님이 한번 만나 설득해 보세요."
"그러시죠."

"어이쿠 폴리나 자매님, 오랜만입니다. 싱글벙글 웃으시는 걸 보니 오늘 무슨 좋은 일이 있으신가 봐요?"
"예, 우리 아이가 이번에 반장이 됐어요."
"아, 그러시군요. 축하드립니다. 그러면 한턱 쏘셔야지 가만있으면 안 되겠네요.^^*"
"네, 물론이죠. 그렇지 않아도 아는 이들은 한턱 쏘라고 난리들이에요, 호호."

"그래도 기분 좋죠?"
"네, 그렇습니다."
"반원들이 모두 몇 명이래요?"
"45명이라는 것 같아요."
"45명을 대표한다. 야, 인기가 대단하군요. 학교에 일찍 가고 집엔 늦게 오고, 바쁘고 힘들어지겠네요?"
"그래도 아들이 자랑스럽고 가문의 영광이죠. 호호."
"그렇죠! 그게 어디 흔한 일인가요? 여하튼 다시 한 번 축하드립니다.
그런데 자매님! 지난번 반원들 천거로 성당 반장 선출됐을 때 막무가내로 안 한다고 그러시고 수녀님이 그렇게 통사정을 하셨는데도 왜 응낙을 안 하셨어요?"
"예, 뭐, 제 능력도 그렇고 좀 바쁜 일이 있어서요."
"아, 그런가요? 성당 일은 바쁘지 않은 사람들이 하는 거라~?"
"아이, 참 신부님도. 그런 게 아니고요…. 저어…."
"저어? 또 뭔 구실을 대시려고… 그러지 말고…. 바쁘고 그러시니까 성당 일을 하시라는 거예요. 좀 바쁜 사람들이 능력도 있고 시간을 쪼개어 봉사하니까, 더 열심히 하고 그래서 가치가 있는 것 아니겠어요? 한가한 사람, 여가 선용 차원에서 하시라는 게 아니에요.
반이 대략 15세대니까 한 가족 평균 4명 정도라고 하더라도, 60명이나 되네요. 이 중에 대표라니 아드님 못지않게 대단한 거예요. 그리고 무엇보다도 우리 주님께서 당신이 신뢰하는 벗으로서, '사도직에 내 손발이 되어 협력해 다오.' 하시면서 기대 끝에 부르시고 선택하신 거랍니다. 성경에도 왜 나오지 않습니까? '이제 나는 너희를 종이라고 부르지 않고 벗이라고 부르겠다. … 너희가 나를 택한 것이 아니라 내가 너희를 택하여 내세운 것이다. 그러니 너희는 세상에 나가 언제까지나 썩지 않을 열매를 맺어라. 그러면 아버지께서는 너희가 내 이름으로 구하는 것을 다 들어주실 것이다'(요한 15, 15~16).

'파견되지 않았으면 어떻게 선포할 수 있겠습니까? 이는 성경에 기록된 그대로입니다. 기쁜 소식을 전하는 이들의 발이 얼마나 아름다운가!'(로마 10, 15).

자매님이 봉사로써 맺으신 열매를 나중에 다 갚아 주신다는 약속, 그리고 자매님은 주님의 입, 손, 발로서 파견되시는 그분의 벗이시라는 뜻 아니겠어요? 주님의 벗, 성당 반장이라, 그야말로 가문의 영광이고, 그렇게 자랑스럽고 영광스러운 일이 어디 또 있겠어요! 자매님이, 아들이 반장으로 선출된 것을 기분 좋아하듯, 주님도 자매님이 반장으로 선출된 것을 좋아하고 자랑스럽게 여기고 기대하고 계실 텐데…. 글쎄? 그런 주님의 기분을 난 폴리나 자매님이 씁쓸하게 만들어 드리진 않으실 분이라고 생각해요. 그렇죠? 믿어도 되죠? '다음에 한다?' 그건 알 수가 없어요. 그런 기회를 또 주실지? 그러니 이번 아드님의 경사를 계기로 다시 한 번 잘 생각해 보고, 알아서 하세요. 그다음은 나도 모르겠어요!"

"내 이래서 신부님을 안 뵈려고 그랬는데, 겁까지 주시니 참, 호호호. 이젠 항복합니다, 신부님!"

"그래, 아주 잘하셨어요, 고마워요, 자매님! 아, 진작 그러셔야지. 이젠 즐겁게 한턱 얻어먹겠습니다. 어서 갑시다. 배고픈데…."

성체조배

"신부님, 성체조배 하는데 회장님 술 냄새, 코고는 소리 때문에 조배 못하겠어요. 헛기침을 하면 잠깐 깨시지만, 그때뿐 곧 다시 시작하세요. 그래서 그런지 저도 괜히 자꾸만 졸려서 성체조배 못하겠어요."

사업하는 R 회장님이 고단함을 무릅쓰고 새벽 두시에 성체조배 하다가 그러셨나 보다. 얼마나 피곤하셨을까? 그래도 예수님이 예쁘게 보시겠지!

"신부님, 저는요, 웬 잡다한 분심이 또 그렇게 많이 드는지, 그리고 좀이 쑤셔서 오래 앉아 있질 못하고 자꾸 시계만 쳐다봐 예수님께 죄송해 죽겠어요."
"커, 오늘따라 왜 이렇게 못하겠다, 죽겠다는 분들이 많아요? 나 참, 그러니까 조배 전에 성경이나 영적 독서를 미리 하시라고 그러잖았어요? 한 번도 안 먹어 본 음식 맛 설명하기도 어렵고 또 설명해도 직접 체험하지 않고는 모를 수밖에 없듯이 하느님에 대한 사랑도 그래요. 그러나 그 맛, 즉 하느님 사랑의 맛을 먼저 본 분들의 말씀이 적혀 있는 것들이 영적인 책들이지요. 그렇게 해서, 마음을 가라앉힌 다음에, 마치 영화 보듯, 내가 그 장면의 군중 가운데 하나라고 생각하고, 예수님께서 복음을 전하고, 기적을 행하시고 때론 수난하시는 걸 보면서 '그분과 마음의 눈을 마주치며 말씀을 듣기도 하고 나누기도 한다.'라고 하면 좋을 거예요.
다음부턴 그렇게 하세요. 그렇다고 조배 내내 책만 읽지 마시고요. 조금 읽고 묵상하고 또 조금 읽고, 그런 식으로요."
"그래도 신부님, 전 여전히 분심이 떠오른답니다. 수술을 앞둬서 그런가 봐요."
"그거야 어쩔 수 없지만, 그럴 땐 그 분심을 예수님께 드리면서 앉아 계시면 그것으로 훌륭한 기도가 됩니다."

"그래도 조배가 될까요?"

"아무렴요. 그래도 예수님이 당신 앞에 나와 있는 형제자매님들 다 예쁘고 사랑스럽게 보실 거예요. 조배하러 집을 나설 때부터 벌써 예수님이 즐거워하면서 기다리시다 반기셨을 거니까요."

"그런가요?"

"예, 그래요. 내가 예수님께 사랑하는 마음을 계속 열어 보여 드려야 한다는 생각에, 그렇지 못하고 가만히 앉아 있기만 한 걸 죄송스러워하는데, 물론 그렇게 할 수만 있다면야 더 좋겠지만 그렇게 못하고 그냥 앉아 있는 것 자체만으로도 훌륭한 거예요. 왜, 아들 군에서 휴가 온다고 할 때, 반갑고 달력을 보면서, 오면 좋아하는 음식을 실컷 먹여 줘야지 하며 벌써 어머님이 기다리지 않으셨어요? 그런데 아들 녀석 막상 집에 오면 어때요? 친구들 만난다, 뭐다, 하면서 바삐 돌아다니다, 집엔 늦게 들어와 잠만 자는 경우가 많지요. 그래도 자고 있는 아들이지만, 그 얼굴 바라 보기만 해도 어머니는 든든하고 좋지 않아요!"

"그래요."

"그렇다고 해서 휴가 때 잠만 자는 게 아니라 어머님과 함께하는 시간이 많으면 어머님께서 더 좋아하시지 않겠어요?"

"예, 맞습니다."

"우리가 예수님께 사랑을 드리면 좋겠지만, 우리의 사랑이라는 게, 그분의 우리에 대한 사랑에 비길 수가 없지요. 내리사랑이라고, 아들의 어머니에 대한 사랑을, 어머니의 자식에 대한 사랑에 비길 수 없듯이 말이에요. 물론 우리가 노력은 해야 하겠지만…. 나를 좋아하고 사랑하시는 주님 앞에 제가 나와 있으니, 저를 실컷 보시며, 사랑해 주시고, 기분 좋아하세요. 그런 마음으로 앉아 있으면, 그것만으로도 아주 좋아하시고, 훌륭한 조배입니다.
그러나 차차 그 이상 하시면 물론 더 좋겠지요. 그러다 보면 어느새 나도 정이 더 생기고….
그러니 너무 부담 갖지 마시고 또 이제 겨우 몇 번 안 하고, 그만하시겠다는 말씀일랑, 제발 제 앞에선 하지 마세요. 마치 산에 처음 오르고 힘들어 못하겠다고 하는 것과 마찬가지죠. 성체조배도 자꾸 해야 그 맛을 느끼게 된답니다.
처음엔 자주 성당에 들러, 잠깐 얼굴 보여 드리고 인사드려야지 하는 마음으로, 가볍게 시작해 보세요. 그럼 잘될 겁니다.
예수의 대 데레사 성녀는 '주님은 우리가 당신을 생각하면서 한 순간 바라뵈온 곳까지도 낱낱이 상을 내려 주십니다. 우리한테 갚으실 때는 어찌나 세밀하신지 당신을 생각하면서 눈 한 번 치뜬 것마저 반드시 갚을 것이니….'라고 하셨어요. 그러니 우리가 성체조배를 하며 예수님을 바라뵙는다면 그분이 얼마나 더 좋아하시고 상을 많이 내려 주시겠어요!"

하느님의 사람
-사도 바오로의 개종 축일에

오늘은 사도 바오로의 개종 축일인데 마침 우리 성당의 중책을 맡을 단체장을 뽑는 날이기도 합니다. 먼저 오늘 성경 말씀을 들어 봅시다.

주님께서 아나니아에게 이르셨다. "가거라. 그(사도 바오로)는 다른 민족들과 임금들과 이스라엘 자손들에게 내 이름을 알리도록 내가 선택한 그릇이다. 나는 그가 내 이름을 위하여 얼마나 많은 고난을 받아야 하는지 그에게 보여 주겠다"(사도 9, 15~16).

이런저런 이유로 성당에 다니는 사람들은 많습니다. 그러나 그렇다고 해서 그들이 모두 하느님을 즐겁게 해 드리느냐 하는 것은 다른 문제인 것 같습니다.

주님을 체험하고 그분에게 간택되어 그분을 즐겁게 해 드리는 하느님의 사람인지 아닌지는, 위의 성경 말씀대로 주님의 이름을 알리고 그 이름을 위하여 많은 고난을 받는 것에서 과연 보람을 찾는가 하는 데서 알아볼 수 있습니다.

성당에 얼마나 오래 다니고, 얼마나 많이 봉사했느냐도 중요하지만 매일같이 내게 일어나는 모든 일에서 주님을 만나고 그분의 마음을 헤아려 읽고 비록 난관이 닥치더라도 기도하면서 복음 정신으로 어떻게 풀어 가느냐 고민하는 사람이 더 중요합니다.

그렇지 않다면 그는 하느님의 사람이 아니라 그냥 성당에 오래 다녀 잘 알려진 사람에 불과하고 그런 이는 시련의 바람이 조금이라도 불면 곧 그대로 따라 움직이는 보통 사람일 뿐입니다.

우리는 지금 주님의 그릇을 뽑으려 합니다. 그래서 뽑는 사람도, 나한테 밥 사 준 사람이니까…. ㅋㅋ

혹은 바쁘니까 아무나 빨리 뽑고, 나는 내 볼일을 보러 가겠다든지, 어차피 내가 할 일은 아니니까 하며 무거운 짐을 남에게 미루는 듯한, 그런 자세를 가져선 안 되겠고 주님이 나를 통해서 뽑고자 하신다는 생각과, 단체장으로서 적임자라고 생각하는 사람의 기준을 세속적 지위와 인기만을 고려할 것이 아니라 복음적이고 교회적인 소명 의식에 충실한 자세를 갖고 노력하며 사는 하느님의 사람인지 진중히 생각해 보고 성스러운 일에 동참한다는 의식으로 임하며 뽑아야 할 것입니다.

또 뽑힌 분들도 사람들이 아니라 주님에 의해 선택된 그릇으로서의 영광으로 알고 동시에 그분의 이름을 위해 수고하는 희생을 기쁘게 봉헌하겠다는 그런 기도하는 마음으로 받아들여야 하겠습니다.

그러면 내 장담컨대, 여러분이 이다음에 하느님 나라에 가시면, 하느님께서 "얘, 넌 단체장 했었지? 수고했다. 그리고 또 너희도 좋은 단체장 뽑았더구나! 수고들 했다. 그러니 거기서 떨고들 있지 말고 어서 따뜻한 내 품으로 오너라." 그러실 거예요. 틀림없이….^^*

감사합니다.

사제의 유혹

부임해 간 성당에서 새로 선임된 꾸리아 단장이 몇 번씩 찾아와 꾸리아 옥외 행사에 따로 기부금도 거두겠지만 본당 차원에서도 버스 외에 더 지원해 주십사 청했다. 말끝에 먼저 신부님도 그렇게 하셨고 가까운 이웃 본당신부님도 그렇게 도와주셨음을 강조하며 은근히 부담을 주기도 했다.

나는, 그것은 어떤 사목적 이유가 있어서 그러셨을 거고 지금 내가 볼 땐 그럴 이유가 보이지 않는다면서 먼저 성당에서의 일을 얘기해 주며 예의 바르게 거절했다.

그런데 시간이 흐르면서 전임 젊은 신부와 비교하며 이번에 새로 오신 신부님은 역시 나이가 많은 분이라 생각도 고루하고 꽉 막혀 융통성이 없다는 등 나의 아픈 곳을 콕콕 찌르는 일부 단원들의 불만의 소리가 들려와 몹시 괴로웠다.

어떻게 할까? 교회의 가르침대로 꿋꿋하게 나갈까? 아니면 교회 정신이고 뭐고 다 모른 척하고 좋은 게 좋으니 타협하고 이번 한 번만 들어줄까? 그래야 앞으로 이곳에서의 사목 생활이 평탄할 텐데…. 아무래도 부임 초부터 이러면 곤란하지…. 자꾸 마음이 약해진다. 한번 들어주면 다음에 또 그럴 텐데…. 어떻게 할까? 그때, "너희는 말할 때에 '예.' 할 것은 '예.' 하고, '아니요.' 할 것은 '아니요.'라고만 하여라."(마태 5, 37) 그리고 "서품을 받아 사제가 되었지만 교회 정신대로 살아갈 때 그때 진짜 사제가 되는 것입니다."라는 옛 스승님의 말씀도 울려왔다.

암튼 잠시지만 교회 정신과 인기의 기로에서 외로운 싸움을 하며 혼란스러웠다.

먼저 성당에서의 일이란, 십여 년의 군종신부를 끝내고 처음으로 본당을 맡았을 때 그때도 레지오 꾸리아에서 옥외 행사를 가게 되었다. 나도 그렇지만 그때도 새로 선임된 단장 역시 그동안 축 처진 레지오를 이번 기회에 다시 활성화시키고 싶은 의욕이 넘치는 분이었다. 그런가 하면 그를 비롯한 신임 간부들 또한 의욕도 그렇고 재정적으로도 비교적 여유가 있어 보였다. 그래서 이번 행사는 여느 때와는 달리 뻑적지근하게 치러 보자는 뜻에서 얼마씩의 후원금을 거뒀노라고 자랑스럽게 나에게 보고했다.

그 말을 들은 나도 뜻이 좋은 데다 또 내 부임 후 첫 행사인지라 교우들의 관심도 클 것이고 이런 기회에 나의 열의도 보이고 싶어 가만히 있질 않고 후원금을 내 딴엔 묵직하게 보탰다. 그리고 본당 차원에서도 얼마를 지원해 줬다. 모두들 좋아하고 새로 부임한 나에게 기대를 건다는 그런 분위기였다. 나도 기분이 괜찮았다.

그런데 행사 후 얼마가 지나자 꾸리아 회합 때 상급 기관에서 지도 순방차 나왔는데 그때 단장이 보고하기를 친목회를 강원도

쪽으로 다녀왔는데 본당신부님을 비롯해 뜻있는 이들의 기부금을 받아 푸짐한 가운데 아주 즐겁게들 다녀왔다고 말했다.

나는 은근히 칭찬을 기대하고 있었는데 뜻밖에도 그 행사에 대해 잘못된 부분을 지적하는 것이었다. 물론 완만히 그리고 예의 바른 용어를 쓰기는 했지만…. 순간 나는 머쓱한 느낌이 들었다. 주위를 둘러보니 간부들 역시 그런 것 같았고 말없이 앉아 있는 단원들도 나와 간부들 그리고 순방 나온 지도자들을 번갈아 바라보며 이번만큼은 대충 넘어가 줬으면 하는 눈치들이었다.

지적 내용은 이랬다.

《신부님과 간부들이 비용을 따로 협조해 주실 만큼 레지오에 관심과 사랑해 주시는 것에 대해 무척 감사드리고 또 단원들이 하루 즐거웠고 새로운 활력을 가지실 수 있었으니 이는 참 좋은 것이긴 하나 따로 본당이나 개인에게서 협조 받는 것은 레지오 정신과 규칙에 어긋나는 부분이었기에 죄송하지만 알려 드리는 것이니 달리 오해하지 않으셨으면 합니다.

이런 행사를 위해 평소 회합 중에 비밀 헌금이라 해서 얼마씩 거두는데 그걸 모았다가 거기서 충당해서 쓰든지 정 모자라면 상급 기관에 협조를 구하는 공문을 보내 타당하다고 인정하면 지원해 주는 것이 원칙입니다.》

회원들의 단합과 피로를 푸는 것은 물론 중요하지만 그러나 레지오답게 조촐하게 해야지 그 도를 넘어서 다른 일반 사회단체와 유사하게 해서는 안 된다는 것이었다. 마치 지고 있는 축구팀이지만 잘못했으면 인정사정없이 호각을 불어 페널티킥을 안겨 주는 냉정한 그러나 용기 있는 심판처럼 그랬다. 그때 나는 잠시 서운했지만, 그러나 지도자는 아무렴 그래야만 올바르게 발전한다는 교육을 단단히 받은 셈이다.

그런 경험이 있기에 나는 새로 부임해 간 성당에서 역시 신임 단장이 몇 번씩 방문하며 도움을 청할 때 자세히 설명해 주며 거부했던 것이다.

며칠 후 꾸리아 회합 때 일이 생겨 처음부터 참석은 못하고 끝 무렵에 강복이라도 드리기 위해 성당에 들어가 보니 단장과 단원들이, "영원한 사제이신 예수님, 주님의 뜨거운 사랑으로 사제들을 세속에 물들지 않도록 지켜 주소서."라며 사제들을 위한 기도를 큰 소리로 열심히들 하고 있었다.

고마웠다. 하지만 "세속에 물들지 않도록 지켜 주소서."라는 말이 길게 여운이 남는다. 사제에게 있어서 세속에 물드는 유혹이란 그 야말로 돈, 여자, 술만이 아니라 이렇게 비록 소소한 일이라고 생각될지 모르지만 교회 정신과는 다름에 타협하는 게 아닐까?

도대체 누가 누굴 지켜 준다는 말인가? 그야 물론 예수님께서 지켜 주시지만 신자들도 사제의 올바른 가르침에 협조하며 따르는 것이 사제다운 사제, 이른바 복음적 사제로 살아가도록 지켜 주는 것이 아니겠는가?

바로 그것이 교우들의 몫인데 기도하면서 그들이 왜 이 생각을 못할까? 기도는 기도일 뿐 현실은 달라도 되는 건가?

기도하면서 그 의미를 되새겨 빨리 올바른 자세를 갖고 나에 대해 섭섭해하는 이가 없어야 할 텐데… 그리고 이번 일만 잘 넘어가 주면 더 많이 협조해 줄 텐데… 그것도 모르고… 안타까웠다.

본당 예산만 해도 그렇다.
나도 각 단체의 요구를 다 들어주고 싶지만, 전체를 생각하며 효율적으로 쓰려는 나를 오히려 쫀쫀한 사람으로 취급하고 교우들이 마치 정부 예산을 더 따내려는 야당 의원들 같아, "에라이, 모르겠다. 이게 뭐, 다 내 돈이냐, 네 돈이냐? 내가 본당 발전을 위해 얼마나 노심초사하고 또 교우들을 얼마나 많이 사랑하는 사람인데 그걸 몰라주다니." 무척 섭섭했다.

생각해 보면 교회의 신심 봉사 단체와 회사의 동아리는 분명 다르고 그 기준점은 복음적이냐 아니냐일 것이다. 활성화된 교회란 사람들이 그저 많이 모인 것을 말하는 게 아니라, 이렇게 얼마나 복음적인 사람들이 많이 모였느냐일 것이다.
내가 그렇게 만들어 가려는데 왜 안 따라오는 걸까? 도대체 열심하다는 게 뭐고, 단체에 가입해 몇 년씩 활동만 하면 뭐 하는가? 교회 정신이 박혀 있어야지, 교회 정신!

나는 기도 끝에 십자성호를 그으며 그들을 축복해 주면서도 이런저런 아쉬움과 못마땅함이 아우러지며 씁쓸했다.

지금 이렇게 글로 표현해 보니 조금은 후련하다. 아마 미움의 마귀가 자꾸 내 심기를 건드리며 도전해 오는 거겠지?
내 이러면 안 되는데… 미안 쏘리.^^*

축 임마누엘님의 성탄

한, 두세 살쯤 되었을까요? 꼬마가 성모상 앞에 깔아 놓은 예쁘고 하얀 돌을 만지작거리며 정신없이 놀고 있었어요. "요한아! 요한아!" 하고 엄마가 그렇게 큰 소리로 여러 번 불렀건만 그것도 모르고 말이지요. 그러자 엄마는 얼른 나무 뒤에 가 몸을 숨기고 그 꼬마에게서 시선을 떼지 않고 계속 지켜보고 있더라고요.

한참을 잘 놀던 아기는 휙 하고 지나간 고양이에 놀라 그제야 제정신이 들었는지 사방을 둘러보더니 엄마가 제 옆에 없다는 것을 알고는 이내 "앙!" 하고 울음을 터뜨리더군요.

그러자 엄마는 순식간에 뛰쳐나와 아기를 꼬옥 끌어 안고 볼을 비벼 대며 "어이고, 우리 예쁜 아가를 누가 그랬쩨!" 하며 달래 줬습니다. 엄마 품에 안긴 꼬마는 곧 울음을 그쳤고 언제 그랬냐는 듯 쌩끗 웃는 모습이 아주 평화로워 보였습니다.

아들이 울면서 엄마를 찾고 불러 준 게 그 엄마는 아마도 그렇게도 좋았나 봅니다. 핏줄이 당긴다더니 정말 그런가 봐요!

그런데 우리 하느님 아버지께서는 어떠실까요? 그분도 물론 이와 같으시겠죠?

우리가 세상일에 너무 집착해 그분을 잊고 지낼 때도 그분은 바로 우리 곁에서 끝까지 지켜보아 주시며 우리를 일깨워 주시려고 이런 사람, 저런 기회를 통해 안타까워하시며 계속 불러 주고 계신답니다. 비록 우린 모르지만….

그렇지만 우리가 잘못을 깨닫고 즉시 주님을 향해 울부짖을 땐 얼른 다가와 그냥 얼싸안고 볼을 비벼 주시지 않겠어요? 잠시나마 당신을 잊고 내 맘대로 살았던 것에 대해 쫀쫀한 우리처럼 이러쿵저러쿵 탓하시기는커녕 오히려 "어이고, 우리 예쁜 아가를 누가 그랬쪄!" 한 그 엄마처럼 말이에요. 틀림없이 그렇게 해 주실 거예요.

그러면 그때 우리도 저 꼬마처럼 쌩끗 웃으며 하느님, 그분만이 주실 수 있는 마음의 평화를 누릴 수 있겠지요?

그런데 말이에요, 글쎄, 오늘밤에 바로 그 엄마 같은 임마누엘님이 엉뚱한 데서 방황하고 헤매던 철부지 같은 우리를 안아 주시려고 하늘에서 내려오신다지 뭐예요. 아, 이 얼마나 거룩하고 은혜로운 밤인지요!

사랑하는, 우리 엄마 같으신 임마누엘님….

가슴이 메입니다. 너무나 고맙고 기뻐서요….

"'보아라, 동정녀가 잉태하여 아들을 낳으리니, 그 이름을 임마누엘이라고 하리라.' … 임마누엘은 번역하면, '하느님께서 우리와 함께 계시다.'는 뜻이다"(마태 1, 23).

(2010. 12. 23.)

눈사람

"이보게나, 눈사람들! 그렇게 다정하게 얘기하고 있는 걸 보니 아마 연인 사인가 보군? 참 보기도 좋고 아름답네그려!"
"고맙습니다. 어르신…."
"그런데 누가 자네들을 그렇게 예쁘고 멋지게 잘 만들어 세워 놓았는고?"
"글쎄요, 저흰 잘 모르겠습니다. 만든 사람을 저희 눈으로 직접 못 봤으니까 아마 없는 게 아닐까요?"
"예이, 이 눈사람아! 직접 못 보면 다 없는 건가? 그러면 자네 귀는 달려 있는데 자네가 볼 수 없으니 없는 거네. ㅋㅋㅋ 감기, 전염병 세균도 볼 수 없으니 없는 거겠고…. 그런데도 사람들은 예방주사를 맞고 그 난리들이지."
"그런가요? 아니, 눈이 이렇게 많이 쌓이다 보면 어쩌다 우리처럼 되는 수도 종종 있는가 봐요. 시간이 지나면서 저절로요."
"그래? 저절로? 자네들은 그렇게 알고 있나?"

"예, 왜냐하면요, 공부깨나 했다는 사람들도 이 우주가 많은 세월 속에 저절로 그렇게 된 거고, 뭐, 하느님도 보이지 않으니 있긴 뭘 있느냐고 그러는 걸 보면 그런 생각이 들어서요."

"아니야, 그건 말도 안 되는 소릴세! 어떻게 만든 이가 없이 사물이 저절로 있을 수가 있단 말인가? 그렇다면 저절로 없어질 수도 있단 말인데…. 그러면 집도 저절로 생겼다 저절로 부서지고 팔도 언제 하나 더 저절로 생겨 붙을지도, 혹은 떨어져 나갈지도 모르겠네?

그렇다면, 야, 이거야 어디 원 불안해서 살겠나! 자네들 같으면 안 그렇겠나? 모든 게, 저절로라니….

그리고 말이야, 무엇보다도 자네들을 만든 이가 아마 이 말을 들으면 또 얼마나 섭섭해하겠나? 사람들이 자네들을 보고 멋지다고 할 때 퍽이나 흐뭇해했을 텐데 말이야…. 그리고 날이 따뜻해지면 자네들은 어떻게 되겠나?"

"슬프지만 그만 끝이지요."

"확실해? 조금도 의심 안 하고?"

"물론이지요. 생명 있는 건 언제고 한 번은 다 꺼지는 게(야고 4, 14) 자연의 순리인데 뭘 그런 걸 다 의심한답니까? 아무리 눈사람이라고 하지만 어르신도 너무하시네요."

"그런데 왜 자네들은 자신을 만든 이가 있다는 것은 그렇게 관심도 없고 믿질 않나? 끝이 있으면 시작도 있는 법인데….

그래도 그냥 넘어가도 된다는 보장이 있는 것도 아니고 더구나 그때 가서 만든 이가 '너, 어떻게 살다 왔니?'라고 물으시면 보통 큰일이 아닐 텐데, 그렇잖나…! 참참!

하긴 자네들은 인간이 아니기에 그렇게 말하는 게 이해도 되고 또 쉽게 용서받을 수도 있겠지? 하지만 말이야, 우리네 인간들은 안 그렇다네. 왜냐하면 비록 눈으로 볼 수 없어도 이성을 사용해 추리로 알 수 있기 때문이지."

"이성? 추리? 처음 듣는 말인데요?"

"그러니까 공부를 해야지, 공부다운 공부…. 사람의 모양만 지니고 있지 말고….

그래 이성, 추리는… 그러니까, 자네들처럼 이렇게 예쁘고 멋지게 잘 만들고 더구나 무거운 자네들을 이런 언덕 위에 가볍게 올려다 놓은 것을 보면… 만든 이를 비록 못 봤어도… '오라, 이것을 빚은 이는 분명 보통 사람이 아니라 미적 감각도 꽤 있고 약한 어린이가 아니라 힘도 아주 센 어른일 거다.'라는 감이 팍 오거든…. 핸드폰조차도 '저절로 됐다.'든지 '만든 이가 뭐 있어.'라고는 하지 않잖아!

내 조금 더 말해 보면, 이 지구는 초당 400미터의 속도로 자전을 하고 매초 30킬로미터의 속도로 태양을 1년에 한 바퀴씩 공전을 하고 있는데, 서울에서 부산까지 15초도 안 걸리는 셈이지. 그런데도 속도의 충격이나 어지러움을 전혀 못 느끼고 마치 가만히 정지해 있는 것처럼 느껴지니 이 얼마나 신기한 일이야!

이 우주의 무수한 천체들이 한 치의 오차도 없이 아주 질서정연하고 정확하게 움직이고 있는 걸 보면 그 존재와 질서를 부여한 이는 무한한 능력과 지혜를 가졌을 거라는 생각이 들 텐데… 그런데도 이게 '저절로 됐다.'라든지 '만든 이가 뭐 있느냐.'라고 하는 정도라면, 좀 미안한 얘기지만 그대들은 흡사, 인간같이 멋있게 잘생기긴 했지만 이성이 없기에 인간이 아닌 자네들과 생각하는 갈대인 이성적 동물인 인간들과는 아무래도 근본적으로 다르기 때문이지….

이성, 이는 하느님이 인간에게만 내려 주신 선물이며 인간만의 특징일세. 이성을 잘 사용하는 인간을 그래 고귀하다고들 하지. 하지만 이성을 가진 것만으로 정말 고귀한 것은 아니라네.

그런 귀한 선물을 주신 이를 알아보고 그분의 뜻에 맞갖은 삶을 살아 다른 이들이 보고 '야, 참 멋지고 아름답다. 어쩌면 저렇게 살지!'라고 함으로써 자기를 빚어내신 분을 찾아 칭양할 때 비로소 이성을 지닌 인간의 고귀함이 드러나는 것이라네.

그러한 삶이야말로 자신을 세상에 내어놓으신 그분을 알아보는 증거며 고마움의 보답으로서 최상의 기도요 찬미며 자신도 그분 안에 더욱 아름다워지고 영원히 행복해지는 길로 들어서는 것이라네. 그게 자신을 빚어낸 분의 목적에 맞는 것이기도 하고…. 왜냐하면 그 순간 그분께서도 우리를 세상에 내어놓으신 보람을 느껴 매우 즐거워하시고 아주 더 큰 선물, 즉 영원한 행복 자체이신 당신 자신마저 기꺼이 내어 주시려고 준비하고 계신다네. 자네, 알아듣겠나?"

"아, 그렇군요! 아름다운 생활을 통해 자기를 만든 이에게 감사와 찬미를 드리고 그래서 더더욱 아름다워지고 자기를 만든 이, 즉 영원한 행복을 차지할 수 있는 인간이 정말 부럽네요…."

"내 한마디만 더 하면, 요즘 마귀들(마르 5, 1~20)의 유혹 실적이 떨어지자 대책 회의 끝에 '안 믿겠다는 것이 아니라 이다음엔 꼭 믿겠다고 핑계를 대, 자꾸 뒤로 미루도록 유혹하는 것'이 최종

채택되었다는 말이 있다네. 그러니 제발, 한때 이해하고 수긍하는 선에 그치고 곧 잊어버리지 말고….”
"네, 잘 알았습니다.”

"이와 같이 너희의 빛이 사람들 앞을 비추어, 그들이 너희의 착한 행실을 보고 하늘에 계신 너희 아버지를 찬양하게 하여라”(마태 5, 16).

* * *

"사랑하는 교우 여러분, 보십시오!
(한국인 최초 신부님 김대건)
우리 형제들이여, 생각하고 생각하십시오!
한 처음, 하느님께서 천지 만물을 창조하시고, 우리 인간을 당신의 모습대로 지어 내셨습니다. 그 목적과 의향이 어디에 있는지 잘 생각해 보십시오.
세상에 한번 태어나서 우리를 지어 내신 임자를 알지 못하면 태어난 보람이 없고, 태어나도 쓸데없습니다.
비록… 주님의 은총으로 세례를 받아서 입교하여 주님의 제자가 되어 그리스도 신자라고 할 때 그 이름이 참으로 귀하기는 하나, 그에 합당한 좋은 열매를 맺지 못한다면 그 귀한 이름이 무슨 소용이 있겠습니까?
그리되면 입교한 보람이 없을 뿐 아니라 오히려 주님의 은총을 배반하는 것이니, 주님의 은총은 잔뜩 입고 죄는 죄대로 별 가책 없이 적당히 계속 지으며 살아간다면, 이는 태어나지 아니함만 못할 것입니다.”

사랑하는 교우 여러분,

눈이 많이 왔네요. 하지만 포근하네요. 미끄러운 빙판길 조심하시고요, 새해에도 쌓인 눈처럼 하느님 은총 충만하여 아름다운 삶을 살아 그분을 즐겁게 해 드리는 한 해가 되시기를….

(2010. 12. 30.)

성탄
-그분 철들기 전에

　대림 3주일이 지나고 성탄이 가까워 오는데도 설렘도 없고 아무런 기대감도 없다. 왜 그럴까? 은퇴 후 혼자 미사를 지내다 보니 구세주 빨리 오사… 성가도, 성탄 트리도 없고 판공성사 달라는 사람도 없어서 그런가? 나라는 온통 코로나 분위기로 삭막하고… 정치도 춘추전국시대이고 짜증스럽다.

　평화방송 TV를 틀었다.
　예수님은 우리 온 인류의 죄를 사해 주시기 위해 하느님이 인간이 되어 오심을 감사하며 잘 준비하여 기쁘게 맞이하자는 어느 신부님의 강론이다. 역시 큰 그릇의 차원 높은 훌륭한 말씀이다. 하지만 난 시험문제에 정답을 써낼 때처럼 그 이상 아무런 감흥을 느끼지 못했다. 몇십 년 동안 나도 그럴듯한 말은 많이 해 왔던 사제인데 어쩌다 내가 그렇게 됐을까? 분위기에 따른 신앙인이었나? 아니면 그런 말씀에 너무 익숙해 살아서일까? 그럴 것 같다. 내 탓이겠지…. 아무튼 걱정스럽다.
 언젠가 읽다가 접어 뒀던 책을 다시 집어 펴 봤다.

"여러분께 큰 선물 하나 드립니다요.^^*
예수 성탄 대축일은 뭔지 아슈?
성탄절은 우리들의 날이 아니고 주님의 날임다.
당신이 태어나신 날 눈도장 안 찍으면 큰 손해임다.
성탄절은 뭐든지 다 되는 날임다.

아직 세상 물정 모르시는 아기 예수님께서
우리가 청하는 것은 뭐든지 다 들어주신단 말임다.
나중에 철들면 골라서 들어주시니 그러니 늦기 전에
성탄절날 꼭 찾아뵙고 기도하시도록…. ㅋㅋㅋ"

 웬걸, 신선했다. 아, 그래 바로 그거야. 가슴에 와 닿았다.
 뭐든지 다 들어주신다니 기다려진다. 드릴 말씀이 많다. 이러지 말고 나도 아이답게 말씀드릴 것을 빨리 정리해 두자. 그분 철들기 전에 어서….^^*

 난 이 글을 읽고 비로소 얼어붙었던 내 마음이 꿈틀거림을 느꼈다. 어디 며칠 남았나? 달력을 얼른 쳐다봤다…. 산타 할배를 기다리는 어린애처럼…. 남들이 유치하다고 하면 어떠랴! 나만 행복했으면 됐지, 뭘…. 차원 높고 어른스럽고 그럴듯한 말이면 뭐 하랴 정작 나에게 설렘이 없고 기쁨이 없다면 그게 도대체 뭐란 말인가?

아무런 감흥이 없고 그저 따분해하는 나의 마음을 움직여 줬다면 그게 훌륭한 강론이고 하느님의 목소리가 아니겠는가? 내가 비록 시시하다고 여겼던 유머집이지만 그를 통해 새로운 활력을 불어넣어 주시는 하느님의 사랑에 감사드리며 그 의미를 생각해 보았다.

겉보기에 비록 작고 별것 아니라 하더라도 그것 또한 나를 위한 하느님의 선물임을 알아차리자. 생각해 보면 우리를 행복하게 해 주시려는 하느님의 사랑은 이렇게 온통 깔려 있는데 그걸 모르고 그릇도 작으면서 너무 높은 곳만 생각하고 찾아 헤맸구나!

"어리고 작은 아기로 태어나신 예수님의 마구간 성탄은 작고 가난하고 낮은 것에서 참기쁨과 구원을 만날 수 있다는 소중한 진리를 드러내신 날!"(마르 10, 15). 아, 그렇다. 성탄의 화려한 장식과 분위기에만 휩싸일 게 아니라 먼저 진정한 그 의미를 깨닫자.
　그 글을 읽고 새로움을 갖게 해 주신 하느님께 감사드려야지…. 그리고 야, 내 눈아, 너도 무지~ 고맙다.^^*

사랑하는, 교우님들! 성탄 날 예수 아기께 많은 소망을 말씀하세요. 그분 철들기 전에…. ㅋㅋㅋ

친구와 완덕

일본 도쿄에서 올림픽이 열렸을 때 스타디움 확장을 위해 지은 지 3년이 된 건물을 헐게 되었는데 지붕을 벗기던 인부들은 뒷다리 쪽에 못이 박힌 채 벽에서 움직이지 못하고 있는 도마뱀 한 마리를 발견하게 되었다.

집주인은 인부들을 불러 그 못을 언제 박았느냐고 물어보았다. 그랬더니 인부들은 한결같이 집을 짓던 3년 전에 박은 것이 분명하다고 했다. 3년 동안이나 못에 박힌 채 죽지 않고 살아 있었다는 사실은 참으로 놀라운 일이라고 모두들 혀를 내둘렀다. 사람들은 이 신기한 사실의 전말을 알아보기 위하여 공사를 잠시 중단하고 도마뱀을 지켜보기로 했다.

그랬더니 다른 도마뱀 한 마리가 먹이를 물어다 주는 것이었다. 그 도마뱀은 3년이란 긴 세월 동안 못에 박힌 친구를 위해 하루에도 몇 번씩이나 먹이를 가져다주기를 게을리하지 않았던 것이다.

외국의 어느 한 출판사에서 "친구"라는 단어를 가장 잘 설명해 줄 수 있는 말을 공모한 적이 있었는데 많은 사람들이 밤이 깊을 때 전화하고 싶은 사람, 나의 아픔을 진지하게 들어주는 사람, 나의 모든 것을 이해해 주는 사람 등 여러 가지 정의를 내렸지만 그중 1등을 한 것은 바로 이 내용이었다.

"친구 또한 아무나 될 수 있지만 아픔을 감싸 안을 수 있는 진정한 친구는 아무나 될 수 없는 법이지요. 기쁨을 두 배로 하고 슬픔을 반으로 줄일 줄 아는 넉넉함을 가진 사람, 남은 사람들이 다 떠나간 후 마지막까지 그의 존재를 믿고 지켜 줄 수 있는 그런 진정한 친구가 있다면, 얼마나 아름다울까!"

나는 이 글을 읽고 잠시나마 잔잔한 감동에 젖었었다. 하느님이 생각나고 어쩐지 나는 도마뱀만도 못한 놈 같아 자꾸 부끄럽고 많이 죄송했다. 사실 동물은 본능에 의해서만 행동하기 때문에, 그것들에게 감동이나 부끄러움을 느낄 필요가 없는 것이라고 스스로 위로를 하면서도 말이다.

솔직히 나는 나의 친구들에게 그런 친구가 되어 주지 못하고 있음을 새삼 느꼈다. 그것은 친구를 위한 친구가 아니라 내 입맛에 맞는, 나를 위한 친구를 원했기 때문이리라. 모두 다 내 탓이지, 뭘…. 씁쓸하다.

"두 사람의 성인이 만나도 싸울 일이 있다."
이는 각자의 생각, 표현의 차이 때문에 어쩔 수 없는 것이라는 의미로 위로가 된다.

"내 마음에 들 때만 사랑할 수 있다면 그건 동물과 다를 바가 없는 본능적 행동이다. 주님이 가르쳐 주신 사랑은 그게 아니라 내 마음이 내키지 않을 때도 주님 때문에 사랑해 주겠다는 의지, 즉 결심, 다짐에서 나온 행위다"(루카 6, 32. 33).

사실 그것은 나로선 일종의 죽음이기도 하나 이 순간, 예수님에 대한 나의 사랑이 드러나고 그분의 거룩함(완전함)을 닮는다(마태 5, 48).

그래서 마음 상할 기회는 어떻게 보면 주님이 당신을 사랑하시는 영혼을 당신처럼 만들어 주시기 위해 보내 주시는 그분의 온전한 선물(사랑=은총)이다. 큰 것 작은 것 끊임없이 보내 주신다. 그만큼 당신을 많이 닮도록 하기 위해서다.

또 "슬픈 성인은 성인이 아니다."라는 말이 있다. 즐겁게 살아야 한다. 즐거운 일이 있을 때만 즐거운 것은 누구나 다 그럴 수 있다. 하지만 즐겁지 않을 때도 주님 때문에 즐거운 분위기를 내가 만들어 우리 모두가 즐거울 수 있고 거기서 즐거움을 느낄 수 있다면 그게 바로 성인(완전)이다. 그런 기회는 인간적으로는 괴롭고 힘들지만 그것은 주님이 나를 사랑하신다는 증거이기도 하다. 나는 그렇게 살아가도록 그분에 의해 선택되고 또 거기에 기쁘게 동의한 사람이지 않나! 그래서 그분은 그 누구보다도 나를 자랑스럽고 대견하게 여기고 계심이 확실하다.

그런데 나는 어떻게 행동하였는가?

정작 주님께서 그런 기회를 만들어 주셨을 때 그 영광된 사실을 잊어버리는 것도 아니고, 아니, 생생히 떠오르고 번연히 아는데도 불구하고 내 감정에 사로잡혀 그 사실은 그냥 뒷전으로 미루고 나를 죽이지 못하고 예수로 살아가는 데 여전히 실패하곤 했다.

주님을 생각하면 부끄럽고 죄송하다. 그래서 77번까지라도 용서해 주라며(마태 18, 22) 안심시켜 주시던(마태 9, 2) 인간 예수님이 얼마나 고마우신지!

나의 나약함을 이해하시고 용서해 주시리라는 믿음이 위로가 되고 다시 잘해 볼 용기와 희망이 절로 생긴다.

"매일 완덕에 도달하려고 노력해야 할 의무가 있다. 완전하게 되기를 원하지 않는 수도자는 자기 신분의 기본적인 의무를 수행하지 않는 사람이다"('자비의 일기'에서).

어찌 수도자만 그러해야 하랴?
파우스티나 성녀의 카랑카랑한 목소리가 들리는 듯하다. 그저 찔리고 마음이 무거워 온다.

나는 이 글을 우연히 읽었다고 생각하지만 결코 우연이 아니리라. 나 자신을 돌아볼 수 있도록 하느님께서 정신 차리고 살아가라고 그렇게 주선해 주신 것이라고 믿는다.

오늘도 나를 사랑하고 기대하시는 주님께 감사드리며 또다시 도와주십사 용기 내어 빈다.

알아들을 귀가 있는 사람

오랜만에 라틴어 성경을 펼쳐 보았다.

"Amen, Amen dico vobis"란 말이 참 여러 곳에서 눈에 띈다. 배시시 미소가 지어진다.

옛날 학생 시절 그 문장을 처음 봤을 때 어린 마음에 아멘이라는 단어가 왜 두 번씩이나 나오나, 예수님은 말더듬이도 아니실 텐데 하며 의아해했던 기억이 떠오른다.

요즘 말로는 "내가 진실로 너희에게 말한다."로 번역되어 있긴 하지만….

그런가 하면 "(알아들을) 귀가 있는 사람은 (알아)들어라."(마태 11, 15)는 말씀도 나온다. 이건 또 무슨 뜻일까? 듣고 싶으면 듣고, 아니면 말고 그런 식의 무책임한 뜻일까? 아주 중요한 것이라면 그러시면 안 되지….

사랑은 끝이 없는 거라는데 다른 이는 몰라도 예수님만큼은 끝까지 사랑해 주실 줄 알았는데 하며, 온전히 나의 무식의 탓이었지만

순간 무척 아쉬워했던 기억이 떠오른다.^^*

얼마 전 설마 하면서 체중을 재 보았더니 어느새 72.2kg이나 되어 깜짝 놀랐다. "몸이 불어나는 게 혈압과 신장에 안 좋으니 그 점을 조심하십시오."라는 주치의 선생님 말씀이 떠올라 겁이 덜컥 났다. 그렇지 않아도 신장 수치가 빠르게 나쁜 쪽으로 기울어져 가고 있어 걱정이 태산 같은데… 이유가 뭘까?

생각해 보니 요즘 이런저런 일로 자주 초대받아 그때마다 내가 좋아하는 쌉싸름한 맥주를 곁들인 외식을 자주 한 데다가 족저근막염이나 발뒤꿈치가 아파 그야말로 꼼짝 안 하고 방콕만 해서 운동 부족이라 그런가 보다. 게다가 밥도 줄이고 반찬도 싱겁게 먹어야 하는데, 해 보려니 머리로는 잘 알지만 정말 그게 말처럼 그리 쉬운 게 아니더군….

나는 흰쌀밥에 새콤한 깍두기나 신 김치찌개를 좋아하는데 밥맛이 있어 몇 술 더 떠먹을라치면 식복사 언니가 잽싸게 수저를 누르며 못 먹게 말린다. 물론 내 건강을 위해 그러는 줄 알고 고마운 마음은 있었지만 난 나대로 "거, 모처럼 밥 좀 맛있게 먹으려는데 그렇게 말리나, 거참!" 하면서 오히려 역정을 내곤 했다.

그런 식으로 윽박질러 실랑이 끝에 몇 술 더 떠먹곤, 승리자처럼 행복해하곤 했는데 아마 그게 자꾸 쌓여 체중이 불어났나 보다.

그런데 언젠가부터 식복사 언니의 작전이 바뀌어 내가 더 먹을라치면 "에휴, 신부님, 이젠 신부님이 알아서 하세요."라며 말리지도 않고 등을 돌린다.
　난 그때마다 전과 달리 오히려 이상하게 겁이 나 순순히 수저를 내려놓게 되었다.

　"이젠 알아서 하세요."라는 말 속에서 일러 줄 만큼 일러 주다 못해 지친 모습이 눈에 역력하다.
　"난 더 이상 당신한테 관심을 갖지 않을 테니 이젠 마음대로 하세요. 잘못된 선택의 아픔은 온전히 당신 탓이니 나중에 내 앞에서 이러니저러니 걱정일랑 다신 꺼내지도 마세요."라는 뜻 같았다.
　그때, 난 둘이 아니라 정말 '혼자임'을, '소외와 단절의 매정한 아픔'을 새삼 깨닫게 되었다. 난 생각해 보았다.
　수치가 나빠질 때마다 불안해하고 초조해하는 나를 보며 같이 걱정하고 위로해 주며 내 건강이 마치 몇십 년 함께 살아온 자기가 잘 돌봐 주지 못한 탓인 양 가슴을 치던 그녀가 아니었던가?
　그런 생각이 들자 그 말이 처음엔 무척 섭섭했지만 나의 건강을 염려해 주는 지극히 충정 어린 사랑의 표현임을 알게 되었다.

　그 옛날 조무래기 시절 오해했던 '아멘'이란 단어가 두 번 겹쳤다든지 '(알아들을) 귀가 있는 사람은 (알아)들어라.'는 표현도 이는 무관심, 포기, 겁박, 단절이 아니라 그만큼 예수님의 간곡함이 묻어 있음을 그렇게 이해하게 되었다.
　완곡하면서도 가슴에 무겁게 젖어 드는 그분의 강력한 사랑의 언어임을….

이젠 그만 쉬고, 얼른 성당 다시 나오시라고 그렇게 말해도 듣지 않는 분들!

성경 잘 가르쳐 주고, 자기에게 친절하다며 신흥종교로 자리를 옮기신 분들!

유럽 여행을 하신 분들은 다 아시겠지만, 제발 그리스도교 원조, 뿌리이며 건축, 미술, 학문, 음악 등 전 분야에 영향을 주고, 역사와 전통이 있는 전 세계적인 천주교를 다니시라고 그렇게 일러 줘도 듣지 않는 분들!

이젠 정말 알아서 하세요!! 내 참, 참.^^*

광고 "성체조배 하는 날"

교우 여러분, 안녕하세요?

매월 첫 목요일은 10시 미사 후부터 저녁 9시까지 은은한 음악이 깔린 가운데 조용히 성체조배 하는 날임을 잘 알고 계시지요? 특히 오후 2시부터 3시까지는 본당의 신부인 저희들이 고해성사를 드리고요, 직장 분들을 위해서는 저녁 8시부터 9시까지 살레시오 수도회 소속 스페인 원로 신부님이신 왕 신부님께서 고해성사를 집전해 주십니다.

그러니 만사를 제쳐 놓고 오셔서, 고해성사도 보시고, 성체조배를 통해 주님께 위로를 드리고 여기 깨끗하고 풍성한 샘물처럼, 그분의 성심에서 흘러나오는 은총을 듬뿍 받아 가시기를 바라면서 얘기 하나 해 드리겠습니다.

아도아브레라라 일컫는 마호메트 교도의 왕은 지네지오라고 불리는 거룩한 한 가톨릭 사제를 붙들어 감옥에 가두었습니다. 그리고 사제에게 "만일 할 수 있다면 기적을 해 보여라." 하고 명령을 내렸습니다.

사제는 "네, 좋습니다. 나는 극히 몇 마디 입을 놀려서 밀떡을 예수님의 몸으로, 포도주를 피로 변케 하는 권한을 가지고 있습니다."라고 자신 있게 말했습니다.

그러나 왕은 이 사제의 말을 듣고 냉소하였습니다. 그리고 과연 그의 말대로 된다면 그 커다란 기적을 당장 해 보이라고 명했습니다.

"네, 그러면 해 보이겠습니다."라고 말하며, 하느님의 영감을 받고 있는 지네지오 신부는 승낙했습니다.

제단을 준비케 하여 이튿날 아침 미사를 드리게 되었습니다. 왕은, 가족은 물론 많은 신하들과 함께 호기심과 군침을 삼키면서 미사를 지켜보고 있었습니다.

미사는 진행되어 마침내 성체를 축성케 되었습니다. 성체를 축성하는 순간 갑자기 면병이 한 아름다운 아이, 즉 아기 예수로 변하여 사제의 손에 부축되어 있었습니다. 그리고 그 어린이 둘레는 황홀한 빛으로 꽉 차여 눈부셨습니다.

그 순간 왕은 가톨릭은 올바른 진리의 종교임을 깨달았습니다. 그리고 겸손하게 그 자리에 무릎을 꿇고 하느님께 용서를 빌었습니다.

그리고 얼마 후 왕과 가족 그리고 신하들은 모두 가톨릭 신자가 되었답니다(교리 실화 p. 338).

매일 미사에서 우리가 영하는 성체는 그때 일어났던 기적과 똑같은 바로 그 예수 그리스도의 몸입니다.

비록 감실에 모셔져 조용히 계시지만 그분은 살아 있는 그리스도이십니다.

그분이 바로 나를 초대하고 또 기다리고 계심을 잊지 말아야겠습니다.

여러분은 열심하시니 잊지 않으실 거예요….

지금 바로 달력에 표시해 두세요.^^*

그럼 좋은 시간 가지시기를….

나의 십자가, 주님의 반찬

존경하고 사랑하는 우리 교우님들!

오늘도 예수님을 닮아 내시느라 수고가 많으시지요?

사순절에 교우님들의 성스러운 하루 생활로 많은 영혼들이 회개의 길로 들어서기에 예수님께서 무척 즐거워하시고 고마워하고 계신다는 걸 이미 잘 알고 계시겠지요?

그러니 더욱 힘내세요. 글 한 편 올려 드립니다.

사랑받는 자 마카리우스 성인이 한번은 꿈을 꾸었답니다.

그 꿈속에서 주님이 더없이 힘겹게 십자가를 지고 가시는 것이었습니다. 이를 본 마카리우스는 주님께로 달려가서 십자가를 대신 져 드리겠노라고 말씀드렸습니다.

하지만 놀랍게도 주님은 그가 안중에도 없다는 듯이 십자가를 지고 묵묵히 걸어가실 뿐이었습니다. 마카리우스는 또다시 주님께로 달려가 간청했습니다.

"주님, 제발 저에게 십자가를 넘기십시오."

그러나 이번에도 주님은 그를 모른 체하시며 십자가를 양어깨로 무척 힘들게 걸쳐 메고 묵묵히 걷기만 하셨습니다. 마카리우스는 가슴이 아프고 당혹스러웠지만, 그래도 끈기 있게 주님 곁을 따라 붙으며 십자가를 넘겨 달라고 다시 한 번 애원했습니다.

그러자 이윽고 주님은 여전히 십자가를 양어깨에 둘러멘 채 발걸음을 멈추시더니 마카리우스에게로 몸을 돌리셨습니다. 그리고는 마카리우스가 당신을 처음 목격했던 자리를 손으로 가리키며 다정하게 말씀하셨습니다.

"아들아, 이것은 내 십자가란다. 네가 조금 전에 내려놓은 네 십자가는 저기 있지 않으냐? 내 십자가를 져 주려고 하기 전에 네 십자가부터 져 나르려무나."

사랑받는 자 마카리우스는 뒤로 돌아 주님이 가리키신 지점으로 달려가 보았습니다. 거기에는 그의 십자가가 모래 바닥에 나뒹그려져 있었습니다. 그는 얼른 그 십자가를 걸머지고 주님이 기다리시는 곳으로 되돌아왔습니다.

와 보니 놀랍게도 주님의 어깨에 걸려 있던 십자가가 없었습니다. 마카리우스가 주님께 물었습니다.

"그런데 주님, 주님의 십자가는 어디로 간 겁니까?"

주님은 빙긋이 웃으며 대꾸하셨습니다.

"아들아, 네가 사랑으로 네 십자가를 질 때는 내 십자가를 지는 것이나 진배없단다."

난 이 글을 읽으면서 요즈음의 나의 모습 같아 부끄러웠어요. 수난하시는 예수님을 묵상하면 할수록 마음이 아프고 지금 내 앞에 나타나신다면 어떻게든 위로해 드리고 싶고 그분의 무거운 십자가도 감히 다는 아니라도 다만 그 끝자락이라도 들어 드리고 싶은 심정이에요.

그런데 우리 주님께서는 이때가 찬스라고 생각하셔서 그러신지 그 끝자락이 뭔지 자꾸만 떠오르게 해 주시는 게 아니겠어요.^^*

그 끝자락이란 하루에도 여러 번 불쑥불쑥 치미는… '내가 미워하는 그놈만 없으면, 그 아픔, 그 불안, 그 걱정거리만 없으면 좀 살 만한데.' 하는 그런 것들이지요.

아주 작은 것들을 주시는 데도 그때마다 힘들다고 자꾸만 내려놓고는 묵상이나 기도할 때면 천연덕스럽게도 얼굴을 찡그려 가며 말로는 예수님 십자가의 끝자락이라도 져 드리고 싶다고 고백하고 있었으니….

예수님이 웃으시면서 그러시는 것 같았어요
"얘야, 나는 밥을 먹고 싶단다. 그렇지만 어떻게 밥만 먹니? 너는 그러니? 반찬이 있어야 밥을 먹지….

밥은 네가 바치는 아름다운 찬미와 사랑의 고백이고 맛있는 반찬은 너의 십자가란다. 그 반찬거리라는 것도 실은 너를 위해 내가 장만해 주는 것이니라.

수아래야, 너는 내 사랑을 어디서 느끼고 있니?

네게 아무 고민이나 문젯거리가 없는 마음의 평온과 고요 속에서 그것을 내가 주는 선물로 생각하여 감사하고 내 사랑이라고 여기고 있니?

물론 좋다. 그런데 난 그런 고백과 감사, 그런 데서 너의 사랑을 느끼기보다는 네가 나를 생각하여 지는 십자가의 무거움에서 내가 늘 지고 있는 나의 십자가는 조금 가벼워지기에 그때 네 사랑을 더 느낀단다. 네게 주어지는 것이 아니라 너 스스로 선택하여 지는 것은 더 말할 것도 없고…. 난 참 이상하지?
얘야, 너니까 내가 다시 가르쳐 주는 거란다. 알겠니?"

사랑하올 예수님, "너니까"란 말씀에 감사드려요.
그리고 부탁드려요. 오늘의 나의 삶 속에서 그놈, 그 일, 그 아픔, 그 불안이 떠올라 힘들어할 때마다 자신의 십자가를 다시 지고 가 예수님을 빙긋 웃게 만들어 드린 마카리우스 성인을 생각나게 해 주세요. 그래서 반찬도 잘해 드릴 테니 밥도 잘 잡숫고 힘내세요, 예수님!
고맙습니다.^^*

무서운 하느님? 자비의 하느님

"신부님!
저는 취미로 사제 서품 기념 상본을 모으고 있는데요, 다른 신부님들은 대부분 성경 구절을 넣으셨는데 신부님 것은 좀 색다르고 특이하네요.
'오, 말할 수 없는 사랑이시여. 오직 당신을 사랑하기 위해서만 살게 해 주소서.'잖아요? 아주 멋지고 개성미도 있네요."
"그렇게 좋게 봐주시는 그 마음도 멋지시네요. 좀 쑥스럽지만 칭찬해 주시니 고맙습니다."
"이런 글귀를 넣으신 데는 무슨 특별한 이유라도 있습니까?"
"아니, 뭐, 그런 건 아니고요. 저도 좋아하는 성경 구절들이 여럿 있었는데 어떤 땐 이게 좋다가도 또 어떤 땐 저게 가슴에 와 닿고 어떤 것을 하나 고르면 다른 것은 버려야 하니 그래서 딱 한 가지만 선택해 올리기가 아깝고 어렵더라고요.
그래서 고민하던 중 신학생 당시 이재현 신부님의 묵상집을 매일 아침, 저녁에 조금씩 읽고 묵상했는데 '주님은 사랑'이시라는 글귀가 많고 퍽 인상적이라 그다음 것은 거기다 좀 덧붙여서 제가 만든 것이랍니다.
나만 그런 게 아니라 신학생 땐 모두 한창 신심이 북받치던 때라 주님을 사랑하지 않고 벗어난다면 차라리 죽게 해 달라는, 그땐 정말 그런 각오들이었지요. 나중에 보니 동창 신부님들 중 그런 글귀를 집어넣은 사람은 나 혼자뿐이더군요. 그래서 남에게 나눠 주기가 부끄러웠어요.
상본에 새겨진 구절은 사제로서의 삶의 지표라 교우들의 간절한 기도도 청하고 그런 뜻에서 주님의 말씀을 넣어야 옳고 무게감이 있는 것 같은데 내 것은 가벼운 느낌이 들고 열심한 척하고 너무 소녀적이고 감상적인 것 같기도 해서요. ㅎㅎ"
"그러면 신부님이 지금 다른 구절을 넣어 새로 만드신다면 어떤 구절을 선택하시겠어요?"
"글쎄요. 또 만들 기회도 없지만 제가 좋아하는 구절들은 많은데 그때그때 기분에 따라 다르더군요. 마치 아침저녁 태양처럼요."
"그러셔요? 그러면 요즘은 어떤 구절이 맘에 드시나요?"
"요즘은 마태오복음 12장 1~9절의 제자들이 배가 고파서 안식일임에도 불구하고 밀 이삭을 뜯어먹는 것을 본 바리사이들이, 그 행위를 나무라는 것을 예수님께서 감싸 주시는 장면의 구절이랍니다.

학생 땐 이다음까지라도 잘 살라는 뜻에서 그랬겠지만, 틀을 잡아 주느라 교육과 규칙도 엄격했거든요. 그래서 그런지 때론 하느님도 좀 엄한 느낌이 들기도 했구요.

그렇게 해서 만들어진 나라는 틀에서 신학교를 갓 졸업하고 신부로서 자율적으로 지내며 패기 넘치고 자신만만하게 일선 사목에 부딪치며, 이런저런 일을 잘 겪어 냈다는 자부심도 들었지만, 할아버지 신부가 되어 가면서 되돌아보니 출발 때와는 달리 오차가 많이 벗어난 느낌이 들어 마음이 무거웠는데 이 구절을 보면서 우리 인간의 부족한 면을 이해해 주시는 하느님의 참모습, 너그러움과 자비를 만나게 해 준 것 같아 그 구절이 좋아지고 맘에 드네요.

만일 하느님께서 내가 약속드린 나의 상본 글 그대로 하셨더라면 난 벌써 이 세상에 없었을 거고, 몇 번은 더 그랬을 것 같아요. 그런데 이렇게 버젓이 지금까지 살아 있는걸 보면 하느님은 정말 용서의 하느님, 자비의 하느님이 맞아요.

옛날 분들은 무서운 하느님으로 기억하는 분들이 많으신데 그것은 계명과 교회법규를 철저히 지켜야 한다는 전통적 교육 때문에 그래요.

하느님은 무섭다기보다(창세 3, 17. 24; 요한 2, 15) 정의로운 분이시지요. 잘못한 일이 없으면 경찰서가 아무리 많아도 무섭지 않듯이 우리가 잘못하지 않으면 무서울 이유가 없지요. 오히려 하느님은 무척 자비로운 분(로마 11, 22)이시랍니다.

물론 두 가지 속성을 다 갖고 계신 분이긴 하지만 어떤 하느님을 만나게 되느냐는 전적으로 우리의 삶의 자세에 달렸다고 봅니다. 하느님은 인간을 창조하시고 당신이 보시기에(창세 1, 26. 31) 좋더라고 말씀하셨듯이 우리가 그분을 알아보고 그분의 뜻에 따라 그렇게 즐겁게 살며 그런 즐거움을 주시는 주님을 찬양하고 감사드리며 살아가면 되지 않겠어요?

그것이 창조의 목적이고 거기에 일치하기에 '보기에 좋더라' 하셨기 때문이지요(창세 1, 31). 그렇게 살면 틀림없이 사랑의 하느님을 만나시게 될 거예요

그러나 자비로운 분이시라고 자기 마음 내키는 대로 막 살아가면서 이게 하느님의 뜻이라고 해서는 안 되겠지요. 그건 하느님을 욕되게 하는 것이기에 그땐 죄인이 경찰관을 두려워하듯 아무리 인자하신 하느님이라도 스스로 무섭게 느껴지는 하느님을(창세 3, 17. 24; 요한 2, 15) 만나게 될 테니까요.

하느님은 감시자가 아니라 딸자식 시집보내 놓고 자기 본분과 도리를 잘 지켜, 역시 그 아버지의, 그 딸답다는 칭찬을 들으며 행복하게 잘 살기를 바라는 아버지와 같은 그런 분이심을 기억하시면 마음이 평화스러울 것입니다."

할머님, 나의 배우자 하느님

구역 순방을 하고 돌아와 피곤해서 잠깐 쉬고 있는데 누가 초인종을 눌러 급한 게 아니면 그냥 가겠지 하고 버티다가 하도 끈질기게 눌러 대 결국 내가 나갔다.

신경이 좀 날카로워진 상태에서 나가 보니 할머니가 서 계셨다. 성물을 축복해 달라고 그러시는 거겠지 하고 문 앞에서 대충 일을 끝내려고 했는데 기어코 제 집무실에 들어가서 "신부님께 드릴 말씀이 있다." 하셨다. 귀찮았다.

그때 하느님께서 "얘, 너 지난번 부부 피정 때 뭐라고 했니? 배우자는 하느님께서 내게 맡겨 주신 사람이고 그의 행복이 하느님의 행복이기에 배우자는 바로 하느님이라는 그런 마음으로 어떻게 하면 그가 원하는 바를 이루어 줘 행복하게 해 줄 수 있을까를 생각하며 잘 섬겨야 한다고 그러지 않았니? 그리고 또 뭐라고 그랬니? 교우들의 배우자는 사제요, 사제의 배우자는 교우들이고 그 안에서 하느님을 보라고도 하지 않았니? 그래서 서로 사랑하고 잘 받아들여야 한다고…. 그런데 넌 지금 할머니를 어떻게 대하고 있니? 그땐 그거고, 그런 식이냐?" 그러시는 것 같았다.

그래서 할머님을 얼른 안으로 모셨다.

주스를 권해 드리면서 "그래, 할머님, 무슨 말씀이세요?" 했더니 "아, 글쎄 우리 막내 녀석이 아들을 낳았지 뭐예요."라고 하셨다.

나는 뭐, 처녀, 총각 시집 장가가면 아기 낳는 게 당연한데, 그만한 걸 가지고 뭘 그러시나 하는 생각이 들어 또 짜증이 났지만, 기왕 여기까지 들어오신 것, 할머니의 기분을 맞추어 드려야겠다는 생각에 얼굴을 펴고 "아, 그래요? 그 손주가 예쁜가요?" 했더니 "예쁘다마다요." 하신다. "아, 그러면 아기가 틀림없이 할머니 닮았나 봐요." 했더니 할머니가 활짝 웃으시며 아주 기분 좋아하셨다.

나중에 알고 보니 할머님은 신자는 아니시고 며느님이 아기를 8년 동안이나 낳지 못하다가 성당 예비자반에 나가 하느님께 빌어 사내아기를 낳아 너무 기뻐서 이 소식을 알려 드리러 왔노라고 하시면서 "하느님이 참말 계시긴 계신가 봐요!" 그러셨다. 그래서 "아무렴요. 그렇게 큰 은혜를 입으셨으니 할머니도 꼭 성당에 나오셔야지요."라고 말씀드렸더니 그러겠노라고 하셨다.

나는 애들처럼 할머니와 서로 새끼손가락을 걸어 흔들며 약속했다. 생각해 보면 얼마나 오랫동안 기다려 왔던 아기였을까?

할머니의 기쁨에 공감이 가자, 짜증스러움은 어디로 가고 나도 즐거웠다. 얼마 후 할머니께서 손수 빚은 묵 한 사발을 보내 주셨다.

그때 내가 조금 참고, 기쁨을 나눠 드려 할머님께서 하느님을 만나시도록 해 드리길 썩 잘했다는 생각이 들고 신부로서 더 큰 보람으로 느껴져 피곤도 사라지는 것 같았다.

아이쿠 이런, 오늘 나를 찾아오신 할머님이 나의 배우자 하느님이셨음을 그만 깜빡했었구나!

쇠뿔도 단김에

"신부님! 어머님이 돌아가시고 나니 후회가 되고 안타까운 게 한두 가지가 아니네요. 특히 어머님께서 혼자 성당 다니셨는데 어머님의 기도와 소원이 나와 식구들이 성당 나가는 거라고 그렇게 그러셨다는데 바쁘다는 핑계로 그 원을 못 들어 드린 게 제일 후회가 됩니다."

"아, 그러세요? 얼마나 마음이 아프시고 힘드시겠어요? 그러나 그것 외에 형제님이 그동안 어머님께 해 드린 걸 보면 정말 효자세요. 어느 누가 그만큼 해 드리겠어요? 후회도 효심이 있는 이들이 하는 거라는 말이 맞아요.

내가 사랑하고, 또 나를 사랑해 주셨던 분들이 막상 우리 곁을 떠나셨을 때 살아생전에 좀 더 잘해 드렸더라면 하는 아쉬움에 너무 힘들고 슬프지만 그런 가운데서도 믿는 이들에게 위안이 되고 희망이 되는 것은, 생전에 못다 한 효도를 기도와 선행을 통해서 해 드릴 수 있다는 우리 가톨릭교회의 교리가 있어 퍽 위로가 되고 다행스러워요."

"아, 그런 교리가 있습니까?"
"예, 그래요."
형제님, 한번 생각해 봅시다!
어머님께서 지금 눈을 뜨시고 우리에게 말씀하신다면 무슨 말씀을 하실까요? 세상에서 누리지 못한 걸 누리고 싶으니 그걸 해다오, 그러실까요?"
"아니실 겁니다."
"'사랑하는 가족들아, 그동안 내게 잘해 준 것 고맙다. 이제 내가 죽어 보니 과연 하느님이 계시고 그분의 아름다운 나라가 있구나! 그리고 그 나라에 들어가기 위해 이 세상에서 살 때 하느님을 믿으며 어떻게 살았는지에 대해 헤아림을 받기 위해 죽 늘어서 있는 대열에 이제 막 와서 내가 맨 끝자리에 있구나!
그런데 이렇게 보니 어떤 영혼들은 하느님 나라에서 영원한 복락을 누리며 살게 됐다고 기뻐 용약하는가 하면 어떤 영혼들은 슬퍼 애통해하며 자기 갈 곳으로 떠나는 것을 보고 있단다.
이런 와중에 나도 겁은 나지만 그래도 내게 한 가닥 위로가 되는 것은 하느님을 믿고 살아온 것과 영세 때 영혼에 박힌 하느님의 자녀로서의 인호(印號=도장)가 있어 그를 알아보시겠지 하는 희망이란다.
내 생전에 다른 이들 장례미사 때 가서 여러 번 들은 성경 구절 (최후의 심판 – 마태 25, 31~46)은 죽은 이를 위한 것이 아니라 그 자리에 참석한 이들이 이다음에 하느님 나라에 갈 때 심판의 기준을 알려 주는 구절로서 그때 가서 후회하지 않도록 세상을 어떻게 살아가야 할지를 미리 일깨워 주시는 것이었는데, 내 귀담아 듣고 그렇게 살기로 노력하길 과연 잘했구나 하는 생각이 든단다.

그리고 세상에서 그렇게 귀하게 여겼던 것들을 이곳에선 도무지 찾아볼 수가 없구나! 여기 올 땐 아무것도 가져올 수 없지만 딱 한 가지, 정말로 지혜로운 사람들은 세상에 살 때, 온몸을 다해 주님을 믿고 사랑했고(마태 22, 37~39), 또 이웃을 사랑하며 자선을 통해 쌓아 올린 보화를(루카 12, 33~34; 1요한 3, 17) 이곳 하늘에 미리 저축해 두었단다. 이렇게 공로를 많이 쌓아 둔 그만큼 좋겠지(로마 2, 6; 2코린 9, 6). 생전엔 죽으면 끝이라는 생각에 두려웠는데 막상 와 보니 영원한 삶의 시작이로구나! 그러니 너희들도 즐겁게 살면서도 저 새로운 세상에 가져갈 수 있는 것 그것을 잊지 말고 그것을 위해 살아가거라.

다시 말하노니 너희들은 세월을 그냥 흘려보내지 말고 명심하여 그렇게 하느님을 열심히 믿고 이웃 사랑으로 보화를 하늘에 쌓아가며 잘 살다 이다음에, 세상에서처럼 가족끼리 헤어지는 아픔을 다시는 겪지 말고 이 아름답고 부유한 곳에서 우리 가족 모두 만나 함께 오손도손 재밌게 잘 살자꾸나! 내 너희들을 위해 그곳에서 뜨겁게 기도하겠고 또 너희들이 나를 위해 기도해 주면 내가 좋은 곳에 더 일찍 들어간다는 사실도 일러 주니 꼭 그렇게 해 다오. 부탁한다.'

아마 틀림없이 그렇게 말씀하시리라 봅니다. 그러니 형제님이 신앙이 없는 이들처럼 어머님을 위해 이젠 아무것도 할 수 없다고 마음 아파하고 슬퍼만 하시지 말고 말이 나온 김에, 나도 바쁜 놈이지만 내 특별 교리를 해 드릴 테니 또 핑계 대고 차일피일 미루지 말고 열심히 공부해서 빨리 세례 받고 지금부터 기도와 선행을 통해 어머님께 도움이 돼 드리는 진짜 효도를 하시면 천국에 계신 어머님께서도 '이제야 그동안의 내 뜨거운 기도의 소원이 이루어지는구나!' 하시며 무척 좋아하실 거예요. 형제님도 크게 위로가 되실 거고요."

쇠뿔도 단김에…! 나는 다그쳐 물었다.

"어떠세요? 그렇게 하실 거예요, 안 하실 거예요?"

그러자 그 친구도 얼떨결에(^^*) "예, 집안 식구들 모두 데려와 그렇게 하겠습니다." 그랬다.

"좋습니다. 아주 잘하셨습니다. 나와의 약속이기도 하지만 어머님께서도 들으셨을 겁니다."라고 힘줘 말해 줬다.

"그리고 보면 어머님은 슬픔만 남겨 놓고 떠나신 분이 아니라 이렇게 인생의 참의미를 다시 한 번 깨닫게 해 주시고 떠나시는 커다란 사랑의 어머님이십니다.

어머님이 얼마나 나에게 잘해 주신 것인지는 이다음에 하느님 나라에 가시면 그때 확실히 아시게 될 거예요. 어머님 뜻대로 온 가족이 부지런히 공부해 세례 받고 열심히 기도와 선행을 쌓아 가며 신자로서 잘 살아가시기 바랍니다."

"고맙습니다, 신부님!"

낯푼 노무스키~ 쪼다

성탄 자시 미사 후, 일반 교우들에게 따끈한 오뎅과 떡을 나눠 드렸고 그분들이 다 집으로 간 후엔 떡국과 술, 다과, 노래기기, 조명등이 준비된 유치원 강당에서 1년 동안 수고한 각 단체장 및 임원들이 모여 "만남"이라는 아름다운 이름 아래 맘껏 재주를 뽐내며 노고를 푸는 뒤풀이 행사가 있었다.

미사 전까지 한 사람이라도 더 성사 주느라 몸이 피곤했기에 잠깐 들러 개회 인사만 하고 나오리라 생각했는데 그게 그렇게 됐겠나? 우선 퍼 주는 컬컬한 동동주 한잔, 어찌 그렇게 시원한지 이번엔 내가 한잔 더, 나도 거나해지고 무드가 익어 가자 요란한 박수와 함께 드디어 올 것이 왔다.

"본당신부님 노래 18번 빨간 구두 아가씨 한 발 장전, 발사, 와." 하는 소리와 함께 큰 박수 소리가 들렸다. 겉으론 아니라고 막무가내로 손사래를 치는 듯했지만, 속으론 은근히 내 차례를 기다리며 못 이기는 체 넘어갈 준비가 다 된 줄 이미 잘 아는 그들….
 군에 있을 때 장병들과 어울려 놀던 춤과 노래 솜씨로 교우들과도 흥겹게 놀아 주고 그들이 더 잘 놀도록 난 자리를 떠 주고 사제관으로 돌아와 누웠다.

 얼핏 보니 새벽 두시.
 나가떨어져 곤히 잠들 즈음 갑자기 현관문을 발로 쾅쾅 차는 요란한 소리에 놀라 아닌 밤중에 홍두깨라더니 이게 웬 날 벼락인가 싶어 나가 보니 술에 잔뜩 취한 웬 녀석이 고래고래 소리 지르며 내 거실로 막 들어오려고 하고 있지 않은가?
 순간 화가 치밀었지만 겨우 참았다.
 정확한지는 모르지만 들은 바에 의하면, 예쁜 부인이 성당 봉사를 한다며 자주 외출하는 것을 몹시 싫어해, 반장 일 보는 것도 무척 힘들게 한다는 남편, 바로 그 친구였다. 그때도 손님은 하느님이란 좋은 생각에 무슨 사정인지나 들어 보고 달래 주려 했다.

 그런데 그 녀석 소파에 앉자마자 하는 말이 "아니 이 거룩한 날, 거룩하다는 성당에서 남의 색시와 붙어 서로 춤추고 이렇게 풍기문란해도 되는 기여! 여기가 무슨 카바레여!" 했다.
 나는 그런 나쁜 뜻으로가 아니고 1년에 한 번 갖는 좋은 의미를 설명해 주며 이해하시라고 여러 번 다독이고 용서를 구했지만 그럴수록 그 녀석은 더욱 기세가 등등했다. 나중엔 테이블을 발로 차고 재떨이를 내던져 깨지고 그야말로 안하무인 난리를 쳤다.
 나도 약간의 취기가 아직 가시지 않은 데다 참다못해 손님이 곧 하느님이라는 신념도, 오늘이 성탄이라는 것도 다 그만 깜빡하고 군에 10년 있을 때 그 혈기가 드디어 그대로 폭발하고야 말았다. 사람이 점잖고 품위를 지키자니 힘들지, 막 나가자면 무슨 짓인들 못하겠나? 얼핏 보니 한판 붙어도 밀릴 게 없을 것 같았다. 이런 녀석들한테는 오히려 그렇게 하는 게 약이라는 생각이 들자 그만 헤까닥했다. 에라이, 모르겠다. 언덕에서 브레이크 고장 난 트럭처럼 이번엔 내가 막 나갔다.

"야, 이 낯푼 노무스키야, 그만큼 정중히 말했으면 알아들어야지, 그렇게 걱정이 됐으면 마누라 건사를 제대로 했어야지, 내가 그랬니? 누가 그랬니? 왜 나한테 와, 행, ㅈㄹ이야, 이 속 좁은 쪼다 같으니라고. 나가!"라며 러시아어, 불어, 일본어(?)가 마구 섞여 튀어나왔다. 그랬더니 그 친구가 오히려 움찔했다. 약발이 먹혔나 보다. (이 대목에 걸려 나 이담에 성인 못 되는 거 아닌가? ㅋㅋ)

그러고 끝났지만 그 후 후련하기보단, 성경 구절 "여러분이 받은 부르심에 합당하게 살아가십시오. 겸손과 온유를 다하고, 인내심을 가지고 사랑으로 서로 참아 주며… 여러분의 입에서는 어떠한 나쁜 말도 나와서는 안 됩니다…."(에페 4, 1~2. 29)라는 말씀이 자꾸 떠오르며 내 마음을 사정없이 찔러 대 찜찜함이 더해 갔다.

양가죽이 벗겨진 느낌? 그이가 받았을 상처를 생각하면 고무로 지울 수도 없고 괴로웠다.

얼마 후 드디어 인사 발령이 났다.
떠나기에 앞서 아무래도 용서를 구하고 떠나야 개운할 것 같았다. 아무리 잊어버리려 해도 "용서 청해."라는 소리가 자꾸 들려오고 기도를 해도 용기가 나질 않았다. 죽기보다 싫었다. 그리고 '아, 그 일은 그 녀석과 너, 이렇게 단둘이만 아는 건데 그냥 넘어가지 뭘 그래? 아무도 모를 텐데.' 하며 그냥 떠나자는 속삭임도 들려왔다.

용서 청하는 것도 용서하는 것 못지않게 자신의 힘만으론 힘들고, 하느님의 도우심이 필요하고, 그래서 찐한 축복이 함께하심을 그때 깨달았다. 그렇게 고민하다 결국 입심 좋고 교우분들에게 인기 있는 전교 수녀님께 의지하기로 하고 함께 갔다.

나는 그를 만나자마자 허리를 굽히고 대뜸 "그때 그 일을 용서해 주세요. 그리고 신부님들 중 나만 막돼먹은 나쁜 놈입니다. 이제 나는 떠나고 좋은 신부님이 새로 오시니 나를 용서하시는 뜻에서 노여움을 그만 푸시고 성당에도 나가 보세요." 그랬다.

그랬더니 의외로 "제가 먼저 용서를 청해야 하는데 부끄러워 나서질 못했습니다. 저도 용서해 주세요, 신부님. 그리고 그때 그렇게 심한 꾸중에 잠시 반감이 일어 괴로웠지만, 차츰 제정신이 들면서 제가 많이 반성하며 지내고 있고 술 때문에 실수가 많아 이제 끊으려 합니다. 그리고 제가 꼭 성당 나가겠습니다."라며 약속이라도 하듯 부인의 얼굴을 쳐다봤다. 그렇게 말해 주는 그이가 난 너무 고마웠다.

오랜 체증이 뻥 뚫리는 것 같고 비 온 후 맑게 갠 푸른 가을 하늘처럼 기분이 상쾌했다. 나중에 소식을 들으니 세례 받고 성당엘 잘 다닌단다. 다행이다.

나 때문에 한 영혼이 성당을 완전히 끊을지도 모른다는, 그래서 난 하느님께 큰 죄를 지었다(마태 18, 14)는 불안을 깨끗이 지워 주신 하느님의 그 큰 사랑을 느끼며 하느님께 감사드렸다

모든 이들이 기뻐하고 축하하며 인간 구원을 위해 이 세상에 오시는 거룩한 당신의 탄일을 훼방꾼 악의 세력이 껴들어 그만 내가 큰 죄를 지었구나 하며 기분 잡쳐 버리게 만든 씁쓸한 사건!
그러나 하느님은 결코 무의미한 일을 하시지 않는다는데….
아, 과연 하느님은 한 영혼을 구하시기 위해, 그런 사건도 허락하시며, 반감을 반성으로, 최악에서도 최선을 이끌어 내시며 성탄의 진정한 의미를 나에게 새롭게 새겨 주시는 이렇듯 사랑이 많으시고 참으로 오묘한 분이시로구나!
한 영혼의 구원에로의 탄생!
그래서 그날 틀림없이 하늘에서도 기쁨의 잔치가 벌어졌겠지!(루카 15, 7. 10).

하느님 계획에 내가 한 짓을 너무 마음 아파하는 것도 하느님의 인간 구원의 열정과 의도는 외면하고 너무 나 자신만 탓하는 게 아닌가 하는 생각에 위로가 되었다. 이걸 보고 억지춘향이라고 하는 걸까? ㅋㅋ

여하튼 나와 비슷한 분들, 돌이킬 수 없는 지난 과거는 다 잊고 오늘을 주신 주님의 계획과 자비를 느끼며 새롭게 출발하시라고 이 글을 썼다.

"오늘은 밥 먹고 또 뭘 하지?"

다른 교구에 계셨지만, 평소 좋아하고 따르던 대선배 신부님이 돌아가셨다. 그분은 생전에 취미 활동이 별로 없으셨고 그야말로 맡겨진 사목만 열심히 하시던 모범 신부님이셨는데 은퇴 후 한동안은 딱히 하실 일이 없어 아침 식사를 하고 나시면 늘 "오늘은 밥 먹고 또 뭘 하지?"라곤 하시다가 가셨단다.

아니, 아무렴 그렇게도 할 일이 없을까?

현직에 있는 신부님들이 대부분 그렇듯이 바쁘고 피곤해서 어디 가서 좀 며칠이고 푹 쉬고 싶어 하기에 난 그 말씀을 듣고 이해가 잘 안 되었다. "아니, 책을 읽든지 산책을 하든지 정 할 게 없으면 잠이나 푹 자면서 쉬면 되지 않겠나?" 그랬다.

고인의 안식을 빌어 드리면서도 죄송스럽게도 그분은 역시 진취적이지 못한 분이시라는 그런 몹쓸 생각이 스쳐 지나갔다.

난 은퇴하면 문학 서적도 보고 영어 공부도 하고 악기도 하나쯤 배워 익히도록 하고… 하고 싶은 게 너무 많아 은퇴해도 역시 바쁠

것만 같았기 때문이었다.

페닌은 "젊었을 때는 하루는 짧고 일 년은 길다. 늙으면 하루는 길고 일 년은 짧다."라고 했는데 그땐 내가 아마 젊어서 그랬는지 신부님 말씀이 잘 이해가 안 되었었다.

그런데 나도 늙어 막상 은퇴하고 얼마쯤 지내면서 그 쓴맛을 보고 나니 그제야 그분 말씀이 이해가 되었다.

아, 선배 신부님은 그동안 인간적으로 얼마나 고독하고 힘드셨을까!

은퇴 때 "찾아가면 모른 체하지 마시고 꼭 만나 주셔야만 돼요."라며 그렇게 신신당부하며 나의 은퇴를 섭섭해하던 사람들도 세월이 그렇게 많이 흐르지도 않은 것 같은데 어느새 소식이 감감해지고… 이젠 찾아오는 이도 없거니와 찾아갈 곳도 전 같지 않아 서먹서먹하고 망설여진다.

소식이라야 공문서나 관리비 고지서가 기껏이다. 하도 전화하는 이가 없어 오죽하면 같이 사는 식복사 아줌마한테 농담으로 "이봐요, 나한테 전화 좀 해 줘요."라고 했겠나!

세상사가 다 그런 거고, 다 자기 할 나름이라고 생각은 하면서도 섭섭하고 힘든 건 여전하다.

배운다는 것도 그렇다. 이런 것, 저런 것 배워 보면 뭣 하나? 딱히 써먹을 데도 없는 것…. 그런 생각이 들어 체념하게 된다. 잠도 시도 때도 없이 깨고, 졸리고 전처럼 일정치 못해 사뭇 괴롭다.

은퇴 생활이란 과연 무엇일까?

어느 날 묵상 중 "하느님께선 무의미한 일은 하시지 않는다."라는 말이 떠올랐다.

아, 그렇구나!

내 비록 일선 사목에선 물러섰지만, 골골하는 나를 아직까지 살려 두시는 걸 보면 그것이 끝이 아니고 분명 어떤 이유와 의미가 있을 것이다. 그것이 무엇일까?

시인 녹암이 그랬다.

"강물에 떠내려가는 고기는 죽은 고기이듯이, 습관의 배를 타고 시간의 강물에 흘러가는 삶은 삶이 아니다…. 단순히 시간을 보내는 일은 의미 있는 일이 아니다."

맞다. 그렇다면 나의 삶에서 떠내려가는 고기가 아니라 살아 있는 고기, 시간을 보내는 일이 아니라 주어진 시간을 섭렵하는 적극적 의미란 과연 어떤 것일까? 찾아보자!

평생 바깥출입을 하지 않는 가르멜의 소화 데레사 성녀가 봉쇄 담 안에서 기도와 희생으로 예수님처럼 살아 있는 제물로 그 아픔을 봉헌하며 지내는 삶으로, 많은 영혼들을 구했기 때문에 전교 지방의 주보 성녀가 되신 게 아닌가?

은퇴 후의 나의 하루하루는 그냥 어영부영 살아가라는 게 아니라 영원한 사제로서의 새로운 제2의 하느님의 소명(부르심)의 시간일 거다. 그것은, 내가 쓸쓸해하는 그 조용한 시간이 주님만이 찾아오시어 그동안 못다 한 나와의 사랑을 나누고 싶어 하시는 시간이고 힘들어하는 부분이 있다면 과거 내 삶의 부족했던 부분을 채우고 또 일선 사목자들의 어려움을 위해 그리고 죄 중에 있는 이들의 회심을 위해 그렇게 살아가라시는 뜻일 게다.

그것이 주님의 나에 대한 사랑의 표현이시리라. 옳거니, 그렇게 살기만 하면 "사는 게 다 죄지."가 아니라 "사는 게 다 기도요, 전교지."라는 말을 할 수 있겠구나! 바로 그것이 곧 주 찬미의 기도요 소중한 주님의 은총의 의미 있는 시간이고 살아 있는 고기의 삶이로다.

물론 그동안 선배 신부님의 삶이 힘드셨겠지만 그것은 단지 나의 인간적 짧은 생각일 뿐이지 더 깊이 생각해 보면 그분은 이미 하느님 안에 머물며 그 많은 힘든 시간들을 살아 있는 제물로 봉헌하시다 가셨을 것이니 영적으로는 하느님 마음에 드는 아들로서 제2의 소명의 시간을 참으로 훌륭히 지내며 생을 마감하신 분이시라는 생각이 들었다.

그것도 모르고 나는 그분을 내 생각나는 대로 함부로 판단하고 이러니저러니 나불대다니! 쯧쯧….

역지사지란 어른들의 말씀을 이제야 실감하겠고 세월이 약이요 스승이라는 말씀이 백번 맞는 말씀이구나!

이런 걸 미리 깨달았으면 나도 지혜로운 사람일 텐데….

신부님, 죄송해요.

젊었을 때 아직 철이 덜 들어 우쭐대고 잠시나마 잘못 생각했던 것들 다 용서해 주세요. 영원한 안식을 빕니다.

강론대 사건

"하느님은 무의미한 일을 하시지 않는다."

1974년부터 1985년 5월 9일까지 11년 동안 나를 포함 3명의 사제가 이 강론대에서 매일 미사 강론을 하였으나 평소 모르다가 그날 새벽 미사 후 성당에서 늦게까지 묵상하시던 할머님께서 참 이상하다며 알려 주셔서 비로소 나도 알게 되었고 나중엔 TV, 신문, 방송 매체를 통해 급속도로 전국에 퍼져 심지어 부산, 대구, 목

1985.5.9 논현동 성당 강론대

포, 제주도 등에서 비행기를 타고 올 정도의 역사적 사건이었음.

단순히 나무옹이나 결이 그렇게 보일 뿐이라고 가볍게 여기며 넘기는 분들도 있었지만 사실 사진이라는 것도 돋보기로 확대하여 살펴보면 점들이 모여 하나의 형체를 이룬 것이지요.

이게 지금 억지로 예수님처럼 보이는 것일까요? 여러분 보시기에도 과연 그렇습니까?

맞아 터져 눈두덩이 으스러지고, 피눈물이 흘러내리는 듯한, 그러면서도 다른 한쪽은 끝까지 나를 애절히 바라보고 있는 듯한 그분의 눈!

이를 본 어떤 작가는 '나를 어여삐 여기심인가? 우리를 위해 흘리시는 애잔한 위로의 눈물이신가? 격려이신가?'라고 하였고 또 볼수록 찔리기에 가슴을 치게 된다는 분, 너무 불쌍하고 고마움을 크게 느낀다는 분 등 이를 보는 각자의 느낌은 다르겠지만 여하튼 솔직한 그때의 느낌과 그 이후 삶의 반응은, 다시없이 소중하고 그것이 이 사건이 일어난 의미로서 충분할 것입니다.

이를 보시는 형제님, 자매님은 과연 어떤 느낌이 드시는지요?

하루살이 따끔 수도원

투석 받을 준비를 하며 드러누웠는데 옛날 생각이 났다.

한참 열심이 북받치던 신학생 시절, 매일 아침 긴 수도복을 펄럭이며 자전거를 타고 수업 받으러 신학교 교정으로 들어서는 수사 신학생들이 그렇게 성스러워 보이고 멋있고 부러울 수가 없었다.

그래서 어느 날 수사 신학생에게 부끄러움을 무릅쓰고 한번 물어봤다.

"나도 수도원에 들어갈 수 있을까?"

그랬더니 여러 가지로 힘들 거라고 했다. 어른들 사이에서 그런 얘기가 잘못 오가다간 삐끗하면 성소를 잃을 수도 있다고 했다.

나는 그 말에 기겁해 다시는 수사 신학생 얘기를 입 밖에 꺼내지 않았다. 그리고 수도원의 통제된 생활, 엄격함에 솔직히 자신이 없기도 했고 새롭고 위험한 모험을 하고 싶지도 않아서였다.

그 후 봄꽃 향기를 그리는 소녀처럼 멀리서 수사 신학생들을 그저 부러움으로 바라볼 뿐이었다.

그런데 지금 이곳 투석실을 생각해 보니 여기가 바로 수도원이라는 생각이 들었다. 그것도 어떻게 보면 아주 삭막한 사막의 은수자 같기도 하고 엄격한 극기를 하는 수도원 같기도 하다.

꿈만 꾸어 오던 나에게 마지막으로 내려 주시는 하느님의 사랑의 선물이라는 생각도 들었다.

그런 생각을 하니 내가 원하는 것은 다 들어주시는 하느님이 눈물 나게 고맙기도 했다. 그렇다. 이제부터 나는 수사 신부다.

그러면 이곳 수도원의 이름을 무엇이라 할까?

주사 놓을 때 간호사 선생님들이 놀라지 않게 "따끔"이라는 소리로 주의를 환기시키며 놓는데 "따끔 수도원"이라고 하면 어떨까? 오, 그래 그것 꽤 괜찮은데. "따끔" 수도원이라!

아니, 하루 주사 맞고 하루 살고 그다음 날 또 주사 맞고 하니 하루살이로구나! 오늘만 생각하고 열심히 살아가라는 뜻에서 하루살이 수도원은 어떨까? 오, 그것도 괜찮은데! 어떡할까?

둘 중에 하나를 선택한다는 게, 아니, 하나를 버려야만 한다는 게 이렇게 어렵구나! 에라, 모르겠다. 섭섭한 놈 없게 둘 다 선택하자! "하루살이 따끔 수도원"… 와, 멋있다.

이제부터 나는 이곳의 당당한 원장이며 동시에 지도신부가 아닌가? 그리고 보니 말년에 꽤 출세했네…. 어디 가서 그럴듯한 명함이라도 하나 새길까? ㅋㅋㅋ

그렇지만 원장이라면 뭔가 달라도 달라야 하지 않겠나?

꼼작 않고 드러누운 4시간을 그저 지루해 어쩔 줄 몰라 하며 보낼 것은 아니지…. 남들은 잠도 잘 자는데 어떻게 된 게 나는 집에선 시도 때도 없이 졸리는데 여기선 정신 말똥말똥이다. 그러니 더 괴롭지.

 그럴 게 아니라, "내가 겪는 아픔과 불안, 걱정을 주님께 다 드리니 쓰실 곳에 쓰십시오. 그래서 당신처럼 아버지 하느님의 마음에 드는 아들이 되게 하소서."라고 기도드리고 십자가 곁에 서 계셨다가 아드님의 성스러운 몸을 받아 안으셨던 성모님께는 묵주기도를 바쳐 드리면서 아픈 마음을 위로해 드리며 시간을 채우자.

 자, 그러면 이제부터 사목을 어떻게 할까?

 환자들이 너무 힘들어 그런지 모두 메말라 있는 것 같고 웃음기가 없구나! 옳거니, 미소를 띠면서 나부터 먼저 말 걸고 나부터 인사하자. 그것이 여기 필요한 사목이고 복음 선포이리라.

 간호사 선생님들이 굵은 바늘로 두 군데를 찌를 때 오래된 이들은 좀 덜 아프다는데 나의 경우, 내성이 생기지 않아 그런지 아픈 것은 기본이고 전에 찔렀던 곳을 다시 찌르면 좀 덜 아프지만 혈관이 빨리 손상된다 하여 아파도 새로운 곳을 찔러 준다. 그렇지 않으면 피딱지 때문에 혈관이 좁아지고 막혀, 뚫어 주기 위해 시술을 또 해야 한다. 이것 또한 만만치 않게 고통스럽다. 빨리 맞고 싶은데 차례가 가까워 오면 오히려 불안하다. 나만 그럴까? 간호사 선생님들도 사람이기에 환자가 아파하면 스트레스 받아 괴롭고 힘들 것 같은데 그래도 상냥히 환자를 위한 배려와 소임에 충실하다.

 혈관이 가느다란 데다 이놈이 자꾸 숨고 피해 또 애먹는다. 어떤 때 아얏 소리가 절로 나와 미안하기도 하고 신부이기에 좀 의연하지 못한 게 부끄럽기도 하다. 그러다 보니 여름엔 긴장이 땀으로 변해 이마에 송송 맺혀 흐르는 것을 보기도 한다. 그럴 땐 내가 다 안쓰럽기도 하다.

생각해 보면 내게 생명을 불어넣어 주는 참으로 고마운 하느님의 일꾼, 천사분들이다. 어떻게 하면 도움이 될 수 있을까? 잘될 수 있을지 모르지만 간혹 아프더라도 입술을 꼭 깨물어 '아얏' 소리를 참아 보자. 그래, 그때 내 아프다고 가만히만 있지 말고 "고맙습니다.", "수고하셨습니다."라고 격려해 주자. 그것도 작은 사랑의 실천이며 사목이리라.

드러누워 있는 교우 환자들에게는 조그맣게 십자가를 그어 주며 강복하며 지나가자. 그리고 투석 시작과 끝에 "투석 잘 받으세요.", "먼저 끝나고 갑니다.", "주말 잘 보내세요."라고 인사하며 지나가자.

청소하는 자매들에게도 "수고 많이 하십니다."라고 해 주고….

인사를 했으면 받아 주면 좋으련만 힘들어 그런지 때론 무반응도 있다. 그렇지만 내가 인사 받기 위해 인사하는 게 아니고 복음을 선포하기 위해 하는 것이니 그런 데 신경일랑 아예 끄고 일구월심 허리 굽혀 인사하자. 그러다 보면 언제고 분위기가 더 따뜻해지겠지?

아주 가끔이지만… 요즘, 드러누워 투석 받고 있는데 고해성사 좀 달라고 하며 속삭이는 이들도 드디어 생겼다. 그야말로 만세! 대성공이다.

종교는 다르지만 투석 끝나고 식사하자는 분들도 있고 가끔 먹을 것도 선물도 하곤 한다. 전에는 신경이 날카로운 환자가 고래고래 소리 지르며 항의하고 불평을 해 경비가 뛰어오곤 하는 그런 시끄러운 소동도 가끔 있었다고 한다. 그런데 지금은 조용하다.

내가 제일 기분 좋은 것은 전엔 날 보고 한수아래 씨, 혹은 어르신이라고 그랬는데 이젠 신부님이라고 불러 준다는 것이다.
또 어떤 이가 다가와 "신부님이 오셔서 분위기가 달라지고 참 좋아졌어요." 그랬다. 난 쑥스러워 "뭘 그만한 걸 가지고 다…." 하며 대단치 않은 것처럼 슬쩍 넘어갔지만, 속으론 너무너무 기분 좋았던 것 있지, 왜! ㅋㅋㅋ
이럴 때 박수쳐야지 아꼈다 뭐 하슈!

"따끔 하루살이" 수도원 파이팅!

아! 참, 투석하는 동안 영적으로 너무 유익한 평화방송을 계속 틀어 놓는다. 다른 이들도 그랬으면 좋겠다. 나 때문에 시청률도 올라가겠지?^^*
감사합니다.

나이롱 신자, 나이롱 신부

투석실 환자들을 척 보니 오랫동안 투병을 해서 그런지 아니면 투석 전이라 굵은 아픈 주사 때문에 긴장하고 불안해서 그런지, 웃음기가 없이 얼굴이 모두 굳어 있는 것 같았다.

신부라는 나까지 배급 타러 나온 사람처럼 무표정하게 다닐 것이 아니라 옆 사람에게 반갑다는 듯이 생긋 웃어 주며 인사도 나누고 대화의 기회를 만들어, 어디 이 무거운 분위기를 좀 바꿔 보면 그것도 훌륭한 사목이고 좋겠다는 생각이 들었다.

"하루살이 따끔" 수도원을 창립하면서 가졌던 결의를 바로 시행해야겠다.^^** 그래서 먼저 주님의 도움을 청하면서 옆의 환자에게 용기를 내 말을 건넸다.

"반갑습니다. 교우시라지요?"
"예, 그렇긴 한데 저는 나이롱 신자랍니다."
"왜요?"

"신부님처럼 그렇게 뜨겁게 사는 분들도 계신데 저는 말로만 신자이지 신자답게 살지 못했으니까요."
"아, 그러세요? 그렇다면 저도 나이롱 신부네요."
"왜 신부님이 나이롱이세요?"
"저도 하느님이 원하시고 기대하시는 만큼 그렇게 뜨겁게 살지 못했다는 생각이 들어서요. 여하튼 우리 나이롱끼리 잘 만났네요.^^*"
"그런가요?" 하는 그에게서 이방인이 아닌 동질감의 엷은 미소의 그림자를 볼 수 있었다.

아, 그래도 힘든 가운데서도 귀찮아하지 않고 나를 받아들이는구나! 희망이 보였다. 속으로 '주님, 이것은 바로 당신을 받아들이는 것이오니 기뻐하세요. 이제부터 저의 새로운 사목의 출발입니다. 아시겠지요!' 그랬다. 한 건 올린 것 같아 기분이 좋았다.

투석 차례가 되어 난 그에게 손을 흔들어 주며 "앞으로 잘해 봅시다!" 그랬다. 그도 웃으며 손을 들어 답해 줬다.
투석 받는 동안 이런 말씀이 떠올랐다.

"하느님을 사랑하지 못한다 하여 우는 자 그는 이미 하느님을 사랑하고 있다."

잔잔한 평화와 위로가 스멀스멀 스며드는 것 같다.
내 투석 마치고 일어나면 나이롱 신자라고 고백한 그 형제에게 얼른 이 위로의 말씀을 꼭 전해 드려야지.

그리고 눈치를 보아 괜찮다는 생각이 들면 옛날 나이롱 양말이 얼마나 질기고 좋았는데… "그래, 힘들지만 우리, 투석에서 오는 고통의 신앙적 의미를 생각하며 나이롱처럼 질기게 하느님을 붙들고 잘 받아 내 이제부터라도 주님의 사랑에 보답해 드리고 그분을 즐겁게 해 드리는 시간으로 만들어 갑시다."라는 말씀도 해 줘야지….

내가 너무 성급한 건 아닐까?

"나는 너를 내 손바닥에 새겼다"

"신부님! 저는 하는 일마다 깨지고 안 되긴 했지만 그렇다고 해서 남에게 못된 짓도 안 하고 비교적 양심적으로 열심히 살아오느라 했는데 이렇게 투석이나 하고 이럴 수가 있나요?
한 가지 걸리는 게 있다면 결혼하기 위해 영세하고 그 후론 쭉 성당엔 안 나갔지요. 그 대신 예편네 성당 다니는 건 말리지 않고 집안 형편이 좀 어려워도 교무금이라는 것도 내라고 넉넉히 주곤 했는데….
아, 글쎄, 이게 뭡니까? 아무래도 내가 냉담했기 때문에 하느님이 삐지고 그래서 내가 찍히고 미운털이 박혔나 봐요. 그렇지 않고서야 이렇게까지 벌을 주고 복수를 하다니요? 하느님이, 이건 너무하시는 거 아니에요?
어디 신부님 말씀 좀 들어 봅시다."
"예, 속이 많이 상하셨군요. 얼마나 힘드시면 그러시겠어요! 그런 섭섭한 마음이 충분히 드시지요.
비록 성당은 안 나오셨지만 대신 부인은 잘 다니시도록 협조하셨다는 것은 하느님을 아주 잊어버리신 게 아니고 그래도 한 가닥 그분께 희망을 두셨다는 의미인데 그게 깨지는 것 같아 실망하는 마음이 얼마나 크셨겠어요?"

"예, 맞습니다."

"그러니 직성이 풀릴 때까지 하느님께 마구 해 대세요, 어린애처럼요."

"예? 그건 죄가 아닙니까?"

"괜찮아요. 하느님은 우리 아버지시니까요. 그러면 좀 시원하실 겁니다. 아, 어느 아버지가 아들이 병들어 아프다고 신음 소리 내고 괴로워하는데 그걸 나쁘다고 나무랄 그런 나쁜 아버지가 어디 있겠습니까?

더구나 부모 말 안 듣고 제멋대로 하다가 머리 깨진 놈이 아파하는데 그건 네 탓이야 하고 소리도 못 내게 하고 모른 척하나요? 선생님도 아이 키워 보시지 않으셨어요? 아프다는 아이한테 막 화내고 그러셨어요? 안 그러셨잖아요!

선생님도 안 그러셨는데 더구나 자비하시다는 하느님이 그러실 리가 있겠어요?"

"정말 그럴까요?"

"그러믄요. 그렇지 않다면 정말 나쁜 아버지, 나쁜 하느님이실 거예요. 그러니 실컷 원망하고 풀어 보세요. 그것도 하느님의 자비를 믿는 '신앙 행위'랍니다.

지금 선생님이 하느님께 잔뜩 화나고 속상해 계신데 이런 말씀이 귀에 들어오지 않으시겠지만 누가 뭐래도 하느님은 자비하신 분이십니다. 당신 스스로도 그렇게 밝히셨습니다.

하느님은 우리의 빚쟁이도 아니시고 좀 잘못했다고 해서 기다렸다가 혼내 주는 그런 쪼잔한 분이 아니시랍니다. 우리는 그런 하느님을 믿기도 싫고 또 그런 하느님을 믿고 있는 게 아니랍니다. 그렇다면 너무 잘못되고 슬픈 일이지요.

음식은 맛있다고 아무리 말을 많이 해 준다고 해서 그 맛을 내가 아는 것이 아니라 내가 직접 먹어 봐야 알듯이 하느님의 자비도 그렇게 스스로 깨달아야 됩니다.

여러 사건들을 통해 일깨워 주고자 하시는 하느님의 자비는 저절로가 아니라 끊임없는 묵상과 기도를 통한 정진으로 그분을 찾아 만나려고 할 때 비로소 그 깨달음에 이르게 됨을 기억해야 합니다. 성경은 다 좋지만 우선 아래 성경 구절을 시간을 갖고 천천히 읽으면서 조용히 묵상해 봅시다. 위로가 되고 깨달음이 있을 거예요. 꼭 그러시길 바랍니다.

'여인이 제 젖먹이를 잊을 수 있느냐? 제 몸에서 난 아기를 가엾이 여기지 않을 수 있느냐? 설령 여인들은 잊는다 하더라도 나는 너를 잊지 않는다. 보라, 나는 너를 내 손바닥에 새겼다'(이사 49, 15~16).

죄인들의 친구이신 하느님께서(마태 11, 9) '의인들이 아니라 죄인들을 불러 치유시켜 주시기 위해 오셨다'(마르 2, 17).

감사합니다."

재수 없고 더러운 팔자

"저는 개신교 신잔데요, 목사님이 예수 열심히 믿으면 복 받는다고 해서 다녔는데 복 받는 사람은 아무래도 따로 있는가 봐요?"
"왜요?"
"오랫동안 아무리 예수를 믿어도 복 비슷한 그림자도 안 비치니 원…. 그러고 보면 난 워낙 재수 없고 팔자가 사납고 더러운 놈인가 봐요. 그렇지 않고서야 이렇게 투석이나 하고 이럴 수가 있나요? 요즈음은 목사님도 자꾸 미워지고…."
"교회 다니면서 기대가 크셨군요. 오죽 실망감이 크면 그러시겠어요?"
"그렇습니다."
"그렇지만 애꿎은 목사님은 미워하지 마세요. 좋은 말씀을 하신 죄밖에 없으실 테니까요.^^*"
"신부님 말씀 좀 들어 보겠습니다."
"예, 그러시죠.
인간 내면에는 영원하고도 완전한 행복에 대한 갈망이 있는데

이 세상의 복이라고 하는 것들은 한시적이고 불완전하기에, 영원하고 완전한 행복인 하느님을 만나기 전까지는 늘 불만족하지요. 예를 들어, 자동차 가지면 더 큰 고급차를 갖고 싶고, 집도 마찬가지로 그게 충족이 되면 또 다른 것을 갖고 싶고….

예수님은 영원한 생명이시고 완전한 행복 자체이신 하느님의 아들로서 인간이 되어 오셔서 아버지의 뜻을 따라 하느님과 그 나라를 소개하고 거기에 이르고 만나는 길을 우리에게 가르쳐 주신 분이십니다.

그런데 완전한 복 자체이신 하느님을 만나는 방법과 길이 사람에 따라 다양해요. 어떤 경우 불행이라고 여기는 그런 길을 통해서 만나기도 하지요.

과정은 다소 힘들고 괴로워 재수 없다고 여겼지만, 그러나 종래에, 하느님을 만나면 그게 진짜 재수 좋고 행복한 사람이고 처음엔 재수 좋다고 여기며 제대로 들어섰던 좋은 길을 점차 소홀히 여겨 자기 탓으로 못 만나면 그게 불행한 것이고 진짜 재수 없는 것이지요.

진짜 재수 없고, 그러나 진짜 재수 있는 사람의 이야기가 성경에 나와 있어요. 한번 들어 보시겠어요?"

"예, 그렇게 하시지요."

"시골 갔다 오는데 사람들이 몰려가 호기심에 뭔가 봤다가 삼엄한 무장 군인의 명령에 꼼짝 못하고 예수님의 십자가를 대신 지어 준 시몬이라는 사람의 얘기예요(루카 23, 26).

그 사람의 심정은 어땠을까 상상해 보세요.

무서웠겠고, 평소 자랑으로 여기던 키 크고 건장한 체격을 그것 때문에 눈에 띄게 되었다고 오히려 탓하며 오늘은 참 재수 옴 붙은 날이라고 생각했을 거예요. 또 십자가가 무거워 힘들었겠고 이런 것을 지고 가는 나약한 예수라고 하는 죄수가 무척 가엽고 불쌍하다는 생각도 들었을 거예요."

"예, 그랬을 것 같습니다."

"그러나 믿음을 가지고 보면 시몬에게 만남을 주고자 하시는 하느님의 섭리(=계획)이고 그에게 다시없는 하느님의 은총(=은혜, 복, 선물)의 시간이고 사건이죠."

"예? 그는 힘들어했는데 은총의 사건이고 시간이라니요? 그건 또 무슨 말씀이신지요?"

"왜 그러느냐 하면요, 시몬의 입장에서 보면 비록 억지로 졌지만, 예수님의 십자가의 그 무거운 고통을 덜어 드려 잠시나마 쉬게 해 드린 그를, 예수님은 너무 고마워하셨을 것이고 어떤 형식으로든 그 은혜를 반드시 큰 은총으로 되갚아 주셨을 것이기 때문입니다.

우리네들도 이웃에서 먹어 보라고 떡 한 접시 보내 주면 그냥 빈 접시로 돌려보내지 않고 다른 것으로라도 채워 보내듯이 예수님께서도 그렇게 해 주셨으리라 믿는단 말씀입니다.

그래서 시몬은 그 사건을 통해 하느님을 만나 인생을 어떻게 살아가야 할지를 비로소 깨달은 사람이지요. '시몬뿐 아니라 그의 온 가족도 나중에 예수를 믿게 되었으니까요'(주해서). 이게 은총이고 복이라는 것입니다.

이렇게, 우리 앞에 벌어지는 크고 작은 사건들은 어떤 때 신앙이 아닌 세상의 시각으로만 보면 인간적인 기구한 운명(불행)으로 여겨질지 모르지만, 신앙의 눈으로 보면 당신을 만나는 은총을 주시고자 하시는 하느님의 오묘한 섭리(계획)지요.

그래서 모든 사건 안에서 하느님의 은총을 잘 받아들여 깨달음의 새로운 세계로 들어서는 이들이야말로 진짜 독실한 참신앙인이고, 이런 이들은 비록 그로 인한 고통이 따른다 하더라도 영적 위로와 힘을 얻게 되는 것이랍니다.

물론 부라든지 명예, 이런 것을 하느님께서 주시기도 하지만 그것만을 복 받았다고 생각하는 차원에서 격이 다르고 높은 신앙으로, 즉 영적 복의 참개념을 찾은, 승화된 신앙이지요.

어떤 이가 가진 것을 다 팔아 볼품없는 조그만 밭을 사는 것을 보고 다른 이들은 참 어리석다고 했을지 모르나, 그 밭에 금은보화가 묻혀 있는 것을 자기만 알고 있는 사람처럼, 영원한 행복 자체이신 하느님을 꼭 만나겠다는 일념으로 온 힘을 다해 열심히 교회를 다녀야겠지요(마태 13, 44).

목사님도 그런 뜻을 담아 설교하셨으리라 봅니다.

그런데 세상의 위안과 복만을 좇아, 발이 가니까 그냥 몸이 따라가는 소위 발바닥 신자들이 생각할 땐, 교회 다녀 봐야 복은커녕 아무것도 잡히는 게 없다고 실망하지요.

나는 무엇을 얻기 위해 교회에 다니고 있는지 이참에 깊이 생각해 보면 좋겠습니다!"

"신부님께 한 방 맞았네요."

"맞아서라도 제정신이 든다면야 다행이고 그것도 복이죠.^^* 아무리 맞아도 그때뿐 끝내 정신 못 차리고 헤매는 분들도 많으니까요.

제가 좀 심했나요? 미안한 느낌이 드는 걸 보니…. 그렇지만 약이 되기만 한다면 써도 주겠지요. 가슴 아프지만, 그게 자식 사랑하는 아버지의 마음 아니겠어요?

신부(神父)도 아버집니다. 귀신의 아버지가 아니라 영적 아버지라는 뜻입니다. 그런 아버지 마음으로 드린 제 말을 잘 받아 주시면 고맙겠습니다.

아쉽지만 내 투석 차례가 되어 그럼 이만, 여기까지만 나눌게요."

"신부님, 좋은 말씀 감사합니다. 그럼 투석 잘 받으세요."

"선생님도요. 감사합니다."

하느님은 산

"신부님! 저는 30년을 교회에 열심히 다녔던 개신교 신자랍니다."
"그래요? 그런데 '다녔던'이 무슨 뜻입니까? 이젠 안 다니신단 말씀인가요?"
"예, 그렇습니다."
"왜요?"
"아무리 바빠도 주일 예배는 꼭 지키고 십일조도 어려운 가운데서도 꼬박꼬박 잘 내고 교회 일에도 나름대로 열심히 봉사하고 그랬는데 글쎄, 이게 지금 무슨 꼴입니까? 열심히 살아 준 것에 대한 하나님의 대가가 겨우 이런 것인가요? 신장암 걸려 떼어 내고 그것도 모자라 이렇게 투석까지 하며 살아야 되다니… 복이 이런 거예요? 내 그래, 교회고 뭐고 이젠 다 때려치울랍니다."
"얼마나 속상하시면 그러시겠어요?
그렇게 예수님을 위해 열심히 살아 주셨는데(?), 아니 좀 봐주시지 않고 그럴 수가 있나 하고 무척 섭섭하셨지요?"

"예, 그렇습니다."
"그 심정 이해가 갑니다. 아마 예수님께서도 형제님이 많이 힘들어하시는 줄 아시고 '안됐어.' 하실 겁니다."
"예수님이 정말 그러실까요?"
"물론이죠."
"그런데 어떻게 그렇게 잘 아세요?"
"내 이래뵈도 투석 선배 아닙니까? ㅎㅎ"
"아, 참, 그러시죠."
"대개 열심히 사셨다는 분들이 그런 일이 생기면 처음엔 충격이 더 커, 그런 시험에 들어 괴로워한답니다. 저도 투석하면서 도대체 나한테 왜 이러시느냐고 하느님께 막 해 댔지요. 그런데 한참을 그러다 보니 좀 시원하기도 했지만, 왠지 하느님께 미안한 느낌이 들더라고요. 건강관리는 내가 잘못해 놓고는 그 탓은 다 하느님께로 돌리니, 주실 걸 다 주셨는데도 원망을 그저 가만히 들어만 주시는 하느님이 참 안되셨다라는 생각에, 언젠가 산에 갔을 때 생각이 나면서 죄송하고 부끄러웠어요. 산에서 내려오는데 앰뷸런스가 앵앵거리며 산 입구까지 와 환자를 태우는데 나중에 들어 보니⋯ 산에 매일 다니며 다른 이들에게도 건강엔 산이 최고라며 자주 산행을 권장하던 분이 그만 사진 찍어 주려다 바위에서 굴러 떨어져 다리가 부러졌다지 뭡니까?
그런데 다친 그 아저씨 앰뷸런스에 실리면서 하는 말이 '이놈의 산아, 내 다시 오는가 봐라!'라고 중얼거렸다지 뭡니까?

얼마나 아팠으면 그랬을까 하면서도 그건 아니지, 하는 생각이 들더라구요. 안 그렇습니까? 다친 건 부주의했던 자기 탓인데…. 산은 자신을 필요로 해서 찾아오는 이들에게 아무 말 없이 그저 스트레스 실컷 풀어 주고 맑은 공기와 약수, 상쾌함 등 온갖 것을 다 내어 주며 건강을 유지하게 해 준 죄밖에 없는데…. 그래도, 산은, 다친 그이가 다시 돌아오면 아무 소리 안 하고 또 받아 주고 전처럼 아낌없이 그에게 좋은 것을 다 내어 주겠지…. 바보같이…. 이렇게 고마운 산인데….

'하느님은 우리를 위해 좋은 것을 다 주시기 위해 오늘도 묵묵히 그 자리에 서 있는 산과 같은 분이시로구나.'

한번 깊이 생각해 보시고 다시 교회에 열심히 나가시기 바랍니다."

벌 받아 싼, 나쁜 놈

"천주교 신부님이시라지요?"
"예, 그렇습니다. 반갑습니다."
"신부님! 저는 태생 신잔데도 교회엔 안 나가고 젊었을 때부터 나쁜 짓을 하도 많이 해 지금 하나님께 벌 받아 이러구 있다는 생각이 드는데요. 하긴 벌 받아 싼, 나쁜 놈이긴 하지만…. 그런데 거룩하신 신부님이 이곳에 오신 걸 보면 반드시 그런 것만도 아닌 것 같아 좀 위로가 되네요. ㅋㅋㅋ 전 이렇게 싸가지가 없답니다. 심보가 이러니 제겐 용서니, 구원 같은 건 사치겠지요?"
"왜, 그러세요? 솔직하고 구수하신 걸 보니까 그럴 분 같지는 않으시네요?"
"고맙습니다."
"저도 학창 시절 과목 시험을 잘못 봤거든요. 그 시절엔 바로 퇴학이었으니까요. 그런데 교수 신부님이 낙제 점수 받은 사람이 있다고 해서 그게 난 줄 알고 몹시 불안했는데 또 한 녀석이 그렇다고 해 얼마나 위로가 됐는지요!

나중에 보니 간신히 낙제 점수를 면하긴 했습니다마는…. 그러고 보면 나도 많이 나쁜 놈이지요. 이런 놈이 구원을 외치고 다니잖아요? 그러니 선생님도 구원 너무 걱정하지 마세요.^^*
그리고 또 저는 선생님이 생각하시는 것만큼 그렇게 거룩하지도 않지만… 여하튼 저 때문에 위로가 되신다니 고맙습니다. ㅎㅎ 선생님께 위로만 되신다면 저야 아무렴 어떻습니까? 어차피 신부는 예수님처럼 다른 사람들을 위해 산다고 하는 사람들이니까 선생님 때문에 나도 또 한 번 진짜 신부가 되고 예수가 되는 셈이니 오히려 제가 고맙지요.^^*"

"아, 그러세요? 전 오늘 신부님한테 꾸중을 들을 줄 알았는데…."
"아니에요. 왜 그러냐 하면, 인간은 너나 할 것 없이 다 똑같고 흠이 많은 존재예요. 하느님은 우리가 완전해야만 사랑하는 분이 아니라 흠이 있어도 당신의 자녀이기 때문에 사랑하시는 것이랍니다(요한 1, 12). 그리고 하느님은 인간이 그런 줄 잘 알고 계시면서도 사랑해 주시는 인자하신 우리 아버지시기 때문입니다. 그게 신앙이고 그걸 인정하면 다 용서해 주세요.
선생님도 자녀들이 모두 1등만 하고 모범생이기 때문에만 사랑하시는 것은 아니잖아요? 더러 부족한 게 있어도 오히려 그것 때문에 더 신경이 쓰이고 그럼에도 불구하고 사랑하시지 않아요? 하느님도 마찬가지랍니다.
루카복음 15장 11~32절을 보면 아버지 유산을 갖고 실컷 놀다가 다 탕진하고 아버지께 다시 돌아온 작은아들의 얘기가 나오는데, 큰아들의 눈치를 보며 매일 아침 식후에, 먼 곳까지 잘 보이는 언덕에 올라가 작은아들이 언제나 올까 하고 목 빠지게 기다리는 게 하루 일과였던 늙은 아버지가 멀리 아들이 보이자 야단은커녕 달려가 안아 주고 잔치까지 벌여 주었다는 얘기….

그러니 선생님이 자신을 하느님 아버지 앞에 진정 죄인으로 생각하고 용서받고 새 삶을 살고 싶으시다면 자비하신 아버지 하느님께 달려가 그동안 은혜를 외면하고 맘대로 살며 엉뚱한 곳에서 헤맸던 데 대한 죄송한 마음을 솔직히 고백하고 용서를 청하라는 것이지요. 그러면 다 용서받고 구원된답니다. 하느님은 그걸 원하고 계시니까요. 그리고 이미 다 지나간 과거가 아닙니까?

프란치스코 교황님께서도 '과거 없는 성인 없고, 미래 없는 죄인 없다.'를 인용하시면서 하느님의 용서가 필요하다는 것을 인정하는 이들은 이미 주님을 따르는 사람들로서 구원이라는 희망적 미래가 보이는 사람들이라고 하셨습니다.

그리고 예수님께서 1931년 2월 22일 폴란드의 수녀, 파우스티나 성녀에게 발현하셨는데 '하느님의 자비를 비는 이 5단 기도를 바치는 사람을 일생에 걸쳐, 특히 그의 마지막 순간에 내 자비로 감싸리라.'고 하셨어요. 이렇게 용서를 기다리고 계시는 자비하신 분이시랍니다. 투석 받는 시간에 하시면 좋을 것 같아요."

"아, 그게 진짭니까?"

"그럼요. 전 세계에 알려져, 우리 가톨릭 신자들은 예수님 부활 2주일을 하느님의 자비 주일로 기념, 감사하며 지내고 있습니다."

"그렇군요."

"그러니 자신을 너무 탓하고 실망하고 앉아 있지 말고 훌훌 털고 일어나세요. 지금부턴 나의 주님이심을 머리로만, 입술로만이 아니라 행위로써(야고 2, 14~17) 고백하시면서 새로운 나를 찾게 해 주신 하느님께 감사하며 주님의 위로의 손길을 느끼며 그 안에서 오늘을 그저 즐겁고 재밌게 잘 지내세요.
그러면 구원이 사치가 아니라 현실이 될 것입니다!!"
"아, 정말 그렇습니까? 그렇게 쉽게요? 즐겁게 지내도 돼요?"
"그러믄요. 그분은 그렇게 깐깐하신 분이 아니시지요. 그분과 친해지면 구원도 그렇게 쉽답니다."
"신부님! 마음이 홀가분해지네요. 감사합니다."
"예, 그럼 투석 잘 받으세요."

기도

"신부님! 저는 아녜스인데요, 전에는 기도회라는 모임은 다 쫓아다니고 성당에서 살다시피 하며 기도를 많이 했는데 지금은 보험회사 일을 하며 먹고사느라 시간이 없어 기도를 못하는 게 하느님께 죄짓는 것 같아 괴롭습니다. 그리고 그놈의 분심은 왜 또 그렇게 많이 드는지요?"

"왜, 투석 때 4시간의 여유가 있는데 그때 묵주기도라도 하시면 되잖아요? 그러면 그런 우울한 생각이나 지루함을 좀 잊을 수 있으실 텐데…."

"그런데 전 잠이 안 오다가도 묵주만 손에 잡으면 잠이 솔솔 와 성모님께 죄송하더라고요."

"어휴, 그러세요? 커, 자매님은 성모님의 사랑을 많이 받아 좋으시네요. 그것도 복이니까!"

"그런가요?"

"저도 어디서 그런 소리를 들어 잠 좀 자 보려고(^^*) 묵주를 꺼내 기도하면서 이제나저제나 하고 아무리 기다려도 잠은커녕

오히려 정신만 말똥말똥해진답니다. ㅎㅎ
난 아마 원하시는 만큼 평소에 묵주기도를 많이 안 해 드려서 그런지 성모님께서 내게는 그런 복을 허락하시지 않나 봐요.^^*
'잘 생각일랑 아예 포기하고 묵주기도를 실컷 좀 바쳐 다오.' 그러시는 것 같아요. 그렇지 않고서야 그렇게 잠이 안 올 수가 있나요? 내, 원 참!"
"신부님, 난 그게 오히려 성모님의 축복 같아 부러운데요, 호호호."
"그렇게 부러우면, 그럼 자매님 다 가져가슈! 내 하나도 아까워하지 않고 싸~악 다 드릴 테니….
그리고 재밌는 얘기 한 자루 해 드리면, 옛날 어떤 시골 본당신부님이 말을 타고 공소 방문을 나가셨는데 농부 교우가 반갑게 인사하며 '신부님, 전엔 기도 때 분심이 들어 고민했는데 요즘은 분심 없이 하느님만 생각하며 기도를 잘 바쳐 행복합니다.'라고 했습니다. 신부님께서 '그런 사람이 많지 않은데.' 하시면서 기특히 여기시어, '형제님이 내 앞에서 주의 기도를 분심 없이 바치면 이 말을 상으로 주겠소.' 그러시자 즉시 주의 기도를 바쳤는데 중간에 갑자기 그치더니, '아, 참 그런데 말을 주실 때 안장까지 같이 주시는 거죠?' 그러더랍니다. ㅎㅎㅎ
이렇게 우리 모두가 분심 없이 기도하기란 무척 어렵습니다. 분심은 의식에서 걸러져서 무의식에 버려진 것들이 기도 중에 떠오른 심리적 현상일 뿐이기에 의도적으로 따라가지 않는 한 죄가 아닙니다. 그러니 안심하세요.
다만 한 가지 주의할 것은 기도 전에 분심이 될 것 같은 것, 예를 들면 기도 전에 연속 드라마나 좋아하는 스포츠 중계를 본다든지 그런 것은 가급적 미리 피하는 게 좋겠지요."

"그런데 저기, 신부님은 기도를 어떻게 하고 시간을 어떻게 보내시는지? 궁금해요."

"그건 저의 비밀인데요…. ㅎㅎ"

"저 혼자만 알고 있을게요. 어서 말씀 좀 해 주세요. 예?"

"그러면 자매님을 굳게, 굳게(?) 믿고 말씀드릴게요. ㅋㅋ 투석 전 모든 일을 주님을 생각하며 받아들이겠다는 지향을 먼저 두면 그게 훌륭한 기도라 생각합니다.

마치 우리가 산에 간다고 할 때 그 과정이 다 산행이듯이 그리고 미사 시작 때 사제가 누구를 위한 미사라고 지향을 말해 주는데 그렇다고 미사 내내 그 사람만 생각하는 것은 아닌 것처럼 그래서 투석 받기 위해 집을 나서기 전에 그런 지향을 가지고 간단히 기도한답니다.

저는 왼팔에 주사를 맞기에, 십자고상의 예수님 왼팔에 손을 얹고 '주님, 오늘 투석 시간에 겪을 아픔과 불안, 지루함을 봉헌하오니 주님 필요하고 좋은 곳에 쓰십시오.' 그리고, 성모자상에도 손을 얹고 '성모님, 큰아들 예수님의 성시(聖屍)를 가슴에 안고 얼마나 마음 아프셨어요? 이제 저, 작은아들 투석 시간의 봉헌으로 큰 아드님의 죄인들을 속죄하기 위한 그 아픔에 함께하며 그 아픔을 조금이라도 덜어 드려 어머님께서도 위안을 받으시는 시간이 되도록 하고 싶습니다. 그러니 도와주세요.'라고 합니다. 그러고 나면 투석 시간의 모든 것은 다 기도가 되는 셈이지요.

사실 투석하는 4시간 동안 책도 읽기 어렵기에 침대에 맑은 정신으로 꼼짝 않고 드러누워 있는 것도 허리도 아프고, 몹시 지루하고 주사 맞는 것 못지않게 힘들어요."
"정말 그래요, 신부님!"
"나는 묵주기도 몇 번 하고 오후 3시에 주님의 자비의 기도를 바칩니다.
그 외 프린트해 간 기도문을 보며 묵상도 하지요. 그러곤 TV를 보다가 졸기도 하고 그래도 여전히 지루해요. 대략 이렇게 보내는데 그래도 이게 다 기도다 생각하니 부담이 덜 되고, 쉽고 편안한 마음이 들어 좋더라고요. 난 그런데 자매님은 어떠신지요? 물론 기도는 자주 그리고 많이 하는 것도 중요하지만 하느님 안에 얼마나 오래 머물러 있고, 일치해 있느냐가 더 중요하지요. 그리고 기도를 많이 하다가 못하게 됐다고 언짢아하시는 하느님이 아니시고, 그런 걱정을 하는 그 마음을 더 예쁘게 여기시는 하느님이심을 기억하세요. 그런 마음 안에 평화가 깃든답니다."
"고맙습니다, 신부님!"
"저도요!"

슬픈 성인과 뽑힌 사람(기왕에 겪는 것)

"신부님!
전 투석 때마다 내가 언제까지 이래야 되나? 이런저런 생각에 하느님 원망도 하고 슬퍼서 징징거리며 우는 때도 많습니다."

"아, 그러세요? 여기 있는 분들 대개 비슷한 심정일 거예요. 처음엔 눈물도 나오고 그랬는데 이젠 메말라 눈물도 안 나옵니다. 시원하게 눈물이라도 꽉 나왔으면 좋으련만….
저도 힘들어 도대체 언제까지 이럴 건가, 그런 생각이 들다가도 하느님께서 '얘야, 너 그렇다면 이제 투석 그만 받게 해 줄까?' 그러실 것 같아 무서워 얼른 '아닙니다.'라고 그러지요. 왜 그러는지 아시겠지요?^^*
어느 날 묵상 중 '너희가 나를 뽑은 것이 아니라 내가 너희를 뽑아 세웠다.'(요한 15, 16), '예, 여기 있습니다.'(구약, 유딧기)라는 말씀이 문득 생각나더라고요.
'내가 벌을 받아 투석하는 게 아니라 주님이 필요해서 나를 뽑으신 것이다. 나는 시몬처럼 억지로가 아니라 좋은 맘으로 주님의 십자가를 져 드리는 사람으로 뽑힌 이 시대의 또 다른 시몬이 아닐까?'

'나는 뽑힌 사람, 긍정적으로 응답하며 받아들이는 사람' 그렇게 생각을 바꾸니 지루해하는 시간도 또 비록 졸려 잠을 자도, 주님 품 안에서 잠깐 쉬었던 은총의 시간으로 생각하고 감사하면(1테살 5, 18) 그 시간이야말로 모두 거룩한 기도일 것이라는 생각에 큰 위로가 되더라고요. 그리고 또 주사 바늘이 굵다 해도 우리야 불과 몇 초 잠깐 아프고 힘들 뿐이지만, 십자가에 굵은 대못이 박히시는 예수님의 손과 발, 그리고 그를 바라보며 고통을 느끼시는 어머님의 그 마음은 얼마나 더 아프고 힘드셨을까, 생각하며 예수님께 나의 고통과 위로를 드린다면 이것이야말로 훌륭한 기도일 것이며 예수님 또한 우리에게 무척 고마워하지 않으시겠어요?

'예수, 주님이 고마워하시는 인간!

물론 나도 실행하기가 힘들지만, 투석 시간이 고통스러운 가운데 그냥 마지못해 흘려보내는 시간이 아니라 이렇게 정말 내게 귀한 은총의 좋은 시간이 되도록 애쓰는 가운데 하느님께 봉헌할 수만 있다면 얼마나 좋겠나!'

매사 맘먹기에 달렸다는데 이렇게 생각하니 비록 고통과 아픔, 불안은 아직 그대로 남아 있어도 공로를 하늘에 쌓아 놓는 것 같아 한편 커다란 위로와 힘이 되기도 했어요.

그렇다고 해서 나는 투석이 어렵지 않다든지, 투석을 행복하게 여기시라든지, 그런 뜻이 아니라 기왕 겪을 수밖에 없는 것이라면 그렇게 생각을 바꿔 가지려고 노력하자는 그런 뜻에서 드린 말씀이지요.

'슬픈 성인은 성인이 아니다.'라는 말은 슬플 수밖에 없고 징징거릴 수밖에 없는 조건과 현실이지만 그럼에도 불구하고 물론 쉽지는 않지만 이처럼 긍정적인 마음을 가지려고 애쓴다면 그 순간 비로소 성인이 된다는 뜻이 아닐까요?

깊이 묵상해 보시기 바랍니다."

할아버지 신부와 사탕

"신부님은 왜 투석 때마다 사탕을 잡수세요?"
"그거요? 제가 글을 쓴 게 있는데 그걸로 답해 드릴게요."

투석한 지 벌써 7년째로 접어드는데도, 내성이 생기지 않아 그런지 여전히 내 차례가 가까워지면 주사 놓을 때의 아픔 때문에 불안하고 두려워진다. 아픔은 순간이지만 아얏 소리 내지 않으려 손에 쥐고 있는 묵주를 꼬옥 누르며 입술을 깨문다.

한번은 주사 후 옆 환자 자매가 사탕을 줬다. 옛날 생각이 났다. 나는 막내라 어머님의 사랑을 많이 받았음에도 불구하고, 잘못했을 땐 여지없이 회초리로 핏줄이 설 정도로 맞았다. 맞고 나서 아프고 서러워 엉엉 울면 그때, 어머님께서 꼭 사탕을 입에 넣어 주셨다.
아마 당신도 마음이 아프셨던 것 같다. 그러면 언제 그랬던가 싶을 정도로 금방 쌩긋 웃으며 어머님 품을 파고들었다. 그러면 어머님도 나를 당신 품에 꼬~옥 안아 주셨다.

또 한 번은, 열이 많이 나 학교에 못 가고 아파 누웠었는데, 동녘 밝아 오는 새벽에 살며시 눈을 떠 보니, 이마엔 수건이 얹혀 있었고 머리맡에는 대야가, 그리고 그 옆엔 앞으로 고꾸라질 듯, 말 듯 하며 꾸벅꾸벅 졸고 계신 어머님이 보였다. 맏며느리로서 집안일을 하시느라 얼마나 고달프셨을까? 그런 가운데서도 아들의 열을 식혀 주시느라 밤새 잠을 한숨 못 주무시고 옆에서 수건을 갈아 주시다니….

스트레스 때문인지 내 나이와 똑같이 위장병을 앓으셨던 어머님, 속 쓰려 아파하시면 다른 이들은 더러 민망하게 여겼을지 모르지만, 난 어렸을 때부터 그래 왔기에 내가 장성한 후에도 아무 거리낌 없이 그때마다 어머님의 배를 정성 들여 쓸어 드렸던 일….

그런 병약한 어머님이 신학생 때 추운 겨울, 두꺼운 이불 보따리를 머리에 이고 오셨는데 그 김에 나를 보고 싶어 하셨지만, 규칙상 면회가 허용 안 되니 이불만 전해 주고 가시라는 당직자의 쌀쌀한 말씀을 듣고 아쉬워하며 뒤돌아 가시는 모습을 보면서 나도 가슴 아팠던 일….

그런데도 두 달 방학에 한 달은 엄격한 수도원 수도자들을 흉내 내며 지내본다고 글쎄, 미련한 풋열심에 좋아하던 담배도 끊고, 더구나 눈치 없이 어머님과의 시간도 멀리하고, 아침 미사와 성체조배 가는 것 외엔 일절 방에서 떠나지 않았는데, 젊은 녀석이 그렇게 방구석에 처박혀 있는 게 몹시 안쓰러우셨는지, 아니라고 해도 한사코 나를 불러내, 손을 꼭 잡고 아랫동네 담배 가게에 가서 내가 좋아하는 걸 골라 보라고 하시면서 아직까지도 기억할 정도의 Lucky Strike 빨간 미제 담배를 손에 쥐어 주신 어머님, 돌아오는 길에 하느님의 축복인지 갑자기 억수같이 쏟아지는 소나기에 비 맞은 닭처럼 온몸이 젖어 한기를 느꼈지만 서로 마주 보며 모처럼 깔깔대고 즐겁게 함박웃음을 지었던 일….

비록 신학교에서의 학덕만이 아니라, 가족이나 살아가면서 만나게 된 모든 이들과의 역사들이, 하느님께서 내 안에 펼쳐 주시는 내 삶의 구세사 안에서 줄탁동시가 되어 하나의 사제가 탄생 되고 또 완성되어 가는 것이리라.

평생을 오롯이 사제로서 살아온 나이지만, 왜 흠이 없겠는가?

물론 자비하신 하느님이시지만 그분 앞에 서는 날, 좀 더 잘 살았더라면 하는 아쉬움과 두려움에 떠는 나를, 예수님의 어머니이시며 나의 어머니이신 성모 마리아께서 당신의 치마폭으로 얼른 감싸 주시며, "얘는 저의 막내랍니다."라며 대신 잘 얘기해 주시겠지!

오늘도 묵주 알을 굴리며 성모 마리아 안에서, 우리 어머님을 다시 뵈며 위로를 느낀다. 내 이래서 하느님의 어머니시며 교회의 어머니, 우리 모두의 어머니로서 성모님을 공경해 드리는 천주교회에 몸담고 있는 것이 무척 다행스럽고 다시없는 행복으로 여긴다.

팔십이 넘은 할아버지가 되었지만, 지금 내 입에서 천천히 녹는 사탕에서, 아직도 그때의 어머님 품과 사랑을 그리워하며 눈물이 볼을 타고 내린다.

"은총이 가득하신 마리아시여,
이제와 저희 죽을 때 저희 죄인을 위하여 빌어 주소서. 아멘!"

"사는 게 다 죄, 사는 게 다 기적"

"신부님은 기적을 믿으세요?"

암 믿고말고요. 내 젊었을 때는 파티마, 루르드, 멕시코의 과달루페 등 성모 발현 성지순례도 부지런히 다녀 봤지요. 책으로만 보다가 실제로 현장엘 가 보니 정말 감격스럽더군.

"아니, 그런 것 말고 일상생활에서 기적을 체험하신 적이 있으시냐고요?"

천둥 번개 치고, 죽은 사람이 갑자기 다시 살아나는 그런 식의 기적 말고, 하느님의 손길 또는 도우심을 뜻하는 기적적인 것들이라면 많이 있지! 그런 뜻에서 내가 오늘까지 살아온 모든 것이 내 힘과 의지만으로 되는 게 아님을 절실히 느껴 결국은 다 하느님께서 베풀어 주신 기적이었다는 생각이 들어요.

"아니 그렇게 뜸 들이지 마시고 속 시원하게 몇 가지만이라도 얼른 말씀 좀 해 주세요. 네에~. 아이고, 답답해 미치겠네."

답답해 미치겠다니. 그럼 자네 미치지 않게 우선 두 가지만 말해볼게.^^*

전에 성전 지을 때 대지를 못 구해 쩔쩔맸는데 이른 새벽 혹은 밤늦게 동네 언덕에 올라가 무릎 꿇고 아래 빈 땅들을 보며 하느님 땅 좀 주십사고 간절히 기도했지. 그런데 누가 이상한 사람이라고 신고해 방범대원들한테 연행돼 파출소까지 갔었지.

그때 총회장님이 달려와 신원보증을 서 주셔서 나오긴 했지만 땅 문제는 여전히 해결되지 않아 고민 중에 있었지요. 그런데 어느 날 갑자기 사목회 총무님으로부터 전화가 왔는데 그 내용은 다음과 같았어요. 자기가 어느 식당에서 점심을 하고 있는데… 옆자리에 앉아서 식사하던 사람들이 바로 우리가 원하던 그 땅을 급히 팔았으면 하는 대화를 우연히 듣게 되었대요. 그래서 그들과 대충 얘기하고 다시 만나기로 약속하였다는 내용이었어요. 그 후 마침내 계약이 급속히 이루어져 그야말로 천만뜻밖에도 손쉽게 땅을 구입해 문제가 순식간에 해결되지 않았겠어!

그때 나는 그게 주님의 절대적 도우심인, 기적이라고 생각했어요. 그렇게 지겹게 안 풀리던 것도 하느님이 하고자 하시면 이렇게 너무 쉽게 풀리는구나! 기적은 물론 하느님께 필요한 것이 아니라 사람에게 필요한 것이긴 하지만, 그렇다고 결코 우연히 일어나는 게 아니고 '그전에 고통, 고민이 함께한 애절하고 뜨거운 신자 공동체의 기도가 끝내는 하느님을 움직여 점지해 두신 것을 비로소 내어 주시는구나!' 하고 다시 한 번 기적의 의미와 기도의 힘을 알게 되었어!

그리고 또 하나는 서울 강남에서도 노른자라고 하는 동네지만 성전 건축 비용이 워낙 많이 들어 부담을 느끼고 있는데 자선 단체나, 성당 짓는 지방 신부님들의 모금 청탁이 많아 이 또한 참 힘들었어. 교우들도 잦은 그런 모금 강론을 좀 어려워하는 눈치였고 그런 사이에 낀 나는 전화벨 소리만 나면 그게 또 청탁하는 게 아닌가 하여 얼른 받기가 그랬어.

그런 가운데 아주 산골 멀리에서 어느 신부님이 도움을 청해, 모처럼 허락해 드렸는데 오셔서 당신은 강론을 잘 못한다며 대신 주님의 기도를 노래로 하시더라고요. 이 동네가 그래도 지성인들이 많은 곳인데 못하더라도 성의껏 준비해 와서 하는 게 예의인데 하며, 내가 부끄럽고 미안해 얼굴이 화끈거려 고개를 숙이고 어떻게 도와드려야 하나 미사 내내 걱정이 됐어. 그런 식이라면 보나마나 괜히 힘만 들었지 얼마 걷히지 않을 것이 뻔해서….

만일 모금이 시원찮으면 그나 나나 서로 입장이 난처할 것 같기도 하고 아무튼 시골 젊은 신부님 기 살려 드려야겠다는 생각에, 총회장님과 상의해 우리도 어렵지만, 본당 건축 기금에서 얼마를 도와드리기로 했어요. 그 신부님은 휴식하실 방을 따로 내어 드렸지만, 식사 때 외에는 하루 온종일 성당에서 계속 성체조배만 하고 계시더군. 피곤하셨겠지만… 아마 교우들보다 하느님을 설득시키시느라고 그러신 것 같아.^^*

드디어 저녁 미사 후 인터폰으로 사무장님의 상기된 목소리가 들려왔는데 '신부님, 놀라지 마세요. 역대 최고 모금액인 1억 원이 막 넘어서고 있습니다.'라는 보고였어. 하느님이 교우들의 마음을 움직여 주신 것이 틀림없다는 생각이 들더군.

인간의 얄팍한 계산 때문에 걱정하는 우리와는 참 다른 하느님이시라는 것을 그때 새삼 느끼지 않았겠나! 이게 기적이 아니고 무엇이 기적이겠나?

그리고 자네가 답답하고 미치겠다니, 내가 옛날, 젊었을 때 생각이 나, 몇 마디 더하면,

한번은 예비자들 고해성사 실습을 했는데 어느 할머님께서 죄를 이렇게 고백하면 되겠느냐고 하시면서 아들 며느리 흉만 잔뜩 늘어놓으시길래 '다른 사람의 죄는 말씀하지 마시고 내 죄를 말씀하세요, 내 죄를…' 그랬더니, 잠시 머뭇거리시며 나를 빤히 쳐다보시더니 '아니 글쎄, 신부님이 무슨 죄를 지었는지 내가 어떻게 알 수 있남요?' 하시는 거야. 나는 기가 막혀 '아니, 그게 아니고, 할머님의 죄를 말씀하시라는 거예요. 할머님의 죄!' 그러니까 할머님 웃으시면서 하시는 말씀이 '그렇다면 나야 뭐, 사는 게 다 죄지요.' 그러시지 않겠어.

그때 젊은 나는 그 말씀의 심오한 의미도 모르고 속으로 '아이고 답답해라, 답답해. 아 참, 저분은 말귀를 못 알아들으시는 노인이지.' 하면서 가슴을 쳤지. 그런데 지금 내가 그 나이가 되고 보니 이제야 그 말씀이 보통 말씀이 아니라, 심오한 의미가 담긴 말씀이라는 것을 깨닫지 않았겠어! 하느님의 지극하신 은혜를 생각할 때 그 보답을 다 못해 드리고, 그저 사람들과 부딪치며 날짜만 보내며

살아가고 있으니 죄송하다는 표현이셨을 거야. 할머님은 오랜 삶 속에서 비록 몸은 늙으셨지만, 하느님과 그 손길을 보고 느끼는 영안(靈眼)은 오히려 젊고 맑아지신 것이지. 젊었던 난 그것도 모르고 글쎄 노인이라고 가볍게 봤으니, 쯧쯧쯔.

요즘 내가 병원에 자주 다니다 보니, 이 시간에도 환자들은, 제발 기적이 일어나 숨 좀 맘대로 쉬고, 먹고, 자고, 걷고 하면 얼마나 좋을까 하는 그런 분들이 많더라고. 그런데 우린 그런 것들을 아무 생각 없이 자유로이 하며 살고 있지 않나 그런 생각에, 이제 나도 늙어 할아버지가 된 지금 '사는 게 다 기적'이라고 자신 있게 말하네. ("노인들의 이야기를 소홀히 하지 마라." - 집회 8, 9)

물고기가 늘 물속에 사니 물의 존재와 소중함을 모르듯이 우리도 늘 하느님의 도우심, 즉 기적 안에(1요한 4, 13) 살고 있기에 그게 기적이라는 것을 못 느끼고 그 고마움을 모르는 것뿐이지. 고기가 물을 부인한다고 물이 없어지는 것이 아닌 것처럼 하느님도 마찬가지라네. 기적을 부정하면 엄연히 살아 계신 하느님을 부정하는 어리석은 짓이라네.

그러니 기적을 믿는 건 하느님의 보살핌 안에 있다는 것을 믿는 것, 그래서 하느님께 감사드리며(1테살 5, 18), 이는 하나의 훌륭한 기도이며 신앙 행위이기에, 하느님 감사를 늘 입에 달고 살아야 되겠지…. 그러면 그분께서 더 좋아하시고 또 감사해야 할 일을 베풀어 주시지 않겠나!!

공감과 위로, 사랑

"남이 너희에게 해 주기를 바라는 그대로 너희도 남에게 해 주어라"(마태 7, 12).

오늘은 5살 때 일찍 어머니를 여읜, 이젠 70이 다 되어 가는 외조카의 생일이라 아침 미사 때 기억하고 부리나케 전화를 걸어 축하해 주면서 옛날 에피소드를 얘기해 줬다.

* * *

어머니(나의 큰누님)가 너를 갖고 배가 남산만큼 불러 오자 친정 출입이 잦았는데 그때마다 외할머님(=친정엄마)과 속닥거리는 시간이 많았단다. 도대체 무슨 얘기가 그렇게 많을까? 호기심이 생겨 방을 들여다보니, 외할머니와 무릎을 맞대고 앉아 "엄마, 나 어떡해!" 하며 자꾸 불안해하는데 그때마다 외할머니께서 너희 엄마의 손을 꼬옥 잡고 하시는 말씀이 "얘, 아무 걱정도 하지 마라. 난 너희들 낳을 때 낳는 줄도 모르고 낳았단다. 정말이란다. 아마 내가 돼지고기를 많이 먹어서 그런가 보다. 왜 돼지고기는 비계가 많지 않

"신부님, 저는 대죄를 지었어요. 용서해 주세요."
"어떤 대죄인데?"
"금붕어를 어항에서 꺼내려다 죽었어요."
그걸 아직도 기억하고 있는걸 보면 난 정말 똑똑한 아이야. ㅋㅋ

- 주 신부 첫 고백 내용

니? 그래서 그랬는지…. 얘, 내 점심때 돼지고기 구워 줄 테니 많이 먹거라!"라며 찾아올 때마다 귀찮아하지 않으시고 똑같은 말을 몇 번이고 잘 들어주시며 그런 식으로 위로해 주셨단다.

대학에서 전공과목은 물론, 좋아하던 부전공 과목도 Top을 하셨다는 수재이신 너의 어머니도 외할머님의 그런 말씀에 위안이 되셨는지 곧 안도의 숨을 내어 쉬며 편안해하셨단다. 물론 점심때 너의 어머님 덕분에 그 어려운 시기에 모처럼 돼지 불고기 특식을 먹는 행운도 여러 번 뒤따랐고….

그걸 보면 걱정될 땐 내가 듣고 싶은 말만 나오면 속아 줄 준비도 되어 있는 것 같더라. 그만큼 힘들어 위로가 절실한 거겠지. 버티어 내는 데 그래도 도움이 되니까….

그러던 어느 날 새벽에 드디어 너를 낳는 네 어머님의 까~야! 하는 진통 소리에 놀란 나는 엉겁결에 밖으로 뛰쳐나가 놓여 있던 고무신을 신고 언덕 아랫동네 병원으로 냅다 달려갔단다. 그런데 형님 신발이라 커서 그런지 자꾸만 벗겨져 거꾸로 신고 뛰다가 나중엔 양손에 들고 맨발로 뛰었지….

지나가던 이들이 웬일인가 하여 의아스러운 눈초리로 흘깃흘깃 쳐다봐 좀 창피하기도 했지만, 병원에 도착하여 문을 두드렸더니 아줌마가 나타나 "이른 아침부터 웬일이냐? 집에 누가 아프시냐?" 하기에 우리 누나가 지금 아기 낳느라 아프다고 막 소리를 질러 대서 뛰어왔노라고 했다.

그랬더니 피식 웃으며 "얘, 여긴 산부인과가 아니니 저쪽 병원에 가 보거라. 그런데 말이다. 네가 집으로 돌아가 보면 아마 네 동생은 이미 세상에 나와 있을 거야."라고 하여 "동생이 아니라 조카란 말이에요." 하고 그 숨찬 가운데서도 똑똑한 아이답게 분명히 해 주고 돌아섰단다.

뚜벅뚜벅 걸어오면서 1년 전 생각이 나더라.

웬 남자(매형)가 집에 들락날락하며 누나와 웃으며 얘기하는 게 영 눈에 거슬리고 왠지 누나를 뺏기는 기분이 들어 몹시 싫었어.

얼마 후 누나는 보기 싫게 배가 불러 오고 마침내 애기 낳느라 이렇게 아파하니 그렇게 만든 그 친구(매형)가 내가 좀 크고 기운만 쎄면 때려 주고 싶었는데 그렇게 못하니 그렇게 미울 수가 없었지….

  그때 난 혼잣말로 이러지 않았겠니? "나는 남자니까 저렇게 아파하는 고생은 안 하겠지! 아휴 다행이다. 그래, 나는 남자다, 남자!" 하면서 "고마워요, 하느님." 그랬단다. 그리고 "난 이담에 절대로 여자 친구를 배부르게 하고 아프게 하는 그런 나쁜 짓은 안 할 거예요."라고도 했단다. 아마 그 말이 씨앗이 되어 난 지금까지 신부로 사는 것인지도 모르지, 하며 웃었다.

  이 얘기를 들은 조카도 깔깔 웃으며 "내가 새벽같이 삼촌을 그렇게 잠도 못 주무시게 고생시켜 드렸군요. 죄송하고 고마워요. 그리고 우리 어머니에 대한 삼촌과 외할머님의 사랑을 눈으로 보는 것 같아요. 그런 어머님(외할머님)과 다정한 동생과 함께 사셨던 우리 어머니는 비록 짧은 생애셨지만 행복하셨을 거예요."라며 고마워했다.

  그런데 말이다. 너도 알다시피 수술을 앞둔 내가 요즘 걱정이 태산 같아 집을 찾아 준 자매에게 좀 털어놓고 위로를 받고 싶었는데, 좀 미안해 인내와 사랑을 갖고 잘 들어주었으면 하는 뜻에서 위의 그 얘기를 했지. 그랬더니 그이가 "그걸 보면 신부님 댁은 걱정하는 게 집안 내력인가 봐요?" 그러지 않겠니, 글쎄? 그러니 거기다 대고 내가 무슨 말을 더 하겠니?

  "누울 자리 봐 가며 발을 뻗으랬다."고 내가 기대했지만, 사람을 잘못짚었지 싶더라.

  "공감해 주는 사람이 한 사람만 있어도 죽으려던 사람이 다시 살기로 작정한다."는 말처럼 공감은 그만큼 중요하지만 그렇다고 아무나 하는 게 아니고 사랑과 인내가 있어야 하고 그래야 서로 소통이 되는 거지.

이렇게도 감정이 통하지 않는 이런 메마른 사람과 일생을 살아간다면 얼마나 힘들까? 나 혼자 신부로 사는 게 정말 천만다행이로구나! 그런 생각이 들기도 했단다. ㅋㅋ

또 아무 말이나 해서도 안 되겠지….

어떤 이들은 위로한다며 조언, 자기 지식의 전달 혹은, 거룩한 말씀을 통한 고통의 감수와 인내를 말씀해 주는 분들이 있는데, 그런 건 오히려 마음을 더욱 무겁게 해 주더군. 그러지 말고 내 마음을 그냥 헤아려 주면서 잘 들어주고 열심히 기도들 하니 잘될 거라는 것에서 오히려 사랑을 느끼고 걱정을 덜고 위로와 용기를 갖게 되더라.

그런데 바로 네가 그렇게 해 줘 난 얼마나 좋은지!

그리고 그것도 어쩌다 한 번도 아니고 바쁜데 틈을 내 하루에도 몇 번씩 전화해 주고, 또 들어주는 네가 너무 고맙고 거기서 나는 가족의 소중함과 사랑을 느낀단다. 암튼 축하하고 오늘도 주님 안에 좋은 하루 되길 바란다.

마음의 평온 되찾기

"어휴, 언니, 형부가 최고예요. 그러니 언닌 행복한 줄 아세요."
"오, 그래? 그런데 내가 보기엔 제부 김 선생이 최곤데. 유머 감각 뛰어나 분위기 좋지, 매너 좋지…. 그러니 동생도 행복한 줄 알라고!"
"아이구, 그렇게 좋으면 언니가 데려가 한 달만 함께 살아 보세요."

이 얘기가 의미하는 바를 생각해 봅니다. 더불어 산다는 게 겉보기엔 그럴듯해 보이지만 만족하지 못하고 힘들어하는 부분이 있다는 뜻이겠지요?

재미없이 사는 가정 혹은 공동체 – 부부로서 함께 살긴 살되, 직장의 업무를 집에까지 가져와 하거나, 자기 할 일만 하거나 과도한 취미 생활로 배우자 혹은 상대에 대해 무관심하고 재밌는 일상 대화와 소통이 없기에, 한 번도 싸운 일이 없으면서도 서로 싸운 것처럼, 말없이 지냄으로써 배우자를 하숙생 혹은 독신자처럼 지내게 하는 경우, 그러고도 그것을 당연한 것으로 여기는 가정이 의외로 많습니다. 감정 표현과 소통을 위한 말은 생활의 윤활유입니다. "자꾸 말을 건네고 또 열심히 들어줘라. 그것이 사랑이다." 그렇다고 너무 수다스러워도 안 되겠지만 너무 말이 없고 필요한 말 외엔 안하는 경우도 안 되겠습니다. 이제 소통 방법들과 그게 잘 안 이루어져 속상했을 때 평온 되찾는 방법들을 열거해 봅니다.

아래 글은 신경증 환자나 성격이상자(장애자)의 경우는 제외하고, 서로 약간의 갈등을 느끼는 경우 도움이 되기 위한 글입니다.

* * *

약한 자아를 위해선 영적 지도 이전에 먼저 내적, 심리 치료가 우선되어야 합니다.

예) 친구 때문에 마음 아파하거나 질병 때문에 불안해 힘들어하고, 잠 못 이루는 사람에게, 예수님의 모욕과 십자가의 고통을 묵상하라든지 하는 식의 영적 권고는 바람직하지 않습니다. 먼저 심정을 이해하고, 위로와 공감을 해 주고 건강한 자아를 가질 수 있도록 도와주어야 합니다. 원활한 소통을 위해 공동생활에서 있을 수 있는 흔한 것을 예로 들어 봅니다.

자꾸만 미워지는 이유

1. 사람의 성격은 대개 0세에서 7세 때 형성돼 평생을 간다고 합니다. 그래서 어떤 부모와 가정에서 무엇을 보고 영향을 받으며 자랐느냐가 중요하고 개선도 그만큼 어렵습니다. 누가 나쁘고 좋은 게 아니라 같은 문제를 놓고도 성격과 시각, 표현의 차이로 서로 다르게 보는 데서(자상함을 깐깐함으로 봄, 착함을 줏대 없음) 갈등과 마찰, 미움이 생길 수밖에 없습니다.

"두 사람의 성인이라도 서로 다툴 일이 있다."는 말은 물론 좋은 맘을 갖고 살아가려고 노력하는 사람들이지만, 이러한 성격 차이 때문에, 부딪칠 수밖에 없다는 것을 잘 드러내 주는 말입니다.

예) 남편은 부인이 상냥하기를 바라나 부인은 그런 것을 간사함으로 여겨 싫어해 서로 감정의 코드가 맞지 않는 경우가 그렇습니다. 그래서 남편이 밖에서 싹싹한 여자들을 보면 집에 가기가 싫어진다는 게 이해될 수 있습니다. 반대로, 부인은 남편이 무뚝뚝해 좀 유머가 넘치는 남편이었으면…^^*

2. 사람은 사랑받고 인정받고 싶어 하는 욕구가 있는데, 그것이 거부당하고 충족(공감)되지 않을 때 불만스럽고 기분 나쁘고 미워집니다. 반대로 그것이 충족될 땐 기분 좋고 그 사람에게도 잘해 주고 싶은 맘이 들고 친밀해집니다.

그래서 상대가 일상 속에서 자주 표현하는 언어 중, 이런 크고 작은 욕구들이 여러 형태로, 여러 번 표현되고 있음을 놓치지 말고 충족시켜 나가도록, 혼자가 아니라 서로 노력해야 합니다. 그러면 잘 지낼 수 있습니다. 궁합, 코드가 잘 맞는다는 게 이런 것입니다.

3. 결혼 생활이란 으레 그런 것이려니 하며, 웬만큼 속상한 것은 그냥 참아 넘겨, 비록 큰 다툼은 없어 겉으론 평화로워 보이지만, 알고 보면 메마르고 재미없는 삶의 평행선이 이어질 뿐인 경우도 많습니다. 내적으로는 불만이 쌓여, 미워지고 날카롭고 예민해지고 정도의 차이가 있지만, 어느 순간 폭발할 수 있는 시한폭탄의 삶이지요. 그 내용을 모르는 한편은, 그렇지 않던 사람이 조그만 것을

가지고 왜 그렇게 예민하게 반응하는지 모르겠다고, 오히려 의아해하고, 나쁘게 말하는 경우가 많습니다. 자기는 조그맣다고 여기지만 상대는 그게 아니거든요.

사례

60대 후반의 남편이 토요일에 동네 젊은이들과 어울려 축구 시합을 했는데, 한 골을 넣어 너무나 기분 좋아 집에 들어서면서 자기 부인에게 "여보, 우리 팀이 이겼어!" 하고 말했어요. 그런데 부인은 "거기 물 데워 놨어요, 어서 발이나 씻으세요."라고 했습니다.

남편은 발을 씻으면서도 여전히 "우리 팀이 두 골을 넣었는데, 한 골은 내가 넣었지." 하고 말했지만, 부인은 거기에 대한 대꾸는 없이 "거 장찌개 식겠소. 다 씻었으면 그 옆에 발수건 걸어 놨으니 얼른 닦고 식사나 하슈."라고 했습니다. 자기를 받아들이지 않는 부인의 그런 시큰둥한 반응에 남편의 기분, 인정받고 싶어 하는 욕구가 충족되지 않아, 남편은 속상하고 기대했던 부인을 역시나 답답한 사람으로 여기며 싫었습니다. 부인의 감정 반응이 이런 식이라 집에 일찍 들어가고 싶지 않고 재미없는 곳이라고 했습니다.

중요함 - 물론 부인은 남편을 사랑하기에 물을 데우고, 수건을 갖다 걸어 놔주고, 된장찌개를 정성껏 끓여 놓는 등 남편이 좋아할 것들을 준비했지만, 그러나 먼저 남편의 감정을 공감해 주지 않아 남편은 남편대로 침울해 있고 부인은 부인대로 뭐, 남자가 대범치 못하고 그만한 걸 가지고 쩨쩨하게 삐지고 그러나 하면서 오히려 자기 사랑과 정성을 알아주지 않는 사람이라고 속상해하고 미워했습니다. 물론 큰 싸움은 없었지만 서로 속으로 '여편네란, 남편이라는 작자는 늘 저래. 거기다 대고 뭘 바라는 내가 미친 *이지!' 하며, 개선해 보려는 의지를 포기하고 삽니다. 생각이 다르고 원하는 바가 다른 게 이렇게 무섭습니다. 이게 바로 지옥입니다. 상대를 배려하는 마음을 조금만 가지면 벗어날 수 있는 것인데 말이지요…. 공감이 있는가 하면, 거부, 완만한 거부가 있는데 그에 따라 만족도가 달라집니다.

거부 - 거부당해 기분 좋을 사람 세상에 하나도 없습니다. 위의 경우 무응답, 무반응이 그런 것이고, "남들은 상도 잘 타 오던데 그래 어디 당신은 상이라도 탔수?" (이것은 상을 가져올 때만 당신은 내게 가치 있는 사람이라는 뜻이기에) 이런 식의 말 또한 거부하는 것이나 마찬가지입니다. 상대를 기분 잡치게 만들고 무시하는 태도인데, 자신은 모르지만 이런 식으로 말하고 그게 몸에 배어 생활화된 이들이 꽤 있습니다.

완만한 거부 - 말하는데 신문을 계속 본다든지, 설거지를 계속하면서 응, 응 하며 건성으로 들어줌, 말하는데 고개를 돌려 딴 곳을 보고 있는 것… "이제 당신 말 다 끝났어요? 그럼 난 나갈 게요. 그래도 되지?" 등등. 이것은 나를 그런 것들보다 덜 중요하게 생각한다는 뜻으로 여겨져 역시 기분 나쁘고 화가 납니다.

공감 - 배우자의 기분을 받아들이고 맞춰 줘 기분 좋게 하는 자세입니다. 남편의 말에 가만히 있지 않고 "어휴, 당신 참 대단하구려!

젊은 놈들 틈에서…. 차범근이가 뭐, 따로 있나요? 당신이 바로 차범근이지….” 등등 이런 식의 반응을 재치 있게 해 주면 남편은 기분이 충족돼 “여보, 나 배고파. 당신 장찌개는 역시 최고야!”라는 말이 나오게 돼 있습니다. 배우자의 기분을 파악해 즉시 좋게 반응해 보여 주면(공감해 주면) 결국 자신도 즐겁습니다.

긍정적이고 활력을 되돌려 주는 응답 속에 서로 사랑하고 있음을 확인하여 좋고 친밀해집니다(격려 - 2코린 13, 11).

세상에 공감해 주는 사람이 한 사람만 있어도 자살은 하지 않는다고 합니다. 이렇게 공감해 주는 것이 사람을 활기차게 만들고 소중한 것인데도, “사람 사는 게 다 그렇지, 뭐.” 하며 대수롭지 않게 여겨 잘 안 합니다. 그러니까 불만이 쌓입니다.

4. 갈등을 풀기 위한 소통(대화)은 어떻게 해야 하나요? 굉장히 중요하기에 조심스럽게 해야 합니다.

“여보, 잠깐 봅시다.”라고 말하지만, 대화는 자신의 현재 기분 상태가 어떤지를 드러내, 배우자가 나 자신을 바로 알도록 도움이 되기 위한 것이지 배우자가 자기가 원하는 사람으로 변화되기를 바라는 기회로 알고 한 수 지도하려는 듯한 감을 느끼지 않도록 해야 합니다. 또 따지거나 분노를 발하며 쓰레기통처럼 여겨 말을 막 해서도 안 됩니다. 진정한 대화는 나만이 아니라 상대의 감정도 배려하고 예를 갖춰서 해야 하고 다툼으로 갈 것 같을 땐 일단 중단해야 합니다.

5. 하느님은 대화라는 이름으로 어느 한쪽의 행복(승리)을 위해

다른 쪽의 패배를 요구하지 않으십니다. 부부 둘 다 win, win(승리자가 되어 행복해)할 때 하느님께서도 win(행복해)하시고 그것이 하느님도 승리자로 만들고 그분께 드리는 최고의 아름다운 기도요, 찬양임을 기억해야 할 것입니다.

6. 배우자의 기분을 맞춰 주는 것은 지는 것도 아니고 자존심을 빼앗기는 것도 아닙니다. 완전한 자가 되려는 자의 사랑의 모습입니다. 생활 습관을 바꾸는 시작이 어렵기에 주님의 도우심을 청하는 기도를 하고 난 후 행하면 시간이 다소 걸리겠지만 가능하고, 반면 노력도 하지 않고, 하느님이 변화시켜 주시겠지 하는 마음은, 버려야 될 것입니다.

7. 배우자가 내가 원하는 것을 보여 줘 즐거웠을 때, 그냥 가만히 있지 말고 쑥스러워도 감사 또는 칭찬의 말을 꼭 해 주도록 하면 다음에도 당신에게 맞추려고 더욱 노력하며 마침내는 당신이 원하는 배우자로 변화가 됩니다. (고래도 칭찬하면 춤춘다.) "사랑해, 잘했어, 고마워, 미안해, 내가 지나쳤군요" 등의 표현을 아끼지 맙시다.

그러나 일, 사람 등 우리가 사는 현실은 아무리 해도 우리 맘을 다 채울 수 없는 불편함이 그 본질입니다. 이것을 잊지 말아야 합니다. 그런데도 이것을 없애거나 남을 바꿔 보려고 애쓰거나 "내가 이만큼 해 줬는데 너도 그만큼은 해 줘야 되지 않겠느냐?"는 기대를 갖는 데서 불평과 괴로움과 미움이 따릅니다.

지금 내가 바라는 것이 채워지지 않지만, 그 외에 내가 미처 생각

못했던, 나를 위한 그의 헌신과 좋은 점이 많다는 것을 생각하고, 찾아보려고, 노력해야 할 것입니다. '나는 그의 요구대로 다 충족시켜 줄 수 있고 충족시켜 주고 있다고 자신할 수 있는가?' 이런 생각을 해 보면 조금은 내 기분을 가라앉힐 수 있고 넘어가 줄 수 있는, 힘도 생깁니다.

8. 또 내가 좋은 뜻으로 했다고 해서 상대도 좋은 뜻으로 받아들이느냐 하는 것은 다른 문제입니다. 사람들이 모두 내 맘 같지는 않다는 것을 기억하고 그래서 바꾸려거나 기대를 갖지 않으려고 하면, 미움도 덜하거나 오래가지 않겠지요. 그러나 노력해도 힘들 때 "세상 그 누구도 모든 이의 마음을 다 만족시킨다는 것은 불가능하다. 비록 한 사람일지라도 모든 것을 그의 마음에 다 들게 한다는 것 역시 불가능하다." 이를 전제하고 되뇌면 마음이 좀 가벼워집니다. 그릇이 큰 사람들, 성인들이란 남이 아니라 자신이 이런 식으로 바뀌어 그때그때 사람들을 대하는 대처 능력이 성숙한 사람들입니다.

9. 비록 상대가 지금 나를 맘 상하게 했어도 일부러 나쁜 지향을 가지고 하지 않았다면 그 사람은 모자라는 사람일지언정 나쁜 사람은 아닙니다. 그래서 내가 기분 나쁘더라도 그런 줄 알게 되면 또 그렇게 생각하면 내 기분이 조금은 가라앉을 수 있습니다. 나 자신도 가끔 본의 아니게 실수로, 상대에게 그럴 수 있었으니까요.
예) 택시 타고 갈 때 갑자기 끼어든 차량 때문에 급브레이크를 걸어 깜짝 놀란 나는 기사님에게 물어봤습니다.

"하루에도 아차 하는 순간이 많을 텐데 그 신경질과 화를 어떻게 다 넘기세요?"

"물론 많지요. 젊었을 땐 나도 열불 내고 욕도 많이 하고 그랬는데, 언제부턴가 그때마다 내가 이렇게 열불 내다간 정말 오래 못 살겠다 하는 생각이 들더라고요. 그래서 이젠 그저 그러려니, 사정이 있어 그러려니, 운전이 미숙하여 실수해서 그런 거려니, 나도 초보 때 그랬었으니까 그럴 수도 있지, 뭐. 기사라고 다 똑같은가? 아니지, 뭐 하며 넘긴답니다. 그래야만 내가 삽니다. 중요한 것은 내 마음의 건강이지요. 그리고 한 가지 희한한 것은 그렇게 속상했을 때라도 앞차가 미안하다, 고맙다는 뜻으로 깜박이를 켜 주면 언제 그랬나 싶을 정도로 금방 잊어버리게 된답니다. 그래서 나도 잘못했을 때 그렇게 한답니다."

라고 하셨어요.

10. 맞는 말씀입니다. 매사에 예민하게 반응하여 "저게 날 무시하는 거지." 그렇게 부정적으로 생각하면 나만 더 힘들어요. 그러지 말고 "그릇이 그것밖에 안 돼서, 수준이 좀 달라 표현이 그렇구나. 사람 사는 세상이 다 그렇지, 뭐." 그러려니 하며 살아갑시다. 사실이 그러니까요! 그렇게 참게 해서 미안, 참아 줘 감사의 깜박이를 켜 주면 좋겠지요. 그래야 상대도 나도 빨리 속 편해지고 이게 넓은 마음이고 성인으로 들어서는 길목이 아닌가 싶습니다.

때로는 이유야 어떻든 간에 내 기분이 상해 있음에도 불구하고, 애덕을 생각하여 마음 상해 있는 상대에게 금방 접근하는 것도 지혜로운 일은 아닙니다. 시간을 갖고 서로의 감정이 어느 정도 가라앉을 때까지 기다려 주는 것, 그것이 자신과 남을 용서하는 시작입니다.

이상 위의 것들을 인정하면, 맘 상했을 때 상대는 무엇을 원했고 나는 무엇이 부족했나 돌아보게 되고 상대의 기분도 이해해 줄 수 있어, 나도 어느 정도 내 기분을 안정시키고 상대를 용서 또는 받아들이고 평온을 되찾는 데 도움이 됩니다.

오늘 좋은 글을 하나 받았는데, "당신 주변에 좋은 사람들이 많다면 '난 인복이 있구나.'가 아니라 '나도 좋은 사람이구나.'라고 생각하세요…. 당신을 아는 사람들은 당신 덕분에 오늘도 행복했거든요"(좋은 글 중에서). 자신을 이렇게 인정하고 사랑해야겠지요. 자존감을 가질 것!

11. 지금은 속상하고 기분 나쁘지만, 그가 전에 나한테 잘해 줬던 것을 생각하고, 지금은 그도 속상해서 그랬을 것이며, 나를 정말 미워해서 나를 슬프게 만들려고 그런 게 아닐 것이라는 마음을 가져 보면 내 마음이 좀 진정될 것입니다(함께 살거나 친한 사이의 경우).

그리고 그가 뭣 때문에 나에게 그랬는지 살펴보고, 그의 말 한마디와 무성의한 응답에 내가 아파하고 괴로워하듯이 나도 말을 조심해서 해야겠다는 생각, 그리고 그의 기분을 공감해 주는 성의 있는 응답이 사랑이며, 그것이 나의 행복으로 되돌아온다는 것을 기억할 수 있다면 좋겠지요. 나는 비록 편안하고 옳다고 생각하지만, 남들이 나의 결점을 계속 참아 주느라 힘들게 만드는 것은 없나 되돌아보고 자신을 바로 잡으려고 하는 것, 이것이 성찰입니다.

12. 그래도 미움이 계속될 때… 그것은 내 탓이 아니고 내가 받은 마음의 상처 때문에 일어나는 감정의 반응이기에 죄가 아닙니다. 아물 때까진 계속 그럴 것입니다. 그래도 자꾸 죄스러운 느낌이 들고 영성체 전에 께름칙한 분들은 이럴 땐, "주님, 주님이 싫어하시는 미움을 저도 원치 않습니다. 제 마음의 상처를 치유해 주시고, 미움의 마귀를 쫓아 주십시오. 그리고 제 마음을 아프게 한 이를 용서할 수 있도록 도와주십시오."라고 하면 됩니다. 속상하지만 화살기도, 영광송 등 짧은 기도를 자꾸 바치는 것도 도움이 됩니다. 그다음부터는 주님이 하실 일로 맡겨 드리고, 그냥 편히 기다리십시오. (하느님께 맡겨 드린다는 것은 하느님께서 해결해 달라는 뜻이기에 편안할 것입니다.^^*)

13. 그래도 안 될 땐 미운 감정을 담아, 아무도 없는 데서 혼자서 욕을 마구 내뱉거나, 혹은 산책이나 다른 친구들과 수다 등 재밌는 얘기를 나누는 것이 상처 치유에 도움이 됩니다. 그래도 미운 사람이 자꾸 생각날 수 있는데, 그땐 내가 나쁜 사람이 아닌가 그런 생각일랑 마시고, 나도 사람이라는 것을 생각하시고 다음 글을 기억하시기를….

  나에게는 나의 일, 당신에게는 당신의 일
  내가 당신의 기대에 부응해서 살기 위해 이 세상에 존재하지 않고 당신도 나의 기대에 부응해서 살기 위해 이 세상에 존재하지 않는 것,
  당신은 당신, 나는 나, 만약 우리가 서로를 이해한다면 그것은

아름다운 일
만약 그렇지 못하다면 그것은 어쩔 수 없는 일
　　　　　　　　　　　- 심리 치료 기법에 나오는 내용이랍니다.

어쩔 수 없는 일로 받아들이는 것, (그릇이 서로 다른 걸 어떻게 해?) 이것은 앞으론 사랑하지 않고 원수로 살아가겠다는 나쁜 뜻도 아니고 성인이 되려는 것을 포기하라는 뜻도 아닙니다. 나의 마음의 건강(자아)을 먼저 챙기고 내 마음의 그릇을 키운 다음 당신을 받아들이겠다는 좋은 지향입니다.

14. 그렇게 안 할 땐 내 마음이 멍들고 병 들 것 같을 때(소화불량, 수면 장애, '이 생활이 뭔가?' 의욕 상실 등) 그렇게 하라는 얘기지요. 며느리가 미우면 그 발꿈치도 밉다는 말처럼 미움이라는 병에 한번 걸리면 그가 아무리 잘해도 밉습니다. 경험으로 보면 이때의 미움은 병이라, 예수님의 수난을 기억하며 참으려 해도, 그건 그거고 미움은, 미움일 뿐입니다.^^*

나만 생각하는 게 아니라, 네가 소중하듯 나도 소중하고, 고무줄이 늘어나는 데 의미가 있지만 너무 잡아당기면 끊어지듯, 다 맞춰가며 살기엔 나도 끊어질 위험이 있는, 즉 한계가 있는 인간임을 스스로 이해하고, 끊어지지 않으려는 자신을 정상적인 사람으로 받아들인다는 뜻이지요.

자신을 사랑할 줄 아는 사람, 이는 자기만을 사랑하는 것과 다릅니다. 자기 안에 또 다른 자기(자아)로서 지금의 나를 이해해 주고, 위로해 주고, 공감해 주는 공감자를 만들라는 것입니다. 그래서 숨을 고르고 나면 여기서부터 다른 사람을 받아들이고 사랑할 여지가 조금씩 생겨나기 때문입니다.

또 하느님의 성전인 나를 더럽히는 미움(=우상)을 먼저 없애자는 뜻이기도 합니다. 그러니까 나쁜 게 아닙니다.

"하느님의 성전과 우상들이(=때론 미움) 어떻게 뜻을 같이할 수 있겠습니까? 우리는 살아 계신 하느님의 성전입니다"(2코린 6, 16).

"'네 이웃을 너 자신처럼 사랑해야 한다'"(마태 22, 39).

(나만이 아니라 과연 나 자신을 어떻게 먼저 사랑하고 있는지? 그다음 이웃을….)

15. 그래도 못 견디겠으면 고해사제에게 말씀드리고 특별히 치유기도, 안수, 사죄경을 통해 마음의 평화를 찾으십시오.

신앙 때문에 주님의 가르침을 생각하며 참아 줄 수 있을 때까지 참아 주는 것은 분명 아름다운 일이지만 병이 될 때까지 참는다든지, 너무 힘들어하는 자신을 자꾸 죄인으로 몰아세워 숨통을 조이는 일은 하지 마십시오. 그것은 열심한 것이 아니라 자기 학대이며 주님이 원하시는 바가 아닙니다.

16. 나를 사랑하시는 주님은 다른 사람 아닌 바로 내가 평화롭게 살기를 원하시기 때문입니다. 내 딸이 시집가서 참고만 산다고 할 때 부모 된 나의 심정은 어떻겠습니까? 하느님도 그와 같으십니다.

"네가 나의 눈에 값지고 소중하며 내가 너를 사랑하기 때문이다. 내가 너 대신 다른 사람들을 내놓고 네 생명 대신 민족들을 내놓는다"(이사 43, 4).

이 성경 구절을 속상하고 외로울 때 하느님의 자비를 생각하면서 큰 소리로 자꾸 외우고 묵상하시기 바랍니다.

죄를 찾아 헤매는 시간보다 주님께서 베풀어 주신 은혜를 찾아 헤매고 사랑에 감사드리는 시간이 더 길었으면 좋겠습니다. 그게 주님을 사랑과 평화의 주님으로 제대로 모시는 것이랍니다.

17. 일을 도맡아서 하거나 혹은 완벽하게 하려는 의욕은 좋으나, 너무 과중하여 피곤이 쌓이면 예민해지고 짜증스러워집니다. 그리고 남에게도 원만히 대해 주기가 어렵습니다. 그러므로 자기가 알아서 적당한 휴식을 취하고 때론 스스로, 기분 전환을 해 주는 것이 필요합니다.

♣ 건강한 자아 위에 비로소 영성 지도, 영적인 말을 해 줘야 합니다.

"원수를 사랑하여라. 너희를 미워하는 자들에게 잘해 주고… 저주하는 자들에게 축복하며… 학대하는 자들을 위하여 기도하여라"(루카 6, 27).

성인들은 이런 엄청난 가르침을 어떻게 실천할 수 있었을까요?

"이제는 내가 사는 것이 아니라 그리스도가 내 안에서 사시는 것입니다. 지금 내가 살고 있는 것은 나를 사랑하시고 또 나를 위해서 당신의 몸을 내어 주신, 하느님의 아들을 믿는 믿음으로 사는 것입니다."(갈라 2, 20)에 따라 내 생각과 감정보다 주님을 먼저 생각하며, 하느님께서 창조하신 나만의 아름다운 모습을 찾아 완성해 나가려 노력하신 분들입니다.

덮어 주고 참아 주는 인내는(1코린 13, 7), 결국 하느님 안에 사는 이들로서, 하느님에 대한 사랑에서 이웃에 대한 사랑으로 발생하게 되는 것임을 기억해야 합니다. 그래서 스스로가 내적으로 인내와 고통을 받아들일 자세가 되어 있을 때라야만, 우리를 괴롭히는 이웃들의 진가를 잘 살펴볼 여유가 생깁니다. 도를 닦는다는 것이 어떤 것일까요?

소화 데레사 성녀의 경우, 자신을 힘들게 하는 이의 말을 오히려 잘 들어주었습니다. 그 이유는 이런 아픔을, 자신의 겸손의 덕을 쌓기 위해 주재하시는 하느님의 손길로 보고 놓치지 않았으며 그녀 자신에게 자비를 베푸시기 위해 사용하신 도구였다고 생각했습니다. 십자가의 요한 성인도("그대가 수도원에 온 것은 오로지 모든 이가 그대를 단련시키기 위함이라는 것을 깨닫는 것이다. … 그대는 마치 세공하는 손에도, 채색하는 손에도, 금을 달구는 손에도 몽땅 자신을 내맡기는 조각상처럼 저들에게 몸을 맡겨야 한다.") 같은 말씀을 하셨어요. 그래서 사랑과 인내로써 그것들을 견디어 냈습니다.―그 사람, 그 사건 뒤에 계신 하느님을 먼저 생각하는 것.

자기를 힘들게 하는 문제나 사람을 놓고 신앙이 없는 이들은 운, 재수, 팔자소관, 운명으로 알고 피하려고 하지만, 하느님을 믿는 신앙인은 데레사 성녀처럼, 자신을 더욱 성화시키려는 하느님의 계획(섭리)으로 알기에, 문제를 피하려 하지 않고 성스럽게 받아들이며, 승화시켜 성인의 길을 걷습니다. 이렇게 문제는 같아도 임하는 자세가 다릅니다. 어떻게 그렇게 할 수 있을까요? 마음의 평화가 전제된 후, 주님과 일치하여 끊임없는 기도와 묵상, 영적 독서 등 신심으로 하느님에 대한 나의 그릇을 키워 나가야 되겠지요.

위의 좋은 말씀들을 한마디로 정리하면 나는 어떤 사람이 제일 편할까요? 똑똑한 사람이 아니라 내 입맛대로 해 주는 사람입니다. 그렇다면 예수님이 "남이 너희에게 해 주기를 바라는 그대로 너희도 남에게 해 주어라."(마태 7, 12)라고 하신 말씀대로 살면 될 거예요.

평화의 하느님께서 여러분 모두와 함께 계시기를 빕니다. 아멘(로마 15, 33).

"하느님, 당신 맘대로 하슈!"

 이런저런 조직 검사를 할 때마다 결과를 기다리는 시간들….
 아무래도 이번엔 틀림없이 걸려들었을 것만 같은 느낌이 자꾸 들어 불안하고 초조하기가 이루 말할 수 없다.
 이번엔 13년간을 마음 졸이며 추적해 오던 것이 드디어 걸려들었다. 최종 검사 결과를 기다리기까지 앞으로 2개월, 그 후엔 흉부외과로 입원해 결국 도려내야만 한단다.
 입원 검사 중 담당 주치의 말씀이 "신부님은 연세가 여든셋이나 되신 데다 여러 군데 수술하셨고 지금 투석 중이시라 위험부담이 많아 수술을 포기하시고 그 상태로 사시면 나빠질 때까지 그래도 대략 한 몇 년 정도는 걸릴 것이니 그렇게 하시는 게 낫겠습니다. 수술 여부는 신부님이 결정하십시오."라고 딱 잘라 말한다. 투석도 힘든데 '이건 또 웬 날벼락인가!' 싶었다. 철퇴를 맞은 것처럼 멍하고 기가 막혔다. 신부는 다 초월한 사람이라고 여기는가 보다. 고맙긴 한데… 또 이론상 맞는 말이겠지만…. 의사는 생명을 다루기에 하느님의 일을 하는(다니 6, 23) 천사(天使), 또 다른 의미의 성직자라고 존경하고, 젊든 안 젊든 꼭 허리 굽혀 인사하던 나였기에, 그때는 꼭 하느님이 그러시는 것 같아 매정하고 야속했다.

사실 난 그때까지 늘 23세 청년으로 살아왔는데 꿈을 깼다. 암튼 충격이었다.

수술할 것인지 말 것인지, 운명을 자기가 결정한다는 것이 얼마나 고통스럽고 어려운지도 새삼 깨달았다. 잠 못 자는 고통, 기다리는 시간들, 온종일 지워지지 않고 떠오르는 그 생각에 정말 피가 마르는 것 같다. 게다가 엎친 데 덮친다고 어쩐 일인지 갑자기 귀까지 먹어, 고요 그 자체다. 마치 일식집 어항의 고기처럼, 아니, 탄광 맨 밑바닥에 갇힌 자처럼 답답하고 절망적이고 괴롭다.

들에 나가 울부짖고 싶다. 딱히 오래 살아야 할 이유가 있어서가 아니라 그냥 무척 힘들고 두렵다. 어떤 자매가, "걱정하신다고 될 일이 안 되고 안 될 일이 되는 것 아니잖아요? 그러니 걱정하지 마시고 주님의 십자가나 묵상하세요." 그런다. 그런 정답을 몰라서도 아니고 그런 좋은 말씀도 준비가 안 된 지금은 귀에 들어오질 않는다. 몇 번이고 내 말을 들어줄 사람이 있었으면….

전에 고교 동창들이 나이 들어 약봉지 하나씩 들고 다니며 걱정할 때 웬만하면 그저 괜찮다고 안심시켜 주던 "괜찮아 박사"(의사) 이 교수가 그리울 뿐이다.

"의사는 많은 것을 도와줄 수 있고 하느님은 모든 것을 도와주실 수 있다."라는 말씀이 스쳐 지나갔다.

아니, 내가 지금 무슨 생각을 하고 있는 거야? 나는 그런 주님과 함께 평생 살아온 사제잖아! 그런데 그분을 놔두고 누구한테 위로를 받고 싶어 한담….

나름대로 주님께 열심히 기도하건만 그래도 마음이 안정이 안 된다. 남들에겐 하느님께 맡기라고 성인군자처럼 말해 왔고 나도 미사 후 자비의 예수님 성화에 손을 대고 "예수님, 저는 당신께 의탁합니다."라고 늘 외우고 또 주님이 원하시면 이웃을 위해 금방 목숨이라도 내놓을 것 같았던 나였건만 막상 내가 이 지경이 되고 보니 그게 마음처럼 그렇게 잘 안 된다. 맡긴다고 해 놓곤 다시, 되찾아 오길 그 얼마나 그랬는지… 하느님께 죄송스러울 뿐이다.
　생각해 보니, 대수술을 별로 치면 나는 양쪽 어깨에 별이 꽉 찬 대장급이다. 그것도 모자라 1년에 몇 번씩 이런저런 검사를 받고 초조해하고 있으니….

　언젠가 친구 R 사장 병자성사 거행 때 그가 부인에게 "엄마야, 나 이제 그만 살아야 되는 거야?" 한 말이 떠오르며 몹시 불안했다.
　그동안 나도 하느라고 애썼는데, 그래도 하느님은 마음에 안 들어 하셨단 말인가? 그렇지 않고서야 나한테 이러실 수 있나? 그렇지만 이를 어쩌랴! 잘해 드릴 시간이 없네….
　또, "너희와 항상 함께 있겠다." 하신 예수님은 도대체 어디에 숨어 계신 거고, 응?
　하느님께 대한 기대가 컸었던 나는 그동안 나에게 잘해 주신 건 생각 안 하고 당장의 일 때문에, 초조와 불안 섭섭함이 번갈아 가며 불쑥불쑥 솟구쳤다. 한 번만 봐주십사고 빌어도 시원치 않을 판에, 속상한 김에 난 무엄하게도 그랬다.
　"에이, 나도 모르겠다!" 그래! 그렇다면, "하느님, 당신 맘대로 하슈, 젠장!" 그래 버렸다. 그래 놓곤 나도 놀라 얼른 내 입을 막았다.

좀 심했다 싶었다. 그렇지만 이렇게 하느님께 확, 해 대고 나니 겁도 났지만 한편 왠지 속은 후련하고 시원했다. 그런데 조금 가라앉자 "사제야! 네가 바로 나다. 내가 (구원을 위해) 계속 고통을 받으려면, 네 몸이 있어야 한다.", "예수님, 그분은 가장 많이 베풀어 주시고도, 가장 못 받으신 분!" 그런 말씀들이 떠올랐다. 갑자기 그분이 불쌍했다. 그런데 그분께서, "네가 화가 단단히 난 걸 보니 많이 힘이 드는가 보구나? 그런 줄 잘 알면서도 조용히 있는 내 마음은 오죽하겠니? 그러나 이게 다 너를 위한 하느님 아버지의 일이기 때문에 가만히만 있었던 거란다. 표현은 다소 거칠었지만 그래도 나처럼(루카 22, 42) 하느님께 맡기는 너의 고백의 순간은 얼마나 멋졌는지! 참 잘했다! 난 네가 자랑스럽다!" 그렇게 속삭이며 얼러 주시는 것 같았다.

"버르장머리 없이 군, 이 못난이의 화풀이 투정도 바보처럼 그저 그렇게 거창하고 좋게만 봐주시다니요. 난 감히 그럴 만한 인물이 못 된단 말이에요. 여러 고비를 그때그때 잘 넘겨주셔서 누군가에게는 기적 같은 건강을 그래도 아직 이렇게 누리며 살아가고 있었는데 감사드리기는커녕 그것도 모르고 쫑알대기만 하다니요. 죄송합니다.
미 군종 카폰 신부님은 한국전쟁 중 돌아가시게 되었음을 안 주위 사람들이 슬퍼할 때 '내가 그토록 뵙고 싶어 했던 하느님과 가고 싶었던 그 나라인데 왜들 우느냐?'고 오히려 위로해 줬다는데 글쎄 몇십 년씩이나 사제로 살아온 난 도대체 어떻게 살아왔기에 아직도 걱정과 원망만 하고, 고작 이것밖에 안 되나 하는 생각에 부끄럽기 그지없습니다.

이 세상에 살면서도 하느님과 그 나라를 먼저 생각하고 미리 준비하며 살아왔느냐 아니면 둘 다 붙잡고 어설프게 살아왔느냐가 두려움이 있어도 당황하지 않고 잘 받아들이는 성인과 불안해하는 범인의 차이겠지요?"

"응, 알긴 아는구나! 그러나 아는 것을 실제로 행하기란 어렵지."

"그래서 저처럼 징징거리지 않고 잘 받아들인 카폰 신부님이야말로 정말 존경스럽고 그분의 시성 준비가 아무렴 당연하다는 생각이 드네요. 그리고 세상이 아니라 단호히 하느님을 선택하며, 스스로 목숨을 내어놓은 옛날 순교자들은 말할 것도 없지만, 이런 과정을 신앙 안에서 잘 받아들이며, 먼저 떠나가신 고인들도 정말 훌륭하다는 생각이 듭니다."

"얘야, 물론 죽음을 두려워하는 것은 본능이고, 너만 그런 것도 아니니, 부끄러워할 일도 아니란다. 밥 안 먹으면 배고파 밥을 찾는 것처럼, 걱정스러우니까 고민하고, 힘들기 때문에 위로를 찾는 것 또한 당연한 것이니, 이게 다 과정이요 모두 다 자연의 순리가 아니겠니? 그러니 너무 자기 탓으로만 돌리지 마라. 그것은 감았던 눈을 뜨면 사물이 다 보이듯, 그렇게 아름다운 새로운 세계가 환히 펼쳐지는 것이란다. 병자성사는 낯선 먼 외국에 처음으로 혼자 갈 때, 앞으로 뭐가 펼쳐질지 매우 불안하지만 거기 사는 친척과 함께 간다면 마음이 푹 놓여 아무런 걱정 없이 편안하게 출발할 수 있는 것처럼 그렇게 내가 함께하는 여행이란다. 이 얘기는 터부시해서 싫어들 하고 입에 올리기도 꺼려 하지만 실제, 내가 이 성사로 용기를 북돋아 주는 것은 물론 치유도 많이 해 주니 아무쪼록 미루지 말고 먼저 자청하거라.
그리고 너 묵주기도 할 때도 그렇고 맨날 사도신경의 육신의 부활을 믿으며 영원한 삶을 믿는다고 고백하는데, 너 hic et nunc (지금, 여기)란 말 잘 알지? 하느님 나라는 죽은 다음에가 아니라 지금 여기서부터 벌써 하느님 나라란 말이다. 그러니 신앙인들이라면 그렇게 알고 또 그렇게 만들어 가며 세상을 살아가야겠지! 그렇게 살아간 이들을 성인이라고 말하며 그런 이들은 카폰 신부처럼 말하게 된단다. 그러니 너도 지금부터라도 정신 차려 그대로만 살도록 노력하거라. 그러면 너도 그렇게 두렵지 않게 말할 수 있게 된단다.
그리고 네게 딱 맞는 신발이 좋지 남의 크고 작은 신발이 좋아 보여 부러워하면 어디 한번 신어 보거라, 얼마나 불편한지? 그러니 그런 마음 갖지 마라. 그리고 너 또한 내게 딱 맞는 좋은 신발이란다. 그만큼 내 마음을 편하게 해 준단 말이지…. 너는 너로서 족한 것이니 다른 이들과 비교하며 열등의식을 갖지 마라. 그런 의식에 잠겨 있는 한 너에겐 평화가 없고 그건 나의 바람도 아니란다. 넌 너로서 방금 말한 대로 그렇게 잘 살면 그만이고 그런 너에게 나는 만족한단다. 알겠니?
그리고 '나는 하늘에서 내려온 살아 있는 빵이다. 누구든지 이 빵을 먹으면 영원히 살 것이다.'(요한 6, 51)라고 한 그 빵을 네가 매일 먹는다는 걸 난 기억한단다. 또 거센 바람까지도 잠재우며 '용기를 내어라. 나다. 두려워하지 마라.'(마르 6, 50)고 한 나, 예수가 늘 네 옆에 있으니 걱정하지 마라. 그리고 불안할 때마다 내가 가르쳐 준 주의 기도를 바치거라."

이렇게 말씀하시는 것 같아, 위로가 됐다.

이렇게 몸부림치고 정신적 힘이 빠지고 나니, 시련, 슬픔, 이 모든 것이 다 나를 위한 찬양, 영광, 영예, 영혼의 구원을 얻기 위한 하느님 사랑의 안배요 과정이라는 사도 베드로의 말씀(1베드 1, 5~9)과 그리고 뉘우치는 것도, 맡기는 것도, 모두 다 그분의 은총이고 내 힘으로 되는 게 도무지 아님을 다시 한 번 깨달았다.

"주님, 저는 아직도 제가 원하는 괜찮다는 답만 기다리는 무르익지 못하고 갈고 닦을 게 많은 이렇게 나약한 존재입니다.
늘 주님과 일치하여 살아 원하시는 바 모든 것을 먼저 생각하고, 다 받아들이고 맡겨 주님의 딱 맞는 신발이 될 수 있도록 도와주시고 힘이 되어 주십시오. 육적으로는 힘들지만 영적으로는 제 삶의 문제점을 다시 돌아보고 정리하는, 유익하고 좋은 시간을 미리 갖게 해 주셔서 감사합니다. 주님, 자비를 베풀어 주소서. 하느님은 찬미와 영광 받으소서…."
이렇게 조용히 빌었다. 그리고 눈시울이 뜨거워 옴을 느꼈다.

전기가 나가 봐야 빛의 소중함을 알게 되듯, 우리도 죽음 앞에 설 때 비로소 현세에서 주어졌던 시간들이 얼마나 소중한지를 더욱 깨닫게 될 것이다. 현재의 시간들은 언젠가 우리가 영원히 누리게 될 세상을 준비하기 위해 공로를 쌓을 수 있는 아주 좋은 기회라는 말이다. 숙제를 잘해 놓았다면 우린 생의 마지막 순간이 그리 두려울 것 같지 않다. 그렇긴 해도 새로운 세상으로 넘어가는 관문인 죽음은 여전히 두렵고, 슬프고, 생각조차 하기 싫고, 피하고 싶다. 그러나 그 누구도 피할 수 없는 마지막 문인 죽음을 한 번쯤은 진지하게 생각해 보고 제정신 차려(루카 15, 17) 지금 누리고 있는 삶의 의미를 다시 깨달아 다음 세상을 준비하며 더 값지게 살다가 두렵지 않고 행복하게 맞이할 수 있다면 이것이야말로 참으로 지혜로운 일이라는 생각에….

부끄럽지만 나처럼 맘 턱 놓고 있다가, '아니, 벌써!' 하며 당황하고 아쉬워하고 겁 많은 이들에게 언젠가 이런 비슷한 일을 겪게 될 때 위로와 도움이 되고 그러니까 지금부터라도 시간 있을 때 미리미리 준비된 삶을 잘 살아가시라는 바람에서 이 글을 남겼다.

파스칼의 내기

우리는 이 세상에 살면서 너무나도 이기적인 경우가 많습니다. 나에게 이익이 되는 일이라면 물불을 가리지 않고 그 이익을 위하여 모든 시간과 희생을 바치고 있습니다. 그러한 반면에 나에게 이익이 되지 않는 일이라면 아예 거들떠보지도 않고 생각지도 않으려는 경향이 많습니다.

즉 우리는 극도로 이기적이고 이해타산이 심합니다. 그래서 저 유명한 철학자 파스칼은 하느님을 믿는 것의 이해득실에 대해 다음과 같이 말했습니다.

첫째, 하느님이 계시다는 것을 믿지 않고 살다가 죽은 다음에 보니 하느님도 천당도 지옥도 아무것도 없다면 그런 경우 내가 하느님을 안 믿었던 것은 이익도 손해도 아무것도 아니겠고 (0) 둘째, 하느님을 믿으면서 살다가 죽은 후에 보니 아무것도 없다면 그런 경우도 첫째처럼 이익도 손해도 아무것도 아닐 것이다. (0)

셋째, 그러나 하느님의 존재를 믿지 않고 살다가 사후에 보니 천만 뜻밖에도 실제로 하느님과 천당과 지옥이 있을 경우는 하느님을 안 믿었던 것을 한없이 후회할 것이니 엄청난 불행, 즉 손해이다. (-)

넷째, 그와 반대로 하느님을 믿고 열심히 공경하며 살다가 죽은 후에 보니 과연 하느님이 계실 뿐 아니라 하느님과 함께 끝없는 행복을 누리게 된다면 얼마나 천만, 다행이고 엄청나게 큰 이익이 아니겠는가! (+)

그러므로 결론적으로 하느님을 믿어 두는 것이 훨씬 유리하고 유익하다는 것입니다. 하느님이 정말 존재치 않는다는 확신이 서고 여기에 대한 모든 것을 달게 받을 자신이 있으면 믿을 필요가 없을지 모르겠으나 여전히, 존재하는지 안 하는지 의심나고, 자신이 없으면 믿어 두는 것이 손해는 아니라는 것이지요.

그야말로 밑져야 본전이라는 뜻이지요. 이것은 파스칼의 '내기'라는 데 나오는 내용입니다. 이는 물론 바람직한 신앙 자세는 아니지만 무심히 지나기보다는 이렇게라도 한 번쯤 생각해 보는 것이 좋은 일 아니겠습니까? 참고로, 이 세상에는 수십억이 되는(온 인류의 삼분의 일) 엄청난 사람들이 하느님을 믿고 있는데… 당신만이 하느님을 거절하시는 건 아니겠지요?

나는 지금 어디로 가고 있는가?

얼마 전 어떤 신자 부인으로부터 전화가 걸려 왔는데 비신자인 자기 남편이 출근길에 자동차 사고를 당해 K 병원 응급실에 누워 있고 퍽 위급하니 신부님이 오셔서 세례를 주시고 기도해 주시면 고맙겠다는 전갈을 받고 빨리 가려면 버스나 택시보다 전철이 아무래도 나을 것 같아 전철을 이용했습니다.

그런데 전철을 타 보니 정말 '출근 전쟁'이란 말이 실감이 났습니다. 서 있기조차 힘든 전동차 내부, 마치 홍수처럼 떠밀려 오고 떠밀려 가며 발 디딜 틈도 없는 환승역…. '아~! 이래서 지옥철이라 부르는가 보다.' 공감이 갔습니다. 그런 와중에도 이런저런 생각이 스쳐 지나갔습니다.

비록 묻고 대답하지는 않았지만, 여기에 탄 수많은 승객들 모두가 오늘 하루 각자의 목적이 있고 그를 이루기 위해 이렇게 일찍 그 어딘가를 향해 부지런히 가고 있음이 분명하리라. 그런데 만에 하나 자신은 어디로 가고 있는지도 모르면서 그저 남이 가니까 나도 묻어서 따라가고 있다고 말하는 사람이 있다면? 글쎄? 우린 그런 이를 보고 뭐라고 그럴까? 틀림없이 '에고, 정신 나간 친구군. 멀쩡해 보이는데 그것 참 안됐구먼!' 할게다.

그렇다면 여기서, 나는 '왜 살고 있지?'라는 질문을 우리 자신에게 한번 던져 보면 어떨까? '왜 살다니? 그야 삶이 주어졌으니까 그냥 사는 거지, 뭐!' 또 어떤 이는 '아침부터 원 별걸 다 가지고 그러네. 골치 아프게.' 그렇게 말하는 이도 있겠지…. 별것 아닌 거라, 글쎄?

그때, 실존주의 철학자 카를 야스퍼스(1883~1969년)의 말이 떠올랐다. 그는 바로 이런 이들을 두고 '나는 왔누나, 온 곳도 모르면서. 나는 있누나, 누군지도 모르면서. 나는 죽으리라, 때도 모르면서. 나는 떠나리라, 갈 곳도 모르면서.'라고 했겠지. 맞는 말이다.

내가 종교인이고 신앙인이라 그렇겠지만 자꾸만 안타깝게 여겨지는 것은 지식인을 포함한 꽤 괜찮다는 수많은 사람들이 아직까지도 그냥 남이 가니까 묻어서 따라간다는 식의 삶을 살아가면서도 그것을 전혀 문제로 여기거나 부끄러워하지도 않을뿐더러 또 그런 이들이 의외로 많다는 점이다. 과연 우리의 삶이 그렇게 대수롭지 않은 별것 아닌 걸까?

   이런저런 상념에 잠겼는데 ○○○역이라는 안내 방송이 흘렀습니다. 어느덧 목적지 역에 이른 것입니다. 더 이상 갈 필요가 없으니 부지런히 내렸지요. 그런데 그때 또 이런 생각이 스쳐 지나갔습니다.

나야 뭐, 내 맘대로 더 가려면 더 가고 그만두려면 그만둘 수도 있는데, 그런데 그 위급한 환자는 어떨까? 자기 뜻대로는 더 가려야 갈 수가 없어, 싫어도 어쩔 수 없이 내릴 수밖에 없는 인생의 종착역에서 안타까워하고 있지는 않을까?

그리고 '이만큼 살았으면 됐지, 뭐.'라고 그렇게 안이하게 생각하고 있을까? 아니면 독실한 가톨릭 신자인 부인이 신앙을 가지시라고 평소 그렇게 간절히 권유했건만 그때마다 뒤로 미루고 영원한 행복과 관계된 것들을 멀리하며 지나온 많은 시간들을 후회하고 당혹해하며 지금이라도 조금만 더 시간이 주어졌으면 하고 간절히 바라고 있지는 않을까?

아무래도 후자일 것만 같았습니다.

그런데 가만히 생각해 보면 그에겐 더 이상 주어지지 않아 아쉬워하고 안타까워하는 바로 그 시간과 건강이 우리에게는 지금 많이 주어져 있습니다. 그는 누워 있지만 우리는 이렇게 걸어 다닐 수 있고 그이는 단 몇 분 후면 어떻게 될지 모르지만 우리는 내일이 내게 올지 안 올지 불안해하거나 전혀 신경도 쓰지 않고 살아가고 있습니다.

왜냐하면, 어저께도 그랬듯이 오늘이 주어졌고 내일이라는 새날도 그렇게 당연히 주어질 것이라는 데에 익숙해 있을 정도로 그만큼 건강하기 때문입니다.

그래서 늘 건강하고 무사한 우리에겐 죽음은 내게서 아주 멀리 있고 하느님이나 영원한 생명, 영원한 행복, 종교 문제 등 이런 이야기들이 현실적으로 그렇게 심각하게 다가오지 않는 것도 사실입니다.

그래서 우리는 하느님을 믿으라든지 종교를 가져 보라든지 하는 권유를 받았을 때 나이와 상관없이 대부분의 사람들은 그건 좋은 것이긴 하지만 지금 당장은 그렇게 급하다고 여기지 않아 "지금은 사업하느라 바빠서 좀 곤란하고요, 이다음에 늙거나 병들어 마음이 약해졌을 때나 혹은 시간에 좀 여유가 생기면 그때 교회에 꼭 나가겠습니다."라고 하면서 권유한 이가 쑥스럽지 않게 그냥 적당히 얼버무리며 뒤로 미뤄 버리는 경우가 많습니다.

그러나 실은 이것이 신앙의 눈으로 보면 주님이 당신을 알아보도록 그를 통해 부르시거나 혹은 초대하는 것인데도 말입니다.

사실 시간이라는 것은 하느님의 의지에 속한 것이라 우리 마음대로 되는 것이 아닙니다(야고 4, 13~17). 그런데도 내게 지금 시간이 주어졌다는 것은 주님의 나에 대한 인내와 한 번 더 기회를 주시며 기다려 주심을 뜻하기도 합니다(2베드 3, 13~15). 그것은 주님의 나에 대한 사랑이기도 합니다.

이렇게 신앙을 받아들이고 종교를 갖는다는 것은 보통 땐 쉬운 일이 아닌 것 같습니다. 그래서 하느님은 가끔은 충격적인 특별한 사건이나 계기를 마련하여 내 삶을 돌아보게 하시며 부르시는 경우도 있습니다(1베드 1, 5~9).

불행 중 다행이란 말이 있듯이 각가지 시련은 인간적으로 퍽 불행하고 재수 없는 일이라고 여겨질지도 모르나, 사실은 한 영혼의 구원을 위한 하느님의 계획임을 늦게나마 알아본다면 퍽 다행이라고 생각될 것입니다.

그러니까 그런 일 이전에 매사를 통해 부르시는 주님의 요청을 진작 깨달아, 외면하거나 미루지 않고 즉시 응답하는 사람들은 정말 지혜로운 사람들이 아니겠습니까? 어떻게 하시겠습니까? 우리 모두 지혜롭고 복된 이가 되어야 하지 않겠습니까?

"해가 항상 떠 있는 게 아니고 질 때가 있음을 기억할지어다."
"말은 물 있는 데까지 데려다줄 수는 있어도 물은 말 스스로 먹어야 한다."

『지극히 존귀한 당신께』- 수원교구 원로 주인배 신부님 저서에서 옮긴 글 '파스칼의 내기'와 '나는 지금 어디로 가고 있는가?' 두 편을 실으며 끝맺습니다.

감사합니다

"진세를 버렸어라 이 몸마저 버렸어라.
깨끗이 한 청춘을 부르심에 바쳤어라.
성신의 그느르심 아늑한 이 동산에…."

입학식 첫날 신학교 이 교가를 들은 뒤 강산이 몇 번 변했습니다.

유난히도 쌀쌀했던 추운 겨울, 명동성당 서품식 날, 후배들이 불러 주는 모든 성인의 호칭기도가 애절히 울려 퍼지는 가운데 사제가 되기 위해 제단 앞에 엎드렸지만 입학 후 어머님이 돌아가시어 방학 때마다 쓸쓸해했던 일, 서품 받기 전 고민이 되지 않는 것을 고민하던 일 등 지난 7년간의 시간들이 파노라마같이 떠올라, 고개를 저으며 분심하지 않고 정신 차려 기도를 따라 하느라 애썼던 일이 바로 엊그제 같은데 말입니다.

교가의 이 첫마디!! 지금도 가슴이 설레고 찡합니다.

은퇴로 일선 사목에서 떠난 지금은 개인 거주지에 살고 있습니다만 그러나 교구의 발령 없이도 내가 있는 곳이 사제관이요, 내가 만나는 주위 사람들 모두를 내 본당 신자로 생각하기로 했지요. 그래서 내 본당은 고정되기도, 때론 이동하기도 한답니다.

일주일에 세 번 투석 받으러 병원에 가면 병실의 내 침대는 사제관이 되고 가까운 침대에 누워 있는 이들은 그들이 원하거나 원치 않거나, 알거나 말거나 모두 사랑스러운 내 본당 신자가 되어 내가 돌봐야 할 이들이 되는 거지요.

나는 그들에게 공개적으로 이번 사순 시기에 판공성사를 빠짐없이 보라거나 자선을 하라거나 하는 말을 하지는 않지만, 그들이 내가 가톨릭 사제라는 것을 알게 된 후에 다가와 자신들의 애환을 솔직히 털어놓으면, 나는 한껏 귀 기울여 들어주면서 아낌없는 위로와 조언을 해 주곤 합니다.

내 본당 신자들은 천주교는 물론 개신교, 심지어 종교엔 아무 관심도 없는 이들도 있는 명실 공히 초교파 본당이랍니다.^^*

은퇴하면 운전을 배우리라고 벼르셨다는 김수환 추기경님처럼 물론 나도 여러 버킷 리스트가 있었습니다.

그러나 간신히 버텨 오던 건강이 은퇴 후에 드디어 본색을 드러내고야 말았습니다. 그 덕분에(!) 나는 이렇게 초교파 본당에 자기 발령을 내린 본당신부로 화려하게 재취임(^^)하게 되었지요!!

이 Medecins Sans Frontieres(국경없는의사회) 같은 사제관에서 가끔 신자 방문이 뜸한 사이에 널널한 시간이 생기면 사제로 살아온 지난 시간들을 반추하곤 합니다.

넘치는 의욕으로 하느님의 뜻을 앞질러 내달리며 겪어야 했던 무수한 시행착오들과 가끔 틈만 나면(!) 나를 위한 시간에 더 한눈 팔았던 젊은 시절의 나날들, 이런 것들 때문에 고민했던 그 모든 시간들이 실은 '그리스도만을 최고의 대상으로, 유일한 대상으로 사랑해야 하는' 사제라는 나의 정체성에 대한 갸륵하고도 눈물겨운 몸부림의 시간이었음을 느낍니다.

무능함과 무기력함, 모든 기동력이 바닥을 긁고 있는 지금, 아무 성과도 흔적도 보이지 않는 이 본당에서 비로소 사제로서의 삶이 한없이 크고도 유일한 행복이며 나의 자격 여부와는 아무 상관없이 무상으로 하느님께 받은 엄청난 선물임을 절실히 깨닫습니다.

그래서 바오로 6세 교황님의 말씀처럼 내가 받은 신품성사가 얼마나 놀라운 계시였으며 나를 위한 하느님의 사랑이었는지 나는 이제야 비로소 온몸으로 사제 서품 때의 Adsum(예, 주님, 저 여기 대령했나이다.)을 하기 시작했음을 느낍니다.

물론 지금 하느님께 무한히 감사드리지만, 주님께서 친히 이끌어 주신 이 길을 교가를 부를 때의 초심으로 되돌아가 생각해 보건대, 하느님에 대한 말을 많이 하며 살아왔지만 정작 나 자신은 그렇게 살아오지 못한 게 아쉽고 부끄러워, 하느님께 죄송하고 그분의 자비를 더 절실히 구하게 되네요.

같은 길을 걸으며 서로 의지가 되어 주었던 선후배, 동기 신부님들과 늘 저희 사제들을 위해 빌어 주시고 지지해 주시고 힘이 되어 주신 교우님들, 참으로 감사합니다. 그리고 오랜 세월, 이 잘난 이를 위해 기도를 아끼지 않았던 사랑하는 우리 수녀님들의 격려로 저의 이 미흡한 글이 책으로 엮어지게 된 것에 감사드리고, 끝까지 읽어주신 모든 분들께도 주님의 축복이 함께하시길 빌며 글을 끝맺습니다.

아무쪼록 건강하시고 행복하십시오. 감사합니다.

한수아래 신부 드림

후기

"이게 책이 될까? 책을 낼 생각을 한 번도 해 본 적이 없어." 하시며 영 움직이시려 하질 않으셨습니다.

자식 이기는 부모 없다고 하는데 누이들 이기는 착한 오빠 또한 없는 게 사실인 모양입니다!^^

40여 년 전 주상배 안드레아 신부님과 저희 가르멜수도원과의 따끈한 인연은 시작되었습니다. 큰누님처럼 따르시던 수녀님을 뵈러 면회 오셨다가 저희 모두를 만나시게 되었습니다. 저희가 면회실로 한 사람 한 사람 들어오자 부끄러운 나머지 봉쇄 격자 뒤 구석에 숨으셨는데 모두가 보이게 가운데로 앉으시라는 우리의 성화에 겨우 자리를 잡고 앉으셨습니다. 그렇게 수줍어하시던 준수한 청년(^^)이셨던 신부님께서 은빛 반짝이는 트렌디한 헤어스타일로 이제 다시 저희에게 나타나셨습니다.

얼마 전부터 가끔씩 소식을 전해 오시면서 한두 편 평소에 써 두셨던 글들을 양념으로 보내 주셨고 우리는 그 글들을 게시판에 붙여 두고 오며 가며 읽으며 작품 평을 나누었습니다. 그러곤 이런 글들이 더 있을 테니 계속 보내 주십사고 청하고 양이 어느 정도 된다면 책으로 내시라고 등을 벅벅 떠밀어 보자는 데 합의가 이루어졌습니다.

그래서 지금처럼 번듯한 책으로 모습을 드러내게 되었습니다.

말이 직업인 사람들에게 "10초 안에 시즐(sizzle)을 잡아라."라는 격언 같은 말이 있습니다. 이야기를 시작한 10초 안에 청중의 흥미를 사로잡아야 집중하기 시작한다는 겁니다. 신부님은 첫 문장에서부터 우선 그다음이 궁금해지게 만드는 문장으로 시작하십니다. 요란하지 않지만 진부하지 않고, 어렵지 않지만 그다음 예측이 잘 안 되고, 현학적이지 않으면서도 분명 교훈적인 것이 있고 쉽고 재미있는 글들 안에서 성찰 거리를 짭짤하게 건지게 됩니다.

흔하게 만날 수 있는 상황에서 누구나 가질 수 있는 생각들조차 신부님의 트레이드마크인 '너무도 솔직한' 화장기 없는 표현들은 유기농같이 신선하기까지 하여 그 어떤 카타르시스까지 느끼게 해줍니다.

책 내기를 주저주저하시면서 한 번쯤 읽어 보라고 보내오신 원고의 분량을 보고 '이 많은 분량을 언제 다 읽지.' 하며 첫 장을 펼쳤습니다. 그런데 웬걸, 소등 시간까지 혼자 ㅋㅋ 웃으며 그만 1/3을 읽어 버렸습니다. 그리고 그다음 날 다 읽었습니다. 참 재미있었습니다. 그런데 재미만 있는 게 아니었습니다. 한참 웃으며 얘기들을 따라가다가 문득, 엘리베이터 앞에서 기다리다가 지체되는 바람에 계단으로 가려고 비상문을 연 순간 만나려던 사람을 딱 마주치게 된 것처럼, 그렇게 예수님을 만나게 됩니다.

진실이 보이지 않는 현란한 솜씨로 사람 사이를 헤엄치는 늙어

버린 젊음이 있는가 하면 오랜 세월 병고에 시달려 오시면서 훈장 같은 은발을 하신 한 노사제께서 '겁도 낼 줄 아는'(바오로 6세의 사제들을 위한 기도의 이 부분이 참 인상적입니다.) 어린아이 같은 마음을 지니셨다는 것이 참 경이로웠습니다. 언제고 되돌아서 하느님 아버지 앞에, 그리운 어머님 품 같은 성모님 앞에 서 있으시려는 이런 조심성과 두려움이 한 노사제의 월계관이라는 생각이 들었습니다.

원고를 찬찬히 훑어보며 지난 40여 년간이라는 시간에도 불구하고 몰랐던 신부님의 내면을 들여다볼 수 있었던 것은 크나큰 행운이자 놀라운 기쁨이었습니다. 감사드립니다.

신부님의 미수(米壽)에 두 번째 사목 단상집을 기대해 보려 합니다.

신부님의 부탁으로, 흔쾌히 이 책을 잘 만들겠다고 해 주신 기쁜 소식 출판사의 전 베르나르도 사장님께, 그리고 이 책이 나오기까지 뒤에서 묵묵히 수고해 주신 전 실장님, 가타리나님, 그 외에 모든 직원분들께 신부님 대신 깊이 감사의 인사 전해 드립니다.

수유리 산자락에서